静岡県鉄道軌道史

静岡県内で活躍する鉄道

JR東海東海道本線の富士山を背景に走る313系上り普通列車（吉原〜東田子の浦間）

雄大な富士山を背景に快走するJR東海御殿場線の特急「あさぎり号」（足柄〜御殿場間）

富士山を背景に田園を走る伊豆箱根鉄道駿豆本線修善寺行きの3000系列車（三島二日町〜大場間）

静岡鉄道静岡清水線の複線路線を走る1500系下り
普通車両と上り急行車両（音羽町〜日吉町間）

ミヤマツツジが咲き誇る中を驀進す
る大井川鐵道大井川本線のC11312
蒸気機関車（青部〜崎平間）

JR東海身延線の373系
特急「ふじかわ号」（東
花輪〜甲斐上野間）

馬込川橋梁を走る遠州
鉄道西鹿島線の新浜松
行き1000系4両編成車両
（自動車学校前〜遠州上
島間）

地形が不安定でトンネルが掘れず水窪川の通称「S字橋」を走るJR東海飯田線119形普通列車（城西～向市場間）

霊峰富士を仰ぎ走る岳南鉄道のモハ7000系車両（吉原～ジャトコ前間）

東伊豆海岸近くJR東日本伊東線を走る特急「踊り子号」（伊豆多賀～網代間）

アプト式区間を走る大井川鐵道井川線のED902電気機関車（アプトいちしろ～長島ダム間）

伊豆東海岸を快走する伊豆急行の2100系「黒船電車」(片瀬白田〜伊豆稲取間)

天竜川橋梁を渡る天竜浜名湖鉄道のTH2100形車両(二俣本町〜西鹿島間)

浜名湖橋梁を疾走する東海道・山陽新幹線のN700系上り「こだま」東京行(豊橋〜浜松間)

コンテナ編成列車を牽引し力走するJR貨物のEF210-11電気機関車(金谷〜菊川間)

静岡県内で活躍した鉄道・軌道

豆相人車鉄道の伊豆山を車丁2人が木造車を手で押している原始的な風景

籠坂峠を行く御殿場馬車鉄道

東海道線富士駅前を出発する富士馬車鉄道。遠方に富士山が見える

大日本軌道小田原支社線（後の熱海鉄道）の石積みした路線を走る軽便鉄道

萩間川橋梁を渡る藤相鉄道の蒸気機関車（新相良〜相良間）

馬込川木橋をのんびり渡る大日本軌道浜松支社中ノ町線の雨宮式蒸気機関車と客車

城東馬車鉄道の南山停車場での馬車と馭者たち

中遠鉄道新袋井駅を発車前の列車

都田川橋梁を渡る浜松鉄道のコッペル蒸気機関車牽引の列車（金指〜祝田間）

三島広小路のターミナルを出発する駿豆鉄道軌道線

静岡浅間神社の遷座祭を祝った静岡電気鉄道静岡市内線の花電車（呉服町停留場付近）

堀之内軌道運輸の南山小学校前で日本最初のディーゼル機関車「オット」が牽引する列車

国鉄清水港線の巴川可動橋を渡る
ディーゼル機関車牽引のお別れ列車

新袋井駅付近の併用軌道を走る
静岡鉄道秋葉線

桜ケ池付近を走る静岡鉄道駿
遠線のお別れ列車

昭和3年に時速60キロの高速で走った
光明電気鉄道の電車

はじめに

　温暖な風土と豊かな自然に育まれた静岡県は、太平洋沿岸のほぼ中央に位置し、中部東海地方の南部を占めている。面積７７８０ｋｍ^2、東西約１５０ｋｍ、南北約１１５ｋｍに達する。標高差は、わが国最高峰の富士山（３７７６ｍ）と、県最北端の大井川源流部の赤石山脈間ノ岳（あい）（３１８９ｍ）山頂から相模灘・駿河湾・遠州灘の延長約５００ｋｍの太平洋にひらける海岸低地および、気候や植物の垂直的変化が大きく、自然景観の多様性の要因となっている。

　特産のお茶・みかん・いちご・メロン・サクラエビ・観葉植物に代表されるように、静岡県は温和な明るい地方のイメージをもっている。日本のサンベルトとも呼ばれ、年間を通じ山間部に若干の降雪はあるが、日照時間が全国的に長く、晴天の日が多い温暖多雨の気候である。

　伊豆・駿河・遠江の中世以降三国からなる静岡県は江戸・京都の二大文化圏を結ぶ重要ルートとなっていた。それは安藤広重が描く「東海道五十三次」の宿場の風景に見られるとおりである。

　こうした立地条件は、近代から現代に至り東海道本線・国道１号線・東海道新幹線・東名高速道路・新東名高速道路という日本の大動脈が静岡県を東西に貫いて走るようになり、マンモス化した東西の経済圏とを結んでいる。そしてその結び目にあたる静岡県は、首都・関西・中京のいずれの経済圏にも属さず、独自の経済圏を形成してきている。

　鉄道開通以降、静岡県の産業を支えた鉄道貨物の移出は、製茶・木材・鉱石・紙パルプ・セメント・綿糸・農産物・水産物・楽器・自動二輪など、移入は米・石炭・コークス・肥料・綿花・日用雑貨品・新聞雑誌・飼料・石油など、工業用原材料と食料品が主なものであった。

　太平洋沿岸ベルト工業地帯の中核となった現代では、人口３７５万に豊富な電力と工業用水・農業用水の恵みを受けて、さまざまな産業が著しく伸展している。輸送機械・化学工業・電気機械・パルプ製紙・プラスチック製品・生産機械・金属製品・農林水産品・非鉄金属・木製品な

ど、いずれも全国有数の地位を築き上げたものである。近年、県内各企業は円高によりコスト削減を目指し、安価な工場用地と労働力を求め海外進出しているものの、前述の鉄道貨物がその根底となっている。

　これらの産業を支えた交通輸送機関のうち、特に花形であった鉄道・軌道を中心に県内各地で展開されたその敷設経緯を重点に、創設者の人物像・沿線住民の反応・開業後の影響・最盛期の状況・苦難の時期・廃線事情・挫折実態などを取り上げた。

　さらに沿線の歴史・政府の揺れ動く政策・当時の世相・経済・社会・文化・暮らし・エピソード、また沿線を描いた著名な作家・歌人らの作品の一部を挿入し、官民の鉄道・軌道から見た明治・大正・昭和・平成を歩む静岡県近現代郷土史を、オムニバス・クロニクル風に描き検証する試みが本書である。

　静岡県の鉄道の起源は、明治２０（１８８７）年３月２７日官設蛇松線（後の国鉄沼津港線）の試運転に始まる。今から１２５年前のことである。明治維新以来、文明開化のシンボルの一つであった鉄道は、古来からの徒歩・駅馬・伝馬・駕籠・渡舟、それに人力車・乗合馬車などに替わり、当時の人々がこぞって熱望した最もポピュラーで迅速な大量輸送手段であった。

　静岡県は全国を都道府県別でみると首都圏・関西圏・中京圏に次ぐ鉄道王国であり、その動力形態は蒸気・馬力・人力・内燃・電力など多種多様である。県内各地に多くの鉄道・軌道の開通する状況は、まさに「日本鉄道史の縮図」といって過言でない。静岡県は日本の風土や気象条件を多く備え、典型的な日本の縮図に類似するからであろう。

　静岡県の鉄道分布の特徴は、東海道本線を人体の背骨に例えると、その沿線の各駅または駅周辺を起点として肋骨状に路線が伸びていることである。むろん富士宮・蓮台寺・佐久間の例外はある。

　静岡県には平野は存在するが三大交通圏にあるような広大な平野が存在しない。このことが肋骨状に伸びた路線を形成した要因である。狩野川・富士川・安倍川・大井川・菊川・天竜川などの一級河川のほか、箱根外輪山・丹那山地・天城山地・薩埵峠・宇津ノ谷峠・牧之原台地・磐

田原台地・浜名湖・新所原台地などの自然障害が東西に幾重にも立ちはだかっている。

　幹線鉄道としての東海道本線に並走した民営鉄道は、わずかに三島・沼津間、それに浜松・中ノ町間で、現存では静岡・清水間だけで、しかもいずれも短距離である。起伏に富む地形や河川に鉄道を敷設するには多額の資本を必要とした。多くの人々の努力の甲斐も空しく挫折し、幻のように消えた鉄道・軌道は、実に１２０路線余におよぶ。

　「鉄道は文明の母」と敬愛された。一方では「鉄道は金を失う道」と揶揄された。鉄道敷設のため県内各地の有力者たちは、郷土愛に燃え、資金調達に奔走し、地域開発・地域振興・産業・文化・人事交流などの発展を願って、戦争・震災・災害・経済恐慌・慢性的経済不況・社会不安等の激動する時代の流れの中で、祖先伝承の山林田畑や営々と築き上げた私財を投げうって、英知を駆使して、寝食を忘れて没頭したのである。沿線の支援者や住民らもこれによく応えた。

　ここ数年来、県内の現存する個性ある鉄道各社は鉄道の良さ、鉄道への認識を深めてもらうため、さらに顧客のニーズに対応するために、各種のサービスを提供している。また県内各都市では街の賑わい再生と少子高齢化社会への急速な進行と自動車交通依存から、将来の市民の足をどうするかで模索が続いている。

　本書で取り上げた官民鉄道軌道開業の４８路線は、乏しい資料からではあるが静岡県で輸送の使命を担って懸命に活躍した「ひとつの鉄道軌道史」＝鉄道文化として、近未来の地方鉄道のあるべき姿をさぐりあてていくための参考になれば誠に幸甚である。

　本書は著者が１５年前に『静岡県鉄道興亡史』を刊行したのを底本に、このたび現存路線・廃止路線・未開業路線・県内の鉄道軌道一覧表・年表の４部に分類し、読者にとって懐かしく、解かりやすく編集し、新資料を加筆、字数の関係で一部を訂正・削除し、改訂版として刊行するものである。

目　　次

はじめに……………………………………………………………………… 9
凡　例………………………………………………………………………… 17

第１部　静岡県で活躍する鉄道

1. 日本最古の在来幹線は全県を密着奉仕する
　　　　　　　　　　　　　　　東海旅客鉄道・東海道本線………18
2. 静岡県民営鉄道最古を誇り東部地域を快走する
　　　　　　　　　　　　　　　伊豆箱根鉄道・駿豆本線………47
3. 静岡県中部地域に大都市型複線路線で活躍する
　　　　　　　　　　　　　　　静岡鉄道・静岡清水線………57
4. 静岡県西部地域の高頻度高架化鉄道に貢献する
　　　　　　　　　　　　　　　遠州鉄道・西鹿島線………77
5. ＳＬ列車復活と大手私鉄車両を併走する
　　　　　　　　　　　　　　　大井川鐵道・大井川本線………98
6. 東海道本線のバイパス路線で活躍する
　　　　　　　　　　　　　　　東海旅客鉄道・御殿場線………109
7. 東伊豆温泉郷を相模灘に沿い快走する
　　　　　　　　　　　　　　　東日本旅客鉄道・伊東線………113
8. 静岡・山梨両県の産業・文化を結ぶ
　　　　　　　　　　　　　　　東海旅客鉄道・身延線………117
9. 長野・静岡・愛知３県の産業・文化・秘境を結ぶ
　　　　　　　　　　　　　　　東海旅客鉄道・飯田線………120
10. 富士山を背景に南麓の産業・文化に貢献する
　　　　　　　　　　　　　　　岳南鉄道………125
11. 南アルプスあぷとラインの観光路線で活躍する
　　　　　　　　　　　　　　　大井川鐵道・井川線………135
12. 伊豆半島リゾート地帯を相模灘沿いに東京と結ぶ
　　　　　　　　　　　　　　　伊豆急行………142

13. 安全・高速・快適を追求の日本を代表する幹線鉄道
　　　　　　　　　　　　　　東海旅客鉄道・東海道新幹線……… 155
14. 国登録有形文化財の全線を全国に発信する
　　　　　　　　　　　　　　天竜浜名湖鉄道……… 165
15. 日本列島の長距離物流幹線鉄道へ雄飛する
　　　　　　　　　　　　　　日本貨物鉄道東海支社……… 169

第2部　静岡県で活躍した鉄道・軌道

1. 静岡県最初の国鉄貨物専用鉄道　国鉄沼津港線……………………… 173
2. 静岡県最初の長距離馬車鉄道　富士馬車鉄道…………………………… 175
3. わが国最古の旅客貨物輸送人車軌道　藤枝焼津間軌道………………… 179
4. 熱海温泉郷へ保養・湯治客を運ぶ　豆相人車鉄道……………………… 189
5. 日本最長の人車営業記録をもつ貨物専用軌道　島田軌道………………… 197
6. 富士登山客と山梨県への複線輸送ルート　御殿場馬車鉄道……………… 200
7. 遠州地方最初の民営馬車鉄道　城東馬車鉄道………………………………… 207
8. 秋葉山・可睡斉の参詣客も輸送する　秋葉馬車鉄道……………………… 212
9. 静岡県最初の民営電気鉄道　伊豆箱根鉄道軌道線………………………… 215
10. 人車鉄道を改軌・改修した軽便鉄道　熱海鉄道…………………………… 220
11. 天竜川右岸と浜松を結ぶ軽便鉄道　浜松軌道中ノ町線…………………… 225
12. 天竜川左岸と東海道本線を結ぶ人車軌道　中泉軌道……………………… 230
13. 富士山麓で木材輸送と旅客輸送の馬車鉄道　富士軌道……………………… 232
14. 静岡・山梨両県を結び身延山参詣客も輸送　富士身延鉄道……………… 237
15. 駿河・遠江の産業・文化を輸送する軽便鉄道　藤相鉄道………………… 249
16. 開業後わずか3年で消えた軽便鉄道　庵原軌道…………………………… 259
17. 中遠南部の穀倉地帯を走る軽便鉄道　中遠鉄道…………………………… 262
18. 織物産地笠井の繁栄を輸送した軽便鉄道　浜松軌道笠井線………………… 270
19. 浜松から三方原台地を縦走し奥山方広寺を結ぶ　浜松鉄道………………… 272
20. 安倍奥の木材資源開発をめざす軽便鉄道　安倍鉄道……………………… 280
21. 貿易港清水臨海工業地帯の物資を輸送　国鉄清水港線…………………… 287
22. 大正・昭和中期まで南伊豆唯一の馬車軌道　南豆馬車鉄道……………… 290
23. 日本初のディーゼル機関車「オット」を運転　堀之内軌道運輸…………… 295

24. 中遠北部地域の旅客貨物を輸送　静岡鉄道秋葉線･･････････････････････300
25. 浜名郡と引佐郡を結ぶ軽便鉄道　西遠軌道･･････････････････････････303
26. 丹那トンネル開通で東海道本線に編入　国鉄熱海線････････････････････306
27. 駅前線・追手町線で静岡市民に親しまれる　静岡鉄道静岡市内線･･･････309
28. 北陸と結ぶ雄大な構想の県内最速電鉄　光明電気鉄道････････････････311
29. 全線６７ｋｍの半分余がトンネル・鉄橋の電気鉄道　三信鉄道･･･････････321
30. 静岡茶を清水港に輸送し清水市民に馴染深い　静岡鉄道清水市内線･････339
31. 東海道本線の迂回路線で奥浜名湖北岸を走る　国鉄二俣線･････････････341
32. 軽便鉄道のまま電化・内燃化に改修　遠州鉄道奥山線････････････････347
33. 駿河湾・遠州灘に沿い全国一長距離軽便鉄道　静岡鉄道駿遠線････････350

第３部　静岡県で未開業の鉄道・軌道

1. 官設東伊豆鉄道（明治２２年・賀茂郡）･･････････････････････････355
2. 官設甲岩線（明治２５年・富士郡）････････････････････････････････355
3. 官設甲信鉄道（明治２６年・駿東郡）････････････････････････････355
4. 掛川馬車鉄道（明治２６年・佐野郡）････････････････････････････356
5. 官設甲府岩渕線（明治２８年・富士郡）････････････････････････356
6. 私設駿甲鉄道（明治２８年・富士郡）････････････････････････････357
7. 掛川鉄道（明治２８年・佐野郡）････････････････････････････････357
8. 浜松鉄道（明治２９年・敷知郡）････････････････････････････････358
9. 沼津三島間馬車鉄道（明治２９年・駿東郡）･･････････････････････359
10. 遠参鉄道（明治２９年・榛原郡）･･････････････････････････････359
11. 島田馬車鉄道組（明治２９年・志太郡）････････････････････････360
12. 豆駿電燈会社佐野長岡間電気鉄道（明治２９年・駿東郡）･･････････361
13. 西遠馬車鉄道（明治２９年・敷知郡）････････････････････････････361
14. 秋葉鉄道（明治２９年・豊田郡）････････････････････････････････362
15. 浜松気賀西遠馬車鉄道（明治３０年・引佐郡）････････････････････362
16. 富士川鉄道（明治３０年・富士郡）････････････････････････････363
17. 岩水横山間人車軌道（明治３２年・浜名郡）･････････････････････363
18. 官設駿甲線（明治３３年・富士郡）････････････････････････････363
19. 私設遠信鉄道（明治３６年・浜名郡）････････････････････････････364

20. 私設伊豆循環鉄道（明治37年・賀茂郡）………………………………365
21. 駿豆電気 沼津・鈴川線 修善寺・伊東線他（明治38年・駿東郡他）…366
22. 東海道電気鉄道（明治39年・静岡市）……………………………………366
23. 北遠電気鉄道（明治40年・小笠郡）………………………………………367
24. 磐田鉄道（明治44年・磐田郡）……………………………………………367
25. 甲駿軽便鉄道（明治44年・富士郡）………………………………………368
26. 甲駿鉄道（明治44年・庵原郡）……………………………………………369
27. 遠州軽便鉄道（明治45年・磐田郡）………………………………………370
28. 駿遠鉄道（明治45年・益津郡）……………………………………………371
29. 伊東鉄道（大正2年・賀茂郡）………………………………………………371
30. 浜松軽便鉄道 伊平線（大正3年・引佐郡）………………………………371
31. 東遠鉄道（大正4年・小笠郡）………………………………………………373
32. 秋葉鉄道（大正6年・磐田郡）………………………………………………373
33. 駿富鉄道（大正6年・沼津市）………………………………………………374
34. 根方軌道（大正7年・富士郡）………………………………………………374
35. 安倍鉄道 静岡駅前線・藁科線（大正7年・静岡市）……………………375
36. 天竜軽便鉄道（大正7年・磐田郡）…………………………………………375
37. 駿府鉄道（大正7年・静岡市）………………………………………………376
38. 豆東鉄道（大正9年・賀茂郡）………………………………………………377
39. 駿豆鉄道 伊豆長岡三津浜線（大正9年・田方郡）………………………377
40. 駿遠電気 興津線（大正9年・清水市）……………………………………377
41. 省線伊豆循環鉄道（大正11年・田方郡）…………………………………378
42. 省線御殿場吉田大宮線（大正11年・駿東郡）……………………………379
43. 省線遠美線（大正12年・小笠郡）…………………………………………379
44. 浜松臨海鉄道（大正13年・浜松市）………………………………………380
45. 藤相鉄道 駿河岡部静岡線（大正14年・静岡市）…………………………381
46. 遠三急行電気鉄道（大正15年・浜松市）…………………………………381
47. 遠州電気鉄道 浜松市内線・浜松郊外線（昭和2年・浜松市）…………383
48. 浜松鉄道 浜松市内線・浜松郊外線（昭和2年・浜松市）………………384
49. 富士大石寺電気鉄道（昭和2年・富士郡）…………………………………385
50. 雄踏町営伊場山崎線（昭和2年・浜名郡）…………………………………386
51. 駿富電気鉄道（昭和2年・沼津市）…………………………………………386

15

52. 浜名湖遊覧電気鉄道（昭和２年・浜名郡）･････････････････････････387
53. 遠三電気鉄道（昭和２年・浜松市）･････････････････････････････388
54. 浜松市営市街電車線（昭和３年・浜松市）･･･････････････････････388
55. 中遠鉄道　法多山線（昭和１７年・磐田郡）･････････････････････389
56. 駿豆鉄道　沼津吉原線（昭和１８年・沼津市）･･･････････････････390
57. 静岡鉄道　三保線（昭和２０年・清水市）･･･････････････････････390
58. 駿豆鉄道　沼津吉原線（昭和２１年・沼津市）･･･････････････････390
59. 大井川鐵道　御前崎線（昭和２３年・榛原郡）･･･････････････････391
60. 静岡鉄道　静岡大井川線（昭和２５年・静岡市）･････････････････392
61. 岳南鉄道　吉原日産前入山瀬線（昭和２７年・吉原市）･･･････････393
62. 伊東下田電気鉄道　下田石廊崎線（昭和３１年・下田市）･････････393
63. 国鉄佐久間線（昭和４２年・天竜市）･･･････････････････････････393
64. 浜松市の新交通システム（平成元年・浜松市）･･･････････････････395
65. 浜松市街地リニアモーターカー構想（平成７年・浜松市）･････････395
66. 静清地域８の字形懸垂式モノレール構想（平成９年・静岡・清水市）･･･396
67. 静清合併後の新交通システム４路線案（平成１１年・静岡・清水市）･･･397
68. 静岡市にＬＲＴを走らせる準備会（平成１６年・静岡市）･････････397
69. 富士市新交通システムＤＭＶ構想（平成１８年・富士市）･････････398
70. 新浜松市新交通システムＬＲＴ敷設構想（平成１４～２２年・浜松市）398
71. 東部２市３町のＬＲＴ新都市構想（平成２４年・沼津・三島市ほか）･･･401
72. その他の未開業の鉄道・軌道３６路線･･･････････････････････････402

第４部　静岡県鉄道軌道一覧表・年表

１．静岡県における地方別・動力軌間別・鉄道軌道一覧表････････････403
２．鉄道・軌道に関連する年表･･･････････････････････････････････406

主要参考文献･･432
お世話になった方々と写真提供者・団体機関名････････････････････････437
おわりに･･･森　　信勝･･･438

凡　　例

1. 本書は鉄道敷設を正式に下付され認可され、旅客・貨物営業に一般から運賃を収受する鉄道・軌道を開業順に収録した。
2. 目次の第1部に表示した鉄道路線名は、平成24年8月末日現在の会社路線名で、開通状況は現在形を用いた。
3. 目次の第2部に表示した鉄道・軌道名は、地元または一般によく知られた名称とし開通状況は過去形を用いた。
4. 目次の第3部に表示した鉄道・軌道名は、当時呼ばれた路線名または明確でない路線は著者が名付けた。
5. 年代の表記は基本的には日本年号とし、適宜西暦を（　）内に示した。
6. 路線距離は当時使われていたもので1マイル（哩）＝1609m、1チェーン（鎖）＝20.11m（80分の1マイル）、軌間（レール幅）は1フィート＝304.8mm、1インチ＝25.4mmに換算した。
7. 「キロ」の表示は原則としてkmの略字に、数字は原則として算用数字を用い、固有名詞には漢数字を用いた。
8. 電力単位のワットはW、ボルトはVの略字とした。
9. 市・郡・町・村名は、原則として当時の名称を採用し、一部（　）内に現行市・区の名称を挿入した。
10. 「東海道鉄道」は明治28（1895）年3月31日まで、「東海道線」は明治42（1909）年10月11日まで、それ以降は「東海道本線」と呼称した。
11. 「停車場」の呼称は明治42年10月11日までとし、それ以降は「駅」「停留場」「駅員無配置」のほか「区間」とした呼称もある。
12. 表記は原則として常用漢字および現代かなづかいを用い、読みにくい文字や字句にはルビを付し、固有名詞・慣用語・新聞記事・小説など引用にはこれに準拠しないところがある。
13. 人名は歴史的記述の通例に従い、原則として敬称を省略した。
14. 参考文献・執筆者・撮影者・所蔵者名などは巻末に一括掲載した。

第1部　静岡県で活躍する鉄道

日本最古の在来幹線は全県を密着奉仕する

東海旅客鉄道・東海道本線

日本の鉄道　　日本の鉄道は近代化とともに進む。日本人最初の汽車体
建設の経緯　験者は中浜万次郎とされる。彼は天保12（1841）年
1月土佐湾沖で出漁中に漂流し、アメリカに何年か滞在し弘化2（1845）年に初めて汽車に乗っている。帰国後『漂流始末書』で「平常遠足等仕候には「レイロヲ〈鉄道〉と唱候火車〈汽車〉に乗参り申候。此仕様は船の形にして大釜に而湯を沸、湯の勢を以、凡一日に三百里程も走り、屋形より外輪を覗候処、飛鳥之如くに而、一向見る間無御座候。尤車道には、鉄を敷渡し御座候。」と幕府に報告している。

　蒸気車模型の最初の渡来は、嘉永6（1853）年8月22日ロシア使節プチャーチン一行が長崎に来航しており、幕府側は眼前に運転された蒸気車模型を見て驚き、日本人に鉄道の知識を普及させた。

　幕府が初めて海外に送った使節団は、外国奉行新見豊前守正興ら一行で、万延元（1860）年「日米修好通商条約」批准書交換でアメリカに渡り、帰国後に驚異をもって鉄道など見聞した状況を報告している。

　文久2（1862）年遣欧使節団に通訳翻訳係として同行した福沢諭吉はその著書『西洋事情』の中で、欧米文化の実情を詳しく啓蒙的に紹介した。鉄道については列車の編成・速度・機関車の牽引力、軌道の構造などヨーロッパの鉄道が近代文明の先駆けとなっている事実に言及し、社会的意義のある画期的な著作となった。

　明治維新以来、政府は政府内部に封建体制の各藩割拠を除去ため、交通手段の変革に鉄道の導入を必要としたのは、佐賀藩出身の大隈重信と長州藩出身の伊藤博文らであった。政府念願の中央集権体制の強化に鉄道建設が役立つという認識を積極的に論じていたのである。

明治政府はイギリスオリエンタル銀行から１００万ポンドの外債により、鉄道建設と政府財政基礎を強化する役割を果たした。

明治２（１８６９）年１１月鉄道建設の廟議決定に際し、東西両京を結ぶ官設官営鉄道を幹線と定めた。その幹線の連絡経路を、中山道にするか東海道にするかは未定であった。

東京汐留鉄道御開業祭礼図（三代広重）

日本最初の鉄道
新橋横浜間開通　東京・横浜間の線路測量はイギリス人技師エドモンド・モレルらの指導で、明治３（１８７０）年３月２５日より着手した。線路は途中本芝・品川間、野毛海岸・神奈川青木町間は、地形上海中に築堤した。明治５年９月１２日（太陽暦１０月１４日）、新橋（汐留）・横浜間に日本最初の鉄道が開通する。

明治政府は富国強兵・殖産興業を政策の基調とし、近代国家の建設に全力を傾注していた。首都東京と開港場横浜とを結ぶこの鉄道の開通をきわめて意義あることと認識し国家の祝典とした。当初開通式は９月９日の重陽の節句であったが、暴風雨で３日間延期された。かつて鉄道建設が反対論の攻撃にあい苦境に立たされていた大隈と伊藤は、ここでは先覚者と評価され鉄道開通は政府開明派官僚の発言を高めていった。

全線１８マイル（約２９ｋｍ）。停車場は新橋・品川・川崎・鶴見・神奈川・横浜。軌間３フィート６インチ（１０６７ｍｍ）。単線。所要時間全線５３分。平均時速２０．４マイル（約３２．８ｋｍ）。運賃は全線で上等１円１２銭５厘、中等７５銭、下等３７銭５厘、４歳以上１２歳未満は半額とした。当時の米価１升（１．５ｋｇ）４銭だったからかなり高い運賃であった。軌条（レール）はイギリス製、長さ２４フィート（約７．３ｍ）、錬鉄製３０ｋｇの双頭軌条を用いた。

東海旅客鉄道・東海道本線

保有車両はすべてイギリス製で、1Bタンク機関車10両、客車は木造2軸車58両、貨車は75両であった。新橋・横浜の両停車場は、木造石貼り2階建てのモダンな西洋館で、アメリカ人建築師R・Pブリジェンスが設計している。軌間（ゲージ）の決定は、政府が財政的理由から建設費を節約するために狭軌を採用したという説、モレルが政府当局者の大隈重信に求めたところ「我国の如き山河多く又屈折甚しき地形にありては三呎三吋を適当とす」といった説もあり定かでない。

文明開化の花形、鉄道登場　開通式会場の新橋鉄道館は、無数の万国旗が翻り、紅白千の提灯と緑のアーチが彩りを添えた。皇族・文官百官・財界・各国公使ら多数が参列する中、明治天皇の臨席を仰いだ。折から上空に向かって花火が打ち上げられ、雅楽「萬歳楽」が満ちて奉迎の人々の感銘を新たにした。

　井上勝鉄道頭から「鉄道図」一巻を受けられた明治天皇は、御召列車10両編成の第3御料車に御乗車、皇族・侍従・内外の高官らを従えて午前10時横浜に向け発車した。機関士はイギリス人ハート、助手はダンカン・グレーが務め日本人火夫はまだ採用されていない。

　添乗には山尾庸三工部少輔、井上勝鉄道頭、有栖川宮熾仁親王・太政大臣三条実美・副島種臣外務卿・西郷隆盛・大隈重信・板垣退助らの参議、それに後藤象二郎・江藤新平・井上馨・山縣有朋・勝安房・陸奥宗光らの政府要人・各国公使・近衛護兵も警乗した。

　岩倉具視・木戸孝允・大久保利通・伊藤博文らの明治の元勲の名が見えないのは遣欧米使節だったためである。このとき、日比谷練兵場では一斉に101発の祝砲が放され、品川沖に停泊中の軍艦から21発の祝砲が轟き、式典を最高潮に盛り上げた。

　御召列車は午前11時横浜停車場に到着した。民家には国旗が掲げられ、市街の目抜き通りには日の丸の提灯と紅白の幔幕が張りめぐらされ式典を祝った。住民あげての歓迎の中、雅楽「慶雲楽」が奏せられた。

　明治天皇は横浜鉄道館にお入りになり百官に対しての勅語のあと、内外の庶民に対し次の勅語があった。「東京横浜間ノ鉄道朕親ク開行ス自今此便利ニヨリ貿易愈繁昌庶民富盛ニ至ランコトヲ望ム」

日本側の参列者は烏帽子・直垂を着用した古式ゆかしい装束で、式典は厳粛に執り行われた。資本主義経済活動のシンボル・蒸気機関車と日本の伝統的儀式とを組み合わせたこの光景は、鮮烈なコントラストを描き出した。明治5（1872）年9月13日付『東京日日新聞』は開通式の模様を次のように報じている。「…開化文明ノ運ニ際会スル幸福ニテ、全国ノ日ニ隆盛ニ進歩スルヲコトトシ、真ニ喜悦ニ堪ヘザルコト云ベシ……此夜館内ハ勿論、浜殿トモ数限リナキ彩燈ヲ点シ、燦爛タル烟火ノ揚リシハ、月モ光リヲ失ヒ、夜モ昼ヨリ見事ナリキ。」

　開業後は1日3400～3900人で60～75％以上の乗車効率があり、純利益を出し当初の想定どおり経済的・文化的・政治的役割を果たした。明治5年といえば東京・大阪間の電信開始、新聞創刊、学制発布、太陽暦採用、全国徴兵の詔など、新しもの好きの江戸っ子も食傷するほど目まぐるしく移り変わった年であった。その最先端をいく文明開化の花形として鉄道・蒸気機関車が登場したのである。

鉄道は富国強兵・殖産興業と同基調　大阪・神戸間の建設工事は明治3（1870）年7月30日着手した。石屋川隧道の掘削は日本鉄道史上最初の隧道工事であった。さらに武庫川・十三川・神崎川の鉄橋架設は、わが国鉄道最初の鉄橋架設工事であった。明治7年5月11日大阪・神戸間20マイル27チェーン（約32.7km）が開通する。続いて明治10年2月5日京都・神戸間が全通する。このとき日本人火夫の落合丑松・平野平右衛門・山下熊吉の3人が日本人機関方第1期生として初めて登用された。東西合わせて約67マイル（約107.8km）、東西両京を結ぶ基点がここに形成された。貨物輸送は明治6年新橋・横浜間に開始されている。

　明治10年2月15日西南戦争が勃発する。政府の軍事輸送の要請に鉄道は全力をあげて応えた。京浜間の軍事輸送は、定期列車を軍用列車に充てられた。兵員・兵器・弾薬などの軍需品やその資材などは横浜・神戸間、神戸・九州各港間を汽船で連絡輸送した。東京から九州まで5日ないし7日で、戦争終結まで兵士、巡査合わせて約3万人を輸送した。局部的であったが京浜・京阪神の鉄道は西南戦争の政府側勝利に大きく

貢献したのである。

　さらに、防ぎようもないほど高まりつつあった自由民権運動の波を、いつ起こるか予期できない不穏な事態を鎮圧する軍隊・警察の輸送手段に、鉄道を全国に張り巡らす必要が生まれた。事実、明治１７年１０月起きた秩父事件で上野・高崎間に開通した日本鉄道は、東京から憲兵や警察官を輸送し大きな成果を上げている。

　西南戦争を契機に鉄道は政府首脳のみならず、鉄道敷設に協力的でなかった軍部にも鉄道を軍事輸送としての機能を認識させた。富国強兵・殖産興業政策推進の要請を背景に鉄道は近代的輸送機関として、その後の幹線建設を推進させる一因となった。

　東西両京を結ぶ幹線鉄道の経路は、未開拓の山中を抜け文化の恩恵に浴さない地方に、外国船の海上からの攻撃を避けるという観点から、中山道経由で早急に建設する準備となった。明治１０年１２月建設資金確保の中山道公債証書条例（２０００万円の公債募集）が公布された。

静岡県議会議員
東海道敷設陳情
　明治１７（１８８４）年３月２９日静岡県議会で鈴木八郎、海野孝三郎の両議員は東京・京都間を結ぶ中山道鉄道が建設着手の段階に入ったと聞き、鉄道建設に関する建議を提出した。両議員はまず鉄道が殖産興業政策に不可欠な手段であることから説き、誘致論を展開している。「…願れば本県下国道４０余里、其間物産の繁殖少しとせず。只憂う利便の以て之を助くるなきを、今日にして鉄道敷設のことあらば、此等の繁殖将に一層の利益を生ずるに至らんとす。如斯くして本県己に工事を着手せば、神奈川・愛知の二県又正に我轍を踏まん。（中略）吾聞く中山道鉄道は己に其効を奏し、愛知県は将に之れを三河国まで連続せんとす。又聞く隣県甲斐の山梨は「ドコーレル」（フランス人ドコービルの発明した軌間６１０ｍｍの軽便鉄道）着手の挙ありと。然らば則ち、本県何ぞ猶予すべきの時ならんや、若し本県にして猶予することあらば、東海の産物は背中山道を以て東京に出て、旅人亦西に向て東京行を企つるに至らんとす。即ち当時の景情又以て案すべし」

　鉄道誘致運動は隣接県との競争意識に基づき、幹線建設期に入ると各

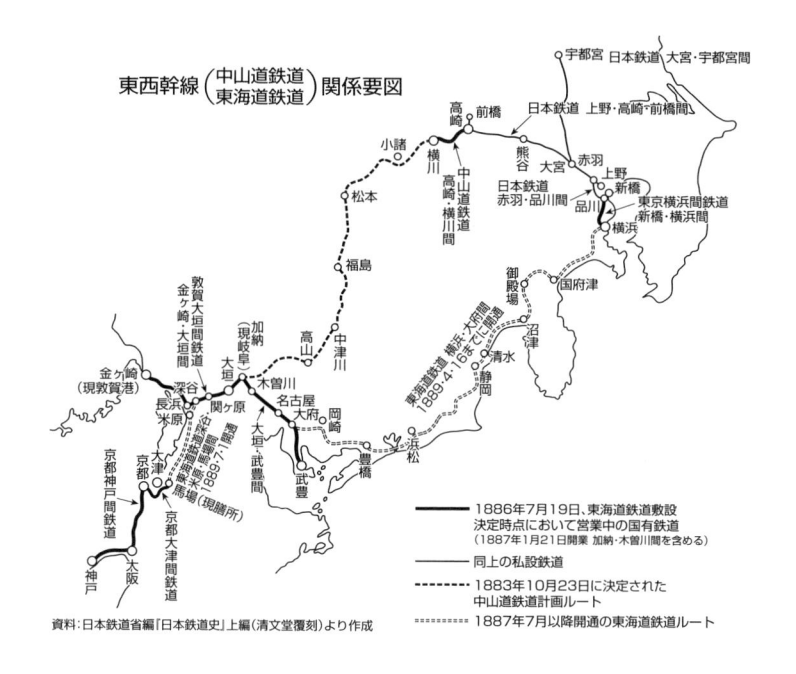

東西幹線（中山道鉄道・東海道鉄道）関係要図

資料：日本鉄道省編『日本鉄道史』上編（清文堂覆刻）より作成

地で起こってくる。この両議員らは静岡県下有数の地主であり、海野孝三郎は静岡県茶業取締所副頭取という特産物生産の中心人物で、彼らの鉄道誘致運動は、県内の農産物とくに特産品の製茶の輸送要請と密接に結びついている。この時期になると特定の地方の産業の発達にともないその要請に応じて鉄道敷設を希望し、また自ら資本を投じて鉄道会社を創立する動きも起こってくるのである。

明治初期の県内交通機関　東海道は幕末になると参勤交代は縮小消滅する。交通機関は徒歩・駅馬・伝馬・駕籠・渡舟などで、明治に入り太平洋岸を小汽船が就航するようになると、東海道を通過する客貨は減少していく。大井川の徒渉制度が廃止され明治３（１８７０）年渡船となり、安倍川橋が同７年に架けられ、宇津ノ谷峠を同９年トンネルで抜けられ、同１３年には小夜中山新道が開通し、人力車や乗合馬車が登場してきた。

　人力車は東京の和泉要助らが明治３年３月２２日許可を受け営業を始めた。同６年に東京・京都間を７日間で走破する人力車が現れる。同９

年東京府下だけで２人乗り１万３８５３両、１人乗り１万６１７両を数えた。

乗合馬車は横浜の川奈幸左衛門らが明治２年２月に出願、翌３年に中山譲治らが同様に出願し、同年５月共同営業を行う。馬２頭曳きの乗合馬車は定員６人、東京まで４時間で走った。外国人の乗車のほか帯刀人には乗車させていない。

明治８年になると駅逓寮（現郵政事業）から郵便馬車の下請けを行う内国通運会社６駅の業者が、郵便馬車と並行して新橋・宮（現名古屋市熱田区）間に従来からの人馬乗り継ぎ方式から路線賃金による長距離輸送の事業に切り替えていった。この交通機関は全区間を馬車を主軸に人力車・駕籠・汽車・小汽船を乗り継ぐもので大磯・江尻（現静岡市清水区）・浜松・新所（現湖西市）・岡崎・宮の中継地には監督が置かれた。主要駅間賃金（運賃）は、新橋から三島まで２円、静岡まで２円５３銭、浜松まで３円４３銭、豊橋まで３円７２銭、宮まで４円２９銭で、静岡・浜松間は９０銭であった。夜間とか降雨・積雪の場合には増賃金となったようである。

従来は駕籠賃など同一区間でも賃金は一定でなかったが、賃金が明確に定められたことで利用客にとってありがたいことであった。この賃金は新橋・横浜間の汽車賃、箱根ほか山路の駕籠賃、浜松・新所間の小汽船賃、河川の橋賃も含まれていたから、いわば連絡乗車運賃といえる。このような乗物の利用は庶民には高嶺の花であっただろうが、近世と近代とを結ぶ興味深い混合交通機関であった。

中山道案は東海道案に変更　中山道中部の測量を行ったところ、幹線を中山道経由にすると山岳地帯の難工事が予想された。工事費は巨額となり、列車は速度が出せず、石炭の燃料消費も膨大と想定され、幹線鉄道の機能が発揮できないことが判明した。東海道経由の場合では工事費は３分の２、トンネル・勾配とも少なく、運転時間も中山道２０時間に対し東海道１５時間以内と予想された。中山道案は地域開発・対外国戦を前提とした防衛構想も敷設理由であったが、日本の戦略がこの時代になると大陸出兵に傾き、以前の構想は退けられ、資金はイギリスの公

債に求められた。

　明治19（1886）年7月19日『閣令第24号』によって「今般中仙道鉄道敷設ヲ廃シ、更ニ工事ヲ東海道ニ起スニ決定ス」となり、最重要幹線と位置づけられた。建設費は1000万円を限度に、全線の開通は第1回帝国議会が開かれる明治23年までと決められた。明治19年11月測量の終わった横浜・酒匂川間から建設工事に着手した。

　同年7月20日付の『東京日日新聞』は「中山道鉄道は難工事に付廃止し、新たに東海道に鉄道を敷設す。既募債は東海道工事に使用」の見出しを掲げている。『静岡大務新聞』は同日付で「東海道線敷設で静岡県民狂喜」という見出しで次のように報じている。

　「…実に昨日を以て東海道鉄道敷設の義を発布されたり（中略）兎に角中山道の工事を中止して東海道へ敷設することとなりし上は、里程に於て七十五里の増長を見、且つ鉄橋架設を要する諸川少なからざれども、其工事の難易費額の多少等は中山道に要するものと同日の論にあらず、又其線路は各宿駅に通ぜらるるや、又は海岸に採らるるやは今日に於て知ることを得ざれど、将来製茶、紙類、綿、木綿、米麦等の物産益々勃興するの盛運に達するは明かなる事実なれば、吾々は先づ一大白を挙げて此一大快事の慶せんと欲するなり」

基本は最短期間と最少距離工費　東海道鉄道の路線は急勾配と急曲線をなくし、できるだけ直線的なコースが選ばれた。勾配の制限は箱根越えの山北・沼津間を40分の1、その他の平坦区間を100分の1、曲線の制限は半径20チェーン（約402m）とした。当時の蒸気機関車は出力が小さく急勾配に弱く、列車は急曲線を高速で通過できないからであった。工期と工費を抑えるため長いトンネルは避けている。当時の未熟な技術では多くの費用と人手を必要とし、工期を長期化させる要因であったからだ。例えば当時この路線最長の牧之原トンネル（長さ1056m、現在廃止）には21万3617円の費用と、最盛時には一時800人余の人手を要している。

　鉄橋も大きな費用と人手を必要とし短いに越したことはない。しかし鉄橋を短くすることは川幅の狭い地点に架橋することで、橋梁破壊の可

能性もある。大井川鉄橋（長さ1018m）のほか、天竜川鉄橋（長さ1209m）も川幅が最も狭い池田橋付近（川幅800m）を避けている。また富士川鉄橋が川幅約300mの狭い所を選びながら、川幅を広げて長さ571mの鉄橋としたのも高水のときの破堤を避けている。

静岡県東部の敷設ルート　東海道鉄道建設に先立つ明治3（1870）年、東西両京を結ぶ幹線について工部省出仕佐藤与之助と小野友五郎が東海道筋の調査を行い、翌年その調査は報告された。

　静岡県内のルートは国府津―竹ノ下（箱根北麓）―沼津―吉原―石部(せきべ)海岸（大崩海岸）―金谷原（牧之原）―牛渕―掛川―見付―浜松―二川とし、浜松―二川間は浜名湖北岸の気賀または南岸の舞阪を経由するものであった。報告書の『東海道筋巡覧書』によれば、後年現実のものとなった東海道鉄道のルートと大筋で一致するが、牧之原・磐田原両台地の通過方法はこれとは大きく異なっている。

　神奈川・静岡の県境は国府津・沼津間に箱根トンネルを掘るか、または国府津―山北―御殿場―沼津の2案があった。三島宿の山口余市・遠藤収平・大井慧太郎らは、箱根トンネルを築いて三島に鉄道を敷設しようと自ら実地測量したが、当時の土木技術ではトンネルの掘削が困難で結局御殿場ルートに決定している。

　小山（現駿河小山・標高254m）・御殿場間の御殿場寄り約9kmは、箱根越えの急斜面にあたり直線的な富士佐野（現裾野市）経由のルートにすると、勾配がとくに急なため路線を大きく迂回して鮎沢川沿い経由のルートとして、規定の勾配40分の1またはそれ以下の緩やかなルートとした。それでもこの路線の最大の難所だった。佐野以南ではこの地域の中心都市三島を通過せず、約2km西方の下土狩を経て沼津に直行する。三島通過の理由は約2km短縮されることと、地元が候補地とした薄原(すすき)は地勢が悪く停車場に適さないと判断されたためである。

　富士川鉄橋は最初東海道を遠く離れた河口に近い蒲原新道（東海道の脇道）沿いに計画された。ところがこのルートは富士川の川床の岩盤が深くて、急流に耐える橋杭が施工できないために中止され、現ルートに変更した。

静岡-浜松間の東海道鉄道の比較ルート・コース

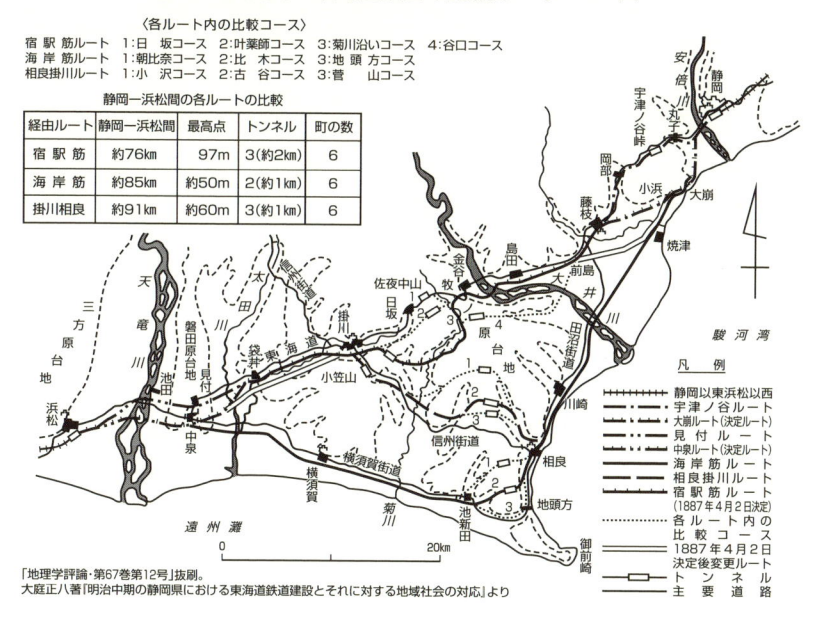

〈各ルート内の比較コース〉
宿 駅 筋ルート 1：日 坂コース 2：叶葉師コース 3：菊川沿いコース 4：谷口コース
海 岸 筋ルート 1：朝比奈コース 2：比 木コース 3：地 頭 方コース
相良掛川ルート 1：小 沢コース 2：古 谷コース 3：菅 山コース

静岡-浜松間の各ルートの比較

経由ルート	静岡-浜松間	最高点	トンネル	町の数
宿 駅 筋	約76km	97m	3(約2km)	6
海 岸 筋	約85km	約50m	2(約1km)	6
掛川相良	約91km	約60m	3(約1km)	6

「地理学評論・第67巻第12号」抜粋
大庭正八著「明治中期の静岡県における東海道鉄道建設とそれに対する地域社会の対応」より

中部敷設に 旧東海道の西方10kmには宇津ノ谷峠（標高170
4案2ルート 4m）の難所があり、その先には志太平野が続く。その西方には大井川と牧之原台地の一角、小夜の中山の難路がひかえている。

　静岡以西は最初駿河湾沿いのルートが選ばれた。ところが海岸筋には駿河湾に接する大崩海岸があり、岩石が堅いうえ切り立った海食崖になっていて難工事が予想された。宇津ノ谷峠も測量され比較すると大崩の方が難工事と判断され、一旦は宇津ノ谷ルートとなった。しかし結局は大崩ルートに収まる。おそらく宇津ノ谷は地形が険しく急勾配のうえ、大崩より5km遠回りになるからであろう。この区間は明治20（1887）年1月早々大崩トンネル（小浜トンネル・長さ967m）から着工された。

　大崩・中泉（現磐田市）間には、南部の海岸筋ルートと、旧東海道沿いの宿駅筋ルートの2案が対立し、いずれも一長一短で決めかねた。

　海岸筋ルートは大崩—焼津—川崎（現牧之原市）—相良—池新田（現御前崎市）—横須賀（現掛川市）を経て中泉に達する。このルートは地

東海旅客鉄道・東海道本線　27

形は大部分が平坦であるが、途中の相良・池新田間に牧之原が張り出しているのが問題になった。この区間は①朝比奈経由、②比木経由、③地頭方経由の3つの比較コースが測量された。その結果、②の比木コースが距離と地形のうえから最良とされ、海岸筋と決定した場合にはこのルートを採用することにした。2案とは別に相良―掛川ルートがあった。当時新聞紙上には仲裁測量や折衷線路などと呼ばれた。このルートは大崩から海岸筋を相良まで進み、相良から信州街道に沿って掛川に向かい、さらに宿駅筋を通って中泉へ達した。この区間は①小沢経由、②古谷経由、③菅山経由の3コースが測量された。②の古谷経由が最良とされたが、距離が短縮されず勾配やトンネルが多く見捨てられている。

　宿駅筋ルートは大崩から旧東海道宿駅に沿って中泉に達するものである。このルートでは①日坂経由、②叶薬師山経由、③菊川沿い経由、④谷口経由のコースが測量された。その結果、宿駅筋に決定した場合には③の菊川沿いを選ぶこととした。

遅れた県内宿駅筋ルート　明治20（1887）年1月8日付の『静岡大務新聞』には、宿駅筋ルートの4コースから選ぶ理由を次のように報じた。

　「…4通りにてありける、その中に日坂、叶薬師、谷口の3路線は何れも長し短しの小言ありて廃案となり、若し宿駅筋に決するなれバ、潮音寺道（菊川沿い）のほかあるまじくとの断定とはなりぬ」急勾配の緩和と長大なトンネルの回避を考えれば、当時この菊川沿いのほかは考えられなかったのである。

　大崩・中泉間はこうして宿駅筋と海岸筋を比較検討した結果、明治20年4月2日になってようやく宿駅筋ルートに決定した。このうち金谷・菊川間は牧之原台地の最も幅の狭いところをトンネルで通し、小夜の中山の難所を避けることはできなかったが、そのコースは大回りとなり、標高97mの牧之原トンネルを越えるため、1000分の10の勾配が延々と7km続き、静岡県内では箱根越えに次ぐ難所となった。

　この宿駅筋ルートの決定が遅れたため静岡・浜松間は、東海道鉄道の横浜・長浜間のうちで最後の開通区間となっていくことになる。

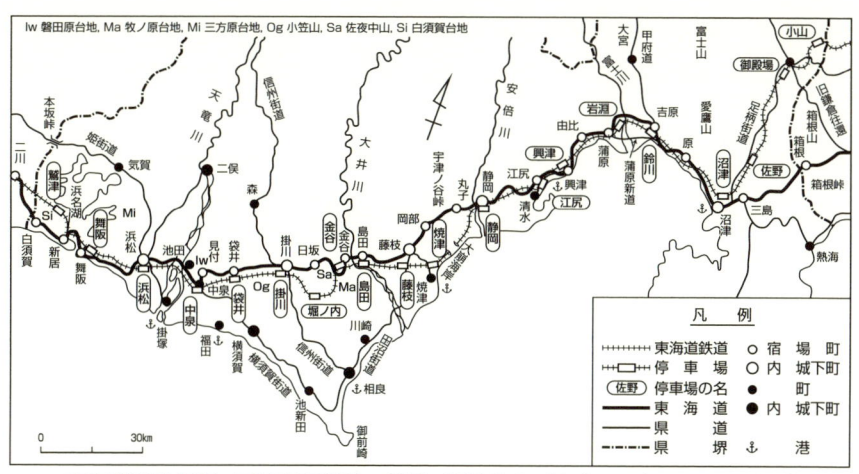

東海道鉄道新橋・長浜間開業時の鉄道・街道および町（1889年4月16日当時）
（渡辺（1981,pp.141-142）の「新橋・長浜間鉄道運輸開始時刻並賃金表」より作成）
Fig,1 Tokaido Railway :main roads and towns at the opening of the railway(April 16,1889)

　この間の事情を『静岡大務新聞』は明治２０年４月１２日付で次のように報じている。「大崩・中泉間の鉄道敷設決定す　駿遠両州の間に昨年来大問題となり居たる、東海道鉄道の線路も予輩が此の程紙上に於て披露したる如く、いよいよ決定の運びに至りたり。蓋し此線路の議論も其発生の始より今日迄に幾多の変遷ありたることは、世人の既に承知のことなるべし。最初は静岡以西浜松以東の問題なりしものが、昨年の臘尾となりては、静岡より大崩迄、又は浜松より中泉迄は先ず決定の姿となりてより、議論の範囲頗る収縮したるやの観なきに非ずと雖も、固と元と宿駅、海岸両筋の目抜とも称すべき地方は、大崩中泉の間は、在々ことなれば、両筋論者の熱心に旧に仍りて変ずることなく、何れも頸を延て、其決定を望み居たる。其際に折衷線路の測量を相良より掛川に向けて着手さるることとなりたれば、政府の意見は両筋の間に仲裁を試むることには非ずやとの説もあり、斯くなれば此上もなき地方の便利なるべしとて、予輩も亦た此の折衷線路の採用されんことを希望したりしに、此の線路測量は遂に其効を果さざりしやにて、つゐに宿駅筋に決定さるるに至れり」

　海岸筋と宿駅筋の両論の対立と、仲裁ルートともいうべき折衷案など

東海旅客鉄道・東海道本線　29

もささやかれる中で、宿駅筋に決定したという経過を報道している。

宿駅筋ルート決定後3コース　こうしたルートの決定は、さまざまな誘致運動の結果であると同時に、当時の鉄道敷設工事技術や敷設された鉄道を走る列車運転技術にも深くかかわるものであった。

　宿駅筋ルートが決定してから静岡・浜松間の開通までに、コースが再び変更された区間が3コースある。それは大崩海岸付近、大崩・島田間、掛川・中泉間であった。大崩海岸付近は高い海食崖が直立し時々石片が落下して危険なため石部トンネルが掘られた。大崩・島田間は大崩―小浜―越後島―平松―藤枝宿―島田のコースであったが、大崩―中村（現焼津市）―前島（現藤枝市）―島田コースとなった。これらはおそらく鉄道当局が全国の主要港と鉄道とを結びつけていたこと、鉄道資材を焼津港に陸揚げする関係、それに焼津の水産に着目していたかも知れない。掛川・中泉間は旧東海道沿いであったが、南方の小笠山麓沿いの方が直線的で水害の心配もないこと、山沿いのため工事用土が得やすい利点がある、との説もある。東海道鉄道の敷設には第1回帝国議会の議員召集に間に合わせるという動かし難いタイムリミットも加わり、最終的には種々の条件を勘案して決定されたルートでもあったのである。

静岡県西部の敷設ルート　遠州の磐田原台地は、東斜面が太田川平野、西斜面が天竜川平野に面し河食崖となっている。天竜川は川幅が800mから1500mもあり、往古より交通の障害であった。ここでは見付―池田―天竜川―浜松の見付ルートと、中泉―天竜川―国吉―浜松の中泉ルートの2案があった。見付ルートは台地の標高（30～40m）が高く、天竜川の川幅が狭いのはよいが、高水のとき破堤の危険がある。一方中泉ルートは台地の標高（約10m）が低く、天竜川の川幅（約1200m）は広いが、安全性で軍配があがり中泉ルートに決定した。

　静岡・愛知の両県を結ぶ旧街道には、浜名湖をはさむ湖南の東海道と湖北の姫街道があった。鉄道建設時に鉄道当局に湖北ルートの史料は見当たらない。湖北の場合、距離が延長され三方原台地を縦走し、険しいリアス式湖岸線で難工事が予想された。湖南の場合であると、浜名湖を

約４ｋｍにわたり横断するものの、水深が通船となる箇所以外０．５〜１．０ｍときわめて浅いうえ、水面はおだやかで湖底が砂質であることから築堤等の工事にあまり問題とならなかったようである。

新居町・二川間は、東海道白須賀宿を通らずに鷲津を経由している。白須賀コースは距離約１６ｋｍ、標高７５ｍ、鷲津コースはそれぞれ１３．８ｋｍ、３６ｍで鷲津コースに決定する。

路線と停車場の誘致運動　旧東海道宿場町での鉄道反対運動の言い伝えは、地誌や市町村史類の文献に見られる。例えば三島宿・藤枝宿・日坂宿・見付宿・白須賀宿、それに川崎・相良・池新田・横須賀などである。その理由は、蒸気機関車の吐く煙で町がすすける、機関車の火の粉で藁葺屋根に火がつき火事を起こす、汽車が通ると旅人が素通りしやかましいだけで町がさびれる、赤子が夜眠らない、稲が枯れる、鶏が卵を産まない、牛が乳を出さない、沿岸から魚が逃げるなどであった。

東海道鉄道敷設が発令されると、地域的な誘致運動が活発になっていく。静岡大務新聞社の山田一郎・近藤荘吉らの記者は、明治１９（１８８６）年５月から同年１０月にかけ藤枝・袋井・静岡・吉原・興津・静波・池新田・金谷・島田・横須賀などで、文明の利器・鉄道の必要性を精力的に説き回っている。これらの会場ではいずれも盛大な集会がもたれ、県当局などへの積極的な誘致合戦を展開している。また新聞紙上には、新聞社の論説や一般からの投書が掲載され、鉄道誘致が盛んに議論される。

同年８月藤枝・見付間有志が鉄道を宿駅筋に誘致するため、関口隆吉静岡県知事に奉呈した「東海道鉄道ニ付上申」には、９郡１３０カ宿町村７４８人の署名と、進達者２１カ戸長の氏名が連記されている。またその中には反対運動があったと伝えられる藤枝宿３２人、日坂宿２７人、見付宿２０人の署名も見られる。

陳情に対する県知事・書記官らの対応は「東海道ハ国家の大事業にして、政府が親ら之に着手することにしあれば、之れが線路と停車場とに就いて地方官たるものは彼是と意見を抱くべきに非ず、政治上の都合もあれバ、静岡には一の停車場ハ設置あるべく哉と考へらるれども、但だ

上申書の儀ハ一応之を其筋に取次の計らひをなすべし」と答え、希望どおりには進められてはいない。

鉄道相場・鉄道景気　　に大地主の建設反対　鉄道敷設の工事期間が短かかったため、多くの作業員を一時に必要とした。当然作業員の日当は高くなり、人力車の車夫や製茶職人など多くの人たちが現金収入の魅力にとりつかれて線路工夫に早変わりするので、他産業の業者たちは人集めに苦労したという。鉄道用地の買収で土地が高騰し「鉄道相場」といった。沿線の飲食店や料理店などがにわかに繁盛し、これを「鉄道景気」といった。

　江尻には清水港があって静岡県一の大停車場ができる風評が立った。しかし江尻の大地主の多くは停車場の建設に反対した。建設予定地は先祖伝来の土地であり美田でもあり、小作人にとっても死活問題であった。最後まで譲渡を拒否し続けた地主の家屋もついに取り壊され、江尻停車場は設置されたが用地買収問題のためか停車場は当初計画より小規模になったという。

　鉄道路線の誘致運動より少し遅れて停車場の誘致運動が始まる。路線とちがい決定した路線のある地点に設置されるのであるから多くの停車場は実現される。外れたところは三島・加島（現富士市）・蒲原・由比・川井（現袋井市）・森本（現磐田市）などであるが、川井以外は開通後に次々に実現していく。このうち三島は開通前に町ぐるみで陳情運動を展開するが、前述のとおり候補地の地勢が悪く昭和9（1934）年12月1日の丹那トンネル開通まで据え置かれる。浜松停車場は当初計画では南方の龍禅寺付近であったが、浜松町民の東海道筋に近づける変更運動で現在地となったが、希望の地点ではなかったという。浜松駅のホームに立つと線路が東方より西南へ大きく屈曲しているのはそのためであろう。

　鉄道忌避伝説は確かにあったようではあるが、その根拠となる史料は提示されず、当時の文書や新聞記事によれば三島・藤枝・日坂・見付の各宿でも、むしろ鉄道誘致運動が盛んであったのである。

沿線の主要な敷設状況　静岡の鷹匠町にあった鉄道局派出所は、明治１９（１８８６）年１０月に江尻へ移転した。各郡役所に鉄道係をおき、土地買い上げの事務を管掌し、翌年早々から江尻・静岡間、江尻・富士間が着工された。清水港には５７．６ｍの防波堤、９０．９ｍの桟橋などが建設され、鉄道敷設用の機械資材が陸揚げされた。前年１２月箱根越えの工事拠点に沼津機関庫が設置された。

　一方、狩野川河口からは沼津に至る蛇松線（後の国鉄沼津港線）が、東海道鉄道に先がけて明治２０年３月２７日に開通し、鉄道資材が敷設現場に輸送された。鉄道用の石材は、庵原郡洞村から産出される安山岩が採用された。江尻・金谷・中泉にはレンガ工場が設置され、重要な建設材料として搬出された。中部地区の工事の難所は薩埵峠のトンネルと横砂から清水湾と狐ヶ崎の切り通しであった。

県内５大河川湖の建設状況　静岡県は大きな河川が多く、橋梁工事はトンネル工事と同様に難工事であった。富士川は県内４大河川の中で最も急流で、当時台風の時期になると田畑が荒らされた。富士川鉄橋は、工事の都合上左岸松岡村の帰郷堤を取り除いて下流に新堤防を築く計画であった。ところが地元民から反対運動が起こった。堤防が堅固に修築されて、土地から離れていた農民が故郷に帰り「帰郷堤」と呼んでいたものが、鉄道工事で再び洪水に見舞われると判断されたからである。そこで鉄道省は工事計画を一部変更し、出水に耐えられるよう川幅を広げて建設した。橋脚は最長１０．８ｍ、長円形井筒を岩盤まで最長１２ｍまで埋め込み、その上に７０ｍの橋げたを９連架け、約２年後の明治２１（１８８８）年に完成した。

　安倍川鉄橋は鉄脚に桶工法を用いて１年後の同２２年２月に完成した。大井川鉄橋も１年後の同年１０月に完成させた。天竜川鉄橋は１２０９ｍ全国第５位の長さで、わが国最初の鋼製鉄道橋梁で約２年かけ同２２年４月に完成した。浜名湖は建設以前の同１４年、金原明善が木橋を架け有料橋としていた。第一浜名鉄橋は同２０年１２月、第二浜名鉄橋は翌２１年１月、第三鉄橋は同年３月にそれぞれ完成する。この完成で有料の木橋は利用者が減り一部を鉄道に提供された。

架橋・トンネル掘削・急勾配敷設など、鉄道建設の難工事とされるすべてを日本人技師が設計した。単線路線ではあったが、静岡県内全区間を着工から2年4カ月の短期間に竣工したことは、欧米から移植された鉄道建設技術の自立水準を世界に示すものであった。
　明治22年2月1日静岡・国府津間の鉄道開通を祝って、静岡停車場で盛大な開業式が予定されていた。ところが、当日明け方静岡市一番町焼いも稼業宅から出火、静岡大火となり祝宴は形だけとなり、折詰弁当は罹災者に回され、新聞も翌朝休刊となった。

明治22年に静岡県内全通　東海道鉄道は、建設工事を終了した区間から3区に分けて開通した。まず、明治21（1888）年9月1日愛知県大府・浜松間55マイル43チェーン（約89.4km）が開通、次いで翌22年2月1日神奈川県国府津・小山・静岡間71マイル27チェーン（約114.8km）が開通、さらに同年4月16日静岡・浜松間47マイル35チェーン（約76.3km）が開通し新橋・長浜間が全通する。

　同年7月1日湖東線馬場（現膳所）・米原・長浜間、米原・深谷間が開通して、東海道鉄道新橋・神戸間376マイル31チェーン（約605.6km）が全通する。小山から鷲津までを静岡県内の路線距離とすれば、125マイル75チェーン（約202.6km）あり、全線のほぼ3分の1を占めていることになる。

　全通当時の東海道鉄道は、新橋・神戸間1往復、新橋・京都間1往復、新橋・名古屋間1往復、新橋・静岡間1往復、名古屋・神戸間2往復、静岡・神戸間1往復で、合計7往復の長距離列車の運転であった。

　静岡停車場を基準にすると、上下線各4本の列車が発着した。なお、同停車場初代駅長には由緒ある新橋停車場より渡辺勇九郎が赴任する。

　新橋・神戸間直通列車の運転時間は、下り20時間5分、上り20時間10分で、一区間平均停車時分と交換時分を含め16分30秒を要したことになる。表定速度は毎時30.2km、とくに箱根越えの国府津・静岡間は毎時23.9kmから25.5kmであった。

　静岡から新橋まで6時間32分、神戸まで13時間51分を要した。

これは大変なスピードであった。明治14年の長距離馬車で東京・大阪間1週間、明治16年横浜・神戸間に就航した蒸気船で3日から4日かかったところ、鉄道は一挙に一昼夜に短縮したのである。

富士山を背景に安倍川鉄橋を渡る東海道線下りの蒸気機関車牽引の旅客列車（静岡・焼津間）

東海道鉄道全通を機会に、鉄道局は旅客運賃を1マイルにつき下等1銭、中等2銭、上等3銭の距離比例制に改正した。また、実測マイル程とは別に営業マイル程を定めた。これは実測マイルが80チェーンを1マイル（1609m）とするため、80チェーンを100分率に換算し4区分して0.25マイルごとに距離を表した。

**運賃は高額だ　　**運賃は新橋・神戸間下等3円67銭、小山・鷲津間
が安全・迅速（静岡県内間）下等1円16銭、静岡・新橋間1円20銭、静岡・神戸間2円56銭で、中等運賃は下等の2倍、上等運賃は下等の3倍であった。米1升（1.5kg）6銭4厘の時代だから決して安い料金ではなかった。しかし、日本郵船は鉄道開通に合わせ、横浜・神戸間の蒸気船の下等運賃を5円50銭から一挙に2円50銭に値下げして鉄道に対抗したが、旅客は次第に東海道鉄道を利用するようになっていった。「手形」と呼ばれた乗車券を購入すれば、最寄りの停車場から誰でも容易に乗車でき、安全に速く目的地に着く鉄道の簡便さは、新時代にふさわしい交通機関となった。

東海道鉄道開通直前まで静岡中学に通うため浜松の子弟が静岡に下宿していたが、鉄道開通後は浜松から鉄道通学に替えたという。学生気質や社会環境は異なるが、これを浜松から東京大学へ新幹線通学したとしても、現代の方がはるかに時間的料金的に余裕があることになる。

日本の幹線交通体系に大変革　東京・大阪間は江戸時代以来わが国の幹線交通路として、その交通量は旅客・貨物とも全国最大のものであったが、東海道鉄道の開通はわが国の幹線交通体系に大きな変革をもたらしたのである。国府津・静岡間が開通してまもない明治22（1889）年2月11日、大日本帝国憲法が発布され日本は近代国家の第1歩を踏み出した。東海道鉄道全通の翌年3月、日本陸海軍は天皇親閲のもと同線と既設の私設鉄道を動員して濃尾平野で軍事合同大演習を挙行した。

兵員2万2000人、軍馬1263頭・砲車・砲架・架橋資材など多数の軍事輸送をテストした。鉄道建設の一方の目標が軍事輸送にあったことを示している。

明治23年7月1日第1回衆議院議員総選挙が行われ、選出された東海・関西地方以西の代議士たちの多くは、東海道鉄道を利用して勇躍上京し、同年11月25日第1回帝国議会の開会に臨んだ。

明治19年7月幹線計画を中山道線から東海道線に転換し、その実現を帝国議会開会までとする井上勝鉄道局長官の伊藤博文への約束は、こうして果たされたのである。

浜松・大府間の開通のとき、浜松駅では山本六平が竹皮包みの弁当を販売した。沿線名物の「うなぎ弁当」は大正6（1917）年からである。静岡駅では静岡・浜松間開通の年末に旅館業加藤滝蔵が弁当8銭、寿司6銭、まんじゅう1銭で立ち売りを始め、翌年には安倍川餅・ワサビ漬けなどの土産販売も行う。沼津駅でも同年4月宇野三千三が弁当13銭、ひとよすし8銭、まんじゅう5銭で販売している。東海道鉄道全通に先だって明治22年5月に、長時間乗車に必要な便所が列車に取り付けられた。

鉄道は不遇で有能な少年達の登竜門　新宿駅長剣持慶太は、幼少のころ江尻停車場方面によく汽車見物に出掛けては子供ごころに次のように感じとっていた。「桐の葉っぱが動輪を抱えた金の帽章、5つの金ボタンをつけた制服、駅員の働く姿が慶太にはとてもハイカラで粋でスマートで、ガラス越しに惚れぼれとのぞいては痛いように羨望にときめい

静岡県内の東海道鉄道開通時の停車場一覧

	停車場(現在名)	開通当時の地名	(平成合併前の市町村名)	開通当時の停車場の立地条件
1	小山(駿河小山)	駿東郡小山村	(同小山町)	山村。
2	御殿場	同 上新橋村	(御殿場市)	御殿場村で足柄街道と旧鎌倉往還が交わる。
3	佐野(裾野)	同上平松新田村	(裾野市)	足柄街道に沿う。
4	沼津	同上沼津城内町	(沼津市)	沼津宿、旧城下町、沼津港、鉄道資材を陸揚げ。
5	鈴川(吉原)	富士郡鈴川村	(富士市)	隣接の吉原宿は甲府道の起点、駿河半紙。
6	岩渕(富士川)	庵原郡中之郷村	(同富士川町)	岩渕村は合の宿、東海道と甲府水運の結節点。
7	興津	同 上興津宿	(清水市)	興津宿。
8	江尻(清水)	同 上江尻宿	(清水市)	江尻宿、清水港、鉄道建設資材を陸揚げ。
9	静岡	同 岡	(静岡市)	静岡宿、旧城下町、県庁所在地、漆器、製糸、マッチ。
10	焼津	益津郡焼津村	(焼津市)	漁港、海運業、鉄道建設資材を陸揚げ。
11	藤枝	志太郡青島村	(藤枝市)	農村、藤枝宿(旧田中城下町)より3km南。
12	島田	同 上島田町	(島田市)	島田宿、紡績。
13	金谷	榛原郡金谷町	(同金谷町)	金谷宿。
14	堀ノ内(菊川)	城東軍西方村	(小笠郡菊川町)	農村、交通上の地の利。
15	掛川	佐野郡南郷村	(掛川市)	隣接の掛川宿は旧城下町、製糸。
16	袋井	山名郡笠西村	(袋井市)	袋井宿に隣接。
17	中泉(磐田)	豊田郡中泉村	(磐田市)	見付宿南2km、中泉代官所、遠州木綿、商業地。
18	浜松	敷知郡浜松町	(浜松市)	浜松宿、旧城下町、県西部要衝、遠州木綿、オルガン。
19	馬郡(舞阪)	同 上馬郡村	(浜松市)	舞阪宿に隣接、舞坂は漁港、海運業。
20	鷲津	同 上鷲津村	(湖西市)	農漁村、浜名湖の港、浜名湖鉄橋資材を搬出。

「明治中期の静岡県における東海道鉄道建設とそれに対する地域社会の対応」大庭正八著所収

た。銀章の味噌こし帽子をかぶっているのが傭人、金ボタンが雇員、その上に判任官・高等官というのがあると聞いてびっくりしちゃった。判任官以上になると、詰えりのホックの両端に銀シッポーでできた桐の紋のメンコが軍国的な威厳を誇示して、これまた羨望の的であった」。帽子をかぶり金ボタンをつけた洋服などは、民間では当時巡査と鉄道員ぐらいで、鉄道は恵まれない有能な少年たちにとっての登竜門であった。

　官設鉄道の路線の名称が正式に決まったのは、明治28(1895)年4月1日に東海道線となり、明治42年10月12日から2段階式の区分が始まり東海道本線となった。

　明治29年9月1日新橋・神戸間に初の急行列車が下り17時間22分、上り17時9分で運転され、急行貨物列車も3年後の8月1日に運転されている。

　『鉄道唱歌』(東海道線篇)は、明治33年大和田建樹作詞・多梅稚作曲によって作られ、その21節に「駿州一の大都会、静岡いでて安倍川を、渡ればここぞ宇津の谷の、山切り抜きし洞の道」と歌っている。

夏目漱石の名作
「三四郎」登場　文豪夏目漱石は明治４１（１９０８）年９月１日より同年１２月２９日まで『朝日新聞』に小説「三四郎」を連載し、冒頭の部分で浜松駅を登場させている。

「…三四郎は聊(いささ)か物足りなかった。其代り、「えゝ」と云ふ二字で挨拶を片付けた。「科は？」と又聞かれる。「一部です」「法科ですか」「いいえ文科です」「はあ、そりゃ」と又云った。三四郎は此はぁ、そりゃを聞くたびに妙になる。向ふが大いに偉いか、大いに人を踏み倒してゐるか、さうでなければ大学に全く縁故も同情もない男に違いない。然しそのうち何方(どっち)だか見当が付かないので此男に対する態度も極めて不明瞭であった。浜松で二人とも申し合わせた様に弁当を食った。食って仕舞っても汽車は容易に出ない。窓から見ると、西洋人が四五人列車の前を往(い)ったり来たりしてゐる。其うちの一組は夫妻と見えて、暑いのに手を組合わせてゐる。女は上下とも真白な着物で、大変美しい。…」

　三四郎が上京する東海道線の車中で中年男と出会い、この男こそ三四郎が将来敬愛する広田先生であるが、まだ三四郎には知るよしもない。

　明治４５年３月ジャパン・ツーリスト・ビューロー（日本交通公社・現ＪＴＢ）が設立される。浜松では町ぐるみで鉄道工場の誘致運動が盛んに行われ、約１０年かけて大正元（１９１２）年１１月現在地に完成している。天竜川橋梁（１２０９ｍ）が同２年８月落成し東海道本線が複線化する。

　このころより幹線鉄道を中心に鉄道の発展期を迎える。翌３年１２月２０日辰野金吾設計の東京駅開業。大正８年３月１日東京乗合自動車（青バス）営業開始。明治４５年６月１５日には新橋・敦賀間急行列車がウラジオストック行の定期船と接続している。

　大正１２年９月１日関東大震災により京浜地方は大被害を受け、静岡県東部でもその影響を被る。その後、国鉄と連絡社線貨車の自動連結器取り替え、東海道本線の５０ｋｇレール化、旅客列車のエアーブレーキ採用、Ｃ５１形蒸気機関車の水槽車連結、昭和５（１９３０）年１０月には東京・神戸間を９時間で結ぶ超特急「燕」がデビューしている。

箱根越え３案中の難所熱海停車決定　国府津・御殿場経由静岡間の箱根越えは、東海道本線最大の難所とされ同線最高位の御殿場をＢ６と呼ばれる別の機関車が後部から押し上げ、列車はあえぎあえぎ登っていた。これでは危険率も高く、将来輸送能力が行き詰まると判断された。

１６年の歳月と６７人の犠牲者に２６００万円の総工費で昭和８年６月１９日貫通した丹那トンネル（７８０３ｍ）で喜びに沸く工事関係者

　明治４３（１９１０）年鉄道院総裁後藤新平は熱海線建設の検討に入り、翌年６月線路測量に着手した。当初この箱根別線には３案があった。第１案は湯河原から田代盆地の下を抜け三島・沼津を結ぶコース。第２案は熱海まで延長して丹那盆地の下を抜け直接沼津に結ぶコース。第３案はこれに並行した比較線である。鉄道院では尾崎紅葉作『金色夜叉』で著名な熱海経由を一蹴することは忍びなかったが、湯河原から三島へ抜ける第１案を採れば、泉越えトンネルの掘削はなく距離も第２案より３マイル（約４．８ｋｍ）余短縮された。

　ところが、松方正義侯はじめ有名人の別荘が多くなった熱海は偉大であった。当時、政界に長老として君臨していた三浦観樹将軍の「世界的な熱海温泉を除いて鉄道を考えるバカがあるか！」の一喝が万事を決めた。国府津から小田原を経て南下し、静岡県に入って熱海から伊豆半島の付け根を丹那トンネルでくぐり、三島から沼津で結ぶルートとなった。

　丹那トンネルの着工は熱海口から大正７（１９１８）年４月１日、三島口が同年７月５日から工期７年、工費７７０万円で開始された。

　工事は多量の湧水（最大水圧は消防ポンプのホース水圧の１００倍以上）に悩まされ困難をきわめた。

吉村昭作「闇を裂く道」の舞台　　作家吉村昭は昭和６１（１９８６）年４月１日より同年１２月３１日まで『静岡新聞』紙上に『闇を裂く道』と題し、丹那トンネルの工事の経過とそれに関連することがらを小説化している。大正１３（１９２４）年２月１０日の土砂崩壊事故の描写を抽出し要約してみる。

「…坑夫らが閉じこめられた坑奥は、湧水が噴出していて水位はすでに天井までにとどいていると想像された。貫通まで７０時間近くかかることを考えると、全員を救出できる望みは薄かった。坑口付近には閉じこめられた者たちの家族がつめかけ、狂ったように泣き声をあげていた。現場主任塚本季治郎を先頭に三十名で編成された決死隊が救助坑に入った。「いたぞぉ」と叫んだ。塚本は近づき、カンテラをかざした。灯に一人の男の姿が浮かび上がった。その体は、天井の板の間に無理に押しこんだらしくはさまっていて、右手が電線をかたくにぎりしめ、顔が天井の壁に仰向きになって密着していた。他の者たちが流れを押しわけて近づいた。遺体の足を引いたが動かない。板をゆるめ、ようやく体が動いたので、強く足を引くと、遺体がしぶきをあげて水の上に落ちた。体を抱き、顔を見た塚本は、息をのんだ。鼻がけずられたように欠け、骨が露出している。男は、急激に上昇する水からのがれるために天井にあがり、板の間に体を突き入れた。さらに水があがってきたので、男は天井の壁に顔を押しつけて必死に呼吸をし、その激しい動きで鼻がかけたにちがいない。塚本は男の苦しみがいかに激しかったかを知った。１６名全員の遺体を収容し外に出た。１７日間にわたる救出作業は終わった。」大正１０年４月１日熱海口で、同１３年２月１０日三島口で、ともに土砂崩壊で３２名が死亡、小さな事故は数知れず起こり、犠牲者は実に６７名におよんだとあるが、ほかに下請け工事従事者にも犠牲があったようである。

１６年の歳月かけ丹那トンネル開通　　昭和９（１９３４）年１２月１日ついに丹那トンネルは開通する。１６年の歳月と２６７３万円の巨費を要した延長７８０３．８ｍの複線型長大トンネルの完成により、熱海線熱海と東海道本線沼津間２１．６ｋｍが結ばれる。

国鉄東海道本線のＥＦ５８２６電気機関車牽引の旅客列車
（金谷・菊川間）

丹那トンネル完成までには、関東大震災による被害、また地下は洪水、地表は渇水という皮肉な結果をもたらし、渇水による被害は丹那盆地・近隣集落・柿沢川下流域における、数百回に達する地元住民の陳情、さらに相次ぐ死亡事故などで世論は一時工事中止を叫び騒然としたこともあった。すでに国府津・熱海間２６．９ｋｍの熱海線は大正１４（１９２５）年３月２５日開通していた。熱海・沼津間の開通により、函南・三島の各駅も開業し、熱海線は東海道本線に編入され、従来の東海道本線国府津・御殿場・沼津間６０．２ｋｍは御殿場線と改称した。

　丹那トンネル開通により超特急「燕」は東京・神戸間８時間３７分に短縮され、東京・沼津間にＥＦ５３形電気機関車、沼津・神戸間はＣ５３形蒸気機関車に替わり流線型が活躍する。この時期は東海道本線を含め日本国有鉄道の黄金時代である。

戦時輸送体制下の国鉄　貨物輸送は昭和６（１９３１）年９月１８日の満州事変以来、次第に戦時輸送体制へ向かった。同１１年輸送力増強のためＤ５１形蒸気機関車が貨物用標準機として昭和２０年まで１１１５両が製作され、大活躍し「デゴイチ」の愛称で親しまれた。旅客用にはＣ５４大型蒸気機関車が高性能で扱いやすく好評で、東海道・山陰本線で活躍した。ローカル線建設もこの年ごろまで全国に進んだ。昭和１２年７月１日の時刻改正で静岡は横浜・名古屋・京都・大阪・三ノ宮・神戸とともに全列車停車駅となる。

　同年７月７日日中戦争が始まると国鉄は本格的な軍事輸送体制に移行する。この年１０月日本通運株式会社が国策により創立している。

軍隊の大移動と軍需物資輸送で、東海道本線・山陽本線の輸送力はたちまち限界に近づく。昭和１４年になると、各駅には「お急ぎでない方は御旅行は御遠慮願います」のポスターが貼り出された。
　このころ東京・下関間を９時間５０分（東京・大阪間４時間５０分）で直結する弾丸列車計画が具体化する。しかし昭和１６年１２月８日太平洋戦争開戦となり資材・人員不足から弾丸列車計画は翌々年中止される。このときの用地やトンネルが、戦後の東海道新幹線建設に生かされるのである。
　翌１７年１１月５日関門トンネルが開通し、戦時非常体制のダイヤ改正が行われ、２４時間制が採用され、旅客列車の削減が続く。貨物一貫輸送の必要から地方鉄道の買収が進められる一方、閑散線区の営業休止、レール・橋げたなどが砲弾や軍事資材に転用されていく。
　二俣線掛川・新所原間６７．９ｋｍは、昭和１５年６月１日全通し、天竜川・浜名湖両鉄橋の破壊に備えた。事実、同２０年７月２４日の空襲と、同月３０日の艦砲射撃を受けたとき、軍用列車は二俣線を迂回輸送している。
　太平洋戦争末期の昭和１９年後半から、米軍機の空襲による被害は増大した。男性職員は次々に戦地に送られていったから、若い女性が職場に進出していた。静岡県内の空襲回数・飛来機数・投下爆弾トン数・死亡者数は、主要都市だけでも浜松２７回・５５７機・３０８３トン・３２８１人、静岡１６回・２１２機・１２３５トン・１７９６人、清水１９回・１５５機・１１６３トン・３５１人、沼津６回・１２５機・１０５１トン・３１８人で、その被災状況は全国第８位であった。
　国鉄の経営状況は創業から太平洋戦争突入まで、鉄道独占時代だったこともあり、営業係数は６０前後の超黒字を堅持した。物資は乏しく、生きるに精一杯の戦時下の昭和１９年でさえ７５の係数の健全経営であった。昭和２１年まで「減価償却」は採用されてはいないが、収支バランスは十分保たれ、国鉄の特別会計から臨時軍費に流用されていた。

戦後混乱期の輸送状況　太平洋戦争敗戦後、東海道本線は一般旅客輸送に加えて復員兵・引き揚げ者・疎開先からの帰省客・買い出し客・

ヤミ屋、さらに進駐軍輸送という過大な負担が重くのしかかった。

　施設が荒れ果てているうえ、石炭とは名ばかりの低カロリーの粗悪炭に機関士たちは悩まされ、列車削減を繰り返した。乗客の乗車は車窓から大きな荷物と同時にわれ先に転がり込むのが一般的で、車内秩序は乱れ、連日早朝から深夜まで混乱は続いた。昭和２２（１９４７）年１月には急行列車を全廃し２等車の連結もやめ、戦争末期より劣悪な状態に落ち込んだ。そのような無残な状況の中でも進駐軍専用列車だけは最優先で走り、関係者も沿線利用者も敗戦国の悲哀をかみしめた。

蒸気機関車の雄姿は　　東海道本線機関士の池田喜重は著書『機関車の
戦後復興のシンボル　　窓』の中で、暁の牧之原台地を登る苦闘を記している。「…友田信号機のれべるでわずかに加速、余勢を駆って後半に挑む。金谷の山は厳しい寒気の中に眠っている。急行直通貨物牽引Ｄ５０３０４号とともに、死にもの狂いで登ってきた。第２菊川手前２１６ｋｍ地点、上り勾配１０００分の１０、半径４００ｍの曲線だ。時速２３ｋｍ、きしる動輪は空転寸前。白熱の火室は１３００度、動く熔鉱炉だ。煙突は黒い煙を暁の空へ噴き上げる。茶山の冷気をふるわせ、くぬぎ林をゆさぶる。米粒状の不完全燃焼の石炭が首筋に入る。いよいよ難所だ。速度はじりじり落ち、いつ空転してもおかしくない。私は機関車から飛び降り、土砂を両手ですくい、レールに乗せる。走る機関車の前でのこの作業は至難の業だ。必死に走り続けること数百ｍ、やがて山上の金谷駅構内信号機は、進行現示で安堵する。目の前の牧の原隧道が、黒い大きな口を開けている。必死でおさえた空転、峠は近いが気を抜くな。がんばれＤ５０。それ行けＤ５０。汗ばむ菜っ葉服が重い。６０両の長い列車は、よたよた揺れながら、しがみつくようにして登ってくる。」

　蒸気機関車の超然とした勘高い汽笛の音と、ダイナミックに黒煙を吐きながらたくましく驀進する動輪の響きなどは、敗戦で打ちひしがれていた人びとに限りない勇気と活力とを与えていたのである。

　昭和２４（１９４９）年６月１日連合軍占領下にあった国鉄は運輸省から分離独立し、公共企業体日本国有鉄道へ移行した。公共企業体という考え方は連合国総司令部（ＧＨＱ）が持ち込んだもので、公共性を保

ちながら企業性を追求し独立採算制を維持することになり、相矛盾する公共性と企業性の両要素がその後さまざまな論議を呼ぶことになる。

　同年９月戦後初の特急「へいわ」東京・大阪間に食堂車と展望車を連結して復活する。この年、静岡県内の電化は進み沼津・静岡間（２月）、静岡・浜松間（５月）、伊東線熱海・伊東間（５月）がそれぞれ開通する。翌２５年３月東京・沼津間にオレンジとグリーンも鮮やかな湘南型電車が登場し、長距離電車時代の先駆けとなった。一方、同年復活した特急「つばめ」「はと」はＣ６２蒸気機関車が牽引し、時速１２９ｋｍの日本蒸気機関車史上最高速度を記録している。

井上靖『あした来る人』と松本清張『点と線』　　昭和２９（１９５４）年３月から同年１１月にかけて作家井上靖は『朝日新聞』に長篇小説『あした来る人』を連載した。「列車が浜名湖の鉄橋にさしかかった時曽根二郎は後尾に近い三等車の一ぐうから腰を上げた。食堂車へ行くためである。通路に立つと彼は合外とうのボタンを外し、両手でズボンをずり上げながら、はみ出しているワイシャツをズボンの中に押し込み、それから大きい呻びを一つした。長崎県の大村湾に沿った小さな漁村を出発したのは昨日の朝である。それから三十時間近く乗り物に乗りづめである。上半身が一枚の板のようになっているのも無理ではない。浜名湖の湖面には春の陽が散っているが、湖面の色も、潮の流れ方も寒々としている。まだ冬の感じである。湖面の海への切り口に白い波涛がこれも冷たく砕けている」浜名湖をこよなく愛した作者の心情が、この冒頭の描写から汲みとれる。

　東海道本線の電化はその後も進められ、昭和２８年８月浜松・名古屋間が開通し、翌年３月３０日国鉄の営業キロが２万ｋｍを突破する。

　昭和３１年１１月１９日東海道本線の電化が完成し日本の鉄道の先駆けとなった。郷愁の中に生き、歌にうたわれた蒸気機関車も時代の流れに逆らえず、親しみのある姿も人々の心に強く焼きつけて終焉を迎えた。電化は鉄道復興への象徴であり、石炭燃料の不足を解消しクリーンエネルギーの水力発電が電力供給の主流となった。この年、全国的な列車時刻改正を実施。特急「つばめ」「はと」は東京・大阪間を７時間半で運

JR東海東海道本線の長大な大井川橋梁を渡った下り湘南型電車（島田・金谷間）

転され、東京・博多間には豪華夜行特急「あさかぜ」号が登場する。

　作家松本清張は雑誌『旅』の昭和32年2月号より1年間、最初の長篇探偵小説『点と線』を連載した。『「その日は、佐山が小雪の女中と東京駅を《あさかぜ》で出発した日ですな。ええと―。」と言いかけて、ポケットから手帳を出してひろげた。「ここに、《あさかぜ》の時刻表を控えておきました。東京発が十八時三十分、熱海が二十時、静岡が二十一時一分、名古屋が二十三時二十一分、大阪が二時になりますが、これは午前ですから、翌日の十五日になります。ですから、伝票の十四日は、二十三時二十一分の名古屋が、最後の駅になりますね。」鳥飼は聞きながら、三原の言おうとする意味がだいたい飲みこめた。そしてこの男も、自分と同じことを考えていると察した。保険の外交員のような男だが、さすが警視庁だな、と思った。』

　この小説は東京駅13番線ホームと特急「あさかぜ」とを導入部で巧みに駆使して読者を魅了し、完結後社会派推理小説ブームを招来する記念碑的作品となっている。寝台特急「あさかぜ」と探偵小説『点と線』の双方が画期的な点で共通するこの組み合わせを作者が意図したのは、故意か偶然か分からない。

鉄道高架化で都市機能に変革　昭和33（1958）年11月東京・大阪間に特急「こだま」が運転され、翌年9月同区間を6時間50分に短縮する。

　東京オリンピックを10日後にひかえた同39年10月1日、世界が注目する東海道新幹線が東京・大阪間に開通する。超特急「ひかり」号は4時間、特急「こだま」号は5時間で運転する。開通当初、静岡県内

東海旅客鉄道・東海道本線　45

には沿線都府県では最も多い熱海・静岡・浜松に３駅が設置され、「こだま」号だけの停車であった。静岡・東京間は１時間３９分で結ばれた。

　東海道本線の静岡県内における高架化は、昭和５４年２月静岡駅、同１０月浜松駅が完成する。静岡・浜松の両市は都市機能の進展とともに市街地のほぼ中央を横断している東海道本線の存在が、街を南北に分断して大きな障害となっていた。この高架化により駅周辺の道路整備・道路網の立体交差化・踏切事故防止・騒音対策・防災体制の推進・商業活動・駐車場など、数々の波及効果を生み、地方中核都市としての景観も備え、都市機能上に大きな変革をもたらした。高架化で東静岡駅と西浜松駅が貨物専用に設置された。

分割民営化で沿線住民重視の鉄道　国鉄の累積赤字解消のための分割民営化は、昭和６２（１９８７）年４月１日実施された。静岡県内を走る東海道本線・御殿場線・身延線・飯田線の４路線は、いずれも東海旅客鉄道株式会社（略称ＪＲ東海、熱海駅は除く）となり、伊東線（熱海駅を含む）は東日本旅客鉄道株式会社（略称ＪＲ東日本）となり、貨物輸送は全国を統一した日本貨物鉄道株式会社が誕生し、静岡県は東海支社となり沼津・吉原・富士・東静岡・西浜松の５駅となった。

　国鉄時代の昭和６０年６月東海道本線時刻表で静岡発上りは７２本、下りは７７本、民営化直後の７月時刻表では静岡発上りは９５本、下りは１０１本と大幅に増発され、平成２４年５月では県内全線１７７.８ｋｍ４０駅、上下各１０３本、所要時間約３時間で運転されている。

　東海道在来線の特色は都市近郊輸送・近中距離都市間輸送路線となり、地域に密着したキメ細かなダイヤ改正・車両の増備改善・快速列車の整備・自動化・省力化等の効率化・サービスを推進し、沿線住民に愛され親しまれる路線になっていくよう期待する。

静岡県民営鉄道最古を誇り東部地域を快走する

伊豆箱根鉄道・駿豆本線

東海道鉄道開通は三島を衰退化　東海道五十三次と三嶋大社の門前町で栄えた三島宿は、伊豆半島を縦断して下田に至る下田街道を分岐する交通の要衝であった。中世・江戸時代を経て明治初期にかけ、箱根越えをした旅人たちは三島宿で一夜を明かした。街道筋には旅籠・茶屋・酒屋・飯屋・土産物・米・塩・味噌醬油・魚・青物・薬・煙草・菓子・両替・呉服・古着・足袋・質・医者・鍛冶・芸奴・飛脚・駕籠屋など、軒を連ね賑わっていた。

　明治２２（１８８９）年２月１日東海道鉄道が神奈川県国府津から、北西に酒匂川と鮎沢川の峡谷をぬって箱根外輪山の北側を迂回し、御殿場を経て沼津を抜け、静岡へ向かうようになった。この開通によって三島は伊豆の温泉場を訪ねる旅人が立ち寄るだけで、旅館や駕籠屋は次々と店をたたんでいった。江戸時代最も発達していた東海道の箱根越えは徒歩によるしかなく、鉄道開通は昔日の隆盛に影をひそめさせた。

　このころの道路は三嶋大社脇から北上村を通り佐野（裾野）へ向かう道と、小中島・芝町角から同じく北に進んで、一方は佐野へ向かう道と合流し、他方では中土狩・下土狩に通じる道の改修が行われた。大社・佐野間に鉄道が開通したといっても、まだ御殿場・沼津間には佐野停車場だけだったから鉄道に連絡する馬車道を設ける必要から整備された。

　三島をはじめ下田街道沿いの村々から鉄道を利用するとすれば、三嶋大社から約６ｋｍある沼津停車場か佐野停車場から乗降した。また伊豆東海岸の伊東から、明治２２年就航した東京湾汽船に乗って東京方面へ出る以外に鉄道を利用する人は、宇佐美まで海岸沿いに進み亀石峠・浮橋・北条辻を経て北条または南条に出て、ここから乗合馬車に乗って佐野へ出た。三島・佐野停車場間に連絡所を設け乗合馬車を開業したところ、大場・三島間の乗客は明治１３年５月当時の２倍になったという。

三島町有志ら民営鉄道に土地を無償提供　三島町の三浦丈太郎・河辺宰兵衛・島田保作・栗原宇兵衛・花島兵右衛・間宮清左衛ら有力者は、町当局に対し長泉村薄原(すすきはら)に官設停車場の設置を鉄道当局に再願するよう建議書を提出した。再願とは東海道鉄道敷設のとき、三島停車場の設置を希望した三島町の請願は受け入れられずに終わっていた。町議会は停車場設置を採択し、三浦丈太郎らの有力者により運動を展開した。

　しかし数十回にわたる陳情に対し、候補地の薄原は地勢が悪く停車場に適さないこと、強いて工事を行うには約２万円の予算が必要なこと、伊豆の物産を年額１０万円以上貨物輸送する計画がなければ承諾できない、というものであった。近く複線工事の予定なので、その際に再調査するとのことがつけ加えられた。三島町では伊豆の物産調査を行った。

　明治２６（１８９３）年５月東京本郷の小山田信蔵らによって、豆相鉄道株式会社が創立された。この鉄道は小田原・熱海間に敷設する目的で創立されたが、沿線は土地が狭く難工事が予測されたため、計画を変更して官設沼津停車場を起点に三島町・南条・大仁に至る軽便鉄道とした。

　同年９月創立総会で社名を豆相電気鉄道株式会社と変更した。翌年４月株主総会で再び豆相鉄道に戻し、資本金４０万円、取締役社長に小山田信蔵が就任する。

　この鉄道計画は三島町民によって何よりの朗報であった。三島町の前述の有力者（後に敷設委員）らは、ただちに小山田社長に会い、鉄道の起点を下土狩薄原に変更するよう陳情した。三島町補助委員村上桝太郎は豆相鉄道専務辻村熊吉と親友の間柄で親しく話し合った。

　沼津起点を薄原に変更する場合は、三島町有志らは薄原より錦田村界までの１万坪（３万３０００m^2）の土地を無償提供する条件を示した。この条件を辻村専務から聞いた小山田社長は小躍りして喜んだ。明治２８年１月三島町と豆相鉄道との間に薄原起点の契約が成立する。

停車場設置場所で町内東西で大紛争　明治２９（１８９６）年５月２３日免許の許可を受け、ただちに測量工事に入った。ところが、三島町停車場の設置場所問題で町民が東西に分かれ大紛争が引き起こされる。

西部は広小路または旧御殿地を希望、東部では間眠神社付近または仙台の東端を希望した。会社側は最初広小路付近を指定したが、東部の運動により旧御倉場西端およそ３間の間を埋土して建設する考え方に変わった。町当局は旧御殿地または御殿川ぎわまでを埋立地として、ここに駅舎の建設を指定した。会社側は該当地は地勢がはなはだ不適当で建設不可能に近い場所のため、指定は困難という意向を示した。

このため紛争は激化し、土地の無償提供は解約、町長は責任をとり辞職という最悪の事態に直面した。会社側はこうした問題で最初の予定地の沼津停車場を起点とする計画に、変更せざるを得なくなった。

この事態を憂慮した中立派は、三島町の信用回復と株主への配慮から、東西両町を和解させ、会社側に対しては旧御倉場の位置（現在の田町）に停車場設置の確約をとり、町有志は当初の契約どおり敷地１万坪の無償提供を再確認した。こうして各方面で異常なまでに注目された停車場設置問題は、明治２９年９月２５日円満に解決した。

明治３２年三島停車場・大仁間開通　豆相鉄道はただちに鉄道敷設に着手した。鋭意工事を進捗させた結果、明治３１（１８９３）年５月２０日三島町・南条（現伊豆長岡）間５マイル６５チェーン（約９．４km）が開通する。静岡県内最初の民営蒸気鉄道のスタートである。

開通式には東京の外山学校陸軍軍楽隊の市中行進が呼び物となり、三島町内の随所で幾多の余興が繰り広げられた。中心街の道路には三島町に初めて開通する蒸気機関車の勇姿を一目見ようと、近郷近在からも押しかけた人の波で埋まった。蒸気機関車の機関士は東京から呼んだ。

同年６月１５日三島町・三島停車場（現ＪＲ御殿場線下土狩駅）間１マイル４５チェーン（約２．５km）が開通、翌３２年７月１７日には南条・大仁間３マイル２１チェーン（約５．３km）が開通する。

三島停車場・大仁間全長１０マイル５１チェーン（約１７．１km）、軌間３フィート６インチ（１０６７mm）の単線で、全線を４０分かけて運転した。開通当時の保有車両は、蒸気機関車２、客車１１、貨車１２（有蓋・無蓋各６）、合計２５両で１日７往復運転した。蒸気機関車は新橋・横浜間を日本で最初に走った機関車と比べると、かなり大型で

客車1両ないし2両を牽引し、座席には畳が敷いてあった。

　旅客運賃は三島停車場より三島町まで2銭、大場5銭、原木8銭、南条11銭、田京14銭、大仁16銭であった。当時の物価と比較すると高い乗り物で、庶民は安い乗合馬車の方を多く利用したという。当時、機関士は全国でも少なく、給料も高かったため、あこがれの職業であった。豆相鉄道では地元出身の優れた機関士を育成しようと募集したところ、応募者が何十人も押しかけ選考に大変苦慮したという。三島町には機関士の訓練所がなく東京で教育を受けさせたから、その費用もかさんだことであろう。

「鉄の道を走る箱」の見物人達　豆相鉄道の「鉄の道を走る箱」は、当時の沿線の人々によってよほど珍しかったのか、1日乗り続ける乗客から、弁当持ちで1日中見物する人たちもいたという。

　豆相鉄道は開通以来赤字が累積し、資本金40万円に対し社債20万円、一時借入金19万円という経営危機に陥っていた。明治36（1903）年11月30日豆相鉄道の営業権と総資産を伊豆鉄道に譲渡することとした。伊豆鉄道は豆相鉄道に対抗する新規出願会社の防止策として組織された姉妹会社であった。当時はまだ伊豆鉄道には本免許が下付されていなかったため、形式的な営業を続けていた。

　明治40年7月10日伊豆鉄道の本免許取得により、同月18日豆相鉄道は解散し、翌19日より伊豆鉄道株式会社として新しく発足した。

　東京に本社をもつ駿豆電気鉄道株式会社が、明治39年11月28日三島六反田・沼津駅前間に静岡県最初の電車を開通させた。駿豆電気鉄道は、当時静岡県内最大の電灯会社・駿豆電気株式会社の子会社で、電灯事業より将来性のある鉄道事業に利益が見込めると考え、電鉄会社を設立して多くの計画路線を策定し、その第一弾として三島・沼津間に電車を走らせたのである。その後、駿豆電気鉄道は電力供給契約を結んでいた富士水力電気株式会社に、大正5（1916）年10月5日吸収合併され、三島・沼津間の電気軌道は富士水力電気の鉄道部となる。

伊豆鉄道から駿豆鉄道へ　駿豆鉄道株式会社は大正6（1917）年11月5日、富士水力電気より三島・沼津間の電気軌道と三島・大仁

豆相鉄道とその周辺の路線図

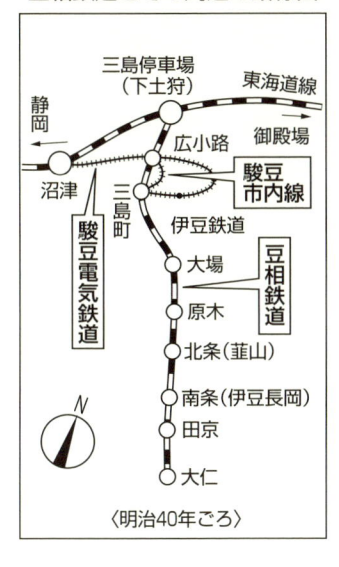

〈明治40年ごろ〉

間の蒸気鉄道の営業権とその資産など一切を譲り受け新発足した。資本金３０万円、従業員１４４名であった。

　大正６年１２月、東京麹町の富士水力電気内にあった本社を、三島町（現三島田町駅前）に移転、このとき資本金１００万円に増資して、現在の伊豆箱根鉄道株式会社の基礎となり、輝かしい第一歩を踏み出したのである。

　その後、鉄道線全線の電化が計画され、大正７年８月１０日三島田町・大場間の電化工事（電圧６００Ｖ）が完成した。同年８月１４日から電車と蒸気機関車との併用運転が行われ、大場駅を乗り継ぎ駅とした。大仁方面は蒸気機関車に、三島町方面は電車に乗り換えた。

　第２期工事は三島駅（現下土狩駅）から三島広小路連絡所間と、大場・大仁間が行われ、翌８年５月２５日全線の電化工事が完成し、静岡県内の私鉄のうち最初の全線電化となった。路線延長も計画された。伊豆長岡・三津浜間３マイル４８チェーン（約５．８ｋｍ）は、大正９年５月１４日免許を得たが、実現されていない。

　翌１０年７月大仁、修善寺間の敷設免許を受け、翌１１年７月３１日に同区間の延長工事が進められた。工事が順調に進めば大正１２年秋には開通の予定であった。ところが、同年９月１日突然襲った関東大震災は、駿豆鉄道に多大な被害をもたらした。開通のメドが全く立たない惨状であった。マヒ状態となった鉄道敷設の１日も早い震災の復旧が急務とされた。その結果、わずか３日間の驚異的な早さで全線を開通させた。この復旧作業に遺憾なく発揮された社員魂は、昭和３３（１９５８）年９月２７日襲った狩野川台風の際の復旧にも全社一丸となって再現されている。

伊豆箱根鉄道・駿豆本線　51

待望の三島・修善寺間全通　関東大震災で遅れた延長工事は大正13（1924）年7月に完成、大仁・修善寺間1マイル78チェーン（約3.2km）が同年8月1日開通する。ここに三島（現JR下土狩）・修善寺間の全線が開通し現在の駿豆本線の礎となった。電気機関車3両が導入され、翌年蒸気機関車が廃止となり国鉄と同様の自動連結器に順次交換している。この年11月には資本金150万円に増資して主要地方鉄道の存在を確固たるものとした。

宮澤賢治・与謝野晶子の歌　大正5年3月詩人宮澤賢治は仲間たちと三島駅（現JR御殿場線下土狩駅）から徒歩で箱根を走破したおりに「伊豆の国　三島の駅に　いのりたる　星にむかいて　またなげくかな」と詠んでいる。さらに昭和8年1月歌人与謝野晶子は沼津の三津にある五松山荘に滞在した際「天城の繪　長岡驛（伊豆長岡駅）に母上を見んため繪師の　描き上げぬかな」と詠んでいる。

国鉄列車乗り入れと盛んな貨物輸送　昭和に入ると駿豆鉄道は近代化へのテンポを早めていく。三島広小路線・三島二日町駅の新設、伊豆長岡駅の改築、大場駅舎の新築などが相次いだ。昭和8（1933）年5月からは、鉄道省（現JR）の週末温泉列車が修善寺まで直通乗り入れを開始する。

昭和9年12月1日丹那トンネルが貫通され、東海道本線熱海・沼津間が開通すると、現在の三島駅へ新連絡線を敷設して営業を開始し、休止中だった三島六反田（現三島広小路）・三島町間を鉄道線に組み入れた。これに伴い三島広小路・旧三島（現JR下土狩）間は廃止された。

このころ貨物輸送の需要が大幅に伸び、昭和11年12月田京駅、翌12年6月大場駅に貨物線の増設工事が完成している。当時の駿豆線の保有車両は電気機関車3、客車10、付随車8、電動有蓋車1、貨車（有蓋10、無蓋25）であった。

昭和13年4月箱根遊船株式会社と合併し、社名を駿豆鉄道箱根遊船株式会社と変更するが、同15年11月に駿豆鉄道株式会社と改めた。

東海道本線小田原駅に乗り入れていた小田原・大雄山間9.6kmを経営する大雄山鉄道株式会社を昭和16年8月23日合併して駿豆鉄道

大雄山線とした。この合併で駿豆鉄道は駿豆本線・軌道線・大雄山線の3路線となった。この年12月8日太平洋戦争が勃発し、世相は次第に戦時色に塗り替えられていく。しかし駿豆鉄道は沿線に大きな軍事施設がなく、幸いにも大きな被害を

豆相鉄道時代に活躍した蒸気機関車、1890年ボールドウィン製・IBIサドルタンク機。

受けずに終戦を迎えている。

太宰治作『斜陽』に登場　作家太宰治は昭和22（1947）年7月号から4回に分け『新潮』に名作『斜陽』を発表し冒頭で駿豆鉄道が登場する。

『…汽車は割に空いてゐて、三人とも腰かけられた。汽車の中では、叔父さまは非常な上機嫌で、うたひなどを唸っていらっしゃったが、お母さまはお顔色が悪く、うつむいて、とても寒さうにしていらした。三島で駿豆鉄道に乗りかへ、伊豆長岡で下車して、それからバスで十五分くらゐで降りてから山のはうに向って、ゆるやかな坂道をのぼって行くと、小さい部落があって、その部落のはづれに支那ふうのちょっとこった山荘があった。「お母さま、思ったよりもいい所ね。」と私は息をはずませて言った。「さうね。」とお母さまも山荘の玄関の前に立って、一瞬うれしさうな眼つきをなさった。「だいいち、空気がいい。清浄な空気です。」と叔父さまは、ご自慢なさった。「本当に、」とお母さまは微笑まれて、「おいしい。ここの空気は、おいしい。」とおっしゃった。さうして、三人で笑った。』爵位を持っていた家柄の母子が、終戦直後東京の家を売り払い、叔父に連れられて、伊豆に転居して来る描写である。

伊豆箱根鉄道に社名変更　駿豆本線は戦争によって中断されていた国鉄乗り入れが昭和23（1948）年4月週末準急として再開され

る。さらに、誕生したばかりの湘南電車「いでゆ」「いこい」「あまぎ」が、昭和25年11月東京から直通乗り入れを開始し多くの観光客で賑わった。

　駿豆鉄道はこのころから箱根地方の観光開発にも積極的に取り組み、昭和31年10月16日十国鋼索線（十国峠ケーブルカー）、翌32年11月16日駒ケ岳鋼索線（駒ケ岳ケーブルカー）がそれぞれ開通する。

　昭和32年6月1日伊豆・箱根地方の観光事業を重視し社名を伊豆箱根鉄道株式会社と改称、本社を大場に移転する。昭和44年4月25日東海道新幹線三島駅が開業され、伊豆の中央玄関口として三島駅は中伊豆観光の拠点となり、利用客は一段と増加していった。

中伊豆温泉郷と史跡を快走　伊豆箱根鉄道の始発三島駅は、東海道本線と東海道新幹線三島駅と隣り合わせで、改札口を出ないで通路がそのまま双方に通じている。駿豆本線三島・修善寺間の沿線には著名な史跡・名所・温泉郷が点在する。沿線の人々にとって重要な生活路線であるとともに、全国有数の観光路線でもある。この生活と観光の二面性が上り下り列車の輸送を均等化し今日の伊豆箱根鉄道を大きく飛躍させている要因といえよう。

　「三島」を発車すると、列車は三島市の街並みを縫うように走り、郊外に出ると右手の車窓から富士山を見上げて南下する。「原木」付近で右手に狩野川が近づく。狩野川の水源は天城山地で、流域は約50km、多くの支流を集めつつ北流して沼津市で駿河湾に注ぐ。東日本唯一北に向かって流れる一級河川である。「韮山」は源・北条両氏のゆかりの地だ。北条寺、北条政子産湯の井戸、平治の乱後に源頼朝が流された蛭ヶ小島跡、北条早雲が築いた韮山城址、江川邸など史跡が多い。

　「伊豆長岡」は伊豆長岡温泉郷の入り口で、温泉郷とは反対方向に韮山反射炉がある。韮山代官江川太郎左衛門が海防上の必要から安政4（1857）年7月に3年かけて築造し、江戸幕府の兵器廠として大小の砲を鋳造した。「大仁」には大仁温泉があり、ここを過ぎると列車は狩野川の流れに沿って左に曲がり、しばらく直進しやがて大きく右旋回し終点「修善寺」に着く。修善寺は中伊豆の代表的な温泉町でその中心

伊豆箱根鉄道駿豆本線の下り修善寺行４両編成の自社電車
（三島二日町・大場間）

に修禅寺がある。北条時政に追われ修禅寺に閉じ込められて謀殺された鎌倉幕府二代将軍源頼家の悲話は名高い。近くに桂川が流れ温泉場らしい風情が漂う。明治時代には多くの文人が修善寺を訪ね、夏目漱石は『修善寺日記』を書いている。鉄道はその沿線住民の営みや街のようすをよく写し出している。

　狩野川を一度も渡らない路線敷設は、会社経営陣の優れた先見性をうかがうことができる。

　修善寺からはバスで伊豆東海岸の伊東・河津、西海岸の土肥・松崎、中伊豆コースで天城越えから下田へ抜けられる。静岡県総合開発計画によれば、駿豆本線を延長して下田と結ぶプランも立てられているが、その後の動きは見られない。

吉行淳之介短篇『薔薇』を発表　作家吉行淳之介は昭和２９年３月『新潮』に短篇小説『薔薇』を発表し、駿豆鉄道が作品冒頭で描かれている。「東海道線三島駅で下り列車を降りたぼくと二人の友人は、修善寺行電車の内部へ足を踏み入れた。そのとき、あたりの空気と不調和なほどかがやかしい白さの女の顔が、眼を撲った。地味な和装のその婦人は、艶冶な風情のうちに凛乎とした気品を漂わせて、座席に腰掛けていた。三十歳をすこし越した年配、すでに然るべき人の夫人であろう。（中略）昭和十八年三月末のことである。その時ぼくは静岡高校生で、春の休暇が終って東京の家庭から静岡の学寮へ帰る途中、友人二人を誘って伊豆の温泉場へ寄り道しようとしていた。三島と修善寺を結ぶ鉄道の沿線駅伊豆長岡の奥に、古奈という好もしい土地があると聞いたからだ。……」車内でバラの花束を持った美しい夫人（日本画家・梅原龍三

伊豆箱根鉄道・駿豆本線

郎の夫人）を見かけたときのエピソードである。

近代的輸送体制の進展　昭和３４（１９５９）年９月横山変電所で１５００Ｖに昇圧、同４２年９月全線の自動信号装置が完成し、上下列車の同時進入が可能になった。同４７年１１月自動列車停止装置（ＡＴＳ）、同５３年１２月地震警報器付列車無線装置、同６０年１１月列車集中制御装置（ＣＴＣ）、平成１８（２００６）年１２月緊急地震速報警報システムなどの運用が開始する。

　貨物輸送は収入では昭和３７年度が多く、翌年度の輸送量は１１万９９８９トン、取扱品目の発送は食糧工業品・砂石材・木材など、到着ではセメント・レンガ・ガラス・野菜・果物などである。なお貨物輸送は同４７年に廃止されている。５０ｋｇレール、ＰＣ枕木化も進められた。

　車両は、親会社の西武鉄道や大雄山線と並んで国電払い下げの宝庫と鉄道ファンからいわれていたが、昭和３８年から１０００系と同５０年から西武鉄道から譲り受けた５０１系のグループがある。同５４年１２月に３０００系が投入され駿豆本線初のカルダン駆動車で、同系後期形車両は軽量ステンレス製、同線の主力形式で車両近代化を推し進めた自社発注車で、白をベースカラーに前面の窓周りと側面の帯が青色で塗られ、全車両３両編成のミスクロスシードである。

　資本金は昭和４４年１２月１日、従来の３億２０００万円から倍額増資し６億４０００万円となっている。

　昭和５６年１０月東京・修善寺間を特急「踊り子」号が乗り入れ、同５８年４月修善寺駅舎が改築され、近代的なガラス貼り建物となり修善寺駅前の景観を引きたたせた。大場工場に在籍した昭和５９年当時の車両は電車３３、電気機関車２、貨車１２、合計４７両であった。

　駿豆本線は富士箱根伊豆国立公園のほぼ中心を縦走し、平成１０年５月１６日創業１００年を迎えた。平成２１年４月特急「踊り子」号を除き、ワンマン運転を開始、三島・修善寺間１９．８ｋｍを３２分で結び、１日約４万人を輸送し、フリークエントサービスを行っている。

静岡県中部地域に大都市型複線路線で活躍する

静岡鉄道・静岡清水線

静岡茶を倍荷車で清水港へ運ぶ　安政5（1858）年6月日米修好通商条約が調印され、翌年6月横浜・長崎・函館が開港した。万延元（1860）年から慶応3（1867）年までの8年間に、外国貿易総額は5倍にふくれ上がり、輸入額は13倍にも達していた。

　輸出品の8割は生糸で、製茶を加えると9割以上になった。3港の中でも横浜港は、全貿易額の3分の2以上を占め順調に増加していた。

　横浜港からの製茶輸出が増大するに伴い、静岡産の輸出茶は倍荷車と呼ばれる原始的な牛車で清水港に運ばれ、ここから横浜港まで海上輸送されるようになった。明治10（1877）年ごろ安倍郡安西村190戸の約5分の1が牛車営業を行い、そのうち半数が静岡・清水間の貨物輸送の特権をもっていたといわれる。

　車輪がその後改良され牛車は馬車に替わり、産業の発達と並行して静岡に興った電灯・製茶・ガスなどに関係する会社が必要とした石炭が、馬力業者によって逆に清水港から静岡に向けて移入されるようになった。このころより静岡・清水間の馬車交通は、静岡町（市制は明治22年4月1日）の産業発展の動脈としての役割を果たしていた。清水次郎長が明治21年ごろ静岡両替町六丁目の山西屋に通って米相場をやっていたときには、清水から静岡までの馬車賃は片道6銭であったという。

　清水港は明治30年製茶の特別輸出港に指定され、同32年に開港となって製茶は大型の外航船により直接清水港から輸出されるようになった。静岡市は全国的な輸出製茶市場の集散地としての地位を確立していく。このような状況になると、馬車や大八車を使っていたのでは大量輸送ができず、限られた外航船の碇泊時間に注文の数量だけ運べなく積み残しが出てしまい、業者にとって思わぬ損害を被ることも起こりがちであった。製茶輸出の関係者の間から陸上の大量輸送とスピードアップの要求が年々高まってきた。

雨宮敬次郎迎え　静岡鉄道創立　このころ、全国に第２次鉄道ブームが巻き起こっていた。静岡・清水の杉山彦三郎・稲葉幸太郎・服部幸太郎・山本良蔵ら豪農・有力者の有志たち２０余名が集まり、静岡・清水間に軽便鉄道の敷設が話し合われた。

　明治３９（１９０６）年８月３０日付『静岡民友新聞』に敷設認可の模様を次のように掲載している。「軽便鉄道認可　雨宮敬次郎氏一派より出願に係る安倍郡豊田村より同郡入江町に至る静岡軽便鉄道布設の件は、本月廿一日附を以て内務大臣より認可ありたるが、其営業年限は明治六十九年六月三十迄にして、之が原動力は液体燃料汽動車を以てし、線路延長は十哩廿七鎖内五哩二十六鎖は専用軌道に属し、他は国県道及里道にして企業者側の云へる所にては、資本金三十万円にして年九朱四厘の純金を得られるべき見込みなりといふ。」（句読点は引用者）

　明治３９年８月資本金３０万円で静岡鉄道株式会社（現静岡鉄道の前身）を創立し、本社を静岡市静岡宿１３３番地に置いた。「軽便鉄道王」と呼ばれ、熱海鉄道社長であり、鉄道敷設経験豊かな雨宮敬次郎を社長に迎え、鷹匠町・清水波止場間の路線免許の認可を受けた。

　明治４０年１１月２８日付の『静岡民友新聞』には競合する馬車組合の馬糧費と軽便鉄道の人件費との対比を次のように伝え、馬車組合の自信ありげな談話が興味深い。「激烈なる反対運動に遭遇せし静岡江尻間往復静岡軽便鉄道株式会社は、十月下旬事務所を伝馬町百二十番地に移し着々工事の進捗に勉めつつあるが、右に就いて静岡江尻間往復馬車組合の意見なりと云ふを聞くに、全組合は馭者一人につき一台の馬車を所有し何れも農商業の副業として営業しつつあるが、仮に一日収入平均一円二十銭と定むるも、其費用とする所は一頭の馬糧一升七銭五厘の大麦二升五合、一升十三銭の大豆一升五合、一升二銭の糠二升を与ふれば如何なる良馬も食糧は充分にし其価四十二三銭に過ぎず、其他馬を使用して田を耕し厩肥を得る等間接の利益も尠からざるなり。之に対して軽便鉄道会社が一月十円内外の車掌・機関士・役員を雇ひ入れて鉄道庁と同一賃金を以て運転するとしても全組合が一致協力二割方安く競争せんには軽便鉄道も自動車の轍を踏むに至るべしと云々と云ふにありき。」

全国の特許軌道数

年次		電気	蒸気	ガス	馬力	人力	計	年次		電気	蒸気	ガス	馬力	人力	計
明治41年度	開業	18	8	1	37	11	75	大正3年度	開業	60	22	4	33	12	131
	未開業	39	8	−	12	4	63		未開業	23	12	−	12	3	50
42	開業	22	11	1	39	13	86	4	開業	64	22	4	34	14	138
	未開業	36	5	1	10	3	55		未開業	17	11	1	10	4	43
43	開業	35	12	1	38	13	99	5	開業	64	24	4	37	13	142
	未開業	28	7	1	14	3	53		未開業	14	7	−	8	5	34
44	開業	41	14	1	41	13	110	6	開業	66	26	4	36	11	143
	未開業	25	8	1	8	6	48		未開業	12	5	1	11	7	36
大正1	開業	49	18	1	40	13	121	7	開業	69	29	4	34	9	145
	未開業	29	7	−	12	7	55		未開業	8	4	1	9	8	30
2	開業	55	23	1	35	12	126	8	開業	68	28	4	35	10	141
	未開業	26	9	−	16	8	59		未開業	9	4	1	10	5	30

備考 (1) この表は『日本鉄道史』下編により作成。
　　 (2) 大日本軌道の各支社、九州水力電気の旧豊後線、九州電燈鉄道の旧唐津線、温泉電軌および花巻電気の電車および馬車軌道は各一軌道として計上。

静岡鉄道から大日本軌道静岡支社へ　路線の敷設工事は明治４１（１９０８）年１月静岡鷹匠町からと、清水港側からと同時に進められた。同年５月１８日江尻新道（現新清水）・清水波止場間１２チェーン（約２４１ｍ）が完成し、とりあえず貨物営業だけが行われた。

　同年７月２７日雨宮社長は静岡鉄道とともに資本系列にあった熊本軽便鉄道・信達軌道（現福島交通）・熱海鉄道の４社のほか浜松（現遠州鉄道）・伊勢・広島（現ＪＲ可部線の一部）・山口にそれぞれ計画中の軽便鉄道の８社を合併して大日本軌道株式会社の設立を提唱し同社の社長に就任する。この合併により従来の８社は、大日本軌道株式会社の各支社となり、他に類例のない広い地域にまたがる民営鉄道を形成した。

　雨宮社長は単に軽便鉄道の経営にだけたずさわったわけではない。同４０年設立した雨宮鉄工所は、同４４年に大日本軌道株式会社鉄工部とし、同社各支社はじめ他社の軽便鉄道にも自社製小型蒸気機関車や客貨車を供給し、相乗効果をあげた。

　同４０年までに全国の主要幹線に相当する１７社が国有化され、彼が関与した北海道炭鉱鉄道・甲武鉄道などの譲渡資金をもって、国有鉄道

や大都市の民営鉄道に対抗して地方民営鉄道の大同団結をはかるべく、文字どおり「大日本軌道」にふさわしい壮大な構想があったのであろう。

鷹匠町・江尻波止場間開通　鷹匠町（現新静岡）・江尻新道間７マイル５８チェーン（約１２．４ｋｍ）の敷設工事が完成し、明治４１（１９０８）年１２月９日鷹匠町・清水波止場間が全通する。

　軌間２フィート６インチ（７６２ｍｍ）の単線。雨宮鉄工所製の小型蒸気機関車が箱形の客車１両を牽引して全線を１時間６分で運転し、運賃は各区間とも２銭であった。開通当初の区間は鷹匠町・台所町・きよみず公園・古庄・中吉田・草薙・上原・追分・入江町・江尻新道・松原・清水波止場の１２カ所であった。停車場は鷹匠町・江尻新道・清水波止場の３カ所で、ほかはプラットホームも待合室もない停留場で、名称を表示する看板だけが線路わきに立っている簡素なものだった。

　車両は機関車８、客車（定員３７人）１０、貨車は有蓋・無蓋含め２２、合計４０両であった。１日２０往復、鷹匠町始発は午前５時３０分、最終は午後９時発で、当時としては画期的な交通機関となった。

　『静岡民友新聞』（明治４１年１２月１０日付）は開通の模様を次のように掲載している。「●軽便鉄道開通　静岡江尻清水間の軽便鉄道は、愈々昨九日を以て全線開通し、当日は乗車賃を半減として乗客を収容したるに、折柄江尻秋葉山大祭の事とて乗客非常に多く、起点たる鷹匠町の停車場は国旗を掲揚して景気を添え、付近は見物人を以て埋められ居たり。」

　起点の鷹匠町の周辺は、まだ駿府の加番屋敷の面影を残していた。ここを出発した軽便鉄道は台所町・きよみず公園を通り、谷津山が現在のように削られていない南麓を大きく迂回して、旧東海道を長沼から古庄へ抜けた。古庄からは東海道本線の上に架けられた跨線橋を越え、現在の運動場前駅の西側のあたりから、現在の路線に近いところをたどり、桜井戸から草薙へ抜けていた。

　沿線は田んぼや蓮の田の中を走り、藁葺き屋根の民家が点在した。草薙から再び旧東海道に戻り、美しい松並木が続く街道から上原を通り、谷津沢川の水路場を寄り添うように東海道本線を跨ぎ、茶畑の中を追分

大日本軌道静岡支社の「しみず行」軽便鉄道の発車風景（鷹匠町駅にて）

へ下った。追分踏切のあたりから再び旧東海道を走り、入江岡からもう一度東海道本線を越え、江尻新道から直進して松原に出て右折し清水波止場に至った。

中間の中吉田では上り下りの軽便がすれ違いを行った。狭い構内には貯水所があり、機関車は待ち時間に水を補給した。近くの子供たちがこの貯水所の手押しポンプをいたずらしてはよく車掌が怒鳴ったという。

開通後の静岡・清水間の経済的なつながりは、開通前に比べいっそう緊密となり、客貨の輸送量は年々増加していった。明治４４年の記録によれば、年間の旅客数４万４８２３人、１日平均収入は９９円だった。

地元資本で駿遠電気を設立　第１次世界大戦が大正３（１９１４）年７月２８日勃発すると、清水港からの輸出が活発になった。東南アジアをはじめ世界各国で日用品が不足したため、静岡茶・雑貨などが盛んに輸出された。輸出品の大半は軽便鉄道で運ばれたが、戦争で急激に輸出量が増大したため、小型機関車の貨物輸送では計画どおりに進まなく車両は老朽化していた。運転本数を引き上げたが、単線ではこれにも限界があった。軌道を広げ、複線化し、思い切って電化をはからなくては抜本的な解決策にはならなかった。明治末期に全盛を誇った大日本軌道は、全国各地に分散しており雨宮社長は明治４４（１９１１）年４月２０日死去し、各支社の実情に即応した経営ができず、資金力もなく経営は年々悪化していた。そればかりか山口支社は大正２年廃止、福島支社も同６年譲渡して縮小経営に向かっていた。静岡支社の拡大計画など、到底手の届かぬ社内事情だったのである。

大正７年静岡と清水の有志の間に、地元資本により大日本軌道静岡支

社の経営権と全施設を買収して輸送力を増強し、地元の繁栄を築くために新しい鉄道会社を設立しようという話がもち上がった。

　翌8年に大日本軌道側との交渉が成立し、同年5月1日の創立総会で社名を駿遠電気株式会社とした。資本金300万円、取締役社長に棟居喜九馬、専務取締役に江藤清角が就任し江藤専務が事実上の実権を握った。現在の静岡鉄道の歩みがここからスタートする。

　駿遠電気の構想は静岡線の電化のほかに次の計画が示された。
①大日本軌道計画の久能電気鉄道免許を継承敷設する。
②天竜電気鉄道株式会社を創立する。
③天竜水力株式会社を創立する。
④興津内房線と静岡市内線の敷設を急拠出願する。
⑤袋井・森町間の秋葉馬車鉄道を引き継ぎ電化する。
⑥袋井・二俣・船明間既免許の地方鉄道は当社の主権下に経営する。
⑦電車鉄道沿線に土地を経営する。

　鉄道線電化には、まず電気を供給するための発電所を建設する必要があった。このころ静岡市は藁科川に水利権を得て市営の発電所を建設していたが、工事費が増大し中断状態になっていた。駿遠電気はこれに着目した。静岡市から水利権を譲り受け、大正8年9月正式に許可を得ると、ただちに発電所・変電所の建設に着手した。

　これと並行して静岡線の軌間762mmのレールを取り除き、国鉄並みの軌間は1067mmに敷き替え、電化工事を進めた。

大正9年静岡・清水間に電車開通　当時は第1次大戦後の不況下で、車両その他諸資材の買い入れもはかどらず工事は遅延しがちであったが、大正9（1920）年6月にようやく工事を完了した。

　同年8月鷹匠町・江尻新道間に待望の電車が開通する。車両は電車11、付随客車3、貨車15、合計29両であった。電車は座席30人、立席10人乗り、運転席はフロントガラスがなく、左右の入り口が吹きさらしで、風雨の強いときは容赦なく水しぶきが舞い込むため、運転士は雨合羽を着て運転した。

　2両連結もできたが車両間は鎖でつなぐだけだったから、連結器はガ

チャンガチャンとぶつかり合った。電車の始動は簡単だったが動くとなかなか止まらない。まだエアブレーキがなく、力いっぱいハンドルを回す手動ブレーキで、車輪につめをかけて回転をとめる。少しのはずみでつめが外れると、ハンドルが激しい勢いで逆回転する。そのために肋骨を折った運転士もいたという。

　当時は単線運転で、途中で反対方向から来る列車と駅ですれ違い列車交換する。反対方向から列車が進行したことを確認する閉塞方式のタブレットも何もない。無論信号機もない。前方から突然電車が見えると、あわててブレーキをかけ電車を後退させる。時刻どおりに運転されていればこんなことはないが、反対列車が遅延したりすると駅で電話連絡していたが、急ぐあまりその電話連絡も徹底されずこのような事態になる。

　列車交換のとき、ポイントの切り替えは車掌が行った。列車が分岐点にさしかかると、車掌は電車から飛び降り、電車は徐行してポイントを通過すると、車掌は手でポイントを元に戻し、次に反対方向から来る列車が安全に通過できるよう先端軌条を瞬時に確認し、急いで電車を追いかけ電車に飛び乗る芸当を行った。当時の電車運転は随分危険なものだったが、大きな事故はほとんど起きなかった。それは時速２０ｋｍぐらいで走っていたからである。

改軌した電車で業績は向上せず　当時静岡線は国鉄東海道本線を３カ所でまたいでおり、いずれも急勾配で前方から電車が見えると電気が集中して消費され、必ず変電所のスイッチが切れ停電してしまう。このほか車両故障で電車はよく立往生した。そんなときでも乗客は文句一言いわずおとなしく待ったという。

　新設駅は長沼・桜井戸で、運賃は全線２５銭であった。このころ清水・静岡間の汽車賃が１９銭で電車は高いという評判がたった。そこで、３０回分４円４５銭の回数券にすると、よく利用されるようになった。

　「煙突がないのにどうして走るのか？」薄汚れたへっついのような軽便から電車に変わった開通当初は、初めて見る電車に歓声を上げた。沿線の田畑で野良仕事をする人たちは、立ち上がって珍しそうに眺めた。

　静岡線の電化は確かに画期的ではあったが、折からの不況で資金に余

裕がなく車両の購入もできなかった。従来からの車両は旧式の４輪車で、速度も乗り心地も軽便時代と大差なく、乗客も大幅に増加しなかった。

　一方、貨物輸送は輸出用の製茶はじめ清水港からは石炭・木材・インド綿・大豆粕・内地塩・雑貨・鮮魚などが相当量運ばれたが、１両あたりの輸送能力が低く、しかも戸口輸送ができないことから、相変わらず馬力業者と競合し、収入は電化前より伸びないでいた。

　物価・労賃が高騰し支出は激増するため、大正９（１９２０）年１０月社員１２５名を８５名に削減した。新車両を購入し２６分間隔運転、１日４０往復のダイヤ編成、発着時間の正確化に努めたが経営難は続いた。

　尾張銀行頭取・秋葉鉄道社長の内藤伝六が第二代社長に就任する。内藤社長は従来の経営策を継承しながら学生定期券の発売・往復運賃の割引・最新式ボギー車両の購入などサービスの改善に努めた。春の行楽・夏の海水浴などさまざまな乗客誘致策を行い、沿線住民との一体感を深めていった。貨物輸送が伸び悩んでいたのに対し、旅客輸送は年々急激に増加していた。

秋葉鉄道合併し静岡電気鉄道に変更　駿遠電気は大正１０（１９２１）年１０月安倍郡千代田村銭座の安倍電気と鷹匠町の羽衣製氷を合併し、資本金３５５万円に増資して製氷業と電力供給業に拡大した。しかし、製氷業は収益が少なく同１２年休止し、その後羽衣製氷所が設立されこの事業を譲渡した。安倍電気は静岡電力より買電し、麻機・賤機・美和３村に電力を供給していたが、この買収で電力供給範囲は６カ村におよび、昭和１８（１９４３）年配電統制令で中部配電に譲渡するまで継続された。

　大正１１年１１月創業以来の懸案の一つであった秋葉鉄道の合併を行い資本金３８０万円とした。

　駿遠電気株式会社は大正１２年２月２８日大川平三郎富士製紙社長が第三代社長に就任し、社名を静岡電気鉄道株式会社に改称した。

　秋葉鉄道の電化とともに静岡線にも客貨車を増備して輸送力の増強をはかった。

大日本軌道静岡支社線

〈明治41年開通当時〉

鷹匠町（新静岡）
静岡
台所町
きよみず公園
古庄
東海道線
旧東海道
中吉田
草薙
上原
追分
入江町
江尻新道
清水
松原
波止場

国道1号
大日本軌道静岡支社線

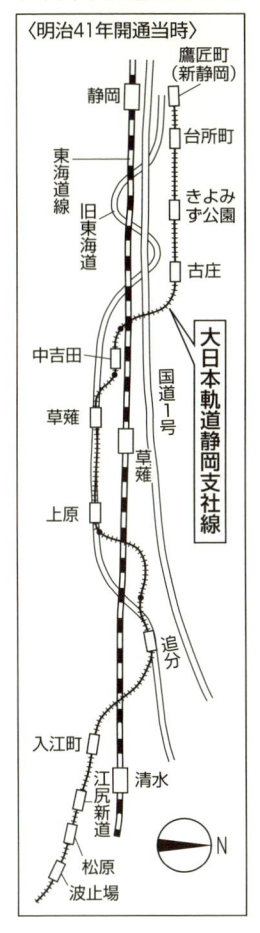

N

　大正12年9月1日関東大震災が突如発生し、静岡地方は幸いにも大災害はまぬがれたが、東海道本線は完全に破壊された。清水港へ船で辿りついた罹災者は東京・田町駅長印を捺印した用紙を持参していた。この捺印用紙を罹災者証明として、静岡電鉄の電車はこの罹災者を清水波止場から静岡まで延べ3万9000人を無賃輸送した。

　清水港はその後も震災復興資材の輸送上の要衝となり、旅客や貨物が多数集まるようになった。静岡電鉄の取扱量も激増した。大正13年7月静岡線の複線化を申請するとともに遊園地・運動場建設・第二発電所建設・乗合バスへの進出など、大正末期から昭和初期にかけて積極的な事業拡張を推進していった。

静岡線複線化工事開始　関東大震災を契機に静岡線の客貨は著しく増大した。軌道の改善・ボギー車の増強などに努めたが、それでも輸送需要は追いつけず、単線鉄道の限界に達していた。秋葉線の電化などで社内は多忙であったが、静岡線の複線化を決定した。

　前述のとおり大正13（1924）年7月申請書を提出、同年10月認可を受けた。複線化工事はまず鷹匠町・きよみず公園前間から始められた。土地買収・家屋移転等も順調に進み、翌14年4月早くも竣工し、同区間をただちに運転した。当時、たまたま静岡市の都市計画が進められていた。静岡・清水間に静清国道（旧国道1号線）の建設が確定していたができるだけ直線路をとり、途中鉄軌道の併用も平面交差も認めない方針であった。国道の位置が確定するまで、複線路線も工事方法も決めることができない事態に直面した。やがて新設国道は、谷津山の突出部を切り崩してほぼ直線コースで建設することが決定した。すると、蛇行する旧国道上の軌道と

2カ所で交差することになる。

　静岡県では静岡電鉄に対し、軌道を新設国道と谷津山との間に国道と並行して敷設するよう指令した。この指令はその後の発展を考慮に入れると望ましいことではあったが、工事は遅れてきよみず公園前・古庄間が完成したのは昭和5（1930）年3月であった。途中、長沼には車両の検修・車両の新改造等、静岡電鉄が独自で行う長沼工場が完成している。

　ほぼ同時期に古庄・桜井戸間の複線化工事が進められた。この区間には国鉄跨線橋を改良し、静清国道をまたぐ跨線橋も新設しなければならなかった。工事は急ピッチで進められ、同年4月竣工し、7月には桜井戸までの6.2kmの複線化が完了した。

10年余かけた静岡線複線化　清水寄りの桜井戸・江尻新道間は新設・併用両軌道がほぼ半々ずつで、しかも半径300mの急カーブが多く輸送力、保安度とも著しく劣っていた。これを改良してカーブの少ない新設軌道とすること、さらに国鉄東海道本線をまたいで入江町側に入ることをやめ、国鉄に並行して江尻新道に達することとした。ところが、当時興津延長線・江尻跨線橋の建設・乗合自動車事業の新設などで多額の資金を投じていたため、資金の余裕がなく数回にわたり工事を延期した。複線化にするレールは、30kg軌条を50％、カーブや跨線橋を登るために速度を上げる地点では、断続的に37kg軌条を50％敷設された。昭和9（1934）年8月21日、認可を受けて以来10年の歳月をかけて、鷹匠町・江尻新道間11.0kmがここに全線複線化を完成した。この静岡電鉄の複線化は静岡・清水両都市を結ぶ強力な輸送機関として、沿線市民にその利用価値をいっそう高めていくことになる。静岡県内における複線路線は、当時東海道本線に次ぐもので、今日においても東海道新幹線のほかにJR身延線の富士・富士宮間、JR伊東線熱海・来宮間で、いずれも旧国鉄線短区間である。

秋葉線静岡清水両市内線の開通　静岡清水線は製茶の輸送目的として敷設され、国鉄静岡駅より約1kmほど北方の鷹匠町に起点がおかれていたため、この区間の鉄道敷設は永年の念願であった。静岡市議会で

静岡鉄道静岡清水線の長沼車庫で待機中の電車群

も承認済みとなり、大正9（1920）年6月に出願した。翌10年3月許可され、ただちに着工、翌11年4月完成し同年6月28日静岡駅・鷹匠町0．5kmが開通した。駅前線と呼ばれ利用者は多く市民に親しまれた。

その後、大正14年鷹匠町・中町間（追手町線）が開通、昭和元（1926）年12月呉服町1丁目・安西間（安西線）が開通、翌年12月鷹匠町・県庁前間の複線工事が竣工、昭和4年4月中町・呉服町間が開通、全線1．5kmが全通し静岡市内線となった。

秋葉線は大正13年5月軌間・動力の変更を許可されると、用地の買収・諸施設の建築が始められ、袋井側から新設線の敷設工事に着手した。翌14年春に袋井・可睡口間、同年7月可睡口・山梨間、翌15年12月山梨・森川橋（戸綿）間、同年12月25日森川橋・遠州森町間がそれぞれ開通、軌間1067mm、全長12．1kmとなり、可睡口より分岐して可睡まで1．1kmの可睡線があり、全線電化が完成した。

清水市内線は昭和3年9月港橋・江尻新道間の認可を得てただちに着工、同年12月開通し翌4年4月から安西・港橋間に直通列車が走るようになった。江尻新道・横砂間の複線工事（西久保・横砂間は単線）は同年6月着工、都市計画道路が完全に竣工されず、同年7月同区間が一部仮軌道で開通、新市道の国鉄線をまたぐ江尻跨線橋が完成しなくて工事は遅れたが、ようやく昭和8年3月江尻跨線橋（専用軌道）が竣工、4月1日待望の港橋・横砂間4．6kmが全線開通した。

遊園地・野球場の沿線開発　静岡電鉄は鉄道業本来の事業を拡張する一方、沿線開発にも力を注いだ。大正末期静清地方に健全な行楽地が

ないところから、狐ヶ崎遊園地を造成する。阪急電鉄の宝塚を範として計画され、1万坪（3万3000m^2）の敷地にボート池・芝生・花壇・遊歩道・小動物園・植物園・各種娯楽施設・運動施設・食堂・売店などが配置された。また季節的な催事など家族連れ・学童遠足・カップル・グループ・団体らの人たちが、終日楽しめるように造られた。

　大正15（1926）年10月31日仮開園を入場無料で開放したとき、1万3000人の入園者を数えたという。翌昭和2（1927）年4月本開園し、入場料は当初1律5銭、のちに大人10銭としたが予想外の好評で、同年上半期だけで9万3000人の入園者があったという。

　この狐ヶ崎遊園地の開園を記念して北原白秋作詞・町田嘉章作曲の『ちゃっきりぶし』が発表された。白秋が現地に滞在しているとき、土地っ子芸者が何気なくつぶやいた「きゃアるが鳴くんで、雨づらよ」の方言をヒントに作詞されたという、ほほえましいエピソードは今も語り草になっている。

　遊園地の好成績に静岡電鉄では、昭和5年7月栗原に野球場（後の草薙野球場）を建設した。新野球場は鉄筋コンクリート造り、グラウンド・内外野席・ベンチ・選手控室・事務室・売店などが完備し、市民・学生らに広く利用され、遊園地とともに県内一の名所となり、電車の旅客輸送の増大に大きく寄与した。

　昭和9年11月20日草薙野球場は内外野スタンドとも超満員となった。来日中の全米オールスターズと全日本軍が対戦したのである。試合は全日本軍は3安打に終わったが、弱冠19歳の注目の沢村栄治投手はベーブルースら並いる強打者を相手に完投で5安打、9奪三振の快投を演じ、4番ルーゲーリックに7回ソロホームランを浴び0対1で惜敗した。この記録は草創期の日本プロ野球史上に燦然と輝いている。なお、この草薙野球場は、紀元2600（1939）年を記念する静岡の事業に協力して、付近一帯の用地とともに静岡県に寄付され、現在の県立草薙総合運動場となっている。

バス事業進出
と戦時下規制　静岡市の乗合自動車（バス）の起こりは、明治39（1906）年8月伝馬町に東海自動車が設立され、静

岡・江尻間を箱形車体の自動車を走らせたのが始まりとされている。燃料が粗悪で、強い悪臭を放つ排気ガスをまき散らしたので沿道住民に嫌われた。

　大日本軌道の軽便鉄道が開通したこともあって採算がとれず、わずか１年半で廃業した。しかし自動車はその後内燃機関・燃料とも著しく改良されていった。

　大正１１（１９２２）年宮寺商会が市内バスを開業して次第に乗客が増え始めた。翌１２年静岡自動車、その後待月自動車商会・安倍自動車商会・旭商会・田宮自動車商会など、毎年のように新しい業者が相次いで開業した。これらのバス事業は小資本で短区間の停留所で乗客を拾い路線を延ばしていたから、既存の鉄道会社を圧迫していくことになる。

　静岡電鉄ではこの対抗策としてバス事業を兼業しようとしたが、当時は１路線１営業の方針が厳存しており、既存業者を買収してその事業を継承する以外に開業できなかったのである。

　昭和４（１９２９）年３月静岡電鉄は大変な努力によって既存のバス会社２社を買収し、定期乗合自動車の営業を開始した。当初の路線は静岡・清水の両市内線・北街道線・久能線・三保線などで、翌年には旧東海道の路線も開業した。当時は運転手が料金を直接収受したが、やがて車掌を採用してキップの車内販売を行った。その後、静岡電鉄は県内中・西部地域の既存バス会社を次々に買収しその傘下におさめていく。

　昭和９年になると静岡県内をはじめ鎌倉・富士五湖・豊川稲荷参詣など、大型自動車による貸切自動車営業を始めている。翌１０年ごろ日本平の観光開発に着目し、日本平と久能山山頂とを結ぶ空中ケーブル（ロープウェイ）の建設研究を行ったが、翌年大規模地震があり、地盤の軟弱さが露呈して中止した。

ガソリン規制　　日華事変が昭和１２（１９３７）年７月勃発すると、
バス路線運休　ガソリンの消費規制が強化され、バス事業は受難の時代を迎える。同年中に旧東海道・清水市内線の一部、翌年に森町線の一部・可睡線・久能線ほか、翌々年には静岡市内線の一部が相次いで運行休止となっていく。

昭和14年10月織田信恒社長は資本金267万円の55.3％大減資を断行する。適正な減価償却を行い、資産内容の健全化をはかり、翌15年上期より3分配当を実施。10年間の無配を一掃し欠損等の苦境を脱している。同15年には車両・整備部品・ガソリン・オイルなど禁止に近い状態となり、薪・木炭の代用燃料車を増備し、乗合自動車の運行回数の縮小、休止路線が強化された。

　昭和16年12月8日太平洋戦争に突入すると民需規制は極端に強化され、利用客は増大していたが鉄軌道との並行路線は全面的に休止となった。一方、軍需要員の輸送は年々増加し、休止していた三保線は再開された。乗合自動車は木炭ガス発生炉をつけた代燃車にかわった。熱効率が悪く、絶えず車から降りて代用燃料を補給する必要があり、運転手泣かせの作業であった。

五島慶太社長と五社合併　陸上交通事業調整法は昭和13（1938）年8月施行された。地方鉄道会社・自動車会社等の合併・譲渡または共同経営により運営を合理化し、物資節約と能率増進をもたらし、戦力増強をはかる法律であった。昭和16年3月東京横浜電鉄（現東京急行電鉄）の五島慶太社長が静岡電鉄社長を兼任し、静岡県中部の交通機関を統合して整備拡充と経営合理化をはかった。同年8月清水港内巡航船営業の全事業、7航路・船舶11隻を買収、湾内海上輸送を始めた。昭和17年以降、県中部地域の藤相鉄道・中遠鉄道・静岡乗合自動車・静岡交通自動車との合併で事業の統合は戦時下の国策であり、五社合併の交渉はおおむね順調に進んだ。

　昭和18年5月15日正式に五社が合併し、社名を静岡鉄道株式会社と改称して資本金750万円（150万円増資）となる。取締役社長五島慶太、専務取締役三上宣綱・山田平四郎・芝田佐平治が就任する。藤相鉄道は静鉄藤相線に、中遠鉄道は静鉄中遠線と改称した。翌月五島社長は会長となり、丹羽武朝社長が就任し、翌19年2月五島会長は運輸通信大臣に就任したため会長を辞任している。

　野村自動車商会・望月自動車商会・山下自動車商会・田宮自動車商会・掛川タクシーの自動車5社は、同年10月買収され、大井川鐵道関

係を除く静岡県中部の交通機関は、静岡鉄道の経営下におかれた。ただし、発電事業と電力供給事業は、同年2月配電統制令により中部配電へ譲渡した。

三保線建設計画は未完　戦局が悪化し高度国防国家の建設が至上命令となった。清水の三保・駒越一帯は、日本軽金属・日立製作所・日本鋼管造船所・日本発送電火力発電所など、多数の軍需工場や高等商船学校など軍関係の重要施設が設置された。工場や施設で働く工員や勤労学徒らの輸送が、燃料や資材不足ではるかに限界を越えていた。

　昭和20（1945）年3月静岡鉄道は第一種軍需充足会社に指定され、一般旅客を制限し軍需要点の重点輸送に転換され、三保線を建設することになった。当初は無軌条電車が計画されたが、当時はまだ欠陥が多いことから変更され、静岡清水線柳橋・三保間に計画された。同年4月認可を受けただちに着工した。資材・労働力不足、空襲の激化などで工事は難航した。5割の施工時点で静岡市の空襲により整備車両の大部分を焼失、工事が竣工しても車両が皆無の事態となり、工事未完のまま終戦を迎える。

　戦争が激烈化し、応召や軍需工場への徴用で男性従業員は次々に職場を離れていった。ことに運転士の不足は深刻で、これ以上減員になると時刻表どおりに運転できない状態となった。

　駅長や助役が列車を運転したり回送する非常手段もとられた。逆に軍需工場から派遣された要員では、客扱いが不慣れで鉄道業務に合わない。このころ静岡清水線に女性運転士が登場した。

　全国のどこの鉄道でも運転士が足りないと女性が補充されている。彼女らは仕事に忠実で勇敢で、時間に正確で乗客の評判は良かった。

戦災・終戦の輸送と川井健太郎社長　昭和20（1945）年に入って米軍B29爆撃機の空襲は激化した。静岡清水線沿線で最初の焼夷

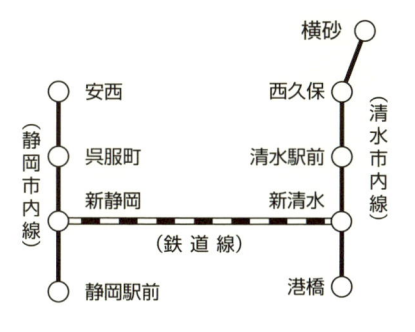

静岡鉄道市内線関係路線図
「RAIL FAN」1978.10　田辺義明

静岡鉄道・静岡清水線　71

弾による被爆は長沼であった。つぎに爆撃で古庄の跨線橋が爆破され、一時列車は運転不能となった。空襲は夜間突如起こるから、列車は暗闇の中を消灯して走った。前方はほとんど何も見えず、線路だけが光って見えた。従業員は帰宅もままならず、自炊して会社に詰めた。輸送機関を死守する戦いともいえた。

　同年6月19日静岡市は編隊による猛爆撃を受け、中心市街地ほか大部分が焦土と化し、死傷者・罹災者はおびただしい数にのぼった。電車は夜間分散して待避させていたが、それでも33両中19両を焼失、清水市内線を含めて運転可能な車両はわずか7両であった。バスも22両が焼失した。ほかに本社・鷹匠町駅・工場・軌道・機械等、一夜にして灰燼に帰した。7月に入ると清水市が大空襲を受け、バス5両、船舶8隻を焼失した。運転可能な清水・音羽町間に焼け残った3両の電車が、辛うじて運転を続けた。バスは藤枝・袋井のほか営業所から6両回送させ、焼け残りの3両を応急整備して運行させた。静岡市も、清水市も、静岡鉄道も、廃墟の中で終戦を迎えたといって過言でない。

　戦時下の苦難の時期に陣頭指揮をとった丹羽武朝社長が退任し、昭和20年9月川井健太郎社長が就任する。川井社長は五島前会長と戦前からの親しい間柄で、五島会長から「1年でよいから面倒を見てやってくれ」という言葉で引き受け来静した。

　終戦直後の極度の物資欠乏の中で、罹災した膨大な施設や車両の再建・整備などの復旧事業は言語に絶した。仮本社は松坂屋4階の焼ビルに、窓もガラスもないところにむしろをぶら下げ、外套を着ての仕事が出発であった。川井社長はまず自転車で現場を回り、従業員を激励し荒廃した心を建て直すことを目的とした。

　電車線は焼けた電車の修復に全力を注ぎ、とりあえず9両復旧、東急から中古車を購入して運転を回復した。翌21年静岡清水線を地方鉄道とし、静岡・清水両市内線を軌道線として分離した。同23年9月6日買い出し列車で活躍した藤相線地頭方と中遠線池新田が結ばれ、藤枝大手・新袋井間を駿遠線と改称し64.6kmの全国一長い軽便鉄道となった。

バス路線は車両の購入に全力をあげた。２０年度１両、２１年度は軍用車の払い下げも含め２０両、２２年度は１８両をそれぞれ購入した。老朽車の修理も進めた。ガラスが入手困難なため、窓に板を打ちつけて走らせた。増設車両は輸送力を最も必要とした静清地区と休止中の１８路線にあて、全線にわたって運行回数を増加した。また２２年には大型貸切バスを早くも再開している。こうして復興の槌音は次第に高らかに響いていった。清水市内線の清水相生町・波止場間が昭和２４年３月２５日廃止された。しかし静岡鉄道の戦後の復旧事業は、同年中に電車・バスともほぼ完了した。路線延長・利用者数は戦災前の五社合併時まで回復した。さらに路線の整備・増強を続け、やがて再建の時期から躍進の時代へと向かって進んだ。

国鉄貨物列車事故に静岡清水線支援　静岡清水線沿線の人口は著しく増大し、通勤通学電車の果たす役割はますます重要となった。東急から大型車両２両を譲り受け、昭和２６（１９５１）年６月従来のポール式集電装置をパンタグラフ式に切り替え、電車はスピードアップされ新ダイヤ編成が可能になった。このころより従来の木造車は鋼鉄製車両に切り替えられ、４輪車をボギー車に、車体の改良・更新をすべて自社工場で行った。その後も年に２・３両自社製造し輸送力の強化に備えた。

　昭和２５年３月２７日２３時２３分ごろ、東海道本線清水・草薙間で上り貨物列車２４両が脱線転覆し、同区間が不通となる大事故が発生した。現場は静岡鉄道静岡清水線の東海道本線と並行に走る桜橋付近で、貨車は同駅ホームにのしかかるように倒れた。クレーン車は当時大阪にあり、ただちに復旧作業に入れなく、開通の見通しは全くたたない状態であった。時間は深夜で、上り下りとも夜行列車は立ち往生となり、国鉄は収拾がつけられないほどの大混乱となった。

　事故の情報は静岡鉄道に連絡され、同社は川井社長を中心に協議の結果、川井社長は大英断を下した。それは国鉄とは競合関係にあったが、一時的に国鉄線の線路を静岡清水線の線路に連結して、切り替え運転を国鉄側に申し入れたのである。国鉄側はこの提案を受け入れ、国鉄・静鉄両者協力して応急工事を開始した。静鉄のこの区間は当時３０ｋｇの

軽量軌条で、重量のある長い編成の国鉄列車を無事に通過させることができるか心配もあった。静鉄線の線路上で事故が起きればさらに大変なことであった。

やがて線路は連結され、国鉄の列車が静鉄線のレール上に最徐行運転で乗り入れてきた。関係者は手に汗をにぎって長大な列車の通過を見守った。列車は何の支障もなく無事通過した。切り替え輸送は翌日午後3時まで続けられ、国鉄は不通という最悪の事態を免れた。無論静鉄線のこの区間は運休となった。静鉄ではこのほかバス40両を提供し、東海道本線の振り替え輸送に努めた。

村松友視の「電車通学の思い出」　静岡市清水区出身の直木賞作家村松友視は『静岡県の昭和史』（毎日新聞社）の中で「電車通学の思い出」を次のように懐かしく記している。「私は清水の桜橋駅から静鉄電車で静岡へ通っていた。富士山は、清水から静岡へ向かう時は右手に、逆の時には左手に見えた。（中略）昭和28年に城内中学へ通いはじめた時から昭和34年に静岡高校を卒業するまでの6年間の中でのことだが、2両連結も駅名の改変も正確な年月は憶えていない。「電車通」は、静岡市内から通学している友だちからおおいに羨しがられたものだ。「電車通」を味わいたいため清水の私の家に泊まりにきて、翌朝、私の家から「電車通」体験をした友だちも多かった。なぜ「電車通」がそんなに魅力的であったのか。理由はひとつ、「電車通」の女学生が存在したからである。（中略）おそらく、同窓会と同級会ほどの規模の差があったろう。小さな箱のような静鉄電車に詰め込まれた男女の「電車通」は「汽車通」にくらべて、お互いきわめて近しく存在することができたのだ。桜橋から静岡まで約30分だったが、もの想う少年期に6年間もつづいた「電車通」は、ある意味では学校以上の思い出を与えてくれたということができるだろう。」

静岡清水線の施設の近代化　静岡清水線の起点鷹匠町駅は、1日平均の乗降客2万人を超えていたが、施設が戦災当時と同じ機能で行き詰まっていた。昭和32（1957）年秋、静岡で開催される国民体育大会の輸送対策にも整備が必要となっていた。駅周辺の整備計画もようや

新清水駅の直前で巴川を渡る静岡鉄道静岡清水線の広告付2両編成車両

く決定し、昭和29年4月より工事が進められ、同年10月駅舎・本社屋・その付属設備が竣工、清水相生町駅も完成し、同年10月1日より駅名も新静岡と新清水に改称された。

翌30年10月資本金3億6000万円となり、その後国鉄静岡駅前にあったバスターミナルを新静岡駅前広場に移転、電車とバスを連絡した。新造車両は、たとえばモハ21+クハ21のように2両編成に設計された。昭和36・7年ごろには急行用両開きドアの最新鋭車両モハ101、モハ102が登場し電車マニアを喜ばせた。静岡清水線の諸施設の近代化工事は徐々に進められていたが、昭和44年に本格化する。乗車券自動販売機使用開始、長沼駅信号保安設備改良、変電所設備増強、運転保安設備・列車自動運行制御装置、翌45年ATS列車無線使用開始など次々に進められた。

同48年にオールステンレス製3扉2両編成クモハ1000形+クハ1000形が同60年までに12編成が導入され、在来車両を一掃し、同50年9月よりワンマン化となる。

秋葉線駿遠線静岡清水両市内線廃線　昭和30(1955)年後半から大型高性能バス・道路整備などが進み、同37年9月20日秋葉線が全線廃線(可睡線は同19年12月東南海地震で陥没、20年1月廃止)となる。同40年代に入ると、高度経済成長の波に乗ってマイカーが急激に増大し、道路の真ん中をゆったりと走る静岡・清水両市内線は自動車の走行に邪魔になってきた。ことに静岡駅前で旧国道1号線を横切っていることが致命傷となり交通渋滞となる原因となった。

昭和37年9月14日静岡市内線、同45年8月1日まで3次に分け

駿遠線、同５０年３月２２日清水市内線がそれぞれ廃線となった。

多角化経営による発展　昭和３０年代に入ると静岡鉄道では沿線住民の生活の多様化に応えて従来の鉄道・バス・タクシー・貨物輸送などの輸送事業から多角化経営に乗り出していく。日本平ロープウェイ・浅間山リフト・自動車販売・自動車学校・海の家・ストア・観光サービス・観光汽船・ホテル・狐ヶ崎ヤングランド・ゴルフクラブ・マンション・スポーツクラブ・不動産経営など次々に進出する。

　昭和４１（１９６６）年５月１５日静岡ターミナルビル「新静岡センター」が静岡市鷹匠町にオープンする。電車・バス・ショッピングセンターなど近代的複合ビルとしての機能と静岡鉄道の表玄関の拠点を兼ね備えた。その後も多角化経営は推進された。同６３年１１月には会社創立７０周年を迎えている。

　平成元（１９８９）年９月１日資本金は４億５０００万円増資され、１８億円となっている。

　その後も経営は順調に推移し、老朽化した「新静岡センタービル」を取り壊し、平成２３年１０月５日顧客のニーズに応える現代的感覚の大型商業施設「セノバ」（９階建）がオープンした。静岡鉄道の起点新静岡駅とバスターミナルの拠点として装いを新たにした。静岡清水線の列車時刻表は２０１２年３月３１日改正で、上り１５１本、下り１６１本と複線路線の威力を遺憾なく発揮し、途中５駅に停車する通勤急行列車を復活している。

静岡県西部地域の高頻度高架化鉄道に貢献する

遠州鉄道・西鹿島線

遠州浜松に鉄道敷設の機運　「引馬野尓　仁保布榛原　入乱　衣尓保波勢　多鼻能知師尓」と『万葉集』に詠われた浜松は、明治２２（１８８９）年７月１日東海道鉄道が全通してにわかに活気づいてきた。鍛冶町から浜松停車場までの道筋は「ステンショ通り」として人々から親しまれた。この通りには旅人休泊所の池川屋、それに大米屋・花屋の両旅館が豪壮な建築を構えた。内国通運浜松代理店・堀留会社出張所・林運送店なども進出し、旧東海道から離れていたこの通りにも次第に家並みが連なっていった。明治３０年代中期には日本楽器・帝国製帽・日本形染があり、浜松の三大産業といわれた。特産の木綿織物も盛んで機業者は１０００軒におよんだ。近郊農家の米麦以外の副産物である落花生・ショウガ・ヘチマ・唐辛子などは、ヨーロッパに輸出された。明治末期にかけ電灯・電話・ガスなどの事業が浜松地方の工業発展に貢献した。

　明治１７年８月１３日付の『静岡大務新聞』に次のような記事が掲載されている。「東海道鉄道設置の事は予てより其説ありしのみならず、本年の県会に於ても此儀ありし程なるが、此事に就ては遠州出身の官吏長谷川海軍大書記官、鷹森陸軍会計監査、加茂海軍小書記官等が尽力され居る由。愈々八月十日丸尾文六、鈴木八郎、気賀半十郎、竹山謙三、林弥十郎の諸氏が遠州浜松の旅館花屋に集合し評議のすへ、同会社を設立することに決定したと。」（句読点は引用者）

　政府が東海道に鉄道敷設を決定したのは、明治１９年７月１９日の「閣令第二十四号」である。この新聞記事どおり民営で鉄道敷設を出願した資料は見当たらない。しかしここで注目したいのは、新聞記事にも見られる林弥十郎宅に『浜松鉄道線路略図』が所蔵されていたことである。この鉄道は明治２９年２月２０日出願されており、翌３０年４月６日付の『東京日日新聞』に、浜松鉄道（浜松・西鹿島間）の仮免許状下

付が明示されている。『浜松鉄道線路略図』には日付が見られないがおそらくその内容からこの出願の際に添付されたものと考えられる。何らかの事情で実現できなかったが、東海道鉄道の全通7年後に進取の気風に富む遠州人の間でも浜松・西鹿島間に鉄道敷設の具体的な動きがあったことがうかがえる。

雨宮敬次郎迎え浜松鉄道設立　明治30年代の浜松地方の交通機関は、東海道鉄道のほか乗合馬車と人力車が主力であった。まだラジオはなく、電話と新聞が当時の情報機関である。人々にとって鉄道の存在は地域振興・地域開発・文化交流の重要な手段としてその敷設を熱望していたのである。

『静岡民友新聞』明治39（1906）年11月15日付は次のように報じている。「浜松鉄道に就て　本紙が逸早く記せし如く去十二日其筋へ出願の運びとなりしが、発起人は雨宮敬次郎（東京市）、松浦五兵衛（小笠郡西郷村）、石岡孝平（掛川町）、中村忠七（浜松町）、鶴見信平（同）、林弥十郎（同）、鈴木幸作（同）、高林維兵衛（有玉村）、松本君平（東京市）の諸氏にて資本金四拾万円、区域は浜松町鹿島間及び浜松中ノ町間十六哩なりと、因に、同鉄道開通の為に天龍川駅は打撃を受け、天龍運輸会社など利益を失う恐れありと云うものあれども、本鉄道の主眼は西遠一帯陸上交通の便利をはかるものにて、天龍川の水運とは全く何等の関係なく競争すべき性質のものにあらず、陸上交通の便開くる時は天龍川の水運は却て是が為めに一層便利を得て貨物の輻輳を見るべしと聞けり。」（句読点および（　）内は引用者）

熱海鉄道の蒸気化、静岡鉄道の建設の動きに次いで、浜松にも蒸気鉄道敷設の機運を知った雨宮敬次郎は、浜松の政財界有力者と浜松鉄道株式会社設立を進める。明治40年4月2日内務大臣原敬より軌道敷設の特許状が下付された文書には発起人9名の氏名があり「右ノ者ニ対シ別紙命令書ヲ遵守シ軽便鉄道ヲ布設シ一般運輸ノ業ヲ営ムコトヲ特許ス」とある。命令書には線路敷設経路、営業年限、原動力（液体燃料）、線路実測図、軌間、軌条、線路幅員など44ヵ条が定められていた。

同年5月8日東京市京橋区築地3丁目雨宮軽便鉄道部で発起人総会が

開かれた。資本金４０万円、株式８０００株のうち発起人引き受け５８００株の残りは関係町村有志の希望に応ずること、鹿島線の起点曳馬村下池川を中ノ町線と接続に変更などが決議された。創立事務所は浜松町板屋南裏に、石岡孝平が会社設立の準備を進めた。

大日本軌道浜松支社３路線開通

中ノ町線・鹿島線の敷設工事は当初計画の明治４０（１９０７）年末完成が、線路用地の変更があり延期されていた。

翌４１年８月浜松鉄道株式会社は大日本軌道株式会社に統合され、旧浜松鉄道は大日本軌道浜松支社となった。取締役社長は雨宮敬次郎、支社長に石岡孝平が就任する。

「濱松鐵道認可」の記事。「静岡民友新聞」明治４０年４月１２日付に報じられた

明治４２年３月３日中ノ町線が開通する。遠州地方最初の軽便鉄道である。路線は浜名郡天神町村馬込から、旧東海道を天龍川右岸に向け同郡中ノ町村萱場に至る３マイル３０チェーン（約５．４km）であった。

同年１２月６日鹿島線が開通する。現在の遠州鉄道西鹿島線のスタートである。沿線は浜松・曳馬・有玉・小野口・北浜・竜池・麁玉・中瀬・赤佐・二俣の２町８ヵ村を１０マイル７０チェーン（約１７．５km）で結んだ。天龍川右岸の産業・経済が発達した人口密度の高い浜名平野を南北に縦貫する二俣西街道に沿って、蒸気機関車が客車１両を牽引した。軌間２フィート６インチ（７６２mm）、単線。

区間は浜松・常盤・助信・島之郷・上島・市場・共同・松木・西ヶ崎・小松・貴布祢・道本・新原・芝本・岩水寺・御馬ヶ池・鹿島の１７ヵ所で、全線を１時間２０分かけて走り、運賃は全線２６銭であった。

翌４２年３月１８日中ノ町線と鹿島線が板屋町（浜松）で接続する。このころの両線の車両は機関車７、客車１０、貨車１１（有蓋４、無蓋

7）を保有した。大正元（１９１２）年の利用状況は、旅客４３万人、貨物５万４７５０トンであった。

 綿織物の生産地として栄えていた笠井は、鹿島線から外れていたが、笠井町民の要望により鹿島線西ヶ崎と笠井間に笠井線１マイル３９チェーン（約２．４ｋｍ）が大正３年４月７日開通する。軌間２フィート６インチ（７６２ｍｍ）、単線で、途中に万斛（まんごく）・女学校前の停留場があり１日１２往復、１６分の所要時間で蒸気機関車が客車を牽引した。

金原明善の天龍運輸など地元資本の動き　大正３（１９１４）年７月に起こった第１次世界大戦による好況の波は地方鉄道にもおよんだ。鹿島線は沿線の旅客輸送と北遠からの鉱石・製紙・椎茸・まゆなどの貨物輸送が増大した。大日本軌道各支社の中で浜松支社は上位の成績であった。このため今後の西遠地方の発達と北遠地方の開発にとっても、鹿島線を大日本軌道のもとにゆだねておくべきでないという地元の声が高まった。

 雨宮社長は明治４４（１９１１）年死去し同社の経営基盤は動揺していた。やがて天龍運輸の主唱により大日本軌道浜松支社から軌道敷設特許権ほか軌道財産の一切の譲渡を受け、引き続き事業を継承するための地元資本による新会社の設立を進めた。

 天龍運輸は北遠から産出する物資の輸送を天竜川通船で行っていた。天竜川治山治水事業の創設者として私財を投げうって献身的に尽力した金原明善が、平野又十郎（掛塚商船会社総代・西遠銀行頭取）、鹿島岩蔵（鹿島建設創設者）、小松正一（東京野口組代表）らと明治３５年９月浜名郡和田村に創立した会社である。

 大正８年５月２２日浜松市田１３番地浜松商業会議所で発起人会が開かれた。出席者は伊東要蔵・深井鷹一郎・中村藤吉・内山文作・井上剛一・高橋誠太郎・宮本甚七・岡崎伊勢蔵・中村幸作ら地元政財界などの有力者２２名で、別に１７名の欠席があった。ここでは資本金１００万円、地元新会社創立に向けての準備が決議された。同年６月１３日東京築地の大日本軌道本社において定時株主総会が開かれ、同社浜松支社の譲渡が正式に承認される。

大日本軌道浜松支社鹿島線板屋町駅構内で大正天皇即位式の飾りつけをした車両との記念写真

遠州軌道創立新会社長竹内龍雄　社の創立総会が大正8（1919）年8月18日浜松商業会議所で開かれた。出席株主165名。会社名は遠州軌道株式会社として再出発することとなった。取締役に中村藤吉・深井鷹一郎・鈴木浩平・平野又十郎・井上剛一・岡崎伊勢蔵・内山文作・竹内龍雄・倉田藤四郎・鈴木信一の10名、監査役には高林泰虎・宮本甚七・高橋誠太郎・金原明徳・乗松弥平・青葉延太郎の6名であった。その1カ月後、取締役社長に竹内龍雄、専務取締役に内山文作が就任する。竹内社長は天龍運輸の社長で、系列会社の遠州軌道社長を兼任した。

　明治32年天龍運輸が一時苦境のとき、金原明善に命じられた竹内龍雄は会社再建に活躍した。明治43年には後に平民宰相で知られる原敬や岡崎邦輔男爵らに懇請され、京阪電鉄の立て直しに当たる。彼は専務となって京阪電鉄に初の急行電車を走らせ、電灯会社を引き受けるなど4年間で経営を軌道にのせる実績をもっていた。こうして天龍運輸資本を中心に金原明善ゆかりの人たちによって経営されていくことになる。

質素倹約で顧客にサービス　新会社といっても前会社から継続していたため、披露宴会は見合わせ報道関係者に限り招待して開業披露を行った。会社設立から地味で堅実な経営姿勢がうかがえた。現業員に差し当たり月額3円を増額し、さらに3割増給している。現場の監督者らには緊急を要する場合、速やかに出勤できるよう駅周辺に社宅を建設した。

　遠州軌道株式会社の営業のスタートは大正8（1919）年10月12日である。『第1回営業報告書』は同年11月30日までの2カ月足らずであったが、旅客収入1万4972円35銭、貨物収入5472円

１６銭、雑収入４５円６８銭、合計２万４９０円１９銭で、営業費合計１万７０４１円４３銭９厘を差し引き、当期利益３４４８円７５銭１厘が全額後期繰越金として計上され、以後も毎期着実に利益を上げていく。

遠州軌道は業績を上げていたが前会社大日本軌道の無賃乗車券は無効とし、収入確保のため株主優待乗車証も廃止とした。翌９年に客車５両を導入、時刻改正、回数乗車券を５０回券２カ月有効とした。

社名遠州電気鉄道と鹿島線電化　鹿島線の動力が蒸気で２フィート６インチの狭軌で道路面を玩具のように走る軌道では、年ごとに増加する旅客・貨物の輸送に限界があった。遠州軌道創立の際、すでに時代的要請として軌間を広くして電化を一気に完成する構想があった。

大正１０（１９２１）年６月１４日鉄道大臣より電化の許可が下り、同年８月１７日社名を遠州電気株式会社に改称する。株主配当は第２期から行われ、役員賞与は電化に備えて内部留保として３期にわたり辞退を決議する。

翌１１年３月軌間の拡幅と電化工事の準備が進められ、新設路線は従来の軌道とほぼ並行して敷設されていった。

大正１２年４月１日待望の鹿島線遠州浜松（旧板屋町）・遠州二俣（旧鹿島）間の電化工事が完成し開通する。軌間３フィート６インチ（１０６７ｍｍ）の単線、架線電圧６００Ｖ、愛知県岡崎電燈（後の東邦電力、中部電力に変更）から送電された。受電方式はポール式で、全線運転時分は４３分に大幅に短縮された。

列車のスピードアップと増加する客貨輸送に対応したこの電化の完成で、沿線住民の足として定着し「遠電」と呼ばれ親しまれていく。なお翌１３年７月１日鹿島線遠州貴布祢から分岐して宮口まで系列会社の西遠軌道が開通し、遠州電鉄の支線は中ノ町線・笠井線・西遠軌道の３路線となる。大正１５年終点遠州二俣到着の各列車と鹿島・二俣間を運行していた乗合自動車と接続、３２分から４７分間隔の列車ダイヤを日中３０分間隔とし、遠州西ヶ崎交換で笠井線に接続した。

貨物輸送増加と専用線開通　大正１３（１９２４）年２月１日遠州浜松・遠州馬込間が開通する。国鉄浜松駅構内で遠州馬込線が接続し、

大日本軌道浜松支社板屋町停車場周辺の路線図

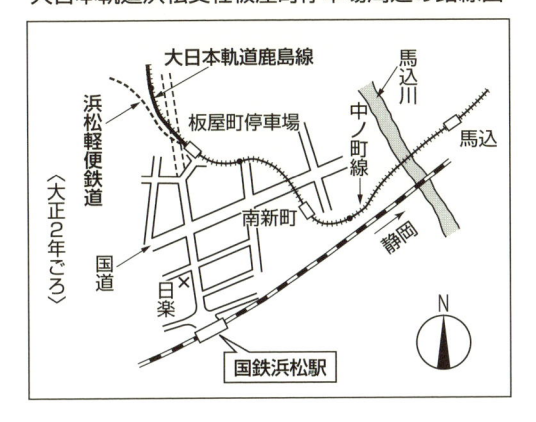

ここに本格的な貨物輸送を開始する。電化した大正12年度の貨物輸送は2万3511トンであったが、翌13年度に4万1839トン、さらに14年度には6万3735トンで、いずれも前年増50％以上の伸びを示した。取扱品目の移出は木材・石炭・甘藷・植木などが多く、移入は石炭・コークス・砂糖・飼料などが多かった。とくに国鉄浜松駅は貨車の滞貨時間がきびしかったため、遠州浜松駅での取り扱い数量が増加した。既存の施設では到底さばき切れず、貨物上屋の改造・貨物ホームの改築・増設・倉庫移転・貨物側線増設工事などが続いた。大正15年2月には浜名郡北浜村貴布祢の日清紡績浜松工場に遠州貴布祢駅から専用線が開通し、工場建設資材の到着があり、工場完成後は原綿の搬入と機業地への綿糸の供給に便益をもたらした。さらに昭和2（1927）年に日本楽器製造・浜松倉庫・遠州銀行の3社に貨物専用線が次々に敷設され、ピアノ・オルガン・綿糸・綿布・石炭・コークス・米などが発着した。

この年は金融恐慌により銀行取引の萎縮などがあり、貨物輸送は前年度の8万3521トンから6万9301トンに落ち込んでいる。しかし産業は徐々に回復し、昭和3年度9万258トン、同4年度には10万464トンに達した。

中ノ町線笠井線は浜松軌道に　中ノ町線と笠井線は、大正14（1925）年4月7日浜松軌道株式会社（資本金22万円）として経営分離し、採算路線を目指すことになった。なお、昭和2（1927）年1月17日浜松電気鉄道株式会社に再び社名変更した。

昭和2年9月1日懸案の遠州浜松・旭町間に旅客輸送が開始され、東海道本線浜松駅との連絡がスムーズになった。途中の馬込駅ホームは、

県内私鉄では珍しいスイッチバック運転となった。大日本軌道時代の大正６年には年間旅客数４５万人であったが、電化後の昭和元年には１５２万人と飛躍的に増大し昭和初期のピークを記録する。

同４年中ノ町線連絡用として旭町・遠州馬込間０．７ｋｍに軌道自動車（レカ１）が運転された。このころの模様を和田町在住で元鉄道友の会静岡支部長の内藤正己氏は次のように語っている。「たしか車両は半鋼製の単車で、塗装は茶色に近いチョコレート色だったと記憶している。前後に運転席があって双頭車と呼ばれ大変珍しがられた。客室入口は引戸で床は板張り、客席はロングシート定員３０名（うち座席１４名）だった。発車するとエンジンの振動と車輪の音が小学生だった私のからだ全体に伝わり、感動したのを覚えている。この軌道自動車の小運転は中ノ町線が廃線になる昭和１２年２月１５日まで続いた。」

遠電ビル完成　経営の多角化　遠州電気鉄道の多角化経営の第１歩は、昭和２（１９２７）年４月竜宮山岩水寺の境内に開園した岩水寺遊園地に始まる。「花一里　つづく限りや　岩水寺」と詠まれた岩水寺は、行基開創の真言宗の古刹で安産・開運・桜の名所である。広大な境内には各種の遊具ほか湯屋兼旅館も建設され、岩水寺参詣者のほか秋葉山本宮へ岐阜・三重・愛知の各県からの参拝客もよく宿泊していったという。

昭和４年１０月１３日浜松市旭町７０番地に本社社屋鉄筋コンクリート造り、地上３階地下１階の建物が完成する。国鉄浜松駅前の鍛冶町通りと広小路通りとの交差する東南の角地（現ホテルクラウンパレス）で人目についた。１階は鹿島線（二俣線ともいわれた）始発の旭町駅と売店などで、２階は本社事務室となった。翌５年２月本社社屋２・３階に浜松地方最初の本格的レストラン「偕楽亭」がオープンする。２階は洋食の大食堂、３階に中華料理・宴会場・ビリヤードなどがあった。美味しいメニューをそろえ、値段も手ごろであったので、多くの利用客で賑わった。このモダンな建物は〝遠電ビル〟の愛称で浜松市民に親しまれ、同年５月天皇陛下の浜松行幸の際には光彩を放ち、遠州電気鉄道の拠点となっていく。

昭和１０年から同１４年にかけて、タクシー・乗合自動車（バス）・

遠州浜松貨物駅構内で上り急行通過中（左から２両目）と下りＭ３連列車待機中の列車交換

貨物運送事業に進出する。鉄道事業の防衛策にも位置づけられ、昭和１０年ハヤイタクシーこと自動車弘業・気賀自動車の買収、同１１年遠州乗合自動車の共同出資、同１２年遠州秋葉自動車・浜松タクシーの新株出資、同１３年遠州運送設立、同１４年に遠州運送が鹿島線主要駅で荷扱いする運送事業者を買収、さらに浜松トラック運送・秋葉トラック・宮口運送など続々設立した。なお、これらの運送事業は政府の小運送業統合の国策により同２０年日本通運に譲渡している。

経営不況下の鈴木信一社長　第一次大戦後、アメリカをはじめヨーロッパ先進国は相次いで金本位制に復帰したが日本だけが取り残され、戦後の慢性的な不況の中で対症療法的な救済インフレーション対策を取り続けていた。

　この脆弱な経済体質が日本の輸出を不振にし、国際収支の赤字を増やし、為替相場を絶えず動揺、低落させる悪循環を繰り返した。そこで、この悪循環を断ち切るため金解禁を断行し、それとともに財政を引き締めてデフレ政策をとり、それをテコに産業界の合理化を進めて日本経済の立て直しをはかろうとしたのが金解禁の狙いであった。

　昭和５（１９３０）年１月民政党浜口雄幸内閣は金解禁を実施した。しかし不運なことに前年１０月２４日ニューヨーク・ウォール街で株式の大暴落が始まり世界恐慌が発生した。その結果、金解禁にともなうデフレ効果と世界恐慌が重なり、日本国内はきわめて深刻な昭和恐慌に落ち込んでいった。日本の物価下落は大幅であった。昭和６年の物価は、同４年に対してアメリカとイギリスで２３％下落したが、日本では３０％下落した。

輸出の減退や国内購買力の縮小の中で、企業は生産過剰に苦しみ、価格の低落は業績を悪化させた。この結果、無配・減給・整理に追いやられる企業が続出した。とくに中小企業の受けた打撃は大きかった。

勤労者の実質賃金は昭和5年には5年前の7割以下に低下、失業者は激増し、昭和5・6年当時少なく見積もっても200万人を超えたといわれている。

東京市電のゼネストをはじめ労働争議が長期化して社会問題となった。農村では米の豊作が豊作飢饉を生み、米価が暴落した。翌6年には東北、北海道などで全国的に冷害に見舞われ一転して凶作となり、都市の失業者が流れ込んで農業恐慌はいっそう深刻化した。

恐慌の嵐が吹き荒れる昭和5年6月遠州電鉄の竹内龍雄社長は急逝し代わって鈴木信一社長が就任する。鈴木社長は東京専修学校理財科卒業後、同郷の金原明善の植林事業を補佐し、その後金原銀行・浜松貯金銀行・浜松資産銀行・遠州銀行などの役員を歴任し、天龍運輸・上松合同運送の社長を兼任していた。就任早々の鈴木社長を待ち受けていたのは、不況による鹿島線の増収対策、系列の浜松電気鉄道（浜松軌道が社名変更）、西遠鉄道（西遠軌道の社名変更）の再建問題、新興の乗合自動車対策など問題は山積し、きびしい試練に立たされていた。

無配・減給に　　遠州電鉄の総収入は未曾有の大恐慌に見舞われ、年ご
鉄道譲渡請願　　とに落ち込んでいった。昭和5（1930）年下期から6期にわたり無配を余儀なくされた。同6年は全従業員の給料を2割減額した。同年6月、業績不振により地方鉄道補助法による補助申請を提出した。しかし、この補助申請は却下される。全国の鉄道会社から補助申請が殺到したからである。翌7年5月、鈴木社長らは鉄道線譲渡請願のため鉄道省を訪ねている。遠州電鉄は創立以来かつてない重大な局面を迎え、新たな対応を鋭く迫られることとなった。

増収対策が相次いで打ち出された。景品付乗車券や沿線絵はがきの発売、繭市場前（現八幡）の新設、松茸狩り、天竜川舟下り、夜桜見物、弁天島行連絡割引乗車券販売、国鉄提携による伊勢神宮参拝団体乗車券、遠州・豊川・鳳来寺・三信の私鉄4社提携の天竜峡回遊割引乗車券、岐

阜・三重・愛知の３県に出かけ「秋葉講」誘致、「普済寺講」誘致、駅舎の移転と改築、夏期に納涼電車を走らせる。車内に畳を敷きビールを飲みながら車窓に展開する景色を眺め、天竜川畔で涼をとりうなぎ丼を食べて電車で帰るコースで、この企画は鹿島の花火大会の臨時列車増発とともに好成績をあげる。鹿島で鵜飼と花火の会を催したがこれは不成績に終わる。列車の２０分間隔運転。岩水寺の花見見物に浜松の芸妓３００人を繰り出し列車を増結したこともあった。

　材木の出荷誘致に自転車で天竜川沿いにある多くの製材所を訪ね、材木出荷の話をまとめた。この地味な活動は功を奏し、やがて荷主懇談会が組織され年２回定例会が催された。従業員は当時縁故採用が多くいわゆる子飼いであった。駅に３日間１２時間拘束で、４日目が非番であった。その非番日に回数乗車券の訪問販売や旅客誘致、出貨誘致を行った。労働基準法はなく公休日などまだない時代である。

厳正な職場に忠実な従業員　満載の貨車が旅客列車に増結され、貫通制動装置もなく、列車の安全運転を現示する閉塞方式も簡単な通票による閉塞方式であった。単線であるため反対方向から来る列車が何らかの理由で遅れると、「交換変更！」という駅長の一声で運転士は駅長から通券を受け取り次の駅へ進行する、保安上きわめて危険な閉塞方式であった。

　鉄道事業の多くがそうであったように職場規律は厳格であった。年功序列を基本とする職階制で、厳然とした上下関係が保たれていた。従業員は職場風土からの社会的使命感を抱いていた。職場には同士的家族的意識が混在した。長時間労働のうえ、早朝・深夜・雨中・炎天・酷寒の中での過酷な作業であっても絶えず時間との争いで、悪条件であっても当然として立ち向かった。

　鉄道の屋台骨を支え苦境を乗り切った原動力は、先見性のある優れた経営陣の一方に、職場の末端にまで浸透した揺るぎない人間関係があり、従業員のひたすらな愛社精神があった。会社もその勤勉な従業員の心中をとらえて、待遇改善などよくそれに応えている。

**乗合自動車と　　**乗合自動車はその簡便さと機動性を備え、少人数定員
の激しい競合　であったが大正末期には遠州地方各地に相次いで営業を
始められ、乱立の様相にあった。遠州電鉄もこのバスとの競合に苦悩した。大正14（1925）年12月坂下自動車商会が浜松・鹿島間にバス営業を開始すると、遠州電鉄の駅間にもバス停を設置したから、鉄道利用客をバス利用に転換させていった。遠州電鉄もこれに対抗して、すさまじい旅客争奪戦を繰り広げた。天竜川飛行艇が西川から天竜川を轟音を響かせて鹿島の河原に乗客を到着させると、そのすぐ近くまで坂下自動車商会と契約したバスが横づけにするなどして旅客の利便をはかったから、遠州電鉄の乗客は減少した。

　遠州電鉄では鉄道線の防衛策として機会あるごとに乗合自動車会社の株式取得・買収・共同出資など行っていた。昭和11（1936）年8月浜松市営乗合自動車が浜松循環線・中田島線を、翌12年には国鉄自動車（省営バス）が豊橋、新居町間にそれぞれ営業を開始している。このころ、遠州地方にはタクシーが40事業者200台がひしめいていた。

　全国的にも国鉄・私鉄・自動車専業・公共事業体などで、乗合自動車事業の経営に乗り出すところが急増した。昭和5年乗合自動車事業を直営として兼業する私鉄は、全国で139社を数え、その営業路線は5000kmに達した。また系列会社として経営する会社は49社、営業路線は1300kmを超えた。公共交通機関の競合は古今東西熾烈である。

　昭和12年7月7日勃発した日中戦争を契機に、国内は戦争体制が次第に浸透してきた。翌年ガソリン消費規制が実施された。同16年アメリカは対日石油輸出全面停止の措置に出て、ガソリン事情はますます緊迫した。バス事業はすべて代燃となり、このままではバスの輸送力は減退し、事業の存続さえ危ぶまれる状況となった。

**合併・譲渡での　　**昭和12（1937）年11月には陸運統制令が全
遠州鉄道の創立　面的に改正され、輸送の制限・指導・管理、さらに収用までできることになった。その後鉄道省は旅客自動車運送事業の事業統合につき、基本方針を通達した。それは、

　①統合地区は、各都道府県を一ないし数個の交通圏に分け、当該交通

圏ごとに統合する。

②統合の方法は各交通圏において最も適当な事業を選定し、これを主体に事業の譲渡または会社の合併をする。

③統合の目途は、昭和18年3月末日とする。

企業統合への法律には『陸上交通事業調整法』があった。遠州地方においても統合の話し合いが進められた。この地域はひとつの交通として一事業体に6社が統合することになった。

昭和18年11月1日遠州電気鉄道・浜松自動車・遠州秋葉自動車・掛塚自動車・遠州乗合自動車・気賀自動車の6事業者の合併と、阿多古自動車・湖西自動車・遠三自動車の一部・鈴木友太郎のバス事業の4業者の譲渡による統合となった。同地域にあった浜松市営バスは、地方公共団体の経営下にあり統合には加わっていない。また、浜松鉄道（後の遠州鉄道奥山線）は、経理上の問題点と緊急を要していて交渉上の困難さから統合の対象から除かれた。

新会社名は遠州鉄道株式会社。資本金379万4400円。取締役社長には遠州電気鉄道社長であった青葉延太郎が就任する。株主総数574名。本社は旧遠州電気鉄道の浜松市旭町の本社ビルとした。

戦時下の緊迫した輸送状況　　昭和19（1944）年に入ると、南方戦域では「玉砕の悲報」が相次ぎ、日本本土に対する戦略爆撃が激しくなった。前年、遠州秋葉山本宮の秋葉神社本殿が焼失し、火伏の神の炎上は不吉の前兆とささやくものもいた。遠州地方の工場は、すべて軍需生産に切り替えられた。鉄工場は兵器、楽器工場はプロペラ、織布工場では落下傘を製造した。織機などは供出され砲弾となった。大規模な工場疎開が始まり、輸送は軍需目的が最優先された。鉄道にも軍人が配属され、列車の運転は指揮官の指示によった。日清紡績の女子工員を日本楽器製造工場での軍需生産に従事させるため、臨時列車を仕立て両工場の貨物側線を利用して輸送した。

中等学校以上の男女生徒は軍需工場へ送られた。〝五尺の命ひっ下げて、国の大事に殉ずるは、我等学徒の面目ぞ〟と「学徒動員の歌」を口ずさみ、軍需生産にたずさわった。若い男子従業員宛てに次々と「召集

遠州鉄道・西鹿島線　89

令状」が届き、職場を離れて出征していった。その要員補充のため、多くの女子従業員が採用された。通学も就労もしていない未婚の女性を女子挺身隊員と呼んだ。国民服の従業員とともに、女子も駅の改集札・乗車券発売・車掌の業務にもついた。やがて運転士不足となり、黒い戦闘帽をかぶって満員の電車を勇ましく運転する女性も出現した。「輸送の確保」のため、誰もが無我夢中であった。電車と並行する二俣街道には郊外方面へ疎開する人たちの姿が目立っていった。

　昭和１９年１２月１３日の初空襲以来、翌２０年８月の終戦まで浜松とその近郊は空襲の連続であった。同年４月７日白昼米軍機Ｂ２９の急襲で、遠州助信駅に勤務していた従業員が避難のため駅舎を出た瞬間、爆弾の破片を受けその場で即死、勤務中の犠牲者となった。浜松市街地に近い各駅には、古枕木を柱・床板・天井に組み合わせた防空壕がつくられた。警戒警報の不気味なサイレンがうなると、非番者はもちろん従業員一同職場に集合した。夜間であると、敵機が電車を狙って攻撃して来るから車内灯を消して走った。電車はあらかじめ市街地から離れた駅に待避させてあったが、突然の場合は急いで待避をすませ職場を守った。夜遅く帰宅すると、制服にゲートルを巻いたままごろ寝で待機した。

　昭和２０年に入り月を追って空襲の回数が増え被害が増大してくると、誰も戦局が重大な危機に陥っているのを感じた。夜の暗闇にラジオだけが生きているようで、特攻隊自爆のニュースを繰り返した。いつ敵機に爆撃されるか知れない不安が絶えずつきまとった。浜松市内から近郊の安全な場所に、家族や家財道具を疎開させるものが急激に増えた。荷車やリヤカーが重宝視され馬力屋が繁盛した。

　主食の代用で配給されるものは乾麺・馬鈴薯・甘諸などで、魚・野菜は欠乏し、食糧事情は悪化するばかりであった。二俣電車線（鹿島線）は農村への買い出し人、疎開先へ急ぐ人、軍需工場へ通う人たちの群れで、列車は終日ごった返した。車内が満員で押しつぶされそうになると、乗客は運転席まで入り込み、運転士は直立不動の姿勢で運転した。

軍都浜松は　　昭和２０（１９４５）年６月１８日午前１時、軍都浜松
壊滅的被害　の上空にはあたかも悪魔が集結したかのような様相を呈し

た。Ｂ２９爆撃機１００機におよぶ焼夷弾爆撃およそ６５００発の投下によって致命的な打撃を受ける。このとき、遠州馬込駅に宿直した従業員の話によると、たまたま夜中に目が覚め頭上でいきなり耳を突き破るようなザーッという音がしたかと思うと、たちまち火の手があちこちに上がり、まもなく一面火の海となり空は真っ赤であったという。

遠州上島駅構内の電気機関車とタンク車両群の入れ替え風景

　空襲による火災はすべてを焼き尽くして自然鎮火した。家屋の焼け跡・防空壕・道路端・川岸・防火用水池など、いたるところに無残な形相の焼死体が散乱した。この空襲は軍事施設・軍需工場・鉄道施設・銀行・百貨店・病院・社寺・民家にいたるまで無差別攻撃であった。全焼家屋１万５０００戸、死者１７００人余を数え、市の中心部は焦土と化し浜松空襲２７回中最大規模となった。

　遠鉄本社ビルは外形こそ残したものの内部は全焼した。炎が窓から噴き出る光景は、目を覆うほどであったという。旭町駅と遠州浜松駅は焼失し、両駅の宿直者は命からがら逃れた。従業員の中には家屋や家財を焼失するものが続出した。しかし、この言語に絶する惨状のなかでも、電車は１日も運転を中止しなかった。

　大空襲で明けた日、ただちに遠州助信駅から西鹿島間を折り返し運転を開始した。臨時起点となった遠州助信駅は、たちまち家を失った市民が殺到し長い列となった。客車だけでは足りず、扉をあけたまま有蓋貨車を連結し、最後には無蓋貨車まで動員して走り続けた。数日後には、電車に乗りあぶれた人たちの群れが焼け残ったわずかばかりの荷物を背負い、長蛇になって二俣街道を北へ向かって逃れた。

　焼け跡に踏みとどまり防空壕に仮住まいする従業員もいた。バスは焼

失し、燃料なく部品なく、他に交通機関がなかったから焼け残った電車は乗客であふれた。いくら運んでも運びきれず、こんな日が来る日も来る日も続いた。ここまで来ると、電車を低速運転にして遅延しようがしまいが１人でも多く輸送することが重要となった。

　その後も昼夜を問わずＢ２９攻撃、Ｐ５１の機銃掃射、艦載機の銃撃・艦砲射撃など、市民への無差別爆撃は続いた。そのたびに乗客を手早く防空壕に誘導し避難させ、従業員は最後に防空壕に飛び込んで避難した。「ド・ド・ド・ド・ド・ダーン」とすさまじい炸裂音が聞こえているうちに、まだ生きている証拠であった。遠州馬込駅は艦砲射撃で焼失した。浜松には飛行連隊があり、この激烈な攻撃を受けながら、１機も応戦することができず、高射砲は敵機が飛ぶはるか下方にしかとどかず全く無力であった。

　警戒警報３４０回、空襲警報７６回、市街地の大部分は焼失し被災戸数３万１０００戸、被災人口１２万人におよんだ。当時の浜松市の戸数３万４０００戸のうち９１％、人口１８万７０００人の６４％にあたった。戦後、米軍機の搭乗員の証言によると、浜名湖を目指して日本上空に到達し、空襲後の積み残し爆弾は浜松上空でゴミ捨て場のようにすべて投下し、浜名湖から機体を身軽にして帰還したという。

戦中戦後１日も休まず運転　　昭和２０（１９４５）年８月１５日終戦。廃虚の混乱の中から、１日も早く全線の復旧と安全輸送の確保のために従業員は立ち上がった。創立当時、全線を４３分で走った電車が、１時間５４分にまで落ちる惨めな状況であった。車両は２７両残ってはいたが、戦争中の酷使に車体の損耗が激しく、修理に部品がなかった。やむなく窓に板切れを打ちつけ、シートでほころびをあて、車体は応急修理を施した。乗客は早朝から深夜まで殺到し、戦争が急迫した時期をしのぐ混雑ぶりであった。車両はどんな体裁だろうと動けばよい状況であった。

　遠鉄電車の終戦をはさむ戦中・戦後の輸送状況は驚嘆に値する。創立当時の昭和１８年に２３０万人であったが、翌１９年に７８０万人の３・４倍に達し、終戦の２０年には１０５７万人という驚異的記録を示

遠州鉄道西鹿島線路線図
（昭和59年当時）

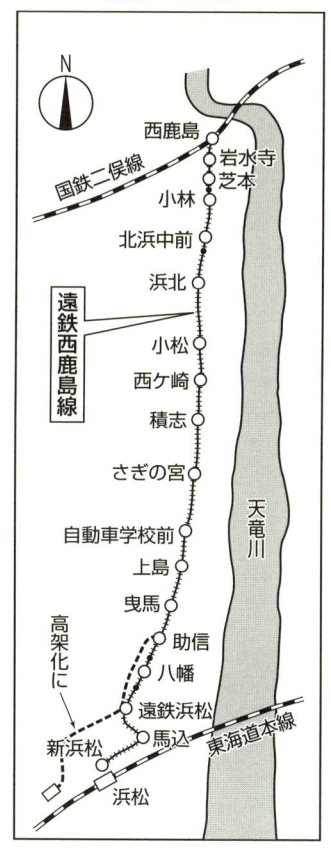

している。老朽化した小型車両・乏しい資材の線路施設・それに加えて、空襲という異常な心理的緊張感が継続した輸送環境のなかで生まれた数字である。

　後年、大型新鋭車両が増備され、線路・電気保安など諸施設が向上し、運転密度も高くスピードアップされ、ベビーブーム世代が高校生となったあの時代でさえ、終戦の年の記録にはわずかながらおよばない。終戦後、浜松の街にもバラック建ての〝ヤミ市〟が軒を並べ、人々は今日の食物を求めて群らがった。悲運にも戦死した従業員もいたが、復員した従業員は次々に職場に復帰した。

浜松鉄道を合併し奥山線に　昭和21（1946）年6月1日本社ビルが応急修理を終え、復興計画の拠点となった。翌22年6月旭町・遠州浜松間が復旧し全線18.6kmが全通する。同年5月1日東田町・奥山間25.8kmを蒸気機関車で運転していた浜松鉄道株式会社が遠州鉄道に合併し、遠州鉄道奥山線となる。これで西遠地方の民営交通機関はすべて遠州鉄道のもとに集結することとなった。

作家藤枝静男「路」に登場　浜松在住だった作家藤枝静男は、処女作の短篇『路』を「近代文学」の昭和22（1947）年9月号に発表している。「近くと云っても、片田舎の私の家から、私設電車で二十分、それから歩いて四十分はかかる。電車を終点で降りると、そこはもう天竜川の岸で、岸に沿って幅三間程のバス道路があり、バスは駅から出発すると暫くはひどい埃をまき上げて走るが、やがて右に折れ、長い橋を渡って対岸にある町の方へ行ってしまう。私の行く道は、橋を渡らず、

眼下に天竜川の大彎曲部を見下しながら、そこからやや狭くなって山の中へ入って行くのである。すると、もうすぐ片側は切り立った崖になり、岩肌から浸み出す水でじめじめした崖面には苔類の白い小さな花がびっしりと簇生し、空気は急に冷え冷えとしてくる。」二俣電車線の終点西鹿島駅で降りた主人公が、妻が入院中の療養所へ見舞う道すがらの描写である。

**乗合バス　　　**遠州鉄道創立後の、旧バス会社の車両を引き継いだころ
路線の進展　の在籍バスは１４２両であった。戦災によりバス車両が焼失したり、終戦までに５１両を供出したため、終戦の年にはわずか５０両、創立時の３分の１近くまで減少した。車両の老朽化・燃料・資材不足のため４８路線が休止となっていた。

　終戦後、焼土の中から１日として休むことなく従業員は職務に精励した。日夜悪戦苦闘しながらもバス輸送の復旧に全力を集中した。やがて石油事情が好転し割当制が緩和された。新鋭ディーゼル車が導入され、次第に休止路線が復旧し、昭和２７（１９５２）年には完全に復旧した。同３０年は安全・迅速・快適をスローガンに浜松・磐田・二俣・気賀・新居・福田の各営業所を拠点に、大幅ダイヤ改正して沿線住民の要望に応えていった。バス車両の購入状況は、２６年度１６両、３０年度３９両、３８年度５０両、４０年度９２両と急増した。従来はボンネット型バスであったが、３０年度からリアエンジンが主力となり、３４年に大好評を得たエアサスペンションバスが導入されている。このころからバス路線は次第に網の目のように新規路線を走るようになり、バスは走れば走るほど乗客がふえ、朝夕の満員の車内で女子車掌は扉が閉められず入り口のステップにようやくつかまって車外にはみ出て走っている始末であった。

高速バス時代と　　昭和２８（１９５３）年当時のバスの乗車定員は４
遠距離観光路線　６人から５０人が主流であった。それが同３７年ごろには車両は両側１人掛けの立席を多くして、乗車定員を６１人から９０人と大型化され、最新鋭のディーゼル車が快走した。この年９月に浜松・豊橋間に１日１３往復が運転され、翌３８年には浜松・静岡間に急

遠州鉄道西鹿島線高架化（新浜松・遠州助信間）完成開通式（新浜松駅ホーム）

行バスがスタートしている。これは静岡鉄道・大井川鐵道・遠州鉄道の３社協定により１日１２往復運行した。さらに同４４年３月東名高速道路が部分開通すると静岡・浜松間を東名高速道路経由とし、ハイウェー時代を迎える。

貸切バスは浜名湖岸周遊・佐久間ダム工事見学・豊川稲荷詣り・日本平・伊豆一周・富士五湖・箱根めぐりと広がっていく。冷房バスの導入は同４５年大阪での日本万国博輸送からで、同年定期バス路線の舘山寺線からも採用している。貸切バス＝バンビツアーは全国各地へ数泊コースで快適に走るようになり、昭和５７年国鉄浜松駅前北口広場にバスターミナルが完成するとここを拠点とし、のち遠鉄百貨店脇の通りからの乗降場に移った。

鉄道施設の近代化　二俣電車はようやく戦後の混乱期をくぐり抜け、社会情勢に安定の兆しが見えてきた。一般の生活状態も次第に落ち着きを取り戻し旅客・貨物輸送も平常に回復してきた。車両・諸施設・近代化は、昭和２７（１９５２）年ごろから同５０年ごろにかけて進められた。

同２７年全線カテナリー化工事が完成し、電車の集電装置は直接ちょう架によるポール式からパンタグラフ式となった。交換駅に進入・退出のたび車掌は窓からポールの上げ下げをしなくて済み乗務員泣かせの解消と電気係員の作業軽減、それに大量輸送時代の対応に寄与した。

列車の安全運転を保持する閉塞方式は、従来は列車が駅に到着するたびに駅長か助役がホームに出て、運転士に区間ごとの通票や通券を交換する票券閉塞式であったが、同３０年より全駅に連動閉塞装置を新設、

遠州鉄道・西鹿島線　95

駅長・助役は駅舎にいて閉塞装置と信号操作を連動して取り扱うこととなった。送電設備は助信、小林の６００Ｖ容量の変電所に、運転回数の増加とスピードアップに備え西ヶ崎・岩水寺・自動車学校前にも増設され７５０Ｖに昇圧した。電化当初から３０ｋｇ（１ｍ当たり）軌条であったが、車両の大型化・重量化、それに貨物輸送の増加により３７ｋｇ軌条が採用され、その後５０ｋｇレールに取り替えられた。

国鉄二俣線乗り入れと多彩な品目の貨物輸送　遠州地方にはホンダ・スズキ・ヤマハの自動二輪車３大企業が生産するオートバイで、浜松周辺地域は自転車の保有台数を抜く勢いであった。このため踏切事故が多発した。自動踏切警報機・自動遮断機が順次設置された。

　昭和３０年代後半に入って戦後のベビーブームに乗った世代が高等学校に通学するようになると、ラッシュアワーには通勤・通学の利用客が急増した。車両は計画的に大型鋼鉄製２両編成が導入されたが、朝の混雑時には主要駅で駅員が乗客を車内に押し込む作業が見られ、冬の着ぶくれた乗客で満員の車内の圧力に電車の扉のガラスが亀裂する騒ぎも起きた。

　昭和３０年代に入り私鉄各社が加盟する私鉄総連は、当時日本最大の労働組合・総評（日本労働組合総評議会）傘下の賃上げ闘争のトップバッターとして多くの単組が２４時間ストライキや時制ストを決行した。民間単産の中で私鉄総連はそれ以後「春闘相場」をつくっていくことになる。

　昭和３３（１９５８）年１１月１日国鉄二俣線遠江二俣まで西鹿島を経由してディーゼル車が乗り入れ、同３６年５月１６日に遠江森まで延長運転された。奥山線（軌間７６２ｍｍ）は大型バスに対抗できず累積赤字が増大し昭和３９年１１月１日廃線となった。電気機関車は増備され、合計５両と多様化する車扱貨物の本格的輸送体制を整えた。遠州上島駅には石油発着の専用側線が各メーカーごとに多数敷設され、多くのタンク車でさながら石油基地の景観を呈した。

　当時の貨物取り扱い品目は移入で石油類・石炭・コークス・紙パルプ・米・肥料・化学薬品、移出では木材・ピアノ・オルガン・オートバ

イ・綿糸・植木・甘藷・促成野菜などである。貨物のピーク時は、昭和４５年度で３７万６９８５トン（１日平均１０３０トン）を輸送している。

その後、ＣＴＣ（自動閉塞式）、ＡＲＣ（自動進路進入）、１０分ヘッドダイヤ、１０００形新鋭車の４両編成運転、貨物営業廃止、ＡＴＳ（列車自動停止装置）、１２分ヘッドダイヤなど、全線にわたり平坦地のため、自然災害に見舞われず、旅客輸送の近代化が進められている。

地域総合関連産業と鉄道高架化　社会情勢が安定化し高度経済成長の背景もあり、一般の生活状態が次第に落ち着きを取り戻してくると、鉄道・バス事業による資本も蓄積され、他の私鉄同様必然的に地の利を生かした沿線開発に向かっていった。遠州鉄道の戦後の多角化の第１歩は昭和２６（１９５１）年設立の遠鉄商事に始まる。その後タクシー・観光自動車・舘山寺遊園地・ホテル・ロープウェイ・レストラン・観光汽船・不動産・造園・石油販売・ボウリング・自動車学校・海の家・名店ビル・自動車販売・住宅販売・観光サービス・保険・ストア・ビルサービス・百貨店・システムサービス・スポーツクラブ・福祉施設など設立されていく。

昭和６０年１２月１日遠州鉄道高架化が完成する。新浜松・助信間２．６ｋｍで、遠鉄浜松・遠州馬込は廃止され、高架上に新浜松・第一通り・遠州病院前・八幡の各駅が新設された。さらにこの高架は自動車学校前の手前まで延長工事が進められ平成２４年末完成の予定で、完成すれば延長５．９ｋｍとなる。また小林・芝本間１．１ｋｍが平成２３（２０１１）年１０月高架化され、高架下を国道１５２号線が通るようになる。新浜松駅にはエスカレーター・エレベーターが設置され、隣りの遠鉄百貨店に通じる同別館が完成し、高架上の新浜松駅から地上に降りると百貨店両館を結ぶ全天候型のギャラリーモール「ソラモ」となった。

資本金は平成１０年１０月１日６億円増資され３２億円となる。

遠州鉄道西鹿島線は両起点から００・１２・２４・３６・４８分の１２分ごとに発車、各駅の発車時刻が分かりやすく１日１６１本の単線によるフリークエントサービスを行っている。

ＳＬ列車復活と大手私鉄車両を併走する

大井川鐵道・大井川本線

起点は静岡・島田・金谷に移転　大井川は〝箱根八里は馬でも越すが、越すに越されぬ大井川〟といわれたように、上流は峡谷が延々と続き、ひとたび雨が降り続くとたちまち川は増水して、東海道筋の両岸島田宿と金谷宿の旅籠には、旅人は川の水位が下がるまで逗留した。

大井川の流域は山梨・長野・静岡３県の県境にまたがり、けわしい赤石山脈（別名南アルプス）の最北端の間ノ岳(あい)を源流としている。赤石山脈の水系を集めて山地内に深い峡谷を刻み、渓流と森林美をもって静岡県のほぼ中央部を蛇行しながら南下して、駿河湾に注ぐ全長１８５ｋｍの全国有数の急流であった。川根本町千頭付近で支流の寸又川と合流してからは、丘陵内を典型的な嵌入(かんにゅう)曲流をなして流れ、大井川左岸の島田・右岸の金谷付近から山地を急に離れて、ひらけた扇状地を形成して駿河湾に向かう。流域は気候温暖で降雨量が多いため、御料林も広く豊富な木材を産出しイカダ流しで搬出され、明治末期以前は金谷から家山・千頭に抜ける道はなく、大回りして峠を越えていた。

大井川沿岸に鉄道敷設計画が出されたのは大正７（１９１８）年のことである。同年１１月第１０代静岡県知事李家隆介・千頭の漢学者殿岡噉石・大石麗治ら５３名の発起人によって、駿府鉄道株式会社創立の話し合いがもたれた。名古屋の近藤紡績社長近藤修孝が発起人総代となり鉄道敷設の申請を同年１２月１６日鉄道当局に提出した。

本社を静岡市に置き、資本金６００万円、計画路線は静岡市を起点に藁科街道沿いに洗沢峠を通り、千頭に至るもくろみであった。ところが洗沢峠を越して千頭に向かうためにはトンネルの掘削に莫大な建設資金が必要となることが調査で判明した。

そこでこの計画路線を変更して、東海道本線島田駅から大井川左岸を北上し、志太郡大長村・伊久美村・徳山村を経て東川根村藤川に至る延長２５マイル３４チェーン（約４０．９ｋｍ）とした。軌間３フィート

6インチ（1067mm）の蒸気動力により一般旅客貨物運輸を営み、同時に木材業委託も兼ねて川根地方の富源開発を目的としたのである。

この駿府鉄道は地元島田町・金谷町・東川根村などの有力者を中心に計画が立てられた。路線の免許は大正10年7月6日付で発起人代表三谷軌秀に下りるが、その後発起人代表が相次いで代わったため、鉄道敷設は実現できずに終わってしまう。

大正11年4月23日さきに敷設免許が下付されて以来10カ月ぶりに駿府鉄道の発起人総会が再開された。この総会には新しく発起人として金谷町の素封家伊藤仙太郎・塚本良一郎・村松多十らが加わり、社名を大井川鐵道株式会社とし、兼業の木材委託業を取り除くこととした。

三たび発起人総会が同年11月8日開かれた。線路の起点を今度は東海道本線金谷駅からとし、大井川右岸を北上し榛原郡五和村・下川根村・中川根村・志太郡徳山村を経て同郡東川根村藤川に達する延長27マイル43チェーン（約44.3km）に変更し認可申請を行った。

大正12年2月22日敷設免許は下りたが、多くの資金が必要で、到底沿線住民の零細な資金では見込みが立たない状況であった。そこで、発起人の1人であった静岡火力発電社長熊沢一衛らが、当時日英水力電気の委員であった中村円一郎に大井川鐵道の発起人総代となって骨を折ってくれないかと頼んだのである。

大井川鐵道創立秘境の地に有力支援者　中村円一郎は大井川の発電事業に深い関心を寄せ、東邦電力社長に就任間もない松永安左衛門と大井川周辺での発電事業を計画していた。その建設資材の輸送にも大井川の沿岸開発にも、鉄道敷設は必要と痛感しているときでもあった。

そこで中村円一郎は松永安左衛門・富士電力社長森村市左衛門・大山林所有者大倉喜八郎らの支援を得て、大正13（1924）年11月18日静岡市で開かれた発起人総会で大井川鐵道株式会社の発起人代表となる。その後の会合で大井川沿岸の各町村の有力者らが発起人に加わっていった。

経済界は当時年々不況が激しく、発起人からさえ「数百万円の資金調達は無理で実現不可能」とささやかれていた。しかし中村円一郎・松永

安左衛門らは日本経済の立て直しには電源開発が必要であり、この不況の時期にこそ鉄道建設を何をおいても実行しなければならない、この機会を逃がせば、川根富源の開発は永久に置き去られてしまうと憂慮し、関係者に鉄道建設の必要性を力説した。

　鉄道敷設を具体化するうえで建設資金の調達は不可欠の要素である。各国各地の鉄道建設においても、等しくこの資金調達が最重点課題となっていたといって過言でない。静岡県内においても多くの時間と労力とをかけ、ようやく敷設許可を受けながら実現されずに終わった鉄道がいくつもあり、その最大の理由はこの資金調達問題であった。いわんや国家予算のない一企業や個人の浄財を集積して成立する民営鉄道ではなおのことである。大井川鐵道の場合、森林資源があるとはいえ、沿線人口の少ない秘境の地に県内の民営鉄道では比較的長距離の鉄道建設には、敷設免許が得られ会社が創立され、これから莫大な資金を必要とする株式募集が始まるこの時点が、鉄道実現への道を歩むのか、挫折するのかの分岐点であった。大井川鐵道には地元にリーダーシップをとる強力な指導者と、それにこたえる有力な人脈に支援者らが堅実な手法で敷設を進めたところにその成功を導いたキーワードがあったといえよう。

初代社長地元の中村円一郎　資本金６００万円の中から路線の短縮と資材輸送用の索道建設を削除して４００万円に圧縮し、当面３００万円を株式募集して残る１００万円は借入金または増資でまかなう計画を立て直した。大正１４（１９２５）年２月１６日その認可があり、同年３月１０日静岡市で大井川鐵道株式会社の創立総会が開かれ、取締役社長に中村円一郎、専務取締役伊藤仙太郎、取締役に結城安次・益田信世・角田正喬・金沢熊男・塚本良一郎・熊沢一衛、監査役には町井鉄之助・鹿島秀磨・鈴木豊太郎が選出される。初代社長中村円一郎は、榛原郡吉田村出身でカネマン亀甲円醬油製造社長、三十五銀行・日本楽器製造・藤相鉄道などの取締役、日本茶を内外に宣伝し輸出に貢献した茶業界の元老で、県茶連および全国茶業組合中央会議所会頭、それに貴族院議員（当選３回・２１年在任）を歴任した。

　大井川鐵道の新金谷建設予定地で同年６月２日盛大な起工式をあげた。

本社は静岡市中町の駿府鉄道の社屋であったが、新金谷駅建設と同時に金谷出張所を置き、昭和3（1928）年8月東京市麹町区永楽町に移され、昭和48年に金谷出張所が本社となった。

**昭和2年金谷　　**金谷起点3マイル48チェーン（約5．8km）の地
横岡間初開通　点から分岐して終点横岡駅まで35チェーン（約0．7km）の横岡支線を計画していたためその工事を急いだ。

　昭和2（1927）年6月10日第1期工事の金谷・横岡間4マイル3チェーン（約6．5km）が完成、大井川鐵道初の営業を始める。軌間は東海道本線と同じ3フィート6インチの単線。区間は金谷・新金谷・五和・横岡の4駅。終点の横岡駅は大井川木材の陸揚げ場になっていた。後に家山まで延長したが金谷・家山間に大井川鐵道でバス営業を始めたため、昭和11年9月30日限りで鉄道営業を廃止している。

　大井川鐵道横岡支線が開通したころは、蒸気機関車全盛の時代であった。大正から昭和初期にかけて開業した静岡県内の民営鉄道は、一部電気鉄道の開通もあったが大半は軌間762mmを採用した小型の軽便鉄道であった。これに対して大井川鐵道では建設の第一目的が発電所やダム建設の資材運搬、それに木材の搬出にあったから、最初から東海道本線並みの動力のある大型蒸気機関車が必要とされ、東海道本線に接続するには同じ軌間のレールでなければならなかった。

　中村円一郎社長は横岡開業前の昭和2年、三重県の伊賀鉄道から大正12（1923）年製造のドイツ製蒸気機関車オレンタイン・エンド・コッペルを2両（4万9000円）、緩急車10トン積み（2730円）、4輪客車48人乗り4両（1両5160円）、無蓋貨車10トン積み（2080円）をそれぞれ購入している。名機関車コッペルはマッチ箱のように角ばった客車2両を牽引して、大井川沿いを黒煙を吐いて力強く走った。

　横岡支線開通当時の時刻表によると、下り金谷始発午前6時55分、横岡着同7時23分。最終は金谷発午後7時55分、同8時3分新金谷止まり。上りの新金谷始発午前6時26分、金谷着同6時40分。最終は横岡発午後6時57分、金谷着同7時37分で1日14往復運転され

大井川鐵道・大井川本線　　101

た。運賃は金谷・横岡間24銭、金谷・新金谷間9銭であった。

　昭和3年7月20日横岡・居林間2．8kmが開通する。居林駅は現在ないが神尾駅から1kmほど金谷寄りにあった。同5年10月全国各地で採用され始めたガソリンカーを併用している。

　自動車営業は同年3月より新金谷駅・宮崎町・島田七丁目を、金谷駅から新金谷駅八軒屋を経由して島田七丁目6．5kmに変更認可を受ける。

昭和恐慌で資金調達に苦慮　昭和4（1929）年4月25日の臨時株主総会で路線の一部を駿河路を通す変更と、資本金300万円を600万円に増資すること、未払込資本金300万円のうち150万円（3万株）を増資し、残りの150万円は後日増資か借入金にすることを決議した。

　しかし当時は昭和恐慌の最中で、一般株主からの株式払い込みは思わしくなかった。それでも川根方面には御料林（国有林）が広範囲にあり、宮内省や電力会社関係、大山林所有者ら大株主からの払い込みと生命保険会社からの融資によっても資金調達が得られた。しかし沿線を中心とした一般株主によるところが次第に大きくなり敷設工事は急ピッチで進められた。

　大井川鐵道の建設は誰もが難工事になると予測した。V字形の渓谷を切り拓いてレールを敷設していくから平坦地との比ではない。昭和初期の建設機材は、トンネルを掘る削岩機もなければブルドーザーもない。

難工事と用地買収など難航　敷設工事に従事した勝呂組下請け滝川組の滝川朝宜は工事の様子を次のように語っている。「当時は今のように上流にダムがなかったから、雨が降れば大井川は濁流のウズになる。せっかく渓谷を切りひらいても翌朝にはズタズタに流され、跡形もなくなっているんだ。セメント工法もまだ普及していなかったし、岩を削るにしてもノミでいちいち削っていくしかない。一番苦労したのはトンネル掘りですよ。ノミの手掘りです。井川線もそうでしたが、水が出ることもありましたね。特にひどかったのは下泉トンネルでねぇ、あまり水が出るので確かセメント工法を使ったと思います。マツの多い山は岩が

開通当時の大井川鐵道路線図

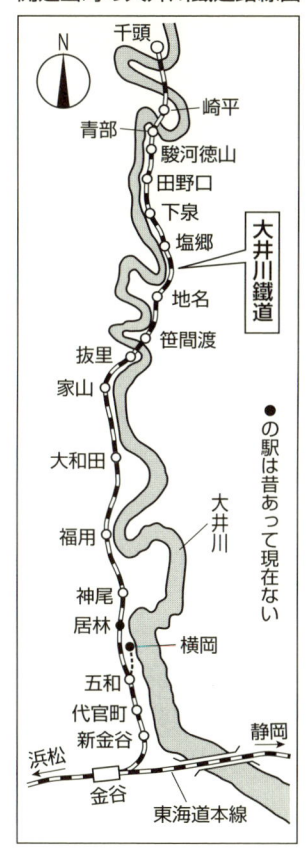

多く、スギ・ヒノキは粘土質だったから、マツの山を捜してトンネルを掘ったものです。」

路線は河川敷が多い。居林周辺は砂利層で岩盤にとどかない。そこで長さ２０ｍもある太いヒノキを数十本打ち込んで地盤を固めた。千頭駅も家山駅も河川敷の中にある。ここでは川底に石を敷きつめた。トラックがなかったから河川の石を舟で運び、トロッコに入れ換えて馬に曳かせた。工事のほかに用地買収でも難航した。川根町の中心地家山は山間にあって平地が少ない。抜里(ぬくり)も地名(じな)も塩郷も同じであった。当時大井川右岸（遠江側）の川根町の住民は、鉄道建設には賛成だが狭い土地を奪われてまで加担したくないという心情と、そもそも駿河の連中が建設を立てた（駿府鉄道）のだから駿河側（大井川左岸）に鉄道を通せばよいと抵抗した。路線は金谷から抜里までは大井川右岸を通っているが、抜里を過ぎて最初の七曲がりのところで大井川を渡っている。橋梁の建設には莫大な資金が必要で、会社経営陣の間で橋梁を架けるか否かで、激しい議論があったという。

昭和６年待望の金谷・千頭間全通　昭和４（１９２９）年１２月１日居林・家山間８．８ｋｍ、翌５年７月１６日家山・地名間５．８ｋｍ、同年９月２３日地名・塩郷間１．４ｋｍ、翌６年２月１日塩郷・下泉間３．１ｋｍ、同年４月１２日下泉・青部間８．７ｋｍ、そして同年１２月１日ついに青部・千頭間３．４ｋｍがそれぞれ開通し、ここに８区間に分けての敷設工事の金谷・千頭間４０．５ｋｍが全通する。最後の工事区間の青部・千頭間はわずか３．４ｋｍの距離であったが、大井川本流を横断する鉄橋が３カ所、しかも片勾配の田代トンネルなどもあって

全線中の最難工事区間であった。

　奥大井・川根住民・沿線関係者にとって待望久しい大井川鐵道全通の祝賀式は、昭和6年12月1日広大な河川敷を埋めたてて造成された千頭駅構内で午前11時40分から盛大に挙行された。最初の着工から5年6カ月、会社創立から6年9カ月の歳月が流れていた。

　広い構内には紅白の幕が張りめぐらされた宴会場が設置され、日の丸の国旗が掲げられた。中村円一郎社長のあいさつ、来賓らの祝辞などがあり、祝宴は盛大に催された。祝賀式当日、金谷発午前8時23分の6両編成列車に参列者は乗車した。一木宮内大臣はじめ来賓一行に、中村社長ら関係者は車中で難工事の経過を報告したという。

　翌12月2日付の『静岡民友新聞』は「大井川鉄道全通、宮相を迎えて祝福」の一面3段見出しで次のように報じている。「千頭大御林地帯への玄関ともいうべき榛原郡上川根村千頭と金谷間とをつなぐ大井川鉄道の最終工事である青部・千頭間の完成式は昨一日一木内大臣を迎えていとも盛大に挙行された。いささか風はあったが、山懐の千頭は絶好の祝賀日和りで、沿道山間の各村々は折柄の山の紅葉の日の丸のはためいて、この大事業の達成を祝福した。一木宮内大臣を始め鵜沢本知事以下県高等官、太田県議会議長以下県議会議員一同、真崎名古屋林野局長、田中名古屋鉄道局長…など金谷町長、沿道各村長及有力者二百余名出席…」

朝野の名士が沿線訪問　停車（留）場は金谷・新金谷・代官町・五和・居林・神尾・福用・大和田・家山・抜里・笹間渡・地名・塩郷・下泉・田野口・駿河徳山・青部・崎平・千頭であった。トンネル14カ所（延べ4.5km）、橋梁37カ所（延べ1.45km）うち大井川本流にかかるもの4カ所（延べ0.844km）。全通の翌日、横岡分岐線は廃止される。

　全通した昭和6（1931）年発行の時刻表には、下りの金谷始発は午前5時30分、千頭着同7時30分。最終は金谷発午後6時27分、千頭着同8時27分。上りの千頭始発は午前6時2分、金谷着同8時2分。最終は千頭発午後7時21分、金谷着同9時21分で、1日18往

復であった。

　開通式に参列した森田勝己が１９７８年１０月号の『RAIL FAN』に当時の様子を投稿しているので抜粋した。「…当時私は小学２年生として整列して、大礼服の顕官、まっ黒い煙を吐いている機関車（１５形）。それらはどれも珍しく、驚ろきであり忘れられぬことばかりである。腕木式シグナル、タブレットの交換、なつかしい単線式の思い出である。千頭―金谷間片道１円４８銭は当時とすれば男子１日の賃金を上まわり、県都静岡市へ往復すれば４円となり、米１俵（６０ｋｇ）１０円の頃の話であるから仲々高い料金であったと思う。切符の表示は左書きであっても、駅名のホームの表示は右書きで「かなや」が「やなか」、「ごか」は「かご」と呼びそうになり、余程注意しないと問題が起きそうなこともあった。昭和１４年６月近衛公の来訪を筆頭に煤煙の臭さを冒して、朝野の名士が度々大井川鉄道の歴史に華を添えているのは、創立者が貴族院議員の中村円一郎という名門の方であった為かも知れない。…」

大井川鐵道大井川本線の急行「すまた」号

奥大井電源開発推進と電化完成　　大井川鐵道が全通すると大井川・寸又川沿岸に水力発電所の建設が次々行われていった。昭和８（１９３３）年から同１３年にかけて、寸又川沿いには湯山発電所と大間発電所、大井川本流には大井川発電所を建設し、大井川の電源開発は急速に進んでいく。周智郡春野町方面の資材輸送のため、大井川鐵道索道部を設けたが、これは実現していない。イカダ舟、それに峠を越える馬以外に交通手段をもたなかった奥大井の人々の生活に、鉄道の開通は大井川上流の森林資源・物資の輸送・人々の交流、さらに電源開発が最大の目的として大井川鐵道は力強くスタートした。

中村社長は昭和19年6月病気のため辞任すると、結城安次専務が第二代社長に就任する。結城新社長は大井川電力社長であった。

昭和24年　昭和初期日本は電源開発に力を注ぎ、電力会社は先を争
全線電化　って水利権を求めた。結城社長は東京電力・東邦電力の社長で松永安左衛門と大井川に来て電源開発に傾注する。その資材輸送には鉄道が不可欠であったから、大井川電力も富士電力も大井川鐵道建設に多額の出資をしたのである。

太平洋戦争のさなかの物資不足時代には、石炭の代わりに火力に乏しい木炭を燃料としたり、薪による代燃機関をとりつけたりして1日8往復の運転で急場をしのいだ。昭和24年大井川電源開発事業計画に基づき、輸送力増強のため同年8月電化工事に着手、同年12月1日金谷・千頭間の全線電化が完成する。架線電圧1500Vの単線電化路線として新しい第一歩を踏み出していく。翌25年の保有車両は電気機関車3、気動車5、客車5、有蓋貨車7、無蓋貨車71であった。

中部電力の業務　昭和34（1959）年8月1日奥大井の電源開
委託で井川線開通　発の建設資材を輸送していた千頭・堂平間26.6kmの大井川専用軌道を所有していた中部電力は、地方鉄道の認可を受け、大井川鐵道に業務委託する。大井川鐵道では路線の名称を金谷・千頭間を大井川本線とし、千頭・堂平を井川線と改称し、井川線は旅客運賃を設定して旅客営業を開始する。堂平駅はもともとダム工事専用駅であったため旅客は井川ダムの方に足を向けてあまり使われず昭和46年3月をもって井川・堂平間は廃線となった。その後井川駅側線として復活し貨物営業を行っている。

貨物営業廃止　大井川鐵道の貨物輸送は昭和35（1960）年度
国鉄快速乗入れ　に37万5677トンがピークで、取り扱いの主要品目は移出は木材、移入はセメントであった。開業当初からこの貨物輸送が主力であったが、ダム工事の終了と木材輸送の減退にともない、旅客輸送とくに観光客輸送を重点に移行していった。

昭和44年4月静岡から国鉄快速電車「奥大井号」が金谷経由で千頭まで直通乗り入れ運転を開始する。さらに同46年10月には浜松から

国鉄快速電車「すまた号」が同経由で千頭まで運転される。この年1月に大井川鐵道は初の急行列車を走らせている。

すでに貨物輸送は廃止され、沿線人口の少ないきわめてきびしい条件下での鉄道の存続

大井川鐵道新金谷駅構内の車両群

をはからねばならなくなった。他社と同様に鉄道経営の合理化と経営多角化に努めた。主要駅以下の無人化、ワンマン運転化、旅客自動車事業以外にも食品販売・観光サービス・旅館・物品販売などを進めた。

ＳＬ列車で観光旅客を獲得　昭和45（1970）年文化保存の一環としてＢ６形2109号ＳＬ（蒸気機関車）の保存をはじめ古い客車やイギリス製ターンテーブルなどの保存事業に踏み出す。昭和50年になると国鉄線のＳＬ全廃が近づき大井川本線でのＳＬ列車の営業運転の要望が高まった。大井川鐵道にＳＬが適合するか十分検討を重ね準備を進めた。

翌51年7月Ｃ11227号「かわね路」号の営業を開始する。前年12月14日国鉄最後のＳＬ旅客列車室蘭本線室蘭・岩見沢間を走って以来約半年ぶりの復活である。この機関車は北海道標津線で活躍していた。ＳＬは高度経済成長時代にもはや無用の長物視され、スピード性・経済性が問いただされ滅び去る運命にあったが、大井川鐵道は全国に先駆けそれを見事に蘇らせたのである。

大井川鐵道の幾案かの創立から莫大な建設費と難工事の末に3フィート6インチ軌間の蒸気機関車を奥大井の地に走らせた経過をたどるとき、採算性を追求される民間鉄道で斜陽のＳＬ列車を初めて再現させ一般に提供したその宿命的な出会いに感動を覚えた人は多くいたにちがいない。その後千頭駅構内にＳＬ公園に資料館・各種ＳＬを動態保存し、全国の

大井川鐵道・大井川本線　107

多くの鉄道ファンが訪れるようになった。

スイスのＳＬ登山鉄道ブリエンツ・ロートホルン鉄道、中華民国台湾省の阿里山鉄道とも姉妹化する。井川線のアプトいちしろ・長島ダム間にラックレールという歯形レールを使い１０００分の９０の勾配がある急坂を登り降りする全国唯一のアプト式区間が平成２（１９９０）年１０月１日開通し、沿線の桜並木・渓谷美などとともに大井川鐵道の観光拠点の一つが加わった。

アプト式鉄道は、わが国では明治２６（１８９３）年４月１日信越線横川・軽井沢間に開通したのが最初で、全国にはこの区間が唯一であったが、昭和３８（１９６３）年１０月１日鉄道ファンに惜しまれて廃止されていた。

車両は蒸気機関車Ｃ１０、Ｃ１１、Ｃ１２形など４両、客車は８形式２２両、国鉄特急用３等車スハフ４３形などが「ＳＬ急行」で活躍、さらに大手私鉄の譲渡車両でアピールするようになり、平成６年より南海の２１０００系、京阪の３０００系、近鉄の４２０系などの特急車両を順次導入し、多彩で快適な運転を行っている。

平成１２年これまで資本金２億１２００万円であったが、会社再編した際、資本金を７０００万円に減資している。

大井川鐵道は沿線の恵まれた四季折々の自然景観と電源開発による人工美、南アルプス登山口、寸又峡・接岨峡の温泉郷、古い寺社、伝統民俗など一体化し、ユニークな観光路線として積極的な展開を行っている。

東海道本線のバイパス路線で活躍する

東海旅客鉄道・御殿場線

当初中山道ルートで進捗　東京・京都を結ぶ東西連絡幹道計画は、明治4（1871）年1月「東海道筋巡覧書」が政府に報告された。それによると、①太平洋沿岸筋は東海道による既成の陸上輸送制度に加えて航海も発達しており、輸送条件に恵まれた土地が多いために新たに鉄道を東海道沿いに建設することは屋上屋を架すようなもので、既成の輸送体制に影響するところが大きく、それらと市場競争することになっては新規に参入した鉄道としては、きわめて高くつく建設費・運営費を償却することがむずかしいこと。②中山道ルートに沿う地帯には、各地に古くから伝統的な繊維産業を中心に地方的な産業がそれなりに発達していながらも、同地帯は山国のために従来交通施設が相対的に立ち遅れているため、沿道の経済開発が思うにまかせないので、ここに幹線鉄道を通すことにより分散している各生産地が脈絡され、東西の大消費地、開港場と直結されて市場的条件が整備され、いわゆる「殖産興業」にも寄与するものと期待されること、などから判断して、東西連絡幹線鉄道は中山道ルートを採るべきであるとの結論に達したのである。

　しかし、この結論はあくまでも東海道の交通事情を踏査したところを基調として論理的に導き出されたものにすぎず、それを実地に検証するために中山道筋の調査が進められることになった。

　中山道測量中も東海道の調査は続けられた。明治18年2月山北・御殿場間では10日あまり慎重な実測調査が行われている。

　このころ三島宿の有力者らは鉄道が箱根越えになることを希望していた。しかし勾配が急でトンネルを掘る以外に方法はなく、長いトンネルを掘ることは当時の技術では不可能であった。

　政府で東西幹線鉄道を中山道ルートに拠って建設するという基本方針が内定したのは明治16年8月6日、その本格的着手の経費を50万円の支出が決定したのは同年10月23日、建設の長期的財源として「中

山道鉄道公債証書条例」の公布されたのは同年12月28日であった。こうして中山道幹線鉄道の建設は、東西両端から着手して逐次測量と施工を進めていくことになった。

敷設困難で東海道案に変更　明治19（1886）年に入って予定ルート中央山間部の実地測量・調査の結果「敷設困難ノ部分多クシテ竣工ノ期大ク遅カルヘク費額亦大ナルノミナラズ将来ノ運輸上ニ於テモ列車ノ速度遅緩ナラサルヲ得ズ、随テ運転費モ亦巨額ニ上リ結局鉄道ノ利用完全ナル能ハザルノ憾アル」ことが判明した。そこで、東海道ルートと得失難易を比較した結果、同年7月19日東海道ルートに正式に変更が決定した。

　同年11月測量の終わった横浜・酒匂川間から建設工事に着手した。鉄道資材は大型船で横浜港から沼津港まで運ばれ、蛇松線（後の国鉄沼津港線）を敷設し沼津まで運搬された。

　箱根越えの工事は最も困難と予想され、この工事の拠点として明治19年12月1日沼津機関庫が設置され、ここからの蒸気機関車がその後の箱根越えの重要任務を担っていくこととなる。

　沼津・佐野（現裾野市）地方に工事が進められ、黄瀬川橋梁が落成してからは工事ははかどり、明治20年6月沼津から佐野地方までのレールが敷設された。御殿場・山北間は、足柄山に大小7カ所のトンネルを掘る難工事が待ちうけた。当時のトンネル掘削法は手掘りに近く、爆薬は鉱山用火薬を用い、初歩的で非常に危険な作業であったが、翌20年中には国府津・御殿場間はほぼ完成した。

明治22年2月国府津・静岡間開通　明治22（1889）年2月国府津・御殿場経由静岡間71マイル27チェーン（約114.8km）東海道鉄道が開通する。開通当初の国府津・沼津間の途中駅は松田・山北・小山・御殿場・佐野であった。当時の時刻表によると1日2往復で、下り国府津発午前9時15分、御殿場発同10時45分、沼津発同11時51分、静岡着午後1時45分。あと1本は国府津発午後4時7分、静岡着同8時55分であった。上りは静岡発午前7時15分、沼津発同9時15分、御殿場発同10時40分、国府津着同11時50分。

もう１本は静岡発午後２時３５分、国府津着同７時１０分であった。

小山・沼津間は最急勾配　御殿場停車場の開業は、御殿場地方の交通の要衝となり、甲州地方へ連絡中継駅、富士登山の乗降駅として、やがて御殿場馬車鉄道の敷設計画を立てる基礎となった。地勢の険しい小山（現駿河小山）、沼津間３５．５ｋｍには迂回蛇行してなお全線中最急勾配１０００分の２５が延長２５．７ｋｍも続いたため、列車の運転には非常な苦心があった。

岩波駅のスイッチバック区間を黒煙を吐き驀進する蒸気機関車牽引の貨物列車

　国府津・沼津間の運転時間は２時間３５分前後かかり、表定速度は毎時２３．９～２５．５ｋｍであった。

　乗務員の運用は当時の機関車は受持制で、１組の乗務員は１機関車に専属となり、操縦はもちろんその機関車の清掃・給油・点検等に関する一切の責任をもち、機関車の行路と乗務員の行路は常に同一であった。その後、１機関車に２組の乗務員が充当されるようになったが、機関車の保守・点検上の責任の所在が不明確になるという理由で、反対するものが多かったという。

　沼津・御殿場・小山間は全線中最大の急勾配を含む難所であった。この新線のためにイギリスやアメリカから輸入された３連動輪の最新式蒸気機関車１Ｃ形テンダ、Ｃ１形タンク機関車が投入されても、列車は前後２両の機関車で牽引されてやっとの思いで勾配を登るありさまであった。急勾配による運転速度のダウンで、しばしば起こる列車の遅延は、単線のため上下線列車の待ち合わせ交換の予定を狂わす大きな障害となっていた。

　全線開通直後から東海道鉄道の輸送を計画どおり進めていくためにはこうした隘路を打破し、保安度を向上させ、将来の列車回数の増加に備

明治34年全線完全複線化　明治23（1890）年1月複線化工事が進められ、同年12月御殿場・沼津間が竣工、翌24年1月12日複線使用が始められ、新橋・神戸間直通列車1往復が増え計2往復となった。

大岡駅のキハ17型4両編成車両

　小山・御殿場間は同年2月末に竣工、小山・沼津間の複線化が完成し翌3月1日より複線開通する。同年5月の時刻改正で新橋・神戸間の運転時間は、下り19時間41分（表定速度毎時30.8km）、上り19時間47分となった。なお、小山・国府津間の複線化は明治34年5月11日からである。同45年岩波信号所が設けられ、スイッチバック運転が行われた。

昭和9年丹那トンネル開通で御殿場線に　昭和9（1934）年12月1日丹那トンネルの完成により国府津・熱海・沼津を結ぶルートは東海道本線となり、国府津・御殿場・沼津を結ぶルートは御殿場線と改称される。太平洋戦争が激化した昭和18年11月20日御殿場線の上り線路が撤去され、柳井線複線化の資材に転用され、単線路線となる。昭和31年3月ディーゼル動車が導入され、沿線住民の利用が増大した。

　昭和43年7月1日直流電化が完成し電気機関車が登場する。富士山を背景に活躍したD52蒸気機関車の姿が消えた。タブレット交換の閉塞方式も近代化され、富士岡・岩波間のスイッチバック運転も廃止された。昭和62年4月1日国鉄の分割民営化で、従来の国鉄御殿場線は東海旅客鉄道株式会社御殿場線となる。平成24（2012）年5月1日のダイヤでは上り46本、下り48本、このうち特急「あさぎり」が8本運転されている。

東伊豆温泉郷を相模灘に沿い快走する

東日本旅客鉄道・伊東線

**明治末期まで　　**紺碧の海、火山帯のもつ独特の山肌、生い茂る樹木、
海上交通の伊東　いたるところに湧き出る温泉、それに歴史と伝統に彩られた史跡が点在する伊豆半島は、往古より豊かな自然に育まれている。江戸時代の伊東温泉は地上に自然に湧水する温泉を利用したものにすぎなく、利用者も土地の人々かせいぜい近在の病人が湯治に来るくらいで、いくつかの湯治場があった。主な源泉は出来湯・猪戸湯・和田湯・湯田ノ湯・眼の湯の5カ所であった。天保11（1840）年武智嘉右衛門が猪戸湯に温泉宿を備えたのが伊東温泉の始まりとされる。

　江戸時代末期の伊豆半島の交通機関はまだ道らしい道がなく、海岸線の渡舟しかなかった。明治に入り蒸気船が全国に広まり、同18年ごろ下田・東京間の航路に豆海丸が就航し、沿岸の人々に便益をもたらした。

　東海道鉄道が開通した明治22（1889）年ころには伊東・熱海間は山にさえぎられていて満足な道路がなく、当時は宇佐美から亀石峠を越え、浮橋から南条（現伊豆の国市）か北条（現伊豆の国市）まで歩けば、そこから馬車で東海道鉄道佐野駅（現ＪＲ裾野）に出て汽車に乗る不便さであった。

　熱海・伊東間の県道は、明治40年熱海側から着工され、その後万国博覧会の中止・関東大震災による既成区間の崩壊などに遅れ、完成は大正14（1925）年9月であった。伊東町に乗合自動車が初めて走ったのは、大正6年2月伊東自動車の伊東・大仁間で、1日2往復、片道3円、夜間・雨天は増料金であったが、大仁まで1時間半、大仁から駿豆鉄道で行き三島から東海道線に乗り換えて東京まで7時間で着くということになり、従来より3時間も短縮されることとなった。

2民営鉄道　　伊東で最初の鉄道敷設計画は、大正2（1913）年1
実現ならず　1月安立綱之らを発起人とする伊東鉄道株式会社で伊東・熱海間に敷設免許がおり、線路の予備測量や株式の募集など行われたが、

当時沿線住民に鉄道に対する認識がうすく実現されていない。大正8年9月豆東鉄道株式会社が伊東・熱海間に鉄道敷設を出願し、翌9年3月免許を得た。資本金350万円、軌間3フィート6インチ、直流600Vの架線の単線で実地測量・株式募集など着々進んだが、その後の経済不況などで計画は消えていった。このころ政府で地方鉄道の普及計画を進めていた時期であったため、国有鉄道を請願する方向へ進んでいった。

　作曲家で戦前「大利根月夜」、戦後「君忘れじのブルース」など多くのヒット曲で著名な長津義司は少年時代の思い出を『日本の鉄道』（毎日新聞社）でこのように語っている。「鉄道開通前は私の生まれた伊豆多賀から熱海へは一里半の多賀峠をテクテク越えねばならなかった。子供心に熱海にいくということが非常にうれしかったが、それもせいぜい年2、3回。東京へ出かけるなんて、それこそ大変なことで、朝まだ暗いうちに弁当を持って家を出て、夕方やっと東京に着いたものです。」

改正鉄道敷設法が起源　国鉄伊東線の起源は、大正11（1922）年4月11日法律第37号により公布された『改正鉄道敷設法』による。この法律には「第一条　帝国ニ必要ナル鉄道ヲ完成スル為政府ノ敷設スヘキ予定鉄道線路ハ別表ニ掲グル所ニ依ル」とあり、その別表の61に「静岡県熱海ヨリ下田・松崎ヲ経テ大仁ニ至ル鉄道」と掲げられており、そのうちの一部が伊東線誕生の契機となっている。

　大正13年の第3回鉄道会議でも新設が決定され、昭和4（1929）年の第56帝国議会で伊東・下田間が建設線に指定されたが、浜口内閣のとき政府の緊縮財政政策で中止された。その後「伊東・下田間へ延長路線はなし」という条件つきで、昭和7年熱海・伊東間が着工された。昭和10年3月30日熱海・網代間8.7kmが電車開通する。宇佐美トンネル工事（延長2919m）では、東海道本線丹那トンネルと同様の断層破砕帯にあたり難工事であった。

昭和13年熱海・伊東間全通　昭和13（1938）年12月15日網代・伊東間8.2kmが開通し、熱海・伊東間16.9kmが全線開通する。総工費620万円、軌間1067mm、単線。明治以来これまで、幾度も鉄道建設案が出され、その都度さまざまな事情で中止と

開通一番列車を地元小学生たちが出迎える伊東駅

なったり立ち消えたりしていたが、地元民にとってようやく待望の電気鉄道が開通し、喜びもひとしおであった。中間駅は来宮・伊豆多賀・網代・宇佐美の4駅であった。

国鉄伊東線の開通は、起点の熱海では東海道本線と接続し、東京から直通列車の運転も開始され、東京方面や関西方面への交通に便益がもたらされ、終点の伊東温泉への観光客の受け入れに大きく貢献した。

昭和10年まで50軒前後であった旅館は、同11年60軒、同12年70軒台に急増した。このころには一般中産階級の週末旅行が盛況を呈し、正月を挟む年末年始を温泉地で過ごすという傾向が生まれていた。そのため正月の三が日は熱海の旅館は超満員で、熱海から締め出された行楽客は伊東線を利用して伊東や熱川方面へ流れていった。

昭和33年国鉄で最初のCTC（列車集中制御装置）が伊東線で採用された。この装置は特定の箇所にその線区全体の線路・停車場・信号・ポイントなどの表示盤をつくり、列車の位置もひと目でわかるようにし、全体の信号機とポイントとをスイッチにより操作できるようにした。

観光路線要請に一部複線化　昭和36（1961）年12月10日現伊豆急行が伊東・下田間に開通する。伊豆急行の電車は伊東線を経て熱海駅で東海道本線に乗り入れ、東京まで運転されることになった。昭和4年の第56帝国議会で建設線に指定された伊東・下田間がここに実現したのである。

伊東線の沿線は富士箱根伊豆国立公園のほぼ中央に位置し、熱海から伊豆東海岸沿いに南下して相模灘を望み、熱海をはじめ来宮・網代・伊東などの温泉郷をひかえ、首都圏に隣接するわが国屈指の保養地である。

豊かな山の幸・海の幸に恵まれ、四季折々の行楽に欠かない景勝地で温泉・海水浴・釣り・ゴルフ・スポーツ・レジャーなど、若者から家族連れ・団体客・年配者まで楽しめる観光路線としても脚光を浴びることになっ

伊東線を走る特急「踊り子」号

た。とくに余暇利用の増加に伴い週末の輸送要請は急務とされた。昭和４３年９月熱海・来宮間１．２ｋｍが複線化する。引き続いて来宮・伊東間の複線化工事が計画された。しかし、昭和４０年代後期に急伸展するモータリゼーションとオイルショックに遭遇し、国鉄財政の悪化が始まり、伊東線増強工事の投資は抑制された。昭和５０年代に入ると財政は一層悪化したが、国鉄経営計画（５１年―５４年度）の中で宇佐美トンネル・新小山トンネルなど完成し、在来トンネルは老朽化したため新トンネルに切り替えられたが、来宮・伊東間は単線のままである。

伊豆急行との連携と民営化　昭和６２（１９８７）年４月１日国鉄の分割民営化が実施された。静岡県内の従来の国鉄線はすべて東海旅客鉄道株式会社に所属したが、唯一伊東線だけが東日本旅客鉄道株式会社の所属となった。平成２４（２０１２）年５月現在の伊東線時刻表によれば、上り５３本、下り５８本、このうち伊東線を経由する東京発下り特急「踊り子」号および特急「スーパービュー踊り子」号伊豆急下田着は２１本、熱海発・伊豆急下田着「リゾート２１」は６本（うち２本は伊豆高原止）。伊豆急下田発上り特急「踊り子」号および特急「スーパービュー踊り子」号は１６本、伊豆急下田発熱海着の「リゾート２１」は４本、伊豆高原発熱海着は２本となっている。特急は東京・伊東間を１時間４０分で結び、伊東線は伊豆急行と連携し、京浜地方とのつながりを強く維持している。

静岡・山梨両県の産業・文化を結ぶ

東海旅客鉄道・身延線

昭和16年に国鉄身延線　昭和13（1938）年10月1日富士身延鉄道から国営として再出発した身延線は、その後の国内情勢によって国で買収する方向に進んでいった。日華事変が起きてから交通網の整備が重視され、次第に軍事的色彩を帯びていく。

　日華事変後における私鉄の買収は、昭和12年から同19年にかけて4回行われており、当初は在来の買収と同じく国内の幹線をなす路線とか、国鉄の建設予定線に該当する路線を吸収していった。

　ところが昭和16年の買収鉄道4社に見られるように、太平洋戦争に向かって日米開戦の危機が迫って来ると、時局下における輸送力の増強という理由が付せられ、富士身延鉄道は鉄道省が借り上げ運営を継続中のものであったから、事変による買収とは異なっていた。しかし、昭和18年からは明らかに戦時的見地から生産力増強と戦時輸送とを倍増する目的をもって、炭鉱地帯やセメント生産地、あるいは工業地帯などを結ぶ重要路線を買収している。例えば静岡県内では三信鉄道（天竜峡・三河川合間）であった。それらを含めて買収されたものは全国で30社におよび、延長キロ数は未成線を含めて1385.5km、その買収総額は、3億6559万円余に達している。

　買収決定は昭和16年3月6日公布され、同年5月1日国鉄身延線として営業を開始する。買収価格はその建設に要した経費が1999万円余であったことから1900万円と算定され、3分5厘の利付公債で1960万7850円が支払われた。『静岡民友新聞』は同年5月2日付で次のように報じた。「富士身延鉄道正式買収　きのふ富士町で調印終る　昭和13年10月鉄道省との間に種々折衝が行われた結果、鉄道省借り上げと決定、その後数度の交渉を経て買収はスピードアップ的に進行し今回の調印を見たもので、表日本と裏日本を連繋する重要産業国策線として、また非常下における軍用線として、今後における長大足の飛

躍は言をまたざる所で、省営移管以来すでに旅客・貨物共に大幅増を示し、現在旅客１２割、貨物７割の激増を示現している状態である。なお今後は、身延線稲子駅—富士駅間を静運管内とし、稲子—甲府間を甲府運輸事務所管内とすることに決定したが、富士—甲府間は８０ｋｍ、３７駅である…同鉄道経営化にある身延自動車、身延トラック、身延ハイヤー、下部温泉自動車は、従来どおりここ暫くは経営するが、これも財産処分の一つとして近く整理する予定である。」

身延山参詣・湯治・富士五湖周遊客輸送　太平洋戦争が激化して来ると、国鉄身延線は出征兵士や軍需物資の輸送が優先されていく。

昭和２０（１９４５）年８月１５日終戦となり、戦後復興を遂げ生活が安定し始めると身延線の輸送は盛んになる。沿線に所在する身延山久遠寺・大石寺・武田神社・恵林寺などへの参詣客、下部・身延・内船・塩ノ沢・常葉・石和・湯村などの温泉郷への湯治客、富士五湖周遊・白糸の滝・昇仙峡・ぶどう狩りなどの観光客、さらに製紙・製茶など静岡・山梨両県を結ぶ沿線産業物資の輸送で活躍する。

昭和４４年９月２８日富士市の都市計画構想により富士駅発東回りが西回りに路線変更され、富士・富士宮間１０．７ｋｍが複線化、これにより中間の本市場駅が廃止され柚木駅が新設された。

昭和６２年４月１日国鉄の分割民営化が実施され、東海旅客鉄道株式会社（略称ＪＲ東海）身延線となる。

ＪＲ身延線の列車に乗ると、表富士の雄姿に見送られて富士市の街並みと工場群をあとに富士山に近づき、沿線最大の都市・富士宮に着く。富士登山の表口で夏季には多くの登山客で賑わう。また日興上人が開いた日蓮正宗大石寺も年間を通じて多くの参詣者で賑わいを見せる。富士宮を出て間もなく列車は左に回り、１０００分の２５の勾配にかかる。左眼下に富士山を背景に富士宮市の町並みが広がる。勾配を上ると富士山麓の展望は一瞬にして消え、夏草の繁る山峡に入る。沼久保の手前ではじめて遠くに曲がりくねった富士川が光って見える。天候のよい日には富士市と駿河湾が見えるという。トンネルを抜けると線路わきに広い富士川の河原が現れ山梨県波高島まで、山麓を縫って身延線に近づいた

ＥＤ１７５形電気機関車牽引の貨物列車

り遠ざかったりして富士川が流れている。身延は沿線のほぼ中間にあり、古くから門前町として栄えている。この地には日蓮上人の開山以来、日蓮宗総本山身延山久遠寺の七堂伽藍がそびえている。うっそうとした杉木立から全国からの参詣人で〝南無妙法蓮華経〟の念仏の声が絶えない。

沿線は寺社・温泉・観光地　下部は古くからの温泉郷で、武田信玄が合戦で傷ついた家来たちを密かにこの湯で治した〝信玄の隠し湯〟といわれている。鉄道開通以前には温泉宿は３・４軒のわびしさであったが、今日ではホテル・旅館など２７軒が建ち並ぶ温泉街に発展している。鰍沢は下部とは逆に鉄道開通により取り残された。富士川水運の華やかなりしころ、河港町として約３００年にわたって栄えたが、いまはその面影はない。かつて船頭をした古老は「甲州から江戸へ出る人は、みんな舟で富士川を下ったものだ。岩渕まで下りは１日、上りは３、４日かかったもんじゃ」と語った。市川大門は和紙の町。富士川の支流芦川の水質がよくて発達したといわれ、手漉きは高級品を残してほとんど機械に替わった。甲府盆地に入り、甲斐上野を過ぎ笛吹川を渡るあたりからぶどう畑が点々とし、その畑の埋まる愛宕山の裾野で、中央本線と並び山梨県都の甲府に着く。

　身延線は平成２４（２０１２）年３月改正の時刻表で富士・甲府間９７．２ｋｍの直通列車１７往復、このうち特急「ワイドビューふじかわ号」が静岡始発で７本、２時間１８分で結ぶ。東海道本線と中央本線を結ぶ幹線として、静岡・山梨両県の沿線開発と産業文化の発展に今後も貢献するだろう。

長野・静岡・愛知３県の産業・文化・秘境を結ぶ

東海旅客鉄道・飯田線

戦時非常体制下での国有化　伊那・三信・鳳来寺・豊川の４私鉄が、昭和１８（１９４３）年８月１日軍事生産拡充、輸送確保上必要な私鉄の大規模な買収の中に入り、国有化され国鉄飯田線となった。飯田線は国鉄線路網の一環として位置づけられ、軍事輸送を一層効果的に行う目的であった。この４社線は相互乗り入れで豊橋・辰野間の直通運転が行われ、１日１０本の旅客列車などの運転状況には大きな変化はなかった。地元民にとっては私鉄から国鉄に移り、運賃が大幅に引き下げられたことが何よりもありがたかった。旧４社の株主には、株式の代わりに国債が交付されたが、戦時下の状況では換金は困難であった。終戦後のインフレでは、他の戦争国債と同様にほとんど無価値になってしまっている。太平洋戦争中の疎開者の流入、戦後の疎開者の転出、復員兵や外地引き揚げ者の帰郷、食糧買い出し客の乗降などが一般客のほかに加わったから、飯田線は貴重な足の役割を果たした。超満員の客車の窓から出入りするすさまじい光景は全国どこの鉄道でも見られたが、山間部で道路もバスも不備な飯田線では特有な問題も生じた。

　昭和２２年１０月１５日佐久間村長から中部天竜駅長経由で静岡鉄道管理局豊橋分室に、中部天竜駅上り下り列車の佐久間駅までの延長運転申請書が提出された。この陳情書は昭和２４年１０月のダイヤ改正で豊橋・中部天竜間５往復のうち３本が佐久間発、下り２本が佐久間着となり実を結んだ。なお佐久間・中部天竜間の飯田線鉄橋に歩道がついて、両駅間の往来が容易になった。

復興への貨物輸送　貨物輸送では終戦直後の昭和２０（１９４５）年１１月に佐久間村と同村森林組合、農業会が名古屋鉄道局長宛てに、豊根口駅での緊急木材積み込みを要請している。同駅は停留場であるため貨物積み込みの設備はないが、付近には木材約５万石、木炭５万俵が輸送されないままにあった。この要請案では夜間の列車の運転のない時

佐久間ダム建設による飯田線付替区間略図
（昭和30年11月11日開通）

　間帯に仮設積み込み設備から、貨車に木材・木炭を積み込むというだけで、その貨車の回送方法などには触れていないが、とにかく終戦時にふさわしい斬新な発想で、その背景には道路のない大峡谷の輸送の困難な状況と、復興に役立ちたいという熱意がにじみ出ている。

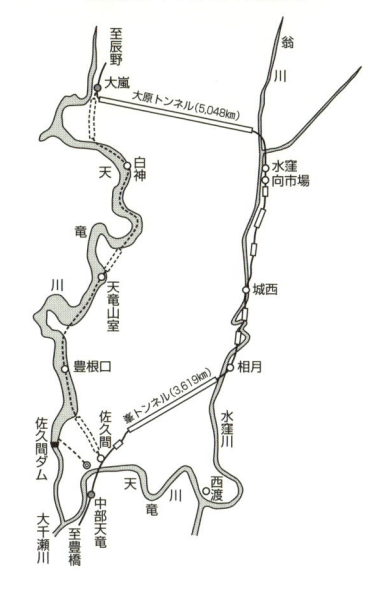

　静岡鉄道管理局の「飯田線資料」には次のように記されている。「昭和２６年当時の貨物輸送は、１日平均使用貨車１０９両（到着７０両、空車回送３９両）となり、沿線物資の輸送は年間５８万トン程度で、特に主要貨物である木材・薪炭は輸送の５０％の３０万トンの発送量で、社線引き継ぎの老朽小型機関車並びに停車場有効長の７、８両等の制限により、山間線区の輸送力不足に対する悩みは大きかったのである。」

　それでもこの年度の中部天竜駅の発送貨物量３万７０００トンは、終戦直後の２１年度の１万３０００トンに比べ著しく伸び、久根鉱山の銅精鉱のような重要物資が優先輸送されたことがうかがえる。戦後の輸送難は、飯田線沿線以上にこれから離れた佐久間東部の山香・城西地区や水窪町で一層深刻であった。昭和２１年１０月当時は省営自動車と呼ばれた国鉄自動車天竜本線（水窪・二俣間）の開業は地元民に非常に歓迎された。当時は旅客輸送以上にトラックによる貨物輸送が重要視されていたのである。昭和２２年開業した西渡・佐久間駅間（後に中部天竜駅まで延長）の西天竜線では、最初は水窪・佐久間間の４トン積みトラック８往復だけで、バスの開業は約１年遅れている。国鉄自動車天竜本線は、後の佐久間ダム建設期間中に多くのダム関係者が利用し、全国の国鉄自動車線旅客輸送の中でベストテン上位にランクされていく。

東海旅客鉄道・飯田線

**二大事故教訓に　　**昭和20（1945）年2月17日三河川合駅南方
**防災対策の強化　**で落石により客車2両が三輪川に転落、死者23名を
出す大事故が発生した。泰阜村門島駅南方1．4kmの大表沢鉄橋付近
では、昭和30年1月20日夜、2両編成の最終電車が1m余の大落石の
直撃で約20m転落して5名死亡、28名が重傷の事故を起こしている。

　飯田線の旧三信鉄道を中心とする区間は、地形上から落石・地すべり
の危険が多い上に、戦争中は労力資材が不足し保線が不備であった。急
カーブや鉄橋の脱線防止の護輪軌条は供出のため撤去され、枕木交換も
あまり実施されなかった。終戦後は防災と保線の強化が緊急課題となり、
同22年9月の名古屋鉄道局と国鉄労働組合中部地評との経営協議会で、
強化5カ年計画が決まり、労使一致してその遂行に努めた。

　同30年門島の事故以後は防災費は従来の倍額の年1億円に増え、落
石の生じ易い急斜面を切り取ってコンクリート擁壁に改造したり、防護
柵・防備植林を増設した。このため、伊勢湾台風で東海道本線や身延線
が一時不通になった昭和34年に、飯田線は不通も事故もなく、年間2
000件におよんだという「落石の飯田線」の汚名を返上した。しかし
昭和43年8月の集中豪雨では浦川の大千瀬川鉄橋の一部が流失し数カ
月間徒歩連絡であったり、翌44年8月の台風豪雨で再び三河川合・中
部天竜間が一時不通となったが、落石事故は確実に減少した。

**佐久間ダム建設　　**昭和31（1956）年10月15日完成した佐久
**による大量輸送　**間ダムは、総工費360億円、延べ350万人が従事、
1日最大6000人従事者、犠牲者96人、最大出力は35万kW、当
時日本最大のダムで、着工からわずか3年の短期間で完成し、日本土木
史上の金字塔と称えられた。その佐久間ダム建設地点までの距離が中部
天竜駅からわずか3kmで、日本の大型ダムのうちこれほど既設の国鉄
線に近いところは少ない。鉄道から遠い場所にダムが建設される場合に
は、鉄道または工事用道路を建設せねばならない。例えば只見川電源開
発における74kmの只見線、井川ダムのための大井川専用軌道26k
mなどである。佐久間ダムでは三信鉄道の路線がほぼ同位置の東邦電力
のダム計画に都合よく設定されたため、工事用道路建設はごく短くて済

クモニ８３ほか５両編成列車（柿平・三河槙原間）

んでいる。それでも佐久間ダムの規模が東邦電力の計画よりずっと大きく大量の資材の集中輸送のために中部天竜・豊橋間の線路と車両の強化が必要となった。

線路は従来の丙線規格（勾配１０００分の３５以内、曲線半径２００ｍ以上）を豊橋・三河川合間は全線乙線規格（勾配１０００分の２５以内、曲線半径２５０ｍ以上）に、三河川合・中部天竜間は線路保安が特に困難なトンネル・急カーブ部分だけで乙種規格に改良した。レールは１ｍ当たり３０ｋｇを３５ｋｇに交換した。

この改良工事中の昭和２９年には、ＥＤ１９型電気機関車がその設定輸送能力以上の活躍をして月間１万４０００トンに達したこともあった。改良が終了した翌３０年１月からは電源開発会社提供のＥＦ１５型電気機関車によって国鉄二俣線金指・飯田線中部天竜間にセメント専用列車の月間２万２０００トンが加わり、ダムのコンクリート打ち込みの最盛期に入った翌３１年６月には３万７３３２トンの記録を樹立した。

こうして佐久間ダムの発電所資材４９万トン、飯田線付け替え９万トンの資材が飯田線を通じて輸送された。続いて宇連ダム・大野頭首工等の豊川用水や長野県三峯川のダム資材が運搬され、天竜東三河総合開発において飯田線は多大に貢献した。

旅客輸送では工事関係者や通学者の増加に対し昭和２７年５月上下各２本の快速列車と通勤列車３本を、同２９年１０月から４両編成とした。ダム工事見学者は静岡鉄道管理局の統計によると、昭和３０年のダム観光団体人員は飯田線と民間バス各約８万人で、飯田線では愛知県の団体が４０％、静岡県３０％、長野県２０％、その他１０％となっている。

バスでは遠州鉄道・静岡鉄道・焼津観光で全体の７５％を占めている。

水窪回りの付け替え線のルート　佐久間ダム湖に沈む佐久間・大嵐間に代わる水窪回りの付け替え線のルートについて、昭和２６（１９５１）年９月水窪・佐久間・山香・城西の４町村で北遠鉄道誘致期成同盟会を結成し、佐久間駅から久根・西渡・城西・水窪を経て大嵐駅を結ぶ陳情を行った。

　西渡経由の理由は久根・名古尾鉱山の貨物輸送が強調されている。翌２７年静岡県飯田線付替期成同盟会と改め、新たに浜松・磐田・飯田の３市、下伊那郡を含む天竜川沿岸の町村首長・商工会議所・商工会・森林組合などの賛成署名を得て関係方面に運動を進めた。静岡県も総合開発計画に付け替え線を援助した。しかし電源開発と国鉄側は迂回による路線の延長が大きいこの新設案に難色を示し、結局西渡を経由しない４kmで済む現在の佐久間・相月・城西・向市場・水窪・大嵐の水窪川沿いのルートに決定した。佐久間ダム湖に水没する豊根口・天竜山室・白神の３駅は廃止され佐久間駅は移設されることになった。

　昭和２９年１月１２日中部天竜駅構内で起工式を行い、工事の中心となる水窪・大嵐間の大原トンネル（５９４８ｍ）と佐久間・相月間の峯トンネル（３６１９ｍ）はアメリカ製大型機械を駆使して国鉄最初の全面掘削を行い、工期の大幅短縮を図った。翌３０年１１月１１日国鉄十河総裁以下関係者６００名が参列、佐久間・大嵐間１７．３ｋｍの開通式が行われ、その日に営業を開始した。同６２年４月１日国鉄民営化で東海旅客鉄道飯田線となる。

佐久間レールパークと沿線秘境探訪の旅　平成３（１９９１）年４月２１日中部天竜駅構内に佐久間レールパークがオープンする。大正期から昭和にかけ活躍した電気機関車（ＥＤ１１形、ＥＤ６２形）、直流制御電動車（クモハ１２形、クモハ５２形）、寝台車、３等客車、ディーゼル動車など多数が展示され、鉄道ファンあらずとも楽しめる鉄道資料が集められた。しかし、平成２１年１１月１日閉園され、名古屋市へ「リニア・鉄道館」として移設された。近年では沿線秘境小和田・中井侍駅等が秘境ブームに乗っての秘境ツアーが催され人気を博している。

富士山を背景に南麓の産業・文化に貢献する

岳 南 鉄 道

鉄道から疎外されていた吉原町　富士山南方の山麓一帯には富士・富士宮の二つの都市があり日本最古の製紙工業地帯である。この岳南地方には大小数百にのぼる紙パルプ工業が密集して、明治期以降わが国製紙生産額の過半数を占め、北海道とともに製紙の重要地域となっている。

　製紙企業の立地条件として、日本最高峰富士山がもたらす雨量と、火山土壌による美しい地下水を湧き出させ、製紙用水源として稀な自然条件を備えていた。原材料は当初富士山麓の木材をパルプにしていたが、用材が乏しくなると北海道から船舶によって清水港に陸揚げされ、輸送にも便利な地域にあった。さらに地元農村の豊富な労働力で成立した。

　明治２２（１８８９）年２月１日東海道鉄道国府津・静岡間が開通し、鈴川停車場（現吉原）も同時に開業した。かつて東海道吉原宿として栄えた吉原町の町並みから鈴川停車場までは、はるか４ｋｍの距離を隔てていた。

　明治４２年４月２１日東海道本線富士駅が開業し、その後富士身延鉄道と接続し、周辺の加島村はじめ岩松村・田子浦などは「文明への入口」として恩恵に浴したが吉原町は疎外されていた。吉原町は鉄道のない町として近隣の伝法村・今泉村また根方方面の村々も、経済的・文化的また時代的にも随分辛抱を強いられてきていた。

　太平洋戦争後、地元から兵南工業地域へ貨物と工場労働者を輸送したいという強い要望が起こった。敗戦の厳しい現実から復興への新しい希望に燃え立たせるには、まず交通問題の解決が課題となった。これは吉原町住民と製紙業界関係者の長年の切なる願いでもあった。しかし、吉原町にはこれまで鉄道敷設の計画がなかったわけではない。むしろ吉原地域には県内最多の鉄道計画があったといって過言でないくらいである。

静岡県内最多の鉄道計画案　大正６（１９１７）年沼津を中心とした地元の人たちによって駿富鉄道株式会社が創立された。沼津を起点に

吉原を経て大宮（現富士宮市）に至る２２ｋｍの鉄道計画で、敷設免許を得て工事に着手したが、大正７・８年の経済不況で解散した。大正７年富士馬車鉄道の一部を譲り受けて吉原町・須津村間の根方街道の道路上に、根方軌道を敷設する動きがあったが、これも実現されていない。

　昭和２（１９２７）年沼津と吉原の有力者らが駿富電気鉄道株式会社を設立した。計画路線は沼津から愛鷹山南側の根方街道を経て下和田・伝法・鷹岡村（富士製紙第一工場が所在）に至る鉄道で、関係町村では積極的な姿勢を示したが、経済恐慌の最中で資金難から実現できなかったとみられる。

　吉原町依田原にある東京人絹吉原工場が、昭和８年鈴川駅から工場までの２．３ｋｍに会社専用の側線を敷設した。このとき、井出儀作吉原町長は用地買収やその他建設のために積極的に支援したという。これは住民の要望を考慮した将来への布石だったのであろう。昭和１８年に駿豆鉄道（現伊豆箱根鉄道）が沼津・吉原間の計画を行ったが、太平洋戦争の激化によりこれも中止となっていた。

　翌１９年７月戦時下においての交通難の緩和策として、吉原町では富士山麓電機鉄道（現富士急行）よりバス３両、運転手５名、車掌３名を借り受け吉原町の嘱託とし、吉原町役場内に臨時事業部を設け、燃料の薪も町当局で支弁し吉原・鈴川間を終戦時までバス運行を続けた。吉原町のこの積極的な交通対策は、その後の鉄道実現に向けて見事に生かされていくのである。

**戦後吉原町に　　**戦後の混乱の最中、駿豆鉄道では再び戦時中の鉄道計
**鉄道敷設機運　　**画を実現させようとして準備を進めていた。昭和２１（１９４６）年１０月１６日鉄道敷設免許申請書を運輸大臣平塚常次郎宛てに提出した。昭和１８年の計画を一部変更し、吉原町から沼津市静浦に至る２２．２ｋｍで、建設費３５０万円、目的は平和日本建設の一助に地方産業開発のためであった。

　吉原町には戦後「郷土に鉄道の実現を」のスローガンが掲げられ、交通協議会が設立され、鉄道敷設への強力な運動が展開されていた。それは戦後のたくましい息吹とともに、戦争中の苦難に満ちた交通対策をく

ぐり抜け、幾多の実現未遂に終わった時代に対する苦い経緯があったからである。

　吉原町では駿豆鉄道の鉄道計画を歓迎した。しかし計画案では沼津市から根方街道に沿って西進し、吉原町を経て鷹岡町入山瀬で国鉄身延線と接続しようとしている。これでは吉原町は通過地点に過ぎない。そこで国鉄鈴川駅から日産吉原工場（旧東京人絹吉原工場）までの２．３ｋｍの引込線をそのまま利用して、同工場の裏から西方へ迂回して今泉木綿島地区の停車場予定地（現吉原駅）までの区間を第１期工事とする修正案を立てた。駿豆鉄道は日産工場の了解が得られれば異存はないということであった。吉原町当局は、早速日産工場に対し引込線の譲渡か共同利用かを交渉した結果、その敷設区間を賃借することとなった。

駿豆鉄道が出願して積極的支援　駿豆鉄道では吉原町案を採用して既定計画案の変更認可申請を行い、関係機関に陳情する一方根方各村に対しての働きかけを進めた。原田村・吉永村・須津村・鷹岡町とも、吉原町同様に要望しているところで、第２期工事で須津村まで延長されれば全面的に協力を惜しまないということであった。

　岳南鉄道期成同盟会が昭和２２（１９４７）年６月３日吉原町役場にて開かれ、同盟会会長に房間熊吉吉原町長、実行委員に関係町村長・議員・実業家ら５１名が選ばれた。その後、房間会長は都合で辞任したため、後任に吉原商工会副会頭斉藤徳次・実行委員長に中井芳太郎吉原町助役が選ばれ、実行委員に４名が追加され陣容が強化された。

　同盟会趣意書には「現状では産業の発展も文化の向上も到底不可能である。総力を結集して１日も早く会社側の大構想を実現させ、郷土の発展・民衆の福利を推進したい。交通難を解消し、南北の産業文化の交流円滑ならしめ、郷土の飛躍的発展を期する」とあり意気込みを示した。

　翌２３年２月１８日鈴川・吉原・原田・富士岡に至る６ｋｍの敷設免許が下付され、待望の鉄道建設の実現に向けて第一歩が踏み出された。この朗報に地元民は喜び、いよいよ当事者らは株式の募集・会社設立・工事施工認可の申請・用地買収・工事の施工など、山積する問題に本格的に取り組むこととなった。当時、戦後混乱期の世相は混沌としていた。

インフレは昂進し、物価指数はこの3年間に434を示していた。この年4月1日吉原町は市制を施行している。人口3万2058人、戸数6048戸、このうち商工業の戸数は4252戸で全戸の70％を占めていた。

岳南鉄道創立初代社長斉藤徳次　期成同盟会とは別に岳南鉄道発起人が駿豆鉄道大場金太郎常務取締役ら10名で構成され、資本金4000万円、1株50円の80万株とし、発起人株は2000株を引き受けることとなった。株式の割り当ては地元関係者・有志らが40万株、駿豆鉄道株主の応募で40万株を消化することに決まり、昭和23（1948）年末には627人の株主を数えた。

すでに下付されていた鉄道敷設権は、駿豆鉄道株式会社より岳南鉄道株式会社に対し同年5月1日両社の代表により無償譲渡の契約が締結され、同年6月11日その旨を運輸大臣に申請され、同年10月22日その認可が得られた。次に工事施工認可を得るべく駿豆鉄道株式会社の積極的な援助を受け、同年11月1日工事施工認可申請を運輸大臣に提出した。鈴川・江尾間9003m、総工費9841万6800円、1粁（キロ）当たり1381万円となっている。

昭和23年12月10日今泉小学校講堂において岳南鉄道株式会社創立総会が開催された。取締役社長に斉藤徳次富士製紙工業社長、専務取締役に大場金太郎駿豆鉄道常務取締役、常務取締役に中井芳太郎吉原市助役、取締役には斉藤知一郎大昭和製紙社長ほか稲垣直文・坂野碩太郎・大和瀬千浪・木内真雄・小島正治郎・小高義一、監査役に仁藤覚次郎吉原町元助役・鳥羽山康一がそれぞれ就任する。本社事務所は富士南部商工会議所を間借りしてスタートした。

経済安定9原則で工事施工に危機感　岳南鉄道株式会社は誕生したものの運輸大臣からの工事施工認可が下りてこないでいた。それは昭和23（1948）年12月18日付のGHQ（連合軍総司令部）から発表された経済安定9原則に基づくもので、連合軍当局より岳南鉄道の敷設事業は再検討される立場になっていたのである。

経済安定9原則とは、日本のインフレを終息させるため直接日本の復

興に寄与すると認められる事業以外は、この際淘汰すべきだとの見解によるものであった。ＧＨＱの考え方は、アメリカでは鉄道よりもトラック輸送に切り替えられている。これからの時代にわずか１０ｋｍに満たない鉄道が役に立つのかという見解であった。

この間にも駿豆鉄道から派遣された技術陣によって酷寒の中での測量が続けられ、用地の買収交渉も進められていた。翌２４年２月には岳南鉄道の敷設工事認可は、きわめて悲観的であるというのが大方の見方となった。しかし、経営陣は屈することがなかった。いまこそ鉄道の実現を手にせずしていつの日に鉄道開通の喜びを味わうことができようか。

会社首脳部は全精力を認可問題に集中した。地元有志らによる陳情団は何度となく上京し、運輸省をはじめ関係省庁を訪ねた。地元代議士は無論、小林武治県知事には通訳を同行し、ＧＨＱに再三にわたって出向き地元の意志を陳情した。苦悩する斉藤社長の脳裏に、某鉄道会社の社長が話した言葉がよぎったであろう。

「斉藤さん、鉄道をつくるということは誠に結構なことですが、鉄道会社の初代社長にだけは決してなるものではありませんよ。でも、ご自分の気性で無くしてしまうつもりならおやりなさい。」この言葉が斉藤社長をいかに奮い立たせたであろうか。

会社事務局では膨大な裏付け資料の収集作成に努めた。沿線生産物調書・沿線貨物の年間発着推移調書・沿線工場生産物の運送費状況調査などの資料を提出し、鉄道敷設の必要性を認識させるための努力を必死になって行ったことは言うまでもない。

やがて当局もようやく地元民の熱望を受け入れ、岳南地方の産業発展に岳南鉄道が寄与することが認められ、全国に数社あった鉄道申請に先がけて昭和２４年６月８日待望の工事施工認可が下付された。同年７月１日吉原市木綿島６４番地（現吉原駅貨物ホームの位置）で運輸省松下技術課長・鈴木清一吉原市長ら関係者の参列を得て起工式が挙行された。鍬入れ式に臨んだ会社首脳部の安堵感はどれほどであっただろうか。

鈴川・吉原本町間　待望の開通　開通予定を１０月１日として、第１期工事鈴川・本吉原間が開始された。用地買収は工事施工認可の延滞

もあって、ある程度手控えていたため急速に解決が必要となり、係員は寝食を忘れて交渉に没頭した。日産工場の引込線１．８ｋｍを除く買収予定面積は４５００坪（１万４８５０ｍ^2）で、狭い幅員をもって土地を縦断または横断するため困難な交渉が続いた。

　さらに農地調整法の発令にともなう使用土地の許認可制度は、用地の買収および工事の施工上さまざまな支障をきたした。鉄道は通して欲しい。だが、先祖伝来の自分の土地や家屋、あるいは乏しい貯えからようやく入手した不動産を、その犠牲にするのは忍び難い。これはきわめて当然のことで誰も非難するに当たらない。

　買収・補償・移転・代替地など難しい問題もあったが、その大部分は次第に解決していった。しかし一部買収について合意に至らなかった箇所もあり、とりあえず鈴川・吉原本町間２７８０ｍの開通を急ぐこととした。工事が着工されると、沿線には明るい雰囲気が漂っていった。吉原の街に鉄道が敷かれる。自分たちもその鉄道の恩恵に浴されるのだ。古老たちから語り継がれてきた何度かの鉄道計画の失敗の話がようやく実現されつつあり、いまその勇姿を見せようとしている。沿線住民の心も自然と和むのも当然であった。

　昭和２４（１９４９）年１１月１７日鈴川・吉原本町間が開通する。用地買収その他で難航し、予定より１カ月半遅れていた。軌間１０６７ｍｍ、区間２．７ｋｍ。車両は木造の電動客車２、付随客車２の合計４両を西武鉄道・駿豆鉄道から譲り受けて運転した。車両は中古のうえ、どれも運転操作が違い、運転士や整備士はその取り扱いに随分苦労した。地元新聞は「多年の夢実現、駅のない町ここに解消、多彩な祝賀行事」などの見出しで祝意を報じた。

　この日、早朝５時５３分吉原本町発、鈴川行を始発として早くも開業された。午前１０時から吉原本町駅前広場において開通式が挙行された。運輸省・通産省・名古屋鉄道管理局の係官、小林武治静岡県知事・沿線市町村首長・施工業者・株主・会社関係者ら多数が参列した。

　岳南鉄道は単に一企業の鉄道ではなく、吉原市の将来構想の一翼をになう観点から周辺自治体と地域の有力企業と沿線住民の支援によって生

吉原駅停車中のモハ１０００形列車とＥＤ２９形列車

まれたのである。こみ上げる喜びを抑えて式典の挨拶に立った斉藤社長の心中に去来したものは何だったであろう。岳南鉄道では３０００枚の試乗券を配布して、その利用客とともに開通の喜びを分かち合った。

祝賀行事は市内４カ所に祝賀アーチ、市内小中学校児童生徒による旗行列、打ち上げ仕掛け花火、開通記念の駅伝競走、地元青年団員の仮装行列、据置屋台での舞踊、東部各村の移動演芸班の訪問催しなど、開通式当日とその翌日は吉原市内各所で華やかな雰囲気に包まれた。

岳南鉄道中井芳太郎常務は「大正９年ごろ、私が沼津市の商業学校に通うのに毎日鈴川駅まで１里以上の道を歩いて往復した。夜の寒い日、雨の日、通学生も住民も交通の不便さにじっと耐えた。鉄道があれば…と考えた体験が町ぐるみで完成させた原動力と思う。」と語っている。

岳鉄須津村延長期成同盟会結成　吉原本町・本吉原間０．３ｋｍの第２期工事が行われ、昭和２５（１９５０）年４月１８日開通、ついで本吉原・岳南富士岡間３．４ｋｍの第３期工事が翌２６年６月１日から進められ、同年１２月２０日開通する。その先の岳南富士岡・江尾間２．９ｋｍの建設工事は、会社役員の間で取り扱い貨物量や乗降客数がきわめて少ないであろうとの予想から、その延長には難色を示すものがいた。これに対して地元須津村では「それでは約束違反である。あくまで当初の計画どおり江尾まで延長すべきだ」として、村当局は地元有力者を集め「岳鉄須津村延長期成同盟会」を結成して厳しく岳南鉄道に迫った。

この地元民の要望に岳南鉄道ではついに既定計画どおり江尾までの延長を発表した。昭和２７年１２月資本金を２億８０００万円に増資している。この年入社した稲葉任男は次のように回想している。「当時の電

車は木造製で走っているとギシギシ車体が非常に揺れるもの、半鋼製ながら「馬電車」の異名を乗客からつけられた上下動のはげしい車両で、一方電気機関車は当時日本に3両しかないと言われ、その中の2両が当社のレール上で活躍した。1928（昭和3）年2月ドイツベルリン製のマークが入った凸型の直接制御2軸車で、今残っていれば鉄道マニア垂涎の的であったでしょう。ところがこの機関車には毎日のように泣かされたのです。1日中立ち放っしで運転するように構造されており、ちょっと取り扱いが悪いと制御器からパッと火花が出て煙がモクモクと目に沁みる。この火花でマツゲを焼いたということも聞いています」

　江尾までの延長計画では、須津駅を福泉醸造の南側に、川尻駅を荒間地区に、終点江尾部落という予定であった。しかし荒間地区住民の一部で駅を設置することは絶対反対で、1坪の土地も提供することはできないというのである。この反対抗議で工事は大きく停滞した。

　その結果、荒間部落の北側を通ることに路線を変更し、川尻駅を神谷駅として須津川の東側に設定することでこの問題は解決した。反対理由は荒間部落の中を電車が通るのは危険だという意見だったのであろう。

昭和28年鈴川・岳南江尾間全通　昭和28（1953）年1月20日岳南富士岡・岳南江尾間2．9kmがついに開通し、ここに鈴川・岳南江尾間9．3kmが全通する。最初の起工式から3年半、会社創立から4年余を要していた。須津村延長期成同盟会では、開通祝賀式とそれにともなう行事を鈴川・吉原本町間開通式に勝るとも劣らぬほど盛大に行った。須津村は沿線のどの町村よりも交通が不便であった。

　村当局は住民の生活環境の改善を模索していた。そのころ、須津村からほど近い愛鷹山が登山愛好者から注目され脚光を浴びていて、村当局でも観光開発を進めていたため、岳南鉄道延長には異常なほどの努力を傾注していたのである。

　須津村鈴木助役の役場日誌には、開通の日の心境を次のように記している。「午前4時40分、凍てつくような暁の空気をふるわせて愛鷹の峯々にこだまする打上げ花火は、村民の喜びをそのままに力強くひびいた。始発の1番電車が午前5時ボーと号笛を鳴らして笑顔、笑顔を乗せ

富士山を背景にモハ７０００形車両（日産前・吉原間）

て発車した。江尾のホームに立つと、晴れた空に富士の姿が美しい。肌をさすように風は冷たいが、浮島沼を隔てて浜通りの松林が絵のように浮んでいる。２本の線路が真直ぐに西へつづいている。富士岡駅から須津村への延長を念願して期成同盟会を結成してから満１年１箇月、苦労の連続であったがいま全く完成した。村民の利便と地域の今後の発展を思えば、その苦労は一瞬にして消え去る思いである。なぜか私の頬がぬれた。」

昭和４０年代前半が客貨のピーク時 岳南鉄道は一部営業した昭和２４（１９４９）年度の旅客数は３４万人であった。翌２５年本吉原までの開通で、１４３万５０００人。同２８年の全線開通によって一挙に３９１万２０００人、１日平均１万人強と急増した。

昭和２９年２月大富士ゴルフ場建設に着手し、資本金１億１０００万円とし同年６月同ゴルフ場６ホールで仮オープンする。同３１年８月、富士山麓電気鉄道（現富士急行）の系列傘下に入る。同３０年代後半になると高度経済成長期を迎え、同３５年度には初の６分配当を行った。

翌３６年一般区域貨物自動車運送事業が認可され、大型トラック輸送が開始されて、同４３年には３３両に増車している。同３７年吉原商業高校が開校されて高校生の利用客が増え、同３８年度４１８万人、翌３９年度４９５万人と急増し、ピークは同４２年度の５１０万人である。

貨物輸送のピークは同４４年度９９万９０００トン、１日平均２７００トン余を記録し県内私鉄各社のうちトップにランクされる。トラック輸送が一般化している中にあって１日平均２０００トンを超える貨物数量はほとんど紙パルプで、岳南鉄道の重点が貨物輸送にあることを示している。なお、同４１年度には１割配当を行い、同４４年度末の従業員

岳南鉄道

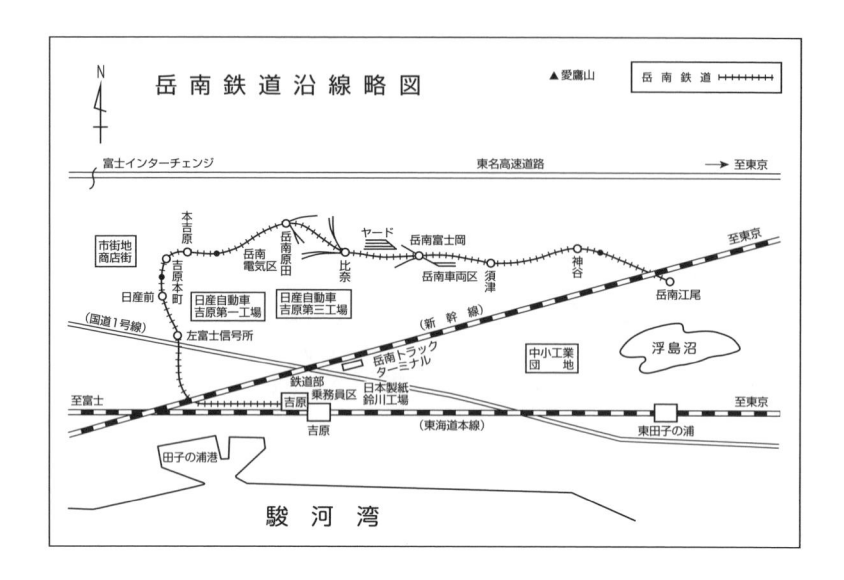

数は最高の257名が在籍している。

自動車交通・高速道路開通による客貨輸送の減少 高度経済成長は昭和40年代も続くが、個人所得の伸びと道路等の社会資本の充実が進むにつれて自動車交通が著しく発達し、従来の鉄道利用客はマイカーやバス利用に転換し急速に減少していく。同41（1966）年4月一般乗合旅客自動車運送事業の免許認可を受け、バス営業が開始された。製紙会社で工員のマイクロバス輸送が影響し岳南鉄道の旅客列車は1日29往復を19往復にしてバス運行に回した。これに拍車をかけたのは同48年のオイルショックで、減少しつつあった貨物輸送も同53年度は51万トンでピークの約半数となる。貨物輸送の増減の原因は、吉原地区の商工業とくに製紙業界の好不況をそのまま反映した。同44年5月26日東名高速道路が全通し名神高速道路と接続し、東京・大阪間が7時間で結ばれた。製紙業界の過剰設備投資から製品の過剰生産・在庫調整、翌年田子の浦港の開港で船舶の大量輸送、さらに昭和55年7月ごろからの不況で生産調整、操業短縮を余儀された。平成24（2012）年3月16日限りで貨物輸送は全廃され、旅客輸送だけで経営が続けられている。

南アルプスあぷとラインの観光路線で活躍する

大井川鐵道・井川線

イギリス人技師による発電所建設　大井川中流部の安倍郡井川村(現静岡市葵区)周辺は、穿入(せんにゅう)蛇行の壮大な峡谷美を形成する接岨峡で閉ざされた秘境である。河床からの比高が３００ｍにおよぶ大規模な段丘が登場し、年間降雨量３０００ｍｍという豊富な水量のあるところから、電源開発による井川ダムの建設計画が明治時代から行われた。

　明治３９（１９０６）年日本とイギリスが協力して創設した日英水力発電株式会社の顧問技師であったジェームス・Ｄ・スカイラーはイギリスから招かれ、明治４１年３月に水力専門技師アルバート・クレーンとともに井川の電力開発の調査を行った。スカイラーの一行は、静岡から安倍川沿いを登り、玉川村に１泊して翌日大日峠を越えて井川村に入った。彼らは井川村の元庄屋海野孝三郎の屋敷に約１カ月滞在して調査を続けた。彼らは発電所完成の滞在期間中、約１０００個の缶詰を運び込んですべて食べ尽くしたというエピソードを残している。

　日本とイギリスの民間人が協力して創立した日英水力電気株式会社は、明治４３年上川根村奥泉に小山発電所を完成させた。奥泉地区を流れる大井川は、延長４ｋｍにわたり大きく川が迂回していたため、ここに長さ５０ｍのトンネルを掘っただけで２６ｍの落差が得られ、発電所を建設することができたのである。出力わずか１４００Ｗの発電所ではあったが、この小山発電所の完成で大井川下流の町村に初めて文明の灯がともされた。しかし、日英水力発電株式会社は井川に発電所を建設するまでには至らなかった。

湯山発電所建設資材輸送で敷設　大井川鐵道がまだ金谷・千頭間に全通していない昭和４（１９２９）年ごろ、第二富士電力は大井川支流の寸又川の一番上流部分に、湯山発電所の建設計画を立てた。大井川の秘境といわれた寸又地区の開発も、この発電所建設に合わせて行いたい

構想であった。

　現在の大井川鐵道井川線の千頭駅から２つ目に沢間駅がある。この沢間地区から湯山まで、寸又川右岸に沿って湯山発電所建設のための資材輸送用として、寸又川森林軌道の敷設を始めることになる。

　当時、奥深い渓谷に発電所を建設しようとすると、資材運搬用の軌道を敷設するか、索道を建設するかであった。索道というのは、現在のスキー場にあるリフトの少し大掛かりな施設で、これに建設資材を積んで運ぶのである。

　第二富士電力は湯山発電所建設で沢間・湯山間に寸又川森林軌道を建設する。しかし森林軌道だけでは大量の資材が運べない。そこで志太郡藤枝町から沢間まで索道を建設することにした。藤枝町から沢間まで５０～６０ｋｍの距離がある。深い渓谷もあれば山間をいくつも越えねばならない。第二富士電力は川根索道という別会社を設立して１年ほどかけてこの大規模な索道を建設する。

　この川根索道の工事中に大井川鐵道の金谷・千頭間は全通していた。川根索道は大井川鐵道地名駅近くで２カ所鉄道の上を通らなければならなかった。大井川鐵道側では索道を鉄道の上を通すならトンネルを掘って通すよう要求した。現在大井川鐵道本線の地名駅の近くに小さなトンネルがあるが、これは当時索道がこの上を通った跡形である。

　川根索道は完成する。この索道は資材や生活物資（有料）や人も乗ることができた。急病人が川根方面で出ると、藤枝から医師が索道に乗って駆けつけたこともあったというから、医師も仕事とはいえ命がけだったであろう。湯山発電所は昭和１０年１０月に運転を開始し、最大出力２万２０００ｋＷであった。

森林軌道川狩り　　大井川鐵道の全通（昭和６年１２月１日）とともに
業者の木材輸送　大井川周辺の電源開発は急ピッチで進められた。大井川電力株式会社は昭和９（１９３４）年２月、出力６万８０００ｋＷの大井川発電所を建設することになり、同年１１月着工した。

　そのためにまず千頭・沢間間２．５ｋｍに大井川専用軌道（軌間７６２ｍｍ）を建設した。さらに翌１０年６月本川根町市代までの１０ｋｍ

井川線のもうひとつのハイライト、関ノ沢橋梁（高さ98m）を走行する特別列車

の軌道を完成させて、大井川ダム建設資材の輸送を開始した。大井川発電所の工事は順調に進み、同13年12月に完成させている。

大井川電力が建設した大井川発電所は本川根本町青部にある。この発電所は青部よりさらに大井川上流の奥泉地区に巨大な大井川ダムを建設して、貯水を圧力隧道で下流に導き、落差をさらに大きくして発電していた。この巨大な大井川発電所の完成で一番手痛い打撃を受けたのは、井川地区の川狩り（木材流送）業者らであった。大井川にダムが建設されない時代に伐採された木材は、全部川狩りで上流から東海道本線島田駅近くの下流まで流されていた（大井川の場合、流木はイカダに組まず木材をそのまま流すことが多かった）。

ところが大井川発電所の奥泉えん堤が完成して、井川から流した木材が奥泉えん堤で止まってしまうようになった。ひどいときには井川からの流木が長島まで川一面に並ぶことがあった。そこで大井川電力は川狩り組合と話し合い、大井川電力が井川の木材を全部責任をもって奥泉から大井川鐵道の崎平駅まで輸送することで補償問題に結着をつけた。

中部電力で千頭・堂平間開通　そのころ大井川専用軌道は軌間762mmで、大井川鐵道の軌間は1067mmであったから乗り入れができなかった。このため大井川電力では昭和11（1936）年10月に千頭・市代間の大井川専用軌道の軌間を大井川鐵道と同じ1067mmに取り替え、川狩り組合との協定どおり奥泉から崎平駅まで木材を輸送した。崎平では大井川に木材を放り込んで流木にしていたという。

補償の条件に10日間で奥泉・崎平間を輸送することになり、そのため8トンのガソリン機関車6両、3.5トン無蓋貨車150両、4トン

長物車５０両を２４時間フル稼働させて輸送したという。

所属会社転々の大井川専用軌道　大井川専用軌道は千頭・市代間開通以来、井川発電所が着工される昭和２９（１９５４）年９月まで１８年間川狩り業者の木材を輸送した。

　昭和２７年中部電力が井川と奥泉の発電所建設を正式に決定し、その資材輸送用として大井川専用軌道を市代から井川まで延長すると発表した。大井川専用軌道は昭和９年に大井川電力によって千頭・沢間間を完成させたが、後に大井川電力は日本発送電株式会社に合併され、その後昭和２６年に日本発送電は分割され中部電力となる。大井川専用軌道はそのたびに所有会社が代わり井川・奥泉発電所建設が決まった昭和２７年には中部電力株式会社の軌道となっていた。

　井川発電所建設計画は、最大出力６万２０００ｋＷ、貯水池式、ダムの高さ９２．８ｍ、総貯水量１億５０００万ｍ^3。奥泉発電所は最大出力８万７０００ｋＷ、調整池式、貯水量は井川ダムに頼る方法が採用された。

　この巨大ダムの建造の資材輸送をどうするか。中部電力内部でも道路建設説と軌道・索道説に分かれた。道路を新設すれば莫大な資金がいる。そこで千頭から大井川専用軌道を延長し、静岡からは索道を建設して資材輸送を行うことになった。昭和２８年１０月静岡市口坂本から井川村西山平間５．７ｋｍを索道建設し６０００トンの鉄道資材を輸送した。

　大井川専用軌道の延長工事は、本川根町の市代から井川ダム近くの西山沢間１７．６ｋｍを、市代側から鹿島組・勝呂組・大成建設・間組の４工区に分けて昭和２７年１２月着工した。この敷設工事は鉄道史上稀なほどの難工事であった。なかでも大井川最大の渓谷である接岨峡・関ノ沢鉄橋は人跡未踏の地であり、断崖絶壁を縫うようにして敷設する工事は、岩と水との闘いで筆舌に尽くし難いものであったという。

　総工費２４億４０００万円、トンネル５０カ所（延長６．４ｋｍ）、鉄橋は高さ９８ｍの大アーチ型の関ノ沢鉄橋をはじめ３０カ所（延長６５３ｍ）で２年の歳月をかけ、昭和２９年９月１０日市代・堂平（西山沢）間が完成、これにより千頭・堂平間３０．１ｋｍが全通する。

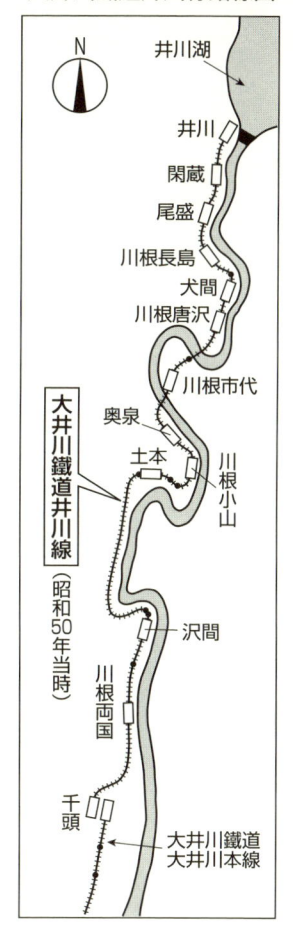

**大井川専用軌道
地元民への恩恵**　　この日、井川村は大変な騒ぎとなった。大井川専用軌道の開通式に千頭駅を発車した日立製作所製の日本最初の３５トンディーゼル機関車が、紅白のお祝いの布を風になびかせながら終点の堂平駅に滑り込んで来ると、日の丸の小旗を手にした発電所・工事関係者・地元住民など数百人の人たちが歓声をあげて列車を出迎えた。井川村民の多くの人がディーゼル機関車を目の前で見るのは初めてであっただろう。陸の孤島とも呼ばれ、静岡にも千頭に出るにも容易でなかったから、井川村の住民にとって記念すべき日となった。元井川村長望月誠一は当時を次のように語っている。「大井川専用軌道が開通する前は、静岡まで１日がかりで歩いていきました。一番困ったのは急病人でした。そこに鉄道が開通したのですから、それはみんな喜びましたよ。最初は専用軌道で人は乗ってはいけなかったのを、中電が黙認して無料で乗ったんですよ。でも大変助かった。ダム建設のおかげですよ。」

　中部電力では開通にそなえて８トン積貨車５０両、１６トン積貨車５０両、４．５トン緩急車４両、２５トン低床車２両、客車（作業員用）７両を購入して２４時間フル運転でダム関連の建設資材の輸送を始める。

　この大井川専用軌道は貨物用軌道で、人を乗せると専用鉄道法違反になる。ところが中部電力は井川村との補償三大原則の一項目に、地元民を専用軌道に乗せることを内密に認めていた。軌道敷地内には「工事関係者以外、固く乗車お断わりします」と立て看板は立ててはいたが、陸運局の係官が視察に訪ねる日以外は、地元民を無料で乗せていた。

　井川の人たちは最初は無蓋貨物の木材の上に乗った。雨降りには傘を

大井川鐵道・井川線　139

さして乗った。ところが専用軌道は断崖を縫うようにして走るから、木材の上に人が乗ると滑って落ちる可能性もあり大変危険であった。

そこで昭和３２年ごろ中部電力では客車５両、来賓用１等客車２両を購入し客車を連結して列車を運転した。しかし何かとお世話になる地元民とはいえ、違反を犯してまで公然と客車を連結して井川の人びとを乗せるわけにはいかなかったのである。

大井川鐵道に業務委託して井川線に　中部電力では昭和３４（１９５９）年８月１日地方鉄道の認可を受け、大井川鐵道に大井川専用軌道を業務委託する。大井川鐵道では路線名を「井川線」と変更し、旅客運賃を収受して営業を開始する。また金谷・千頭間の路線名を「大井川本線」とした。静岡県内の鉄道各線はバス・トラックによる攻勢で鉄道の利用数は年々落ち込んでいる中で、井川線は県内私鉄で最も新しい路線となった。昭和６年沢間・湯山間が開通し、その後千頭えん堤まで延長された寸又森林軌道は、開通当初の目的を果たすと昭和１３年無償で千頭営林局へ貸与して木材輸送を行い、その後トラック輸送になり昭和４３年廃線となる。寸又森林軌道は沢間・千頭間は大井川専用軌道と同じ軌道を走っていた。ただ、寸又森林軌道の軌間は７６２mm、大井川専用軌道の軌間は１０６７mmであったので、三線軌条（１路線に３本レールがある）になっていたが、寸又森林軌道がなくなってからは、内側のレールが取り除かれている。井川線堂平駅はもともとダム工事専用駅であったため、旅客は井川ダムの方に行くようになりあまり使われず、昭和４６年３月で井川・堂平間は廃線となった。

井川線開業当時は時刻表によると、下り千頭始発午前７時２０分、堂平着同９時１０分。最終が千頭発午後５時２３分、堂平着同７時２１分。上り堂平始発午前６時、閑蔵(かんぞう)着同６時２６分。この１番列車は折り返し閑蔵地区の児童・生徒を乗せて午前７時４分閑蔵を発車、井川に同７時２６分に到着する通学列車である。上りの最終は井川発午後４時１６分、千頭着同６時２分。当時は貨物列車が上下２８本運転され、旅客列車より多く、運賃は千頭・井川間大人１００円、子供５０円であった。

井川線は昭和３４、５年には畑薙第一・第二ダムの建設資材を輸送し

ていたから貨物列車中心であった。畑薙ダムの完成後は年々貨物は減り、昭和５０年をもって貨物列車は姿を消すことになる。

全国唯一のアプト式鉄道で脚光

奥泉駅でのタブレット交換風景

榛原郡本川根町（現川根本町）の大井川鐵道井川線のアプト式鉄道が平成２（１９９０）年１０月１日開通する。『静岡新聞』は当日の夕刊で次のように報道している。「大井川鉄道井川線のアプト式鉄道の開通式が１日同線アプトいちしろ駅で行われ、国、県、地元など関係者約３００人が出席した。昭和３８年廃線された旧国鉄信越本線の碓氷峠のアプト以来２７年ぶりの復活で、同線のアプトが全国唯一となる。奥大井観光開発の目玉に、と関係者は大きな期待を寄せる。井川線は長島ダムによりこれまでの路線の一部が水没したため、約４．８ｋｍの新ルートとなり、このうちアプトいちしろ・長島ダム間約１．５ｋｍ区間は、１０００ｍ登って９０ｍ上昇する急勾配となるため、ノコギリ歯のようなラックレールに電気機関車の歯車をかみ合わせ、上り下りするアプト式を導入した。この区間は５０ｋｇレール直流１５００ＶのＥＤ９０形電気機関車による本格的電化区間で、それ以外の区間は非電化路線である。

　付け替え工事は３年６カ月、総工費約１５０億円、井川線の鉄橋は４３延長８４０ｍ、トンネル６５延長７．９ｋｍに達し全線の３分の１におよぶ。車両は幅１．８５ｍ、高さ２．７ｍのミニサイズで鉄道マニアや観光客を喜ばせている。井川線の愛称を公募で「南アルプスあぷとライン」と命名。大自然を背景に山岳鉄道として奥大井の渓谷美とダムの人工美の中を走る。

伊豆半島リゾート地帯を相模灘に沿い東京と結ぶ

伊 豆 急 行

伊豆東海岸の山地と温泉地域　伊豆半島には富士火山帯に属する天城・猫越・達磨(ねっこ)(だるま)などの火山が散在し、噴火の際流れ出た溶岩が相模灘になだれ落ち、凝固して壮絶な風景を展開している。伊東市から伊豆半島突端の下田市、西岸の沼津市戸田を結ぶ海岸線は、風蝕や波蝕による洞穴・断崖・岩礁などが連なり奇観を形成する。伊豆半島は全域が火山帯でおおわれているため、随所に温泉が湧き出ており、とくに海岸沿いと天城山麓にあたる中伊豆周辺には泉源が集中している。

　伊東市は南北に細長く、北部は標高約５００ｍの山地、南部は熔岩台地と天城火山東部の矢筈山・遠笠山・伊雄山などの山地が広い面積を占め、沖積地は伊東市街地と宇佐美の中心部だけである。また市域の東側は相模灘に面して延長約４０ｋｍの屈折に富んだ海岸線を形成している。市街地は市域の中央・東海岸にあり、松川の清流が市街地を貫流し、松川沿いに大小８００近い泉源があり、ここが伊東温泉の中核である。

　伊東市から相模灘に沿って南下すると東伊豆町・河津町を経て下田市に至る。下田市は伊豆半島の南東端に位置する幕末開国史の１ページを飾る歴史の町であり、南伊豆の経済・文化・交通・観光の中心をなす情緒にあふれる温泉都市でもある。街のほぼ中央を天城山に源を発する稲生沢川が流れて相模灘に注ぎ、その河口近くに湾口を南に開いた下田港があり、その周辺一帯に下田市の中心街が形成されている。

明治時代二つの鉄道敷設案　秘境の地・奥伊豆地方に位置する賀茂郡に最初の鉄道敷設運動が起こされたのは、明治２２（１８８９）年７月の東海道鉄道全通のころである。地元有志らによる「鉄道期成同盟会」が結成され、当時の政府に対し鉄道敷設を嘆願した。しかし、明治２０年代初頭から約１０年におよぶ経済不況が続く中でこの運動は消滅している。

　再び賀茂郡内に鉄道敷設運動が起きる。明治３７年１月３０日賀茂郡

の有力者矢田部強一郎・山本吾平・鈴木寛吉・清田賢治郎・田中鶴松・県議会副会長土屋梅之助ら１６名が、１００年後に伊豆循環鉄道の建設を目指して「鉄道期成賀茂郡同盟会」を結成する。地元の政財界人らで結成されたこの賀茂郡同盟会は、最初の鉄道同盟会の志を継承しながらも同じ誤りを繰り返さぬよう自力による手づくりの計画の実現を目指した。「鉄道期成賀茂郡同盟会主意書」によると、「天城ノ山麓南走シテ陸地ヲナスモノ正ニ之レ賀茂郡ナリ、而シテ之レカ渓谷ヲナストコロ吾々本郡民ノ棲息スル地ナリ、此地ヤ青木水ニ映シ禽鳥戯ルルトコロ正ニ仙客ノ住スヘキ郷タリ然リ、而シテ二十世紀ノ今日社会ノ…」とあり、その概要は次のとおりである。

①国家および企業の手を借りない。
②１００年後に自力で鉄道を敷設する。
③建設資金１０００万円、主唱者の自弁により元金３万円を下田銀行に預け、９０年後の複利による元利合計１１１５万１０６０円として１００年後に伊豆循環鉄道を建設する。

しかしこの同盟会の種まきから成木伐採までという林業の基本図式を地で行く建設構想は、同年２月の日露戦争の開戦によって挫折し、賀茂郡民５万人の悲願はまたも露と消えたのである。

伊豆循環鉄道
期成同盟結成　明治２５（１８９２）年６月の『鉄道敷設法』によって定められた予定線は大部分完成したため、ついで全国に鉄道網を普及しようとする『改正・鉄道敷設法』が大正１１（１９２２）年４月地方住民の熱烈な支持を得て制定された。予定線は１４９路線、１万２１８ｋｍにおよび、３０年間に１２億円で建設する予定となった。

同法別表６１には「静岡県熱海ヨリ下田・松崎ヲ経テ大仁ニ至ル鉄道」とあり、伊豆循環鉄道予定線約１２５．５ｋｍの計画が明記された。

これを受けて賀茂・田方両郡民は、会長に鈴木藤左衛門伊東町長、副会長に金澤藤左衛門下田町長を立て「伊豆循環鉄道期成同盟会」を結成した。計画沿線の住民７５９人の署名をただちにまとめ貴族院・衆議院両院議長宛に請願書を提出し採択された。一方、地元の財政界人らによ

る伊豆鉄道の「速成建議案委員会」が結成され、会長に地元出身の小泉策太郎衆議院議員が選出された。

　伊豆半島の住民が一丸となっての鉄道誘致運動は、大正１５年１２月若槻内閣の井上匡四郎鉄道大臣によって熱海・伊東間の建設が認可された。ついで翌昭和２（１９２７）年１２月に熱海・伊東間を下田まで延長することが閣議決定し、翌３年１２月の第５６帝国議会で伊豆鉄道の下田延長が決定した。しかし、斉藤内閣の三上忠造鉄道大臣は、緊縮財政政策で一転して鉄道縮小政策を打ち出すとともに伊東・下田間鉄道延長計画を凍結した。これにより昭和１３年１２月１５日国鉄伊東線は開通していくことになるが、念願の伊豆循環鉄道の誘致運動はまたも徒労に終わる。

　さらに、運輸省の諮問機関である鉄道建設審議会が、昭和２９年１２月「新線建設計画は国家財政ならびに国鉄財政の面からよく調査・研究を慎重に検討すべきである」旨の答申を行った。この答申によって３２年にわたって繰り広げられた鉄道誘致運動はここに終幕を迎える。

東京急行電鉄が免許出願　目の覚めるような青い海、独特の火山帯の山肌、うっそうとする緑の樹木、各所に湧き出る温泉、そして多くの歴史・史跡・伝説に彩られた地域が点在する地域、これが往古から育まれてきた伊豆のもつ表情である。

　東京急行電鉄株式会社は昭和２８（１９５３）年１月１０日伊豆開発構想を樹立し、それに基づき本社内に臨時建設部が設置された。建設事業単位に１３の建設班・開発班からなる建設部は、積年の懸案であった「城西南新都市」（後に多摩田園都市）の建設に本格的に取り組むこととなった。

　この新都市建設プロジェクトと並行して、伊豆観光開発の青写真づくりも進められた。五島慶太東京急行電鉄会長が描いた伊豆開発構想の目玉商品は鉄道・バスによる伊豆半島交通アクセスの確立にあった。

　このころ伊豆半島を国立公園に編入させようと地元国会議員・県議会議員・経済文化団体等が一体となった陳情運動は、昭和３０年３月「富士箱根伊豆国立公園」となって実現する。

東京急行電鉄は昭和３１年２月１日伊東下田電気鉄道株式会社発起人代表五島昇名義で伊東・下田間地方鉄道敷設免許申請書を、第１次鳩山内閣の吉野信次運輸大臣に提出した。この申請書の発起人には緒明太郎（元東急取締役）、大倉喜七郎（川奈ホテル会長）、吉武一雄（千代田火災海上保険会長）、綾部健太郎（衆議院議員）、小佐野賢治（国際興業社長）らであった。申請理由の概要は次のとおりである。

　「富士・箱根とともに熱海・伊東・下田を含む伊豆半島は、国内はもちろん国際的観光地域であり、とくに戦後の熱海・伊東の発展はめざましいものがあります。しかし、伊東線開通１７年、それ以南５０ｋｍにおよぶ地域には、観光地としての条件を完備しているにもかかわらず交通対策が遅れているため、あたら国際観光地域を死蔵している状態であります。東京近在にその資源であるべき伊豆半島をもつことは誠に幸いであり、伊東より日本黎明に由緒ある下田に鉄道をつなぎ、この地域に東京より３時間前後で行けるようにするならば、その国家的利益は莫大なものと考えます。よって伊東より下田に至る地方鉄道を敷設し、以上の目的を完遂するべくここに免許を申請する次第であります。」

地元に強力な支援体制　鉄道敷設計画は次のとおりである。①運輸省の許可があり次第早急に着工する。②第１期工事は伊東・下田間４７．８ｋｍを建設費４７億８０００万円、工期２年で完成する。③下田・石廊崎間１５．５ｋｍを建設費１５億５０００万円で完成する。④建設費は一切東京急行電鉄が責任をもち、地元には負担させない。

　「伊東・下田鉄道敷設促進下田同盟会」が昭和３１（１９５６）年４月２９日結成された。下田への鉄道敷設を「第二の黒船の到来」と位置づけ、その実現に向けて下田町長はじめ全町民が一丸となって支援することが決議された。

　下田に最初の鉄道誘致運動が起こってから６７年の歳月が経ち、その間にも誘致運動が展開されたが、経済不況などではかなくも消え去っていた。沿線市町村では用地買収など全面的に協力するとして、今度こそ実現させたいという固い決意がみなぎったのである。同年９月賀茂郡の代表らが東急本社を訪ね、賀茂郡各町村民１万８８９２名の促進陳情書

と地元県議会議員連名の陳情書を手渡すなど、積極的な誘致活動を展開した。翌32年2月6日斎藤寿夫静岡県知事、長友喜作・山本敬三郎両県議会議員、各市町村長ら有志は、強力な支援団体を結成して活発に行動するため、従来の「伊豆循環鉄道期成同盟会」を解散して、新たに「伊豆総合開発同盟会」を結成した。同年3月12日には静岡県選出の石橋湛山・遠藤三郎・勝間田清一・久保田豊・畠山鶴吉の5名の衆議院議員が超党派で「地方の統一された熱烈なる要望にこたえるため、東京急行電鉄の出願に免許すべきが妥当であるという基本的態度を定め、その推進方を関係方面に要望する」という申し合わせを行うなど、誘致活動は日ごとに盛り上がりをみせていった。

駿豆鉄道が続いて出願　西武鉄道株式会社の系列会社である駿豆鉄道株式会社（現伊豆箱根鉄道）が昭和32（1957）年3月5日東京急行電鉄とほぼ同じ路線で鉄道敷設の免許申請を運輸大臣に提出した。「伊豆開発のために60年もの犠牲と貢献があり、国鉄がやらず私鉄業者がやるなら伊豆半島唯一の駿豆鉄道が行う」と主張した。

　免許促進に日夜邁進してきていた東京急行電鉄と伊豆100万住民にとって駿豆鉄道の共願免許申請は予想外のことであった。地元・マスコミは西武と東急の一戦だと注目した。

　大手私鉄2社の競願をうけて、運輸審議会は同年7月3日運輸省で公聴会を開いた。傍聴席には両社の社員が1席でも多く占めようとして小競り合いがあり、日本の公聴会史上に残る激しいものであったという。運輸審議会は幾度も公聴会を開いた。東京急行電鉄が免許を取得するには、伊豆箱根鉄道との競願に生き残るだけでなく、地元企業との合意が絶対に不可欠であった。とりわけ伊豆半島一帯にバス事業を営む東海自動車との競合は難関の1つであった。東海自動車は公聴会の席上、東京急行電鉄による鉄道敷設に反対の公述を行った。結局、両社間の談合は決裂し最後は政治的解決にゆだねられることになった。

　昭和34年1月10日河合良成・神田博・重政誠之の各衆議院議員立ち会いのもとに両社は覚書に調印した。その申し合わせは次の通りである。①東京急行電鉄は免許取得後3年以内に鉄道を建設する。②東京急

開通式でテープカットする五島昇社長（3人の中央、伊東駅）

行電鉄は東海自動車の株式取得その他これに類する行為は行わない。③東京急行電鉄は東海自動車の路線内において乗合自動車業を行わない。④両社は相互に営業上、業務上の妨害行為は行わない。

　第1次岸内閣が昭和32年2月成立し、運輸大臣が交代して公聴会後の免許関係は政府や自由民主党内の政治力とのからみから1年半結論が出ないままでいた。

　運輸審議会は昭和34年1月22日第2次岸内閣の永野護運輸大臣に対し伊東・下田間の鉄道敷設免許に関する答申を行った。

　答申書は伊東下田電鉄申請に免許することが適当とした。「両社の申請を比較すると、資金調達能力・事業遂行能力等資力信用の点では両社とも充分に認めるが、伊東下田電鉄は伊豆箱根鉄道に対し先願の関係にあり、地元民の支持の点で伊東下田電鉄に対しこれを認めることができるなどの点がある」という理由を述べた。

　なお、免許に際し次の条件が付された。
　①早期に建設を完了すること。
　②諸施設の規格は国鉄に合致するものとする。
　③国鉄が本路線に乗り入れるときにはこれに応ずること。
　④国鉄が必要とする場合にはその買収に応ずること。
　同年2月9日永野運輸大臣より東京急行電鉄に対し、免許申請から3年ぶりに待望の免許状の交付があった。

伊東下田電鉄初代社長に五島昇　昭和34（1959）年4月9日東急文化会館において伊東下田電気鉄道株式会社の創立総会が開催された。総会終了後の取締役会で定款が承認され、資本金10億円、本社を東京都渋谷区大和田町98番地東京急行電鉄本社内に置いた。取締役社

伊豆急行　147

長に五島昇、副社長に沢勝蔵、取締役に五島慶太・大川博・木下久雄・柏木毅・吉次利二らの１３名、監査役には賀屋興宣・綾部健太郎ら３名がそれぞれ就任する。その後工事施工認可と１０行２社の協調融資が決定し、鉄道建設は本格的に始動することとなった。

　翌３５年１月２１日東京帝国ホテルに政界・官界・財界の名士、地元代表ら約６００人を招き、鉄道建設着工披露パーティーを開催した。席上、五島社長は次のような要旨の挨拶を行った。「…故五島慶太会長は自分は今まで数々の鉄道建設を手がけてきたが、自分で免許を得て自分で建設する鉄道はこれが初めてであります…本日晴れて着工のご披露をすることができますのもここにご臨席の各位の厚いご支援の賜ものと存じ、五島会長の霊（みたま）も深く喜んでいることと思います…」同社の取締役であった五島慶太東京急行電鉄会長は、前年８月１４日宿願の伊東・下田間の着工を前に７７歳で惜しくも死去していた。

東急事業団が総力を結集し着工　昭和３５（１９６０）年１月２０日全路線を１０工区に分け、各区間の工事を担当する建設業者を決定した。同年２月１３日河津町で鍬入式を挙げ、谷津トンネルが全区間最初のハッパを山あいに轟かせた。翌３月に蓮台寺・松尾・黒根などのトンネルが続々着手され、工事は次第に活気を帯びていった。

　工事の基本方針は、全路線の約３８％を占める隧道工事を行い、この隧道をつなぐことで路線を敷設していくことであった。３１カ所の隧道工事に１０業者が一斉に両方の坑口から貫通工事にとりかかった。全工区を通じて１日当たり作業員３０００人を動員、重機５０台、トラック等の運搬車５００台が稼働され、その規模は伊豆半島では未曾有の大建設工事となった。工事資材の輸送は国鉄伊東線・稲取港・下田港が利用された。こうして敷設工事は順調に進んだかに見えたが、問題が次第に山積してきた。工事用機械の搬入や購入が同時であったりして工事が予想どおりに進行しない。

　隧道工事で掘削された土砂の処理場が確保されていない。用地買収の交渉が予想に反して難航した。とくに下田・伊東では鉄道建設が具体化した時点から地価が高騰し、前年に比べ約２倍から３倍に値上がりした

とさえささやかれた。

　下田市の場合、前年に都市５箇年計画が施行されたため土地高騰に拍車をかけた。東京急行電鉄はこのころ下田・白浜・東伊豆等にゴルフ場・スカイライン・ホテル・スポーツセンターなどを計画中

伊豆急川奈第三橋梁を走るクモハ１００形ほか６両編成車両

で、観光開発ブームが到来していたことも土地高騰の要因でもあった。

　建設工事は徐々に本格化していったが、用地買収は遅々として進展せず、次々に起こる難問題に明け暮れていた。伊東市の一部で、温泉源であり水源にも支障をきたす理由から鉄道敷設に反対の運動が起こった。これは科学的調査鑑定で水源に影響なしという結果で解決した。交通交差問題でも紛糾した。県知事の裁定や伊東市等関係者との数次にわたる協議で、立体交差で合意したが県・市・町道交差１７８カ所、河川１３０カ所の交差方法・占用願いの折衝など、担当職員の業務は連日連夜多忙をきわめた。当初予定していた５０億円の建設費では到底納まりそうにない様相を呈してきた。

トンネル落盤事故で１３名犠牲　日本国有鉄道より東京・下田間直通運転と相互乗り入れの承認が昭和３５（１９６０）年８月２２日得られることとなり設立当初の構想が実現される運びとなった。この承認願いと要旨は、

　①伊東下田電気鉄道は伊東線と延長して建設されるべきであること。
　②伊東駅は共同使用駅である。
　③両線は列車を直通運転するのが自然である。
　さらに免許下付時の４条件を付載していた。

　同年１２月全線で２番目に長い黒根トンネルが貫通した。着工から２２４日、延べ３万６０００人が動員された。松尾・蓮台寺の各トンネル

伊豆急　149

も貫通した。全線で最長の河津と下田を結ぶ谷津第2トンネル（2796m）は翌36年6月貫通した。当時トンネルを掘る技術は高度化しており、全断面掘削機（ジャンボ）など最新鋭の機械と技術が投入された。

しかし伊豆は火山岩が多く、なかでも風化して粘土化した安山岩が多く、空気に触れると膨張するため、トンネルを掘るには危険が常にともない坑夫泣かせの地質であった。東町トンネルは落盤事故に遭い、土砂崩れで11名が生き埋めで死亡、2人は救出後に死亡するという悲劇が起こっている。地質の変化が激しく、断層の亀裂からの出水が多く、1カ月に10mも掘削できない隧道もあった。温泉旅館の水脈を誤って切断してしまったり、稲取町の水道源の水脈を切断し、一時は坑内を締め切り貯水槽として稲取上水道へ送水する非常手段がとられた。

伊豆半島の東海岸を縫うように敷設工事は進められ、1000分の25の急勾配が全線の4分の1も占めていた。数々の不慮の事故や難工事を次々と乗り越え、建設工事はいよいよ追い込みに入っていた。赤沢・熱川・大川の主要トンネルも貫通し赤入道・白田川・河津川・落合川などの橋脚も立ち上がっていった。

地方鉄道では珍しい国鉄並みの幅の広くて長いプラットホームが各駅に設けられた。レール敷設工事では国鉄と同一規格の50kgレールで、長さは10mまたは12mを使用した。5万m^{3}の砕石を軌条下に敷き、架線が張られ、信号設備が取り付けられ、同年11月1日伊東線伊東駅構内で国鉄線との線路が連結した。

待望久しい伊東・下田間が開通　昭和36（1961）年2月20日伊東下田電気鉄道株式会社は伊豆急行株式会社（略称・伊豆急）に社名変更する。英文名は「IZU EXPRESS RAILWAY.LTD」（略称・IKK）とした。

同年12月9日待望久しい伊東・下田間45.7kmが開通する。軌間1067mm、単線、架線電圧1500V。区間は伊東・南伊東・川奈・富戸・伊豆高原・伊豆大川・伊豆熱川・片瀬白田・伊豆稲取・河津・稲梓・蓮台寺・伊豆急下田で、電車工場は伊豆高原に設けられ、開通当初の保有車両は22両であった。

伊豆急線内で顔を合わせる国鉄乗り入れの急行「伊豆」と特急「あまぎ」（伊豆稲取駅）

この日、伊豆急行では南伊東駅で竣工式を終えると、引き続いて開通式典が執り行われた。五島社長の手でテープカットされ、伊東駅を午前１１時ハワイアンブルーの７両編成の電車は招待客・会社関係者ら一同を乗せて伊豆急下田に向け１番ホームを滑るように発車した。

　沿線各駅では盛んな歓迎風景が見られ、列車は終点の伊豆急下田駅へ午後０時３０分到着した。伊豆急下田駅前広場には数百の花輪が飾られ、その中央に縦１０ｍ、横５ｍの故五島会長がほほえむ肖像が掲げられている。

　五島昇社長の挨拶の後、演出効果満点のヘリコプターで祝賀に駆けつけた俳優石原裕次郎が五島社長の前に歩み、首にお祝いのレイをかけた。

　ついで斎藤県知事・遠藤建設相・山本県議・沼田伊東市長・鈴木下田市長らの祝辞があった。下田市は伊豆急行開通の歓迎行事一色に塗りつぶされた。商店街には旗行列、海上では漁船４０隻のパレード・ヨットレース、夜は提灯行列や下田小学校での伊豆急祭りなど、街を挙げての開通の祝賀に酔いしれ、黒船来航につぐ黄金時代の到来を告げた。

東京・伊豆急下田間直通乗り入れ　昭和３６（１９６１）年１２月１０日東京・伊豆急下田間の直通列車が開通する。東京駅では岸信介前首相・石坂泰三経済団体連合会会長・島津久永・貴子夫妻ら各界の名士１０００人を招待し、開通祝賀式を挙行した。十河信二国鉄総裁の手によってテープカットがあり、午前８時１２分発の特別仕立ての１０両編成の祝賀電車が東京駅を発車、定刻の同１１時３９分伊豆急下田駅に到着した。

伊豆急下田駅前は、近郷近在から集まった８０００人の歓迎の人波で埋め尽くされた。引き続き五島社長ら１行５０人は、下田ロープウェイの寝姿山山頂で故五島会長の顕彰碑除幕式に臨んだ。顕彰碑には、「五島慶太は伊豆とともに生きる」と刻まれている。

　伊豆急開通の喜びで沸く翌１２月１１日下田・海善寺において伊豆急行建設工事殉職者合同慰霊祭がしめやかに行われた。遺族・伊豆急役員・各建設会社代表などが参列し、建設工事に献身的に邁進して尊い生命を犠牲にした１３人の方々に、五島社長は次のような哀悼の意を表した。

　「伊豆急行は昨日めでたく開通いたしました。皆さんの血と汗の結晶が伊豆急行なのです。レール１ｍ、いや１ｃｍにも皆さんの血と汗がにじんでいます。伊豆急行の開通により、今までうずもれていた無限の観光資源も、陽の目を見ることになりました。皆さんの霊は伊豆とともにいつまでも生きています。いつまでも私たちを見守っていてほしい」

　開通当初の普通列車下り伊東始発５時３８分、伊豆急下田着６時４２分。上り始発伊豆高原５時１３分、伊東着５時３５分。下田発は５時１８分、伊東着６時２３分であった。最終の下り伊東発２３時、伊豆高原着２３時２１分、上りは伊豆急下田発２２時３０分、伊豆高原着２３時１３分であった。１日上下線各３０往復、このうち熱海直通は上り３本、下り２本。東京直通の準急「いず」号は平日１往復、休日２往復、１０両編成の国鉄車両が乗り入れた。さらに下田黒船祭・納涼列車・伊東安針祭などの臨時列車も運転された。運賃は伊東・伊豆急下田間２３０円、最低１０円（いずれも２等運賃）。東京・伊豆急下田間２等５７０円、同区間準急券２００円、同区間１等１１４０円、１等準急券４８０円であった。同年１２月資本金２０億円に増資、翌３７年度の旅客数は３９２万人を数えている。

**お召し列車
の運転開始**　昭和３０年代の日本経済は設備投資主導型の高度成長によって設備過剰・労働力不足に陥っていた。ところが同４０（１９６５）年不況によって過剰設備の調整が済むと、翌４１年から再び高度経済成長を始めた。同４５年夏ごろまで実に４年９カ月にわた

相模灘沿いをトロピカルムードを乗せて快走する「アルファリゾート２１」

り戦後経済史上最も息の長い景気上昇が続いた。この間の平均経済成長率は１２％に達し、この好況は国民総生産（ＧＮＰ）でアメリカに次ぐ世界第２位で「神武景気」「岩戸景気」を上回る「イザナギ景気」と呼ばれた。

　伊豆急行は開業以来の繰越欠損金を昭和４２年下期で解消し、翌４３年上期で初の５％配当を実施、４４年度９％、４６年度は１０％とする。

　天皇・皇后両陛下が昭和４５年３月１７日伊豆地方の視察を終えられ、伊豆急下田発のお召し列車で帰京された。翌４６年１１月５日須崎御用邸が完成し、その後は伊豆急行のお召し列車で往復されることが多くなっていく。翌４７年１１月１日東京証券取引所第２部に伊豆急行株式会社（資本金３０億円）が上場される。

　伊豆半島の年間平均降雨量は２５００mmから３０００mmもあり、連続降雨量で２００mmを超えることが１年に数回、１００mm以上は年間１０数回におよぶ。そのため全線７カ所に雨量計が設置され、運転指令所では降雨時に刻々雨量を集計し列車運転に対処した。

　昭和４４年７月ＡＴＳ（列車自動停止装置）、同５７年１０月ＰＴＣ（自動列車集中制御装置）が採用。変電所は南伊東・伊豆高原・稲取・蓮台寺であったが、後に富戸・北川・河津に増設する。昭和５０年度より鉄道・不動産・観光開発の３本柱の事業体制で臨むことになった。

リゾート２１・ロイヤルボックス・黒船電車登場　　昭和４９（１９７４）年から同５５年にかけ伊豆地方の群発地震・伊豆大島近海地震に見舞われ、伊豆観光は大打撃を受け、伊豆急行は長期不通区間が発生し

大被害を受け、厳しい経営環境におかれたが、難局に対する役員・社員のたゆみない経営努力は以前に増して続けられ、沿線住民への信頼を築いていった。

　昭和６０年７月２１００系「リゾート２１」を導入、運転席の背後が階段状の前面展望車で同６３年４月私鉄車両初の東京駅乗り入れを果たした。平成３年７月「ロイヤルボックス２１８０系」を導入、車両は天井に光ファイバーを装備、トンネル内で星空を演出した。平成５（１９９３）年７月「アルファ・リゾート２１」を運転。同年１２月戦後日本初の女性運転士が誕生。平成１６年３月下田開港１５０周年を記念して「黒船電車」が運転開始、車体は黒船をイメージして黒を基調に下部に赤いラインが入っている。

　平成１７年８月３日、これまでの資本金１１８億４８２８万円から、９０００万円に減資している。

　伊豆急行は首都圏からの南伊豆へのアクセス路線として定着していくであろう。

安全・高速・快適を追求の日本を代表する幹線鉄道

東海旅客鉄道・東海道新幹線

既設線輸送力と速度に課題　日本の陸上交通路は、東京を中心とする関東地方と京都を中心とする近畿地方とを結ぶ東海道がその中核となって進んできた。東海道五十三次がこのことをよく物語っている。鉄道の場合も東京・神戸を結ぶ東海道の建設からスタートした。当時は資材の輸送を主として海運に頼っていたため東京・大阪と、その外港である横浜・神戸を結ぶ鉄道に建設が始まり次第に線路を伸ばしていった。

　明治22（1889）年7月1日新橋・神戸間に東海道鉄道（現JR東海道本線）が全通し、当時同区間の運転時間は20時間を要した。

　日本の鉄道は国力の伸長にともない、その後いくつかの課題の解決に迫られていた。その第1は、鉄道開業にあたってイギリスを中心とする外国の指導を受け、当時の日本の鉄道当局も同調し、植民地鉄道の規格とされる軌間1067mmのいわゆる狭軌鉄道として建設されたため、輸送力増強やスピードアップの実施に困難を伴ってきたことである。第2に、東海道鉄道は国の手で造られたが、その他の鉄道は多くは資金調達等の関係から民間の手で造られ、多数の私鉄と国鉄が群立して円滑な直通運転に支障が生じたことである。

建主改従論と改主建従論の論争　明治中期の日清・日露両戦争の軍事輸送に際して、その問題点が顕在化してきた。このため明治27（1894）年の日清戦争後、改軌し従来の狭軌の鉄道を現新幹線並みの標準軌間の1435mmに改軌を図るべきとの声と、多数の私鉄を買収し全鉄道を国有化して鉄道運営の一元化を図ることという国有化論とが強く主張された。この結果、国有化については日露戦争後の明治39年に実現し、主要な鉄道はすべて国有化され一元管理化されることになる。

　改軌論はその後もくすぶり続け、明治後期から大正期にかけて改軌問題が政治問題化して、保守系政友会・同民政党の二大政党の政争ともなり、文字どおり国論を二分する論争となった。

新線建設に重点をおく「建主改従論」と、改軌を主張する「改主建従論」の対立である。結局、大正８（１９１９）年政友会原内閣により改軌論を採用せず、狭軌のままで輸送力増強を行う方向が確定され、論争に一応の終止符が打たれた。その後大型客車の新造・Ｃ５１形などに代表される強力な蒸気機関車の登場など、当時の国鉄は技術陣の努力によって輸送力は狭軌として最大の能力を発揮されていくことになる。

　現在の狭軌（在来線）の客車の規格は、欧州主要国の広軌（軌間１４３５ｍｍ）の鉄道の客車規模とほとんど変わりない。しかし、スピードアップの実現には狭軌ではどうしても一定の限界があった。したがって狭軌論や改軌論などのほかに、むしろ従来の鉄道とは別に広軌の新線を建設して、抜本的なスピードアップを図ろうとする動きもあった。

　それは明治４０年安田善次郎らが中心となり、財界の主唱した「東海道電車構想」である。東京・大阪間に１４３５ｍｍ軌間の広軌電気路線を新設し、時速８０ｋｍで同区間を結ぶ請願であった。しかしこれは主要鉄道はすべて国有化するという当時の鉄道国有法の建前から陽の目を見なかったのである。

　昭和に入って「弾丸列車構想」が表面化し、これこそ今日の東海道新幹線などの源流をなすもので、この遺産のうえに成立している。

「弾丸列車」計画の経緯　昭和１０（１９３５）年ごろから東海道本線の旅客貨物の動きに大きな変化が見られるようになった。日本の大陸進出とそれに伴う諸外国との紛争などで、国内が準戦時体制のような状態になり、これを反映して客貨の利用実績が急速に増加してきた。東海道本線の輸送力不足が顕在化し、当時とくに日本が勢力を伸ばそうとしていた中国東北地域との客貨の交流が著しくなったのである。

　当時はまだ航空機の利用が一般化されず、ヨーロッパ諸国との往来はシベリア鉄道経由が最短ルートとされ、日本の鉄道と大陸鉄道との連絡が大きな意味をもっていた。こうして情勢に対応し、経済発展に伴う東海道ベルト地帯の交通を、より円滑にする対策が政府によって真剣に検討され、その結論がいわゆる「弾丸列車構想」だったのである。

東京・下関間　昭和14（1939）年政府により設けられた幹線調
弾丸列車構想　査会で「弾丸列車構想」は審議され、鉄道会議を経て翌15年第75帝国議会で「広軌鉄道建設計画」として、正式に国のプロジェクトに取り上げられることとなった。

　弾丸列車計画は東京・下関間970kmに広軌新線を総工費5億5000万円で建設し、昭和15年起工、同29年竣工するものであった。軌間1435mm（標準軌）、運転速度は毎時平均150km、最高200km（この高速性ゆえに「弾丸列車」と呼ばれた）、最急勾配1000分の10、60kgレール、停車場有効長500m、まさに現東海道新幹線とほとんど同じ規格が予定されていた。

　駅は東京を起点とし横浜・小田原・沼津・静岡・浜松・豊橋・名古屋・京都・大阪・神戸・姫路・岡山・尾道・広島・徳山・小郡を経て下関に至り現新幹線と大差ない。唯一大きな違いがあるのは名古屋・京都間が米原経由でなく、鈴鹿山系をトンネルを抜いて京都南部に出ることが予定されていた点である。東海道新幹線も当初は鈴鹿ルートを検討したが、北陸との連絡の重要性を考慮して米原経由に変更された経緯がある。また、当時の国情を反映して貨物輸送にもウエートがおかれ新鶴見・浜松・名古屋・吹田・岡山・広島・幡生の各駅が貨物駅に予定された。

　東京・大阪間4時間、東京・下関間9時間とされ、列車回数は東京・大阪間42本、岡山・下関間は31本としていた。貨物列車は東京・名古屋間13本、吹田・幡生間10本（いずれも片道）であった。旅客列車は東海道新幹線の開業時と同じく1時間2本のダイヤで、大陸との連絡を考慮したダイヤ編成が予定されていた。

　客車は幅3.4m、高さ4.8m、長さ25mの規格で、これも現新幹線とほぼ同じである。東京・大阪間は電化し電気機関車牽引、大阪以西は蒸気機関車牽引とされた。これは国防上の観点から全面電化に軍部が反対したためといわれる。機関車も狭軌よりひとまわり大きい新形式のものが設計された。弾丸列車計画、すなわち政府の広軌鉄道建設計画は昭和16年着工、戦時体制下のいわゆる突貫工事が始まった。しかし、太平洋戦争の戦局悪化で、昭和18年新丹那・日本坂・東山など長大ト

ンネルの一部着工と、約１００ｋｍの用地買収が終わった段階で工事は中止されてしまう。太平洋戦争の敗戦とその後の混乱の中で弾丸列車敷設工事は再開されなかった。しかしこの計画は東海道新幹線の源流となり、弾丸列車計画で着工されたトンネルや買収用地のほとんどが新幹線計画で活用され、新幹線の早期完工に大きく寄与することとなる。

東海道新幹線構想を建設へ　敗戦と混乱の時代、戦災の復旧と引揚者や復興物資輸送に取り組んだ国鉄は、昭和３０年代に入ると転機が訪れる。戦後の経済活動がようやく軌道に乗り、道路整備が遅れていたため鉄道への客貨需要が集中してくる。東海道本線はそれが著しく、全国輸送量の４分の１を占め、列車回数も増え続けた。

　昭和３０年ごろには複線区間で片道２００本に達し、しかも特急・急行・準急・普通、さらに貨物列車など速度の異なる列車の混合交通のため、線路容量の限界に達し、輸送需給が極度に逼迫するようになった。

　やがて東海道本線の輸送力増強が大きな課題となり、国鉄では「東海道本線増強調査会」を設けて本格的な対策の検討に入った。当時の対策としては①狭軌複々線化案②狭軌別線案③広軌別線建設案などがあり、国鉄内部ではむしろ即効が期待できる狭軌案が有力であった。

　国鉄鉄道技術研究所主催の講演会が昭和３２（１９５７）年５月行われ東京・大阪間に広軌電車による新幹線を建設し、最高速度２５０ｋｍ運転で両区間を３時間で結ぶことが技術的に可能との提言があった。当時の十河信二国鉄総裁も新幹線案を強く主張し、国鉄内部でも新幹線建設に向けての検討が本格化した。同年８月、運輸省に「日本国有鉄道幹線調査会」が設けられ、翌３３年７月に「東海道新幹線によって東海道本線の抜本的輸送力増強を図るべき」と答申された。

スピード・安全・確実をモットーに　昭和３３（１９５８）年１２月、東海道新幹線建設が閣議決定された。完成は東京オリンピックが昭和３９年１０月に予定されていたため、これに間に合うことが期待された。翌３４年４月新幹線は東京・大阪間線路増設工事として認可され、同年４月２０日熱海市の新丹那トンネル東口で起工式が挙行、着工の運びとなった。

東海道新幹線開業を報道する「静岡新聞」昭和39年10月1日付夕刊

国鉄の島技師長が提唱した「3S（スピード・安全・確実）」をモットーに「運転方式・信号保安方式などに最新の技術を結集した全く新しい鉄道システムをつくる」という方針に立って作業が進められた。

路線選定・駅設置に当たっては、極力在来線に乗り入れて在来線との乗り継ぎを便利にすることが考えられた。高速運転のため勾配・曲線を緩和（最小曲線半径2500m、勾配1000分の10以下）することとしたので、必然的にトンネルが増加、それも長大トンネルが多数掘られることとなった。また、通過列車のある駅には、ホームのない通過線を設けることなども当時としては目新しい構造であった。

的確だった新幹線総需要量　輸送力を決めるにあたり、昭和50（1975）年の総需要を想定し高速道路への移転分や在来線利用分を除き、これにスピードアップによる誘発（30％）を加えて新幹線の総需要を算定した。東海道本線の総需要336億人キロ（昭和31年実績の倍）中、212億人キロが新幹線の需要量と推定された。この数字から所要列車本数を片道100本（昭和50年時点）と推定した。実際、昭和50年当時この推定とほぼ同じ本数を運転しており、この推定が正しいことが実証されたが、1列車の編成が12両から16両になったその差の分だけ推計以上の利用があったことになる。運転速度は最高210kmとし、東京・新大阪間最速列車3時間（後に停車駅に京都を追加したため3時間10分運転、当初は4時間）、通過・各停・両パターンの列車を規格ダイヤ方式で運転することとした。

列車制御はATC（自動列車制御装置による車上信号方式で、線路に流される信号電流を検知して、許容速度を車上に表示しブレーキなどに

連動させる）方式、ＣＴＣ（列車集中制御装置で、各駅のポイントなどと東京のＣＴＣセンターから遠隔制御する）方式の新システムによる。

　列車は６時から２４時までの運転とし、保守作業間合いは深夜時間帯をすることにした。なお、当初はコンテナ貨物列車の運転も計画したが、保守間合いの関係もあり、貨物は在来線に生ずるゆとりを活用とした。

東海道本線の複々線化建設　新幹線は当初「夢の超特急」といわれ、車両はそれを象徴するものとして、デザインも在来車両にない斬新なスタイルが考えられた。時速２００ｋｍ以上ともなると空気抵抗も大きく、車体の空気抵抗を小さくするため、在来車両と異なる先端部分が流線型となる車両が必要となった。

　昭和３７（１９６２）年以降、鴨宮のモデル線で試験車による各種テストを行い、その結果を受けて０系といわれる初期の車両が製作される。

　当時は前面の光前頭・新幹線ブルーといわれた青とアイボリーに塗り分けられた流線型の車両は、日本はもとより外国切手にも紹介されるなど一世を風靡した。運転用の電源は２５ｋＶ、６０ヘルツ交流方式、全車両にモーターを分散させるいわゆるオールＭ方式で、１両あたり出力１８５ｋＷモーター４個を備えた。

　車両基地は東京（品川）・大阪（鳥飼）、修理は浜松工場となった。開業時の各駅の想定乗車人員は１日当たり１２万１０７８人で、平成４（１９９２）年度の７１万１１１７人とくらべても隔世の感がある。

　新幹線は在来東海道本線の複々線として認可を受けて建設されたため、正式線名はあくまで「東海道本線」である。区別を要するときは「東海道本線（新幹線）」となる。英文では「ＮＥＷ　ＴＯＫＡＩＤＯ　ＬＩＮＥ」とすることとなったが、新幹線の名が国際的に知られて来たので、現在はローマ字書きで「ＳＨＩＮＫＡＮＳＥＮ」に改められている。

　新幹線は複々線化であるから運賃は並行する在来線運賃と同額を用いることとなった。全列車を特別列車として、特急料金は在来線とは別にＡ・Ｂ・Ｃの３種の認可を受け、開業時は「ひかり」Ｂ、「こだま」Ｃ料金を適用、速度に応じて適用区分を決めることとなった。

リニアカーも新幹線のモデル線経験に基づく

　昭和３４（１９５９）年４月に着工された新幹線工事は、まず工期を左右する長大トンネルと早期に試運転を予定していた鴨宮（小田原市）付近から開始された。しかし用地買収で難航し１年で終わる予定が同３９年１月までかかる状態で、買収費も当初予想をはるかに超えて高騰した。

　諸資材の値上がりもあって、工事費は当初予算の１９００億円から３８００億円余りとほぼ倍増し問題となった。しかし関係者の苦労が実って昭和３７年５月鴨宮・大磯間１２ｋｍのモデル線が完成、翌３８年には新丹那トンネルはじめすべてが完工した。

　鴨宮・大磯間のモデル線では、試作車両Ａ編成（２両）、Ｂ編成（４両）が製作されて試運転が行われ、いろいろなテストにより円滑な営業運転のためのデータを集め、要員の訓練が進められた。

　同年１０月に時速２００ｋｍ運転、翌３８年３月には時速２５６ｋｍの運転が達成された。この区間の試運転によってトンネルの出入りの際の気圧圧動が大きく、客室内の気密装置の取り付けなどが必要となり、これらを取り入れて量産車両の設計発注が行われた。

　現在テスト中のリニア中央新幹線もリニアモーターカーという新しい交通システムを導入しようとしているため、その性能確認等を将来本線の一部となり得る山梨県内に実験線としているのも、この新幹線のモデル線の経験に基づくものである。

弾丸列車専用「日本坂トンネル」転用　昭和１６（１９４１）年「弾丸列車」用として着工されたトンネルの中で、静岡県の「日本坂トンネル」は唯一の完成したトンネルであった。このため東海道本線の輸

国鉄東海道新幹線大井車両基地に待機中の０系群。昭和５０年１１月２６日から８日間公労協が「スト権奪還」を旗印に史上空前の長期ストライキに突入した

東海旅客鉄道・東海道新幹線　161

送力増強計画の一環としてこのトンネルの活用が検討され、曲線の多い用宗・焼津間の線路をこのトンネルに移して直線に改良した。そして在来線の列車を運転し、旧トンネルは道路に転用された。

その後新幹線が着工されるにおよび再び在来線は旧トンネルを改造してそこに戻され、日本坂トンネルは現在新幹線トンネルとして活用されている。新幹線トンネルで一時在来線列車を運転したのは、この日本坂トンネルだけの珍しい事例である。

昭和３９年７月川崎市内で最後のレール接続が完了し、全線試運転が可能となった。

東京オリンピック開催を目前にして当初の予定どおり営業開始の運びとなり、ついに「夢の超特急」は現実のものとなった。

新幹線は約３８００億円の巨費をかけて完成したが、建設費の源資は当時の国鉄の自己資金のほか、不足資金はすべて財政投融資の一環として、政府保証の鉄道債券や世界銀行からの借り入れ（８０００万ドル）などで調達された。

東京オリンピック開催とほぼ同時の開通　昭和３９（１９６４）年１０月１日午前６時、東京駅１９番線ホームでは東(あずま)東京都知事ほか多数の来賓参列のもと出発式が行われ、新装の「ひかり１号」が石田禮助国鉄総裁のテープカットで新大阪に向け華々しくスタートした。

同時刻、新大阪駅でも上り１番列車の出発式が行われ、東京に向け出発した。上下の初列車は、それぞれの終着駅に午前１０時定時到着した。

同じ１０時、国鉄本社では昭和天皇・皇后両陛下をお迎えして、厳かに開業記念式典が執り行われた。

　１０月１０日の東京オリンピック開催が新幹線開業とほぼ重なったため、国内外の観客の足として広く利用され、世界の「シンカンセン」として評価を得るなど、経営悪化に悩んでいた当時の国鉄にとって久々の快挙に沸く日が続いた。新幹線工事で２１０名の尊い犠牲者が出た。その殉職者慰霊碑が静岡県湖西市の浜名湖を見下ろす小高い丘の上にある。東京・新大阪間の中間地点にあたるためこの地が選ばれたのである。

創業ダイヤは１時間当たり（片道）「ひかり」「こだま」１本ずつが運

転された単純なダイヤでスタートした。東京・新大阪間５５２．６ｋｍ、所要時間は「ひかり」４時間、「こだま」５時間。途中駅は新横浜・小田原・熱海・静岡・浜松・豊橋・名古屋・岐阜羽島・米原・京都の１０駅であった。運賃および料金は、東京・新大阪の１等運賃４５９０円・２等運賃２２８０円、特急料金１等２８６０円・同２等２４２０円。静岡・東京間の１等運賃１８００円・２等運賃９００円、特急料金１等１１００円・同２等８８０円であった。

牧之原大茶園を疾走する１００系上り「ひかり」号（掛川・静岡間）

　東京駅・新大阪駅それぞれ毎時０分に「ひかり」が、毎時３０分に「こだま」が発車。「ひかり」の停車は途中の京都・名古屋の２駅。上下とも浜松で「こだま」を追い抜いた。早朝・深夜に区間列車があり、１日６０本であった。車両は開業時に３６０両、すべて１２両編成で、３０本が出揃った。当初は「ひかり」「こだま」とも同じ編成で、１等車（現グリーン車）２両、座席数１３２、２等車（現普通車）１０両、座席数８５５、合計９８７座席であった。

　昭和４０年１１月のダイヤ改正では東京・新大阪間「ひかり」３時間１０分、「こだま」４時間運転にそれぞれ短縮され、１日１１０本となり、各区間とも日帰り圏として社会生活様式に大きな影響を与えた。

　東京・新大阪間の最高速度は２１０ｋｍであったが、このダイヤ改正で表定速度（始発終着間の距離を総所要時間で割ったもの）は１６２．８ｋｍとなり、名実ともに世界最速列車が実現した。

大阪万国博で利用者が急増　高度経済成長期とあいまって新幹線の利用客は一方的な上昇をたどり、そのひとつのピークに達したのは、昭和４３（１９６８）年に大阪で開かれた万国博覧会の利用数である。新幹線では１０００万人におよぶ利用者があり、新幹線のもつ高速大量交通機関としての特長を遺憾なく発揮した。同年１０月で開業時の２倍を

東海旅客鉄道・東海道新幹線　163

超える７２編成、８７４両の車両を保有している。

　静岡県内では昭和４４年４月２５日三島駅が開業、中伊豆の玄関口となった。さらに昭和６３年３月１３日には新富士・掛川の両駅が開業し、東海道新幹線沿線の都府県中、静岡県は最多の６駅時代に入った。これらの駅にはコーンコースが備わる構造となり、レストラン・ファッション物品販売のほか、その都市で生産される工業製品・特産品の販売・展示コーナー・コミュニティ広場・カルチャーセンター・小コンサートホールなどの機能も備え、中核都市として近代的スタイルの「駅文化」を表現するようになった。

　昭和４７年３月１５日新大阪・岡山間、同５０年３月１０日岡山・博多間がそれぞれ開通する。この東海道山陽新幹線は東京―新大阪―博多間１１７５．９ｋｍの太平洋ベルト地帯を貫通する動脈の一環として、わが国の国土軸の中核として大きい役割を果たしていく。当時、東京・博多間６時間５６分であったが、現在（平成２４年７月）「のぞみ」は４時間５５分で運転しており、今日では航空機との競合である。

人身無事故　記録更新中　博多開業直後の昭和５０（１９７５）年度は利用者数１億５７２１万人（１日平均４２．９万人）を数え、開通翌年昭和４０年度の３倍半に達した。昭和５０年５月５日の１日で１０３万人の利用客となり、１日で１００万人の大台を超える記録を更新した。

　昭和６２年４月１日より国鉄の分割民営化が実施され、国鉄は新しくＪＲ６社として再発足することとなった。

　平成２４（２０１２）年８月２１日付の『静岡新聞』夕刊には「新型Ｎ７００Ａ　お披露目」と題し、１面カラー写真（浜松工場）で次のように紹介している。「…東海道山陽新幹線で来年２月デビューし現在主力のＮ７００系のブレーキ性能を高め安全性を強化…外観はＮ７００系をベースにヘッドランプの形状を一部改良…１編成（１６両）の総座席数は１３２３席。トイレや洗面室の照明に発光ダイオード（ＬＥＤ）を用い、照明に使う電力量を約２割削減した。」

　東海旅客鉄道東海道新幹線（ＪＲ東海東海道新幹線）は、平成２６年１０月１日開業５０周年を迎える。平成２２年度輸送は１億４１００万人で、開業以来人身事故無事故の輝かしい記録を現在も更新中である。

国登録有形文化財の全線を全国に発信する

天竜浜名湖鉄道

沿線住民の熱望に応え再生　国鉄二俣線は昭和５６（１９８１）年６月１０日日本国有鉄道再建特別措置法と施行令に基づき、国鉄第二次特定地方交通線に選定された。昭和５０年代の国鉄の路線は約２万２０００ｋｍ、そのうち半分に近い約１万ｋｍが地方交通線と呼ばれ利用客が少なく、中でも輸送密度が４０００人未満の８３路線３１６０ｋｍが特定地方交通線の対象となっていた。地元では廃止かバス路線への転換か、あるいは地域と民間が運営する第三セクター鉄道会社への転換かの選択に迫られていた。二俣線においても急速なモータリゼーションの影響を受けて利用客は年々減少していた。

　昭和６１年１月二俣線存続沿線市町村対策協議会臨時総会で、第三セクター会社として運営されることが決議され、掛川市役所内に二俣線運行対策準備会が発足した。同年３月２４日第２回対策協議会において、１日５３００人が利用し、そのうち半数が高校通学という実態を踏まえ、静岡県と沿線市町村および沿線企業等による第三セクター方式で鉄道運営することが決定した。

　同年７月１４日天竜浜名湖鉄道株式会社の創立発起人会が開かれた。同年８月１３日資本金６億３０００万円（民間企業１億３０００万円、静岡県２億５０００万円、沿線１２市町村２億５０００万円）、代表取締役会長に斉藤滋与史静岡県知事、代表取締役社長に榛村純一掛川市長、専務取締役に大河原昌二、常務取締役に杉山光治、取締役には沿線市町村の首長がそれぞれ就任して正式に発足することになった。

県内唯一の第三セクター路線が誕生　昭和６２（１９８７）年３月１５日国鉄二俣線は天竜浜名湖鉄道株式会社として全線６７．７ｋｍが再出発する。翌３月１６日付の『静岡新聞』朝刊トップに８段抜きカラー写真入りで、開通の様子が掲載されている。

　「熱意実り喜びの開業　天竜浜名湖鉄道　期待満載〝ふるさと鉄道〟

県知事らが再出発祝う」という見出しで、「…５９年６月廃止が決まってから２年９箇月。沿線住民の強い願いが全国１６番目の第三セクター路線としての再生に結び付いた。開業を祝い、天竜二俣駅で盛大な記念式典が行われたほか、沿線各地で多彩なイベントが繰り広げられていた…」

再出発当日、特設会場には来賓に木村操中部運輸局長・橋元雅司国鉄副総裁・国会議員・県議・沿線市町村首長ら多数が出席、地元住民らも続々と集まり、会場は１０００人を超す人で埋まった。

榛村社長は「１番列車は満員状態で出発した。黒字戦略を展開しながら、新しい鉄道文化の構築を目指して頑張りたい」と式辞を述べると、斉藤知事も「新しい歴史がいま始まった。力を合わせ地域の発展につなげていかなくてはならない」と挨拶した。

全国の第三セクター鉄道は平成８（１９９６）年現在３９事業所で、天浜線は第６位の路線距離である。従業員は８１名、国鉄時代の１４３名から約半数の削減で、国鉄時代の指示待ち志向から１８０度転換の運転士・車掌・無人駅の運賃収受など１人何役もこなし、従業員一人一人が会社を盛りたてる意識改革がなされた。

駅舎に店舗併設多彩なイベント列車　車両のボデーカラーは、沿線の特性と社名をイメージアップしたオレンジ・グリーン・ブルーの３色を基調としている。駅は地元利用客の喚起のため、開業後より１０駅を新設し現在３８駅になっている。駅舎では駅機能のほか売店・手づくりパン・手打ちそば・軽食・喫茶・レストラン・薬局・歯科医院など１５店舗もの営業も進められ、地元密着型の一面も定着化しつつあり、観光客の目を楽しませるユニークなデザインのトイレも設置されている。

非電化路線に車両はディーゼル２軸ボギー台車で、昭和６３（１９８８）年３月ＴＨ４１４形と１１５形２両を増備して合計１５両となり、平成７（１９９５）年１０月から１０年にわたり同形のＴＨ形を１７両導入更新している。

平成８年３月初の快速列車、同１２年３月トロッコ列車「そよかぜ」号を運転、近年では「カラオケ列車」「納涼ビール列車」「結婚式列車」

天竜浜名湖鉄道開業を報道する「静岡新聞」昭和62年3月16日付朝刊

など、多彩な企画のイベント列車が年間を通じて運転されている。

国登録有形文化財の活用と沿線開発

　沿線には昭和15（1940）年6月国鉄時代全通当時の建造物がそのまま多数残されている。平成10（1998）年12月国の登録有形文化財に転車台・扇形車庫など5件が登録された。同22年6月に旧国鉄二俣線全線開通から70周年を迎え、多彩なイベントが天竜二俣駅構内を中心に繰り広げられた。同年9月西村京太郎著の長篇推理小説『生死を分ける転車台』（祥伝社）が天浜線を舞台に刊行される。

　平成22年12月鉄道施設を新たに国登録有形文化財にするよう高木義明文部科学大臣に答申した。桜木・原谷・遠州森・遠江一宮・天竜二俣・岩水寺・宮口・金指・気賀・西気賀・三ヶ日の各駅本屋上屋・プラットホーム、富部・原野谷川・一宮川・二俣川・天竜川・都田川・瀬戸山・瀬戸の各橋梁、神田・利木隧道・運転区揚水機室・同高架水槽など、合計31施設で、累計で36施設にのぼる。鉄道施設の一括登録は若狭鉄道、わたらせ渓谷鉄道に続き3例目となった。

　天浜線サポーターズクラブも正式に発足し、地域のアイデンティティの基盤づくりに活かそうと活動している。

　天浜線は起終点の掛川・新所原をJR東海道本線（掛川は東海道新幹線）に接続し、全国の3セク中で最も立地条件に恵まれている。しかも沿線67.7kmには由緒ある重要文化財・名所・旧跡・庭園・景観・特産・名産品などが点在する。掛川城・掛川城御殿・大日本報徳社・小國神社・極楽寺・大洞院・二俣城趾・清瀧寺・岩水寺・宝林寺・龍潭

天竜浜名湖鉄道　167

天竜浜名湖鉄道沿線略図

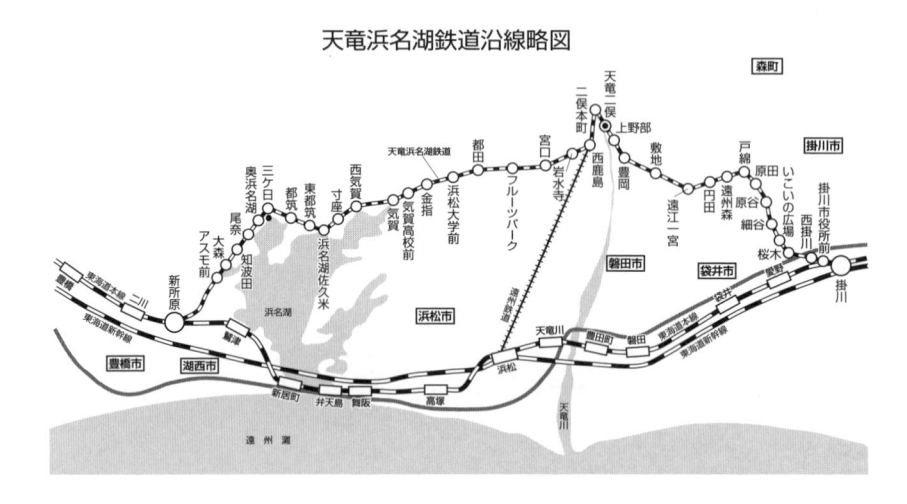

寺・井伊谷宮・気賀関所・方広寺・大福寺・摩訶耶寺・初生衣神社・掛川葛布・加茂花菖蒲園・森のお茶・豊岡梅園・三ヶ日みかんなど目白押しである。

それに秋野不矩美術館・本田宗一郎ものづくり館・フルーツパーク・体験工房アクティ森・県立森林公園・竜ヶ岩洞（鍾乳洞）・尾奈のマンサク群落・桜並木・花の舞酒造・あらたま温泉・三ヶ日温泉などがある。車窓からは天竜川・奥浜名湖・田園風景・みかん畑・竹林・里山など昭和の原風景が四季を通じて楽しむことができる。

これらを総合して地元の観光諸団体と提携し、乗る・観る・食す・学ぶ・癒すの５つのコンセプトに全線のレトロな雰囲気の登録有形文化財とともに、日帰りツアー・１泊ツアーを企画し全国に発信する手法もある。

将来、想定されている東南海沖巨大地震が発生し、遠州灘に大津波等が襲い東海道本線・東海道新幹線の天竜川橋梁・浜名湖橋梁が破壊され不通となった場合、この両線に替わって天竜浜名湖鉄道に乗り継ぐことができた場合、掛川・西鹿島・新所原の各駅経由で旅客輸送を果たす役割はきわめて大きくなるだろう。

日本列島の長距離物流幹線鉄道へ雄飛する

日本貨物鉄道東海支社

国鉄の民営化で貨物輸送１社に　日本国有鉄道が昭和６２（１９８７）年４月１日分割民営化し、旅客輸送は日本旅客鉄道株式会社（略称ＪＲ）の名称で北海道・東日本・東海・西日本・四国・九州の独立会社に分けられたのに対し、貨物輸送は、長距離輸送が多く６社に分けられず日本貨物鉄道株式会社（略称ＪＲ貨物）の名称で全国統一の１社となり、北海道・東北・関東・東海・関西・九州の６支社に分けられた。静岡県は東海支社となり、ＪＲ東海とほぼ同一のエリアにある。

　日本で最初の貨物輸送は、鉄道開業まもない明治６（１８７３）年新橋・横浜間に始まり、鉄道コンテナ輸送は国鉄時代の昭和３４年汐留・梅田間に５トンコンテナ専用特急貨物列車「たから号」が最初の運転とされている。

　創立２４年を迎えた日本貨物鉄道株式会社は、平成２３（２０１１）年４月現在、本社東京都渋谷区千駄ヶ谷、資本金１９０億円（３８万株）、代表取締役社長小林正明、社員６４１８名、営業７７線区、営業キロ８３３７．５ｋｍ、取扱２５３駅に延べ８６３運送事業者で、静岡県には沼津・吉原・富士・東静岡・西浜松駅があり、列車本数１日５６３本、列車キロ１日２１万６０００ｋｍ、輸送量（平成２２年度）３０９８万トンである。

　保有車両は電気機関車４７３、ディーゼル機関車２１８、貨物電車４２、貨車ＪＲコンテナ車７８１１、その他５３３、私有貨車２４３８、ＪＲコンテナ６万１８９８個、私有コンテナ１万８３５２個である。

　鉄道コンテナはあらゆる貨物を輸送し、コンテナ貨物列車の１編成当たりの輸送能力は、最も長い２６両編成で約６５０トン、１０トントラック６５台分に相当する。日本で１番走行距離の長い貨物列車は、札幌貨物ターミナル駅から福岡貨物ターミナル駅までの２１３０ｋｍを３８時間で結んでいる。営業収益はこの５年間ほぼ横ばいである。

鉄道コンテナと車扱貨物輸送　ＪＲコンテナは高さ２．５ｍ、幅２．４ｍ、長さ３．７ｍのボックス状の輸送器材で、積載重量は５トン、種類は一般用・保冷用・背高（２．６ｍ）、私有コンテナは積載量１０トンのものもある。

　鉄道コンテナは、コンテナに積んだ荷物をトラックと協力しながら、輸送経路の最も長い幹線区間を鉄道で大量に輸送し、安全・確実・正確・柔軟に荷物を戸口から戸口へ届ける優れた複合一貫輸送システムである。全国のコンテナ取扱駅のネットワークを生かし日用品・冷凍・生鮮・加工食品・耐久消費財などあらゆる荷物に対応し、暮らしと経済とを大きく支えている。また車扱貨物輸送には石油・石灰石・製紙・炭酸カルシウム・大型重機など専用貨車により鉄道貨物輸送ならではの大量輸送の特性を生かしてパワフルに輸送し、コンテナ輸送とともに車両の両輪の役目を果たし、さまざまな輸送ニーズに幅広く対応している。

環境時代を担う静脈物資輸送　環境時代を担うエコロジーロジスティクスとして静脈物資がある。これは鉄道コンテナによる一貫輸送で、安全性・確実性を目的に自治体から排出される焼却灰・下水道汚泥・セメント工場等の焼却灰・非鉄精錬工場での焼却灰・ＰＣＢ廃棄物・汚染土壌・がれき・使用済乾電池・蛍光管・廃油・レアメタルの回収など、資源循環の取り組みにもサポートし、東日本大震災が残したがれき輸送にも一役買っている。地球温暖化に対する高まりを背景に、環境への取り組みは世界的な課題となっており、CO_2（二酸化炭素）排出量を２５％削減の目標に向け本格的議論が行われている。

CO_2大幅削減とモーダルシフト　物流分野においてもCO_2排出量削減の要請は一段と強く、鉄道のCO_2排出量は産業トラックの約７分の１という環境に優しい大変高い環境特性をもち、鉄道のモーダルシフトへの進展を通してCO_2削減に寄与することができるとしている。

　モーダルシフトとは、国内の幹線貨物輸送をトラック輸送から大量輸送機関である鉄道輸送に転換することである。日本の部門別のCO_2排出量をみると、運輸部門では全体の約２０％を占め、このうち約３５％がトラックによるもので、鉄道は窒素酸化物・浮遊粒子状物質の排出も

富士山を背景に JR 貨物の静岡貨物駅全景

大幅に少なく、また道路交通の渋滞解消や大量一括輸送によるコストダウン・エネルギー消費の削減、さらには高齢化社会の進展にともなう労働力不足（大型自動車運転免許取得者は以前の３分の１に減少）、労働時間の短縮を目指す労働基準法改正など、トラック輸送業界を取り巻く問題解決にもつながるものと考えられている。

　鉄道コンテナ輸送がトラック輸送に比べて荷物の積載率次第で鉄道コンテナのトラック輸送に対する優位性は顕著で、積載率が１００％の場合はトラックのCO_2排出量は鉄道の４〜５倍程度であるが、積載率４０％では８〜１０倍に増加し、積載率１０％では４０〜６０倍に達する。積載率が低ければ低いほどトラックは効率性も悪化し、輸送コストの増加も招くことになる。環境性・効率性の課題を解決するには、モーダルシフトは有効な手法である。

**国際的物流の　　**世界的なモーダルシフトの状況は、各国内総貨物輸送
**ルートに寄与　　**のうち鉄道輸送の占める割合はアメリカ３８％超、ドイツ１５％超に対し、国土面積などの要素は異なるとはいえ日本は４％にとどまるという非常に低いのが現状で、この１０年あまりほぼ横ばいで推移しているが、鉄道コンテナ輸送に関しては年々増加傾向にあり、モーダルシフトの担い手として期待されている。

　環境特性の高さから普及が進むＬＮＧ（液化天然ガス）液体化成品などの鉄道コンテナ、国内輸送用機器として急速に普及しているＩＳＯタンクコンテナ、鉄道コンテナを直接大型貨物船へ積載するラックコンテナなど、航空輸送より低コストで海上輸送よりスピーディな鉄道と高速

日本貨物鉄道東海支社　　171

船による輸出入貨物を鉄道輸送に結びつける国際複合一貫輸送の「ＳＥＡ＆ＲＡＩＬ」サービスの構築にも取り組んでいる。

最新鋭ハイブリット機関車登場　ＪＲ貨物がさまざまな貨物列車に牽引する機関車について見渡してみる。

JR貨物の改良前の富士駅構内全景

　ＥＦ２１０形式直流電気機関車「ＥＣＯ－ＰＯＷＥＲ桃太郎」は主に運転される線区は東海道本線・山陽本線、ＥＨ２００形式直流電気機関車「ＥＣＯ－ＰＯＷＥＲブルーサンダー」は中央本線・篠ノ井線・上越線など、ＥＦ５１０形式交直流電気機関車「ＥＣＯ－ＰＯＷＥＲレッドサンダー」は北陸本線・信越本線・羽越本線・奥羽本線・湖西線など、ＥＨ５００形式交直流電気機関車「ＥＣＯ－ＰＯＷＥＲ金太郎」は東北本線・海峡９線・山陽本線・常磐線など、ＤＦ２００形式電気式ディーゼル機関車「ＥＣＯ－ＰＯＷＥＲレッドベア」は函館本線・室蘭本線・千歳線・石勝線・根室本線など、Ｍ２５０系特急コンテナ電車「スーパーレールカーゴ」は、高速輸送を目的として開発した初の動力分散タイプの特急コンテナ電車、ＥＦ２００形式直流電気機関車などのほか、旧国鉄時代の機関車も活躍している。さらにＪＲ貨物では環境負荷低減のため、小型ディーゼルエンジン発電機と大容量のリチウムイオン蓄電池を組み合わせたハイブリッド機関車ＨＤ３００形式の開発を行い、現在東京貨物ターミナルの入替機として稼働している。ＪＲ貨物は全国ネットをフル活用し、大量貨物を安全・確実・迅速に大型貨物トラックでは迅速・大量輸送が不能に替わる鉄道貨物のもつ特性を遺憾なく発揮して、環境負荷の低減にも大きく寄与し日本列島の長距離物流幹線鉄道としていっそう飛躍するであろう。

第2部　静岡県で活躍した鉄道・軌道

静岡県最初の国鉄貨物専用鉄道

国鉄沼津港線

黒煙を吐いて走る機関車に地元民の驚き　静岡県に最初の鉄道敷設は、明治20（1887）年3月27日に試運転された蛇松から沼津停車場設置場所までの官設蛇松線（後の国鉄沼津港線）である。

　明治19年静岡県に東海道鉄道の実測測量が開始され、翌20年から建設工事に着手した。蛇松線はその鉄道建設資材を輸送することを当初の目的とした。狩野川河口付近から沼津停車場まで1マイル71チェーン（約3km）。「蛇松」とは海岸沿いの松並木に蛇に似た枝ぶりの木があったことに由来するという。

　東海道鉄道建設に必要とされた資材は膨大な量で、清水港からも陸揚げされた。大型船舶に積載された鉄道資材は、横浜港を出港し相模灘を経て駿河湾沿いの狩野川河口まで海路で輸送された。

　明治20年3月中旬に新橋・横浜間を走っていた第5号蒸気機関車が狩野川河口に着くと、〝陸蒸気〟と呼ばれていた蒸気機関車を一目見ようとする人たちで桟橋はあふれた。河口一帯には出店が軒を並べ、お祭り騒ぎのような大変な賑わいだったと語り伝えられている。

　蒸気機関車は解体され海路を運ばれてきたため、現場で組み立てられ、燃料となる石炭がまだ届いていなく、松薪を燃やして走らせた。馬や牛が引っぱって貨車を動かすならわかる。それが鉄の塊のような重い蒸気機関車の釜に湯を沸かして、鉄製のレールの上を黒煙を吐きながら走ったのだから、見物人は大人も子供も驚嘆したことだろう。当時、陸上交通といえば徒歩・牛車・人力車の時代であった。蛇松線は蛇松・下河原・千本緑・幸町・白銀町を経て沼津停車場に至った。沿線にはまだ民家はなく、のどかな松林や田んぼの中をのんびりと走っていた。

明治22年2月1日東海道鉄道が国府津、御殿場経由静岡間に開通すると、蛇松線は石油や木材を主として輸送するようになる。その後は伊豆西海岸と沼津駅を結ぶ海上交通の任務を補助する鉄道となっていく。昭和8（1933）年沼津港の築造とともに港湾・沼津間の貨物輸送用の路線に切り替えられる。沼津港に魚市場が開設されると、魚介類専用の貨物列車が運転され、1日4往復と決められていたが時刻表はなかった。

雑草がのび放題の線路敷きを走る蒸気機関車牽引の貨物列車

軌間3フィート6インチの単線で、沼津駅構内に待期中の機関車が蛇松線に回された。大正から昭和にかけ沿線には民家が建ち始め、戦後になると民家の密集地を縫うように走るようになる。

沼津港線に改称　踏切事故が続出　昭和22（1947）年3月1日蛇松線は国鉄沼津港線と改称された。その後、沿線を横断する道路が急速に増加していった。東海道踏切・国道1号線踏切などができ、沼津港線は年中自動車と衝突事故を起こしていた。機関士をしていた人の話では「私の運転していた昭和20年代は、列車が踏切に差しかかると徐行するとです。東海道と国道1号線の踏切では蒸気機関車の方が一時停止して、操車掛が機関車から降りて道路の状況を見ながら蒸気機関車を誘導するのです。踏切に自動警報機が付いたのは昭和40年ごろです」。

昭和45年にディーゼル機関車に切り替えられ、沿線の学校や病院から機関車の汽笛がうるさいという苦情が出る始末で、機関士たちは汽笛1つ鳴らすのにも気を使ったらしい。機関車と衝突した自動車の運転手は「なぜこんなところにレールがあるんだ！」と怒鳴るほど雑草が生い茂っていた。昭和49年9月1日で廃止、路線跡は蛇松緑道となった。

静岡県最初の長距離馬車鉄道

富士馬車鉄道

富士製紙が設立に動く　東海道五十三次で栄えた吉原宿は、明治に入り東海道鉄道が宿場近くを通らなかったが発展した。それは岳南地方の製紙業が最も古く成立し、その隆盛によるものであった。大中小合わせて１３０余の製紙工場が林立し「紙の都」と呼ばれた。

明治以降の国産洋紙の急激な生産は、新聞紙・各種出版物の利用が舶来紙から国産の洋紙に需要が切り替えられていた時代的背景がある。

明治２２（１８８９）年２月１日東海道鉄道国府津・御殿場経由静岡間が開通し、岳南地方唯一の鈴川停車場（現吉原）が開業した。当時、岳南地方の中心地は吉原町で、田んぼの真ん中に建設された鈴川停車場までの距離は４ｋｍもあり、鉄道を利用する人々にとって大変不便な位置にあった。この位置の決定は鈴川に住む有力者らがカモ猟のあとカモ飯を食べながら、鈴川の停車場はここにしようと決めたという言い伝えがある。

東京に本社を置く富士製紙株式会社（明治２１年創立、資本金２５万円）が、明治２１年１１月富士郡入山瀬村に第一工場を建設し、同２３年１月より操業を開始した。富士郡内に製紙工場が成立する立地条件として富士山麓の用材と水利に好適な潤井川に水源が求められ、北海道からの用材を清水港から陸揚げでき、東海道鉄道からの原木輸送に便利で、地元農村の豊富な労働力と多くの地元銀行の存在も見逃せない。

富士製紙は中央の資本であったが、地元銀行の経営者は耕地数十町歩以上を保有する上層の地主たちで、銀行の経営者は製紙工場の出資者であった。しかし地主で直接製紙工場を経営したものは少ない。全国の普通銀行店数は明治４０年に大小合わせて１６５８店、そのうち兵庫・静岡各１５０、東京１０７、長野１０３で静岡県は明治・大正を通じて全国で１、２を争う銀行最多県であった。それだけ産業発展が顕著だった。

富士製紙は入山瀬から鈴川停車場まで製紙資材運搬用の鉄道建設計画

を立案。地元の豪農高瀬繁太郎、池谷佐平らに相談したところ、ぜひ鉄道を建設してほしいと要望があった。

鈴川・入山瀬間に馬車鉄道開通　地元有力者ら３９名の出資により明治２２（１８８９）年資本金１０万円で富士馬車鉄道株式会社が設立され社長に富士製紙河瀬秀治社長が就任した。翌年１月５日前年完成した吉原大宮往還上に敷設工事が着手された。鈴川停車場から吉原町までは道幅９ｍの旧東海道をそのまま使ってレールが敷設された。吉原町から入山瀬まで道が狭くカーブが多かったため、大宮街道を道幅１０ｍに広げてレールが敷かれた。軌間は６１０ｍｍ、レールは１２ポンド。工事費は２万９５８５円、このうち富士製紙が１４８７円負担した。

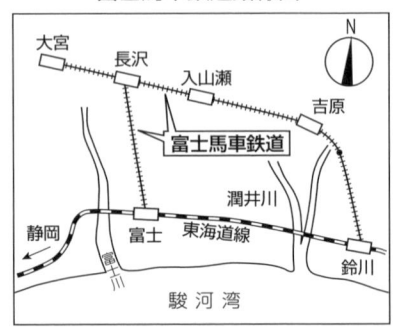

　明治２３年６月２６日鈴川・入山瀬間４マイル５４チェーン（約７．５ｋｍ）に馬車鉄道が開通した。静岡県最初の馬車鉄道で全国では東京・栃木・群馬・神奈川・秋田に次いで６番目であった。ちなみに日本最初の馬車鉄道は、明治１５年６月２５日開通した東京馬車鉄道で、電化直前には車両３００両、馬は実に２０００頭を保有した。

　明治３６年発刊の『府県統計書集成』によると、富士馬車鉄道は、馬３０頭、客車１７両、貨車７７両、１年間の旅客数は２０万７５０人、旅客収入は１万８３４３円、貨物収入８９２５円となっている。また明治３８年６月から同年１１月までの６カ月間で１７７５円の利益金を出しているから、営業成績は好調だったことがうかがえる。

駅者は最先端のモダンなスタイル　馬車鉄道は動力となる馬に車両を曳かせた。駅者は１人で車両の最前部に腰掛け、１頭曳きの馴れた馬を線路に沿って手綱を巧みに操作して、目的地まで円滑に運行した。駅者の服装は黒のラシャ地に金ボタンの服を着て、同じラシャ地のズボンに黒の長靴を履き、学生帽のような帽子をかぶったモダンなスタイルであった。当時、洋服といえば代議士・県議会議員・警察官・鉄道員ら

富士馬車鉄道（富士駅・長沢間）の盛大な開通祝賀行列の風景

の官員・町医者くらいで、町村役場の官吏や学校の先生さえ和服に袴の多かった時代だから、駅者の黒でまとめた洋服スタイルは、若い女性のあこがれだっただろう。

駅者は馬車の発車の合図に、豆腐屋の使う真鍮製のラッパを片手に持って「テトーテトー」と吹いた。客車は箱形で定員１２人ぐらい。後部に出入り口があり、車内は長椅子が向かい合っていた。貨車は屋根のない無蓋車で厚い板で囲われたいわゆるトロッコで、２トン積みが一般的であった。

好調だった営業成績　明治４１（１９０８）年入山瀬・大宮間４マイル６チェーン（約６．６km）が開通した。さらに翌年４月、東海道本線富士駅が開業し富士・長沢間２マイル（約３．２km）が開通した。なお前年１０月２２日富士鉄道株式会社と社名変更した。区間は当初鈴川・新橋・伝法・入山瀬・天間・長沢・大宮であったが、のちに沿線町村からの要望で２０余の区間が設けられた。明治４３年当時の保有車両は、客車３５、貨車は実に７５両、年間旅客３５万８４９０人、貨物９万１００３トンで、同３６年当時より大幅な伸びを示し、１日平均約１０００人、貨物は約２５０トンで、沿線唯一の交通機関であったうえ、スポンサーであった富士製紙などの原料搬入と製品搬出が盛んであった。

富士身延鉄道へ動力変更し譲渡　大正５（１９１６）年頃この馬車鉄道によく乗った鈴木富男は「駅はあったが、ただすれ違いのできる駅の部分だけ複線になっていて、途中から飛び乗ることができた。鈴川から吉原まで２銭で金持でないと乗らなかったように記憶している」と話

した。

　この牧歌的な馬車軌道も、やがて訪れる新時代の流れに運命づけられていく。

　富士・甲府間に蒸気鉄道を計画した富士身延鉄道は、富士鉄道の富士・大宮間を買収し、明治４５（１９１２）年４月２６日資本金３５０万円で創立された。

　富士鉄道の権利の譲渡は、富士鉄道側で富士・大宮間を馬車軌道から電車鉄道に変更する申請を提出し、大正元年１２月にその認可を受けて同月富士身延鉄道に正式に譲渡する運びとなった。

　なお、大正７年鈴川・入山瀬間を根方軌道に、同１５年には大宮町内の約０．４ｋｍを富士軌道にそれぞれ譲渡し、２２年にわたって沿線の人々から親しまれた富士鉄道（富士馬車鉄道）はここにピリオドを打ったのである。

わが国最古の旅客貨物輸送人車軌道

藤枝焼津間軌道

幻の人車軌道追跡の端緒　地方鉄道史調査のため本書の著者は藤枝市郷土博物館を訪ねた。そこで学芸員より「藤枝焼津間客車時間及賃金表」（以下「時間表」という）のコピーを提示された。

　以前に『幻の人車鉄道・豆相人車の跡を行く』（伊佐九三四郎著・森林書房）を読み、その著者は冒頭で『明治事物起原』（下巻・石井研堂著・春陽堂）の「人車鉄道の始」に触れている。「人車鉄道は、人力にて押し進める鉄道上の乗合車にして、明治二十二年ごろ、東海道藤枝と焼津との間に開業せるを始とし、二十八年中、小田原と熱海との間にも開通せり。鉄道馬車の馬に代ふるに、人を以てしたるだけのものなれば、乗客は、喘きながら押し進める其推進者の労苦の様に、不快を感ぜざる者なく、間も無く廃業せり。」とある。さらにその著者・伊佐九三四郎氏は「人車の第一号は静岡県の藤枝—焼津間に敷設されたものだということだが、焼津市と藤枝市に問い合わせたが、両市とも史料となる文献は存在しないという回答だった」という記述に本書著者は注目した。

　わが国の鉄道史上、人車軌道の最初は明治２８（１８９５）年７月１０日熱海・吉浜間に開通した豆相人車鉄道が定説とされている。それが『明治事物起原』の記載が正確であれば、藤枝・焼津間に存在した人車軌道は豆相人車鉄道より６年も早く開通していたことになる。このたびの「時間表」のコピーでおぼろげながら実態がつかむことができ、著者が在住する静岡県に存在していたとなれば、その追跡調査にがぜん興味が増幅して来るのであった。

「藤枝焼津間軌道時間表」発見　後日、この「時間表」を所蔵する焼津市在住の宇都木稔氏にお会いすることができた。「時間表」は数年前に県外からたまたま入手したもので、人車軌道の史料は何もなく、同じまちであっても自分も誰に尋ねても知らないという。

　「時間表」の実物はＢ５判サイズの上質紙で、表裏とも時刻表が印刷

されている。表の「時間表」には「明治二十四年七月廿五日」とあり、「廿五」は毛筆で、印刷日には開通日が決まっていなかったようである。

「時間表」には１日７往復、上り下りの表示はなく、藤枝始発午前七時四十二分、途中の瀬戸川発七時五十二分、焼津着八時七分であるから所要時間は二十五分となる。焼津始発は午前六時三十一分、瀬戸川発六時五十三分、藤枝着七時一分であるから三十分かかっている。

賃金（運賃）は各区間二銭。余白欄に「右定刻ノ外臨時発車スル」アルヘシ貨車ハ毎日数回運転ス　藤枝焼津間軌道会社」とあり、客車だけでなく貨車つまり物資も運んでいたことがうかがえる。

裏面には「汽車焼津発着時間表」とあって、上り（東行）５本、貨車２本、下り（西行）５本、貨車２本で、これは東海道鉄道であろう。欄外に小さな活字で〔藤枝大井活版所印行〕とある。

両面の「時間表」から軌道の焼津着時刻と東海道鉄道の焼津発上りの時刻との連絡時間は、７本のうち５本つまり東海道鉄道の上り５本すべてに２０分間をとり、下りにはわずか１本だけ１３分間とっている。

東海道鉄道に乗り継ぐ乗客はこの時間で、焼津停車場は海岸に向いた南側にあったから、軌道の終点は北側で、乗客は軌道から降りて東海道鉄道の踏切を渡って汽車に乗車したと推測され、客貨とも静岡・沼津方面に多く利用することを想定した「時間表」であることがわかる。

起点藤枝の位置の推理　　藤枝の起点はどこだったのか。著者はこの「時間表」の「瀬戸川発」に着目した。焼津行は藤枝・瀬戸川間１０分、瀬戸川・焼津間１５分。藤枝行は焼津・瀬戸川間２２分、瀬戸川・藤枝間８分である。焼津行は藤枝行より所要時分が５分早いにもかかわらず藤枝・瀬戸川間では２分遅い。これは敷設路線が焼津より藤枝が高所にあること、瀬戸川は藤枝寄りにあり、距離はほぼ４対６の割合にある。

そこで昭文社の『焼津市』『藤枝市』の各１万５０００分の１の地図を広げ、東海道本線焼津駅を仮に起点として「藤枝」の位置を捜した。瀬戸川は旧藤枝宿の西方から焼津駅北方に流れ駿河湾に注いでいる。藤枝から瀬戸川を渡って焼津に向かう街道があり、この街道を軌道が通っていたと仮定して４対６で結ぶ地点を捜したところ、藤枝大手の地点を

藤枝發	瀬戸川發	焼津發 瀬戸川發	焼津發	藤枝着	右定刻ノ外臨時發車スルアルヘシ	藤枝焼津間軌道會社
午前七時四十三分	七時五十二分 賃金	八時七分 賃金	八時五十分	九時一分 賃金		
午前十時九分	十時十九分	十時三十四分 賃金	十一時十一分	十一時二十一分 全		
午正十二時	十二時十分	十二時廿五分 貳錢	十二時三十六分	十二時四十六分 全		
午後一時四十六分	一時五十六分	二時十一分 全	二時二十一分	二時三十一分 全		
四時四十七分	四時五十七分	五時十二分 全	五時二十二分	五時三十二分 全		
七時四十七分	七時五十七分	八時十二分 全	八時二十二分	八時三十二分 全		
八時五十分	九時	九時十五分 全	九時二十五分	九時三十五分 全		

日本最古の人車軌道時刻表。敷設工事が延期されていて開通日が「廿五」と手書きされている

捜し出した。

　藤枝の大手といえば、藤相鉄道（大正２年１１月開通）の起点大手駅が所在する地点で、おそらくこのあたりにほぼ間違いないと考えられた。

明治２４年の開通記事発見　しかし、果たして藤枝大手・焼津間に１２０年以上も昔に人車軌道が開通したのであろうか。地元でも知らない。史誌にもない。鉄道文献にさえ記録されていない。だが、「時間表」が出現した。しかも開通と想定される日が毛筆で記されている。

　『明治事物起原』にも「開業せる」とある。疑念は残ったが希望も見い出した。そこで当時の新聞記事に掲載されていないか、静岡県立中央図書館のマイクロフィルムで明治２４（１８９１）年６月からの『静岡大務新聞』を読む作業に朝から入った。１日４ページ、１ページ６段組み、見出しも本文と同じ活字の大きさで旧かなづかいの記事を１行も洩らさず、広告も見落とさず、画面に写しだされる１２０年以上昔の新聞記事を読む作業はさすがに疲れる。１日中読む作業が続いた閉館が近くなった時である。

明治24年7月17日付の2面左脇に見つけ出すことができた。「●藤枝焼津間軌道開業式　ハ度々延期したりしが漸くこの程決定し本月十九日即ち第二の日曜日を以て愈々開業式を執行すると云ふ」さらに注意深く見ると同日1面の欄外に汽車時間表の上りの各停車場発の時刻が掲載され、焼津停車場の時刻は「時間表」のものと一致した。

　藤枝・焼津間軌道はやはり存在したのだ。だが、実際に開通したのだろうか。まだ一抹の不安が残った。マイクロフィルムを巻き上げるハンドルを回しながら慎重に新聞を読み進めた。「時間表」にある明治24年7月25日付となり一瞬緊張する。2面4段目についに見つけた。「●焼津藤枝間木道試通　益津郡焼津停車場より藤枝町の旧大手口へ通ずる新道へ、今回木道を敷き、旅客及び荷物運搬の便利にせんと、小川総八郎氏が発起者となり過日来より工事中の所ろ、去る二十一日に落成――一昨日車輪の試運転をなせしが、この木道馬車は焼津停車場を発する東行汽車に間に合ふ様、藤枝を発し瀬戸川に中休所を置き、時間は藤枝より焼津まで二十五分間、焼津より藤枝まで卅分間にて往復五拾五分の予定なりといひ、乗車賃は藤枝より瀬戸川橋まで二銭、瀬戸川橋より焼津まで二銭、荷物は茶一櫃は（拾七貫目位）藤枝より焼津まで二銭の定めにて不日盛なる開通式を行ふといふ。」（句読点は引用者）

　この新聞記事から「時間表」に記載された区間・発着時間・賃金などすべて一致しており、藤枝は大手であることも確定し、やはり東行汽車を重視し貨車は茶の運搬を主力としていたことも判明した。東海道鉄道開通以前には特産のお茶などは荷車や牛車・馬車を曳いて静岡へ運ばれていたことであろう。発起者らは東海道鉄道が開通してその輸送力の大量・迅速性に新時代の到来を確認し、静岡に近い焼津停車場に向けて焼津街道上に人車軌道を敷設したのである。

　後日判明した『静岡県志太郡西益津村誌』（大正2年8月編成）の「八交通・道路及橋梁」によれば、「焼津街道　起点ヲ田中大手ニ発シ、郡ヲ経テ豊田村、保福島ヲ縦断シ、瀬戸川ヲ横切リテ大覚寺上ニ至リ、焼津町大境マデ、本村内延長一千四百七十間、終点焼津町北マデ総延長二千七百三十五間、幅十五尺。本道路ハ明治二十二年六月十九日起工ノ

[新聞記事引用]
●焼津藤枝間水道試通
金津郡焼津停車場より藤枝町の宿屋大手口へ通ずる新築ノ水道ハ、荷物運搬の便利に供せんと小川総人郎氏が発起者となり過日来なりしが、工事中の所去る二十一日に落成し、一昨日車輛の試運転をなせり藤枝より焼津停車場を発す瀬戸川堤の東町瀬戸川橋まで二十五分間焼津より藤枝まで卅分間にて往復するといふ乗車賃ハ藤枝より瀬戸川橋まで二銭瀬戸川橋より焼津まで二銭荷物一個につき五分五厘の定めにて不日盛大なる開通式を行ふよしなり
●小銀行の大恐慌　近来銀行の恐慌が一種の流行物となり遠州周智郡なる犬居銀行より近来始んど其の実櫂仍栗田氏の一手に帰したるが如くし預け金を引出し余所へ預け替ゆる者日一日と増加し之れが為め同銀行潰敗せんと…

藤枝焼津間人車軌道開業を報道する「静岡大務新聞」の記事（明治２４年７月２５日付）

第二類県道ニシテ、開通以来貨物ノ運送、人車ノ往来頻繁ヲ極ムル郡下枢要ノ道路ナリ。」とある。この焼津街道に人車軌道が存在したことはこれで明らかとなり、大手の起点は現在の静岡銀行藤枝支店あたりであったことでほぼ間違いないこととなる。

地元の２人の証言と手記　新聞記事で「木道馬車」の手掛かりを見つけた。その後前述の宇都木稔氏の紹介で新村昭二氏は人車軌道について次のように語った。「昭和１８年ごろ焼津・藤枝間の人車軌道の車両を手で押した〝トロ久さ〟が８３歳で亡くなったと聞いています。大覚寺の人で人車は瀬戸川の堤防の登り坂を馬が曳っ張ったと言っていました。たしか私が３０歳位のころだったと思いますが、焼津市の町村合併記念で焼津市立西小学校（現東小学校）の講堂に「古美術珍品展」が催され、会場には古い書画・骨董品・古文書・古い生活用品などが展示されていました。片隅に人が数人乗れる木製の箱のようなものがあり、そこに先生がいて、これが焼津・藤枝間に通っていた人車の車両で貴重なものだといっていました。車輪はついていませんでしたが、当時どこかの家の鶏小屋に使っていたらしく、金網など取り除いてきれいに洗って展示されていた記憶です。」

車両は片側に３人くらいが向き合って乗れるものだったという。その大きさであると４年後に開通した豆相人車鉄道の車両と同じ大きさで、むろん当時は大量生産されていないから、藤枝あたりの大工が建具職人につくらせていたかも知れない。〝トロ久さ〟はトロッコつまり人車軌道を手で押した人夫を「車丁」といい、久蔵か久吉か、要するに人車を

押した車丁のニックネームだったのだろう。８３歳を逆算すると、開通当時３０歳位の壮年だったことになる。

新聞記事の「馬車」は、人車が瀬戸川の堤防を登るとき２人の車丁では登れず、馬に曳かせたのである。おそらく瀬戸川の中休所に馬１頭とその番人が待機していて、上り下りとも人車が堤防を登るときに手助けをしたのだろう。「時間表」の末尾に「軌道会社」としたのは〝人車〟と〝馬車〟を併用したから、「人車軌道」という名称にしなかったのではないか。

後日焼津市の佐藤俊広市史編纂室長より同市内に在住する中野清彦氏を紹介された。昭和５６（１９８１）年に地域の史実を小冊子にまとめるとき、「トロッコ鉄道記」（藤枝焼津間人車軌道のこと）を投稿し、その内容は当時病床にあった叔父から聞いた話で、要約すると次の記事である。

「明治２２年ごろ、現在の焼津北区西町の北原商店付近に１００坪位のトロッコ鉄道の停車場があった。このトロッコ鉄道は、藤枝の大手を起点とし平島・保福島・瀬戸川を渡り、築地・大覚寺・大村の上を経て西町終点まで運行していた。乗降の求めに応じて随所で乗降できた。レールは藤枝街道（焼津街道ともいった）上の片側に敷設された。当時、米村旅館の裏手に朝日座という芝居小屋があった。興業師は川口新甫と百花園で旅芸人を呼んでは興業をしていた。小屋の開く日には近在の村々の人たちがこのトロッコに乗って見物に来たという。車両は箱型で、後方から人夫が押していた。明治３３年ごろ廃車になり、その後は藤枝街道に馬車が走るようになった」という。

東海道鉄道の砂利運搬を再利用　藤枝市在住の日本民俗学会会員八木洋行氏より重要な証言を聴取することができた。それは以前に藤枝大手の何人かの古老より聞いたという話で「東海道鉄道建設のとき、瀬戸川の砂利をトロッコで藤枝街道に沿って焼津方面に運んでいた。鉄道開通後、トロッコ軌道の跡地を利用して人車軌道が敷設された。請負業者は藤枝の山口志五郎が経営する山口組だった」と語っている。

焼津駅北口に近い人車軌道の起点であった「松屋敷」から藤枝大手ま

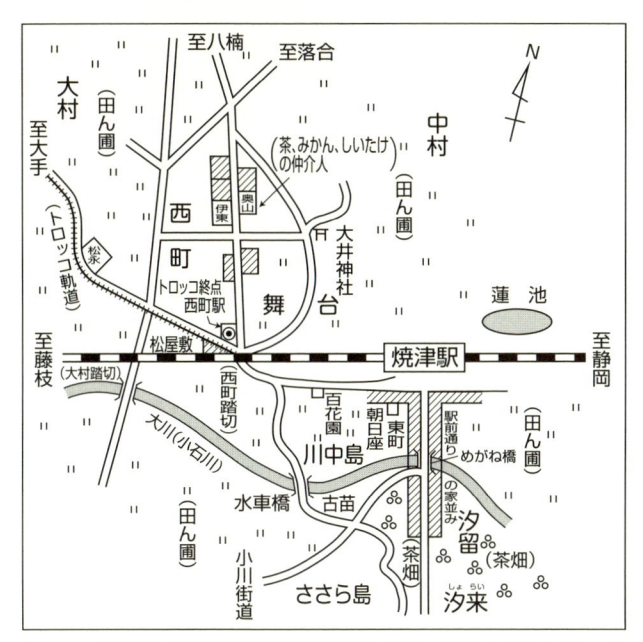

トロッコ軌道(人車軌道)と焼津駅(停車場)周辺の見取図 明治30年ごろ
昭和56年10月14日発行『焼津北区と氏神さま』所収「トロッコ鉄道記」中野清彦著より

で約４．７ｋｍの距離を、著者は往時の人車軌道の車丁らに思いを馳せながら実際に歩いてみた。結果は上り下りとも焼津・瀬戸川間２８分、瀬戸川・大手間１８分であった。当時の車丁たちは健脚であっただろうし、現在のように信号機がなかったし、軌道の上を車両を押したから６〜７分は著者の徒歩より短縮できたであろうと推測すると、「時間表」の所要時分とほぼ符合する。

前代未聞の「木道」の新資料　新聞記事の「木道馬車」のうち「馬車」は判明したが、「木道」に謎が残る。軌道にしろ鉄道にしろ、社会的通念としてレールは鉄製ないしは金属製と考えるのが常識である。前述の２人の古老に「木製レール」ではなかったかと尋ねたが、２人ともその点については聞きおよんでいないという。

　明治２２（１８８９）年１月１２日付の『静岡大務新聞』に「●木道馬車敷設の事　周智郡森町より東海道に出る木道馬車敷設のことハ当初袋井宿近傍の有志者が森町より袋井宿へ出る間に敷設せんとて其の筋へ請願せしに…」と「木道馬車」と掲載していることを見つけた。

　そこで『私鉄史ハンドブック』の著者で『鉄道百年略史』の執筆者代表である和久田康雄氏にお会いして尋ねたところ、後日『宮城県史』の「私設鉄道」のコピーが送付された。その箇所を要約すると「本県の私

設鉄（軌）道の初めは、明治十五年三月二十日蒲生・仙台間五〇町余（約5.5km）に開通した木道社の馬車軌道である。木道とは馬車が木道の上を走るもので、明治二十年鉄道の開通まで数年間仙台の輸出入品を運び便利を与えた。（中略）資本金3万3000円、株主100名余で…（後略）」とある。この史料から仙台では「木製レール」が存在していたのである。19世紀初頭のイギリス・アメリカではレールの頭部に鉄帯を打ちつけた木製レール（strap rail）が使用されていたから、このストラップレールを採用していたかも知れない。

京都の鉄道研究家の資料 鉄道史資料保存会会報の『鉄道史料』第82号（1996年5月）を入手した。ここには「本邦最初の人車軌道に就いて」と題し、「藤枝焼津間軌道会社」の「時間表」の発見からその調査状況を、京都の鉄道研究家美濃功二氏によって報告されている。『内務省年報報告書』の一節に「内務省功程報告」があり、ここには「…人車木道ニ係ルモノハ静岡県志太郡藤枝町ヨリ益津郡焼津ニ至ル間ナリトス（後略）」また、「地方別異動数」と「地方別現存数」には静岡県は明治30年に人車の譲渡が1件、明治33年に廃止が1件ある。これは藤枝焼津間軌道が何らかの理由で譲渡し、前述の中野氏の記述にある明治33（1897）年ごろ廃車になったことと符合する。

発起者は焼津の片岡総八郎 発起者は焼津市史編纂室のその後の調査で判明した。『小川町誌』（後に焼津市に合併）「（四）片岡総八郎」の略歴の欄に「…明治廿四年五月時の内務大臣の特許を受け藤枝大手より焼津に至る間、私財を投じて人車木（トロッコ）道を敷設し通行運搬の便を計った。…」とある。新聞記事の小川総八郎は実は片岡総八郎であったのだ。藤枝・焼津両市の戸籍課で捜しても判明しないはずである。おそらく静岡大務新聞社では前もって「時間表」を受け取ってはいたが、開通時に現場へ取材に行かず、発起者が小川村在住であったから片岡姓を小川姓と勘違いして報道したのであろう。さらに『志太地区人物誌』にも「地方開発の先覚者元県会議員　故片岡総八郎氏」とあり、『小川町誌』と同様に人車関連の記述とともに次の事柄が記載されている。「片岡総八郎は片岡家の第十五代に当り天保十四年十一月生れで、家は

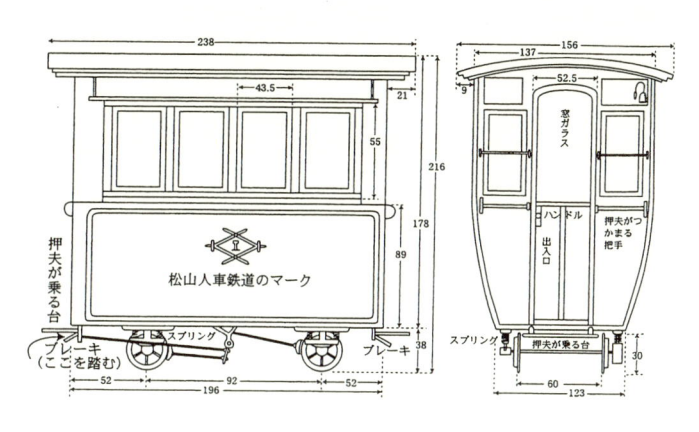

「宮城県松山人車鉄道の車両立面図」。藤枝焼津間軌道の車両は日本最古だから３つ窓６人乗りで車体は角ばった簡素のものと考えられる

代々素封家で「茂右衛門」を以て家名とし、祖先以来庄家名主役を勤めた。（中略）のち郡中三十五ヶ村総代を兼務、県会議員を二期務めた。俳名を知真・晩成・玉坡の号に、辞世は、雨ながしなかぬ水難の遠はしり」。明治４２（１９０９）年６月６６歳で病没した。

　発起者片岡総八郎は地元の名士であり、俳名をもつ文化人でもあった。彼は人車軌道敷設に関してたびたび県庁を訪ねていただろうから、係官から熱海の人車鉄道が資金難で建設が遅れていることを知らされ、この前代未聞の藤枝焼津間軌道が日本で一番早く開通することを知っていたかも知れない。

社員３０名前後で黒字経営を想定　藤枝焼津間軌道の「時間表」を著者はダイヤグラムに引き替えてみた。いわゆる「スジ屋」である。

　すると、重労働であった車丁たちには旅客輸送のほかに貨物輸送もあったから、おそらく３交代で運行していたこと、１両に６人しか乗れなく、始発時には４・５人でも途中乗車もあり得るわけで、時間帯により少なくとも２両以上が運行され、物見や芝居掛けの日などにはかなりの車両が運行されていたことも考えられる。前もって大勢の乗車が分かれば予約をとっていたかも知れない。瀬戸川発午後４時２１分焼津行と、同４時２４分藤枝行とは３分違いの擦れ違いになる。ここの地点だけ複線であったことは考えられなかったから、乗客が反対の車両に乗り移って、車丁はそのまま進行方向に押したものと考えられる。早朝や夜間の

運行には、車両の前後部や車内にカンテラ状のものを灯していたであろう。車丁・馬番・保線・荷扱・駅長・庶務（役員を含む）などで総勢３０名前後の規模で、乗車率・荷扱率とも年間を通じ６５％と仮定すると、人件費などの経費を差し引いても経営は黒字だったはずである。藤枝街道に乗合馬車という新しい時代の交通手段が出現して廃線となっていることは新しい時代の流れであった。

　会社登記簿謄本があれば設立年月日・資本金・本社所在地・目的・定款・役員名など判明するため静岡地方法務局（当時のものは藤枝より移管されている）で捜しているがまだ捜し出せないとのことである。

　明治２４（１８９１）年７月２５日藤枝・焼津間に旅客貨物の輸送に開通した人車軌道は、わが国２５の事業所のうち輝かしい第１号であり、地元ではこの価値ある人車軌道を後世に伝承されていくことを願うものである。

熱海温泉郷へ保養・湯治客を運ぶ

豆相人車鉄道

ひなびた　　日本有数の湯の町熱海は、明治中期ごろには３０数軒の
温泉場熱海　温泉宿が点在するひなびた保養地であった。当時の旅行案
内書『改正漫遊案内』には、熱海を次のように紹介している。「三方に
山を負い、東南に海を控え、遠くは房総の翠巒を水煙模糊の間に望み、
近くは海上三里を隔てて初島の一青螺を見るべく、左には横磯海中に斗
出するあり、右には魚見岬を隔てて大島火山の絶えず煙を吐くあり。」

　わが国の主要な街道である東海道が、小田原から早川の谷沿いを箱根
に向かうのに対して、熱海へは小田原から熱海街道が通じていただけで
ある。箱根外輪山が直接海にのぞむこの海岸沿いの熱海街道は、明治１
４（１８８１）年前後に、熱海側は石渡嘉右衛門・露木準三・内田市郎
左衛門ら沿道有力者によって新道が開削されている。

　門川・熱海間は明治１３年に小田原・門川間は同１５年に開通し、人
力車の通行が可能となり熱海に入れるようになった。山腹に設けられた
険しい道であったが、これまでの唯一の交通機関であった駕籠（小田
原・熱海間半日）は、次第に軽快な人力車に替わっていった。熱海から
丹那盆地を越えて三島・沼津へ通ずる道路が改修され、人力車が通れる
ようになった時期は定かでないがほぼ同じころと考えられる。

　京浜方面から熱海へ行くには、東海道鉄道で国府津または箱根の山の
裏側を回り、御殿場を経て沼津まで汽車を利用するか、国府津から小田
原まで鉄道馬車に乗り、小田原または沼津からは、それぞれ７里（約２
７ｋｍ）の道を人力車に揺られ、ともに５時間ほどかかっていた。

　陸路だけでなく当時は海路も利用されていた。とくに貨物輸送は海路
だけに依存していた。慶応元（１８６５）年には回漕業者によって江
戸・国府津・小田原・熱海・下田間の航路を就航していた。明治２４年
ころには東京霊岸島（築地）・下田間を４日に１往復の定期航路が開か
れ横磯の沖に投錨した。東京・熱海間は８時間３０分の航海であった。

このほか国府津・小田原・熱海間には、不定期に和船の船便があった。同年発行の『熱海温泉案内』によれば、「舟は人力車の価の４分の１程にして、風良ければ速かに着くべけれども、小舟なり。且便船の有無も定め難きこと故、十に八、九は人力に乗る人の方多し」となっている。

箱根は古くから知られた夏に涼しい温泉場であったが、冬は寒くて湯治どころではなかった。軽井沢は山の避暑地である。これに対し熱海は温泉のある避寒の海の保養地であった。こうした熱海に、政財界をはじめ文人墨客など著名人が四季を問わず訪れていた。熱海が温泉地として繁栄を続ける第１条件が、近代的交通機関の整備にあり、１日も早く鉄道の敷設することを地元の有力者らは熱望していた。

来遊者と地元旅館業者らで敷設出願　小田原・熱海間に鉄道敷設の計画は、明治１９（１８８６）年ころから始まったといわれる。これは東海道鉄道の国府津延長工事の時期とほぼ一致する。人車軌道の予備測量に着手したのは明治２１年５月のことであった。

明治２２年４月甲州出身の実業家で、後に「軽便鉄道王」といわれた雨宮敬次郎を中心に茂木惣兵衛・高島嘉右衛門・大倉喜八郎・平沼専三ら東京・横浜の実業家と、熱海富士屋の石渡嘉右衛門・気象萬千楼の樋口忠助・香露館の露木準三ら熱海の一流旅館主など２０余名の連署で、人車鉄道開設の申請書を鉄道当局に提出した。

熱海で一流の旅館経営であっても、地元で独力で鉄道を建設する資本はなく、地元以外の人びとの資本をあてにしたため、計画の規模が次第に縮小され工事が遅期していった。湯河原の吉浜でも同年６月５日に「熱海人車鉄道布設出願に付村内海岸にて差障の件」について議案が審議されているから、申請直後に地元との交渉が始まっていたことがうかがえ、翌２３年１１月２０日に特許を受けている。

路線の測量が終わったのは翌２４年１２月であった。区間の途中には４７６カ所の曲線、勾配が３５分の１～４０分の１の急坂もあり、橋梁は伊豆山・千年川（千歳川）・早川の３カ所があり「山腹海岸ノ盛土築造ニハ凡テ石垣ヲ以テ畳積スル事必ナラン」としている。

明治２３年８月公布された『軌道条例』の第１条には「一般運輸交通

菅笠をかぶった車丁らが行列して発車する風景（熱海停車場）

ノ便ニ供スル馬車鉄道及其他之レニ準スヘキ軌道ハ起業者ニ於テ内務大臣ノ特許ヲ受ケ之ヲ公共道路ニ敷設スル事ヲ得」とあり、公道をできる限り利用する方が建設費も廉価であったわけである。明治・大正の地形図を見ると、人車軌道や軽便鉄道のレールは、9割がた既存の県道を走っている。

　投機的才覚豊かな雨宮敬次郎が、何度も事前に測量させているのは、最も効率良く安い工事費で敷設するには、どのルートがよいかを検討するためであり、その結論は県道を最大限に利用することであった。

　それでも同年に出された「軌道条例ニ関スル取扱方の件」では「単線軌道のときは、道路の両側に人家がある場合四間（約７．２ｍ）、その他の場所は三間（約５．４ｍ）以上、複線の場合には前者から五間（約９ｍ）、後者が四間以上の道幅をとらなければならない」としている。軌道は単線であったが、途中には上り下りの車両のすれ違う交換場所も必要で、部分的に複線に相当する道幅が必要となり、工事は簡単には進まなかったであろう。『帝国鉄道要鑑』には、資本金が１２万円で、建設費に１２万７６２８円８３銭となっているから、節約しながらもなお資金不足に悩まされていたことがうかがえる。

雨宮敬次郎の人車軌道の発想　　熱海人車鉄道を敷設する最初のきっかけは何だったのか。雨宮敬次郎の『過去六十年事蹟』の「軽便鉄道の発起」にこんな記述がある。「殖産興業の目標を達するには、鉄道の発達が不可欠であり、運輸交通の賃率が低廉でなければ国家の利益は増加しない。長距離ならば普通の鉄道でよいが、短距離のところへ大きな鉄道を架けるのは〝ニワトリを裂くに牛刀〟のたとえであり、交通の度

数が少なくて鉄道が大きければ運賃も高くなる。そうすれば地元に便利を与えぬばかりか、会社の利潤も上がらない。したがって地方には経費の安い鉄道を敷かなければならない」

彼が肺病にかかって吐血したのは明治15（1882）年ころで、36歳前後であった。のちに陸軍軍医総監となった橋本綱常博士から、熱海へでも行って療養するようにと勧められた。小田原から熱海まで人力車に乗ったが、開通したばかりの県道を行く人力車にもまれてまた吐血した。その苦しみの中で彼はこう考えたのではないか。「どんな病気にしろ、このけわしい道を人力車で行くとすれば、病気は重くなるばかりだ。思い切って道沿いに線路を敷いて、人力で押す車を通せば、振動も少なくていいのではないか」

彼が熱海に着くと、朝鮮で活躍していた花房義質（よしただ）公使が滞在していた。そのほか岩倉具視や生糸の相場師で天下の糸平こと田中平八などもいて、時局問題について議論に花が咲いていた。岩倉や糸平らは鉄道に深い関心をもった人たちであったから、そのとき鉄道敷設のことも話題にのぼったであろう。それから4、5年経って地元熱海の有志、石渡・樋口・露木らが雨宮を訪ね、熱海に鉄道を架けてくれないかと持ちかけた。私どもでは具体的にどうしてよいか分からないから、あなたに尋ねたいといっただろう。雨宮は「それはよかろう。私がひとつ人車鉄道をやってやろう、そうすれば病人でも行けるから──」といって、早速準備にとりかかった。そのとき雨宮は「人車鉄道というのは、1台6人の客を乗せて2人で後を押して行くものだ」と説明している。

低コスト高配当の構想　地元の有志らはもともと蒸気鉄道を頭に描いていたが、雨宮から前代未聞の人車鉄道の提案にはみんな驚いたにちがいない。熱海への鉄道誘致に熱心だった一人で、当時国民新聞社長だった富徳蘇峰の『熱海だより』には「熱海鉄道は一変して軽便鉄道となり、軽便鉄道は再変して人車鉄道」と嘆いている。

雨宮の考えは9割がた急カーブの海岸線のコースでは馬車鉄道でも無理だ、人間が車を押せば振動も少なく、手っ取り早く使いやすく、労賃も安くあがる。当時は日清戦争で軍馬の徴用が多く、人車を押す車丁の

豆相人車鉄道路線図

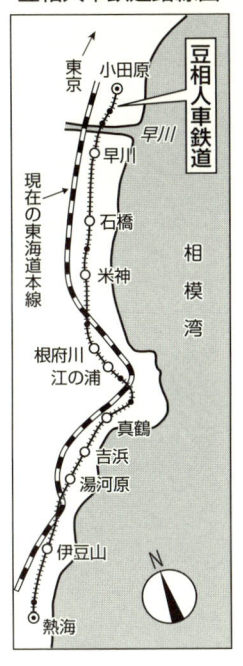

方が容易に集められたのである。とにかく人車でよいから1日も早く開通させたいと地元有志らは願ったであろう。すでに東海道鉄道は国府津から御殿場経由で沼津に通っていたから、あせりもあったであろう。

　豆相人車鉄道株式会社発起人会が明治25（1892）年8月7日帝国ホテルで20人により開かれた。株式の募集を始めたが株主のなり手が少ない。期待した財界からの協力が得られなく、御帝室（熱海に御料地を持っている皇室のこと）から300円の御下賜金があっただけで、株主のなり手がない。このころ人車鉄道より電気鉄道を小田原から熱海、日金峠を越えて沼津に至る計画があり、雨宮も発起人になっていたがこちらも資金面で挫折したので人車軌道に本腰を入れることになった。

　雨宮の方針は出来るだけ安い建設費で敷設し、高収入を上げて出資者に高配当を支払うが、経営の実権は自らが握るというものであった。経営者としての才覚を発揮してみたかったのである。彼は甲武鉄道（現ＪＲ中央本線）や川越鉄道（現西武鉄道）でもそうした手法を採用した。

明治29年熱海・小田原間全通　着工日は不明であるがやがて工事は施工の段階に入り、県道の拡張や新軌道部分の開削・石垣積み・架橋工事など徐々に進められていった。その後も資金難にあえぎつつ、まさに人車鉄道のような鈍行ぶりで工事は遅延を重ねた。

　熱海の旅館主たちが一日千秋の思いで待ちこがれた豆相人車鉄道開通の日が訪れた。明治28（1895）年7月10日熱海・吉浜間6マイル40チェーン（約10.5km）、翌29年3月12日吉浜・小田原間9マイル26チェーン（約15km）が2期に分けて開通した。全線15マイル66チェーン（約25.5km）、鉄道敷設出願から7年の歳月が流れていた。軌間610mm。区間は熱海・伊豆山・門川・吉

浜・城口・江ノ浦・根府川・米神・小田原であった。明治３３年に小田原電気鉄道と接続のため、小田原町内で３０チェーン（約０．６ｋｍ）延長した。

　豆相人車鉄道は日本に存在した人車軌道２５社のうちで営業路線は最長であった。始発熱海停車場は躍場、現在の咲花町の南明ホテル（同ホテル玄関脇に「豆相人車鉄道・熱海駅舎跡」記念碑が熱海市で建立されている）の前あたりで、終点の小田原停車場は旧東海道と熱海街道の分岐点で、通称「早川口」と呼ばれる現在の十字町二丁目にあたる。

　本社所在地は静岡県田方郡熱海町熱海２４５番地。専務取締役社長に雨宮敬次郎、取締役３、取締役事務長１、監査役２、相談役４、会計・庶務・保線等５、駅長・運輸・荷物掛等８、それに車丁９６、総数１２０名の大世帯であった。車両は客車３９、貨車８で旅客輸送が主力であった。明治３２年９月１６日改正の時刻表によると、１日６往復、全線を３時間ないし３時間５０分で運行され、下等運賃は６０銭、中等９０銭、上等１円２０銭と３段階に分かれていた。

安田善次郎からの援助　第１期工事開通後の明治２８（１８９５）年１１月、雨宮社長は東京市の水道工事にかかわる不正事件で投獄されるというハプニングが起こった。彼は獄中から甲武鉄道設立以来の友人であった安田新興財閥の創設者安田善次郎宛てに手紙を送り、人車鉄道建設資本の借用方を要請したという逸話がある。彼が出獄するのは翌年５月であったから、最も苦労を重ねた雨宮社長は熱海・小田原間の全通は見ていないことになる。もし安田善次郎が承諾していなかったら、豆相人車鉄道は挫折するか人手に渡っていたことだろう。

　設立メンバーの茂木は生糸取引の投機商人、高島は材木商から土木建築等で鉄道創設に参画し高島易断設立者、大倉は鉄砲弾薬・ホテル業者、平沼は海産物・生糸・銀行経営者だったから、建設資金など立ちどころに集まりそうだが、鉄道計画に箔をつけるために雨宮社長が担ぎ出した飾りものだったらしい。

　豆相人車鉄道全通の様子を『函東会報告誌』（第４４号・明治２９年４月）は次のように伝えている。「人車鉄道は３月１２日開始するとい

相模灘の波が打ち寄せる下り路線をブレーキ操作する車丁

う。鉄道は海に沿って巉峨の間を続けたり、一瞬毎に眺望の佳趣を替す。客車の構造は美麗にして車体進行震動せず。且つ車体には巧致なる緩急機ありて是を操縦する車丁は、いずれも１年以上運転法を研磨せしめ其巧妙実に驚ろくべし」

　明治３４年度上半期の営業成績は次のとおりである。

　　営業日数　１８３日　客車収入　１万５１４９円３５銭
　　貨車収入　８６６円４４銭５厘　雑収入　２６４円２４銭２厘
　　合　　計　１万６２８０円３銭７厘　支出　１万２５３７円６銭３厘
　　純益金　３７４２円９７銭４厘

熱海温泉街のにぎわい　当時、全国に１０社あまり存在した人車軌道のうち、黒字会社は豆相人車鉄道のほかわずか数社であったという。

　熱海には昔七湯があり、湯口は大湯、清左衛門湯、小沢湯、河原湯、左次郎の湯、風呂の湯、中野の湯であったが、畑や海辺のどこを掘ってもたちどころに湯が出てきた。温泉は普通、温と熱の二槽あって療養・保養にあてられていたが、気象萬千楼にはトルコ風蒸(むし)風呂があって人気を呼んでいたらしい。興味深いのは、大湯の間歇泉を利用して吸気関係の治療を行う施設で翕気館（今井写真館主・今井半太夫所有地）があったことである。これは明治１６（１８８３）年２月岩倉具視の要請で後藤新平が熱海で計画を練り、同１８年２月に一般に開業し、日本最初のドイツ式温泉療養施設・クアハウスといえる。

　大湯はアメリカのイエローストン公園の間歇泉のように断続的に噴出するが、当時は１時間毎に噴き出していた。この蒸気を館内に導入して患者に吸入させていたもので、ほかに熱泉・冷泉・蒸気風呂などサウナ

豆相人車鉄道　195

式の施設をつくり、源泉プールも備えていた。体重を測定し医師の診断を受け、必要なら薬局で処方の薬をもらい服用する現在の温泉療養センターに似た形態で、熱海の新名所になっていた。

温泉街には初川の発電により街灯がともり、蒲焼の店・そば屋・汁粉屋・洋食店もでき、夜の散歩も楽しめた。遊戯場では大弓・楊弓・玉突場もあり、新しいもの好きの客を喜ばせた。貸本屋や新聞縦覧所もあって学生やインテリも暇を持てあますことなく、貸馬で散策もできた。

梅園の春暁、来宮のホトトギス、温泉寺の古松、横磯の晩涼、初夏の漁火、錦浦の秋月、魚見岬の帰帆、和田山の暮雪は「熱海八景」という。宿泊料金は中クラスで1泊50～60銭、心付けを入れて明治35年の人車鉄道小田原・熱海間の下等運賃66銭とほぼ同額であった。当時の宿泊客は1週間ぐらいの滞在は普通であったから、熱海の温泉街は次第に賑わいを見せていった。

雨宮社長の思惑外れる　雨宮社長の『過去六十年事蹟』には「仕上げたのはいいがやってみると利益が上がらない。8人チャンと乗って呉れれば宜いが、なかなかそうは行かぬ。1人でも2人でも矢張押して行かねばならぬ」「之では何様も割に合わない、7年か8年やって居て、1日100円宛の収入がある。1年通じ3万6500円はある。けれども其上り高の中で、1日85円人足に取られて仕舞うから残りは15円しかない。どうしても1朱か2朱の配当しか取れない」と嘆いている。

明治38（1905）年の客車数は48台で1台に車丁2人、車丁の日給が45銭、合計43円20銭、それに社長以下役職員24人の俸給が42円弱、人件費85円で残り15円で設備維持費と株主配当への支払い困難になるというのが社長の言い分である。

人力という原始的な動力を変更したい計画が持ち上がり、アメリカから蒸気機関車や石油発動機関車など取り寄せ小田原で試走させ、二転、三転の後、石油と無煙炭を併用した2フィート6インチのゲージに16ポンドレールで熱海鉄道を設立した。明治41年7月20日大日本軌道株式会社に合併し小田原支社となり、同年8月11日開通していく。

日本最長の人車営業記録をもつ貨物専用軌道

島　田　軌　道

当初馬車鉄道　東海道の箱根越えとともに難所のひとつに数えられた
敷設の計画　大井川の左岸に発展した島田宿は、大井川が増水で川留のとき右岸の金谷宿とともに逗留の旅人たちで賑わっていた。

　牧之原台地を貫通する東海道鉄道の金谷隧道が難工事の末、明治２０（１８８７）年１１月完成、翌２１年８月１０日大井川鉄橋が完成、翌２２年４月１６日静岡・浜松間の開通式が挙行され、静岡県全域を東海道鉄道が走ることとなった。この開通とともに島田停車場も開業した。

　島田停車場の駅舎は田んぼの中にぽつんと建てられ、簡素なプラットホームが付随していた。開業式に招かれた島田学校向谷分教場の訓導であった増田雪は「東海道遠　往還自在　両京如隣　至便巨言」と祝文を記している。交通・交易に不便を感じていた当時の人々の古い宿場町からの脱皮と、鉄道開通による近代化への感動を込めた文言であった。

　旧東海道沿いの町並みから島田停車場に通じる道路の必要性が生まれ、土地の買い上げが行われ、道路工事が着手され、停車場に通じるにふさわしい道路が完成する。風情を添える枝垂柳や銀杏も植樹された。

　鉄道開通により島田停車場から貨物輸送、とりわけ木材の移出はめざましかった。開通当初の年の移出総量は４３３万７０００斤（約２６００トン）で、静岡県内では沼津・江尻・浜松・御殿場に次いで第５位であった。当時、島田停車場で取り扱われた貨物は、日常生活必需品のほか、大井川上流の木材をはじめ他の林山産物が多く、それらの大部分は向谷を経て上下しており、早くから向谷は大井川上流地域との物資の交流の中継地となっていた。そのため島田停車場・向谷間の道路はいち早く整備され、明治２９年５月２６日延長６００間（約１．１ｋｍ）、幅員２間（３．６ｍ）の向谷往還が開通している。向谷で陸揚げされた物資を向谷往還を通じて島田停車場まで運搬するには、人が肩に担ぐか背負うか、または荷車に積むしかなく不便で非能率的であった。

島田軌道　197

向谷・島田停車場間に人車軌道開通　明治29（1896）年7月向谷、島田停車場間に富士郡元吉原村間野秀俊・同郡須津村伊達文三・志太郡島田町有光万次郎・同町大河原徳太郎・大河原直次郎ら5名によって馬車鉄道敷設を計画し静岡県知事に出願した。敷設理由は、向谷からの物資輸送により広く公衆の便益を図りたいとしている。

　島田町議会では早速この馬車鉄道敷設について審議した。その結果、町の公有地貸与は島田町で同様の事業計画があるとして承認しない決議を2日後の同月18日行った。すでに同日の午前中に島田町営による向谷・島田停車場間の軌道敷設を決議していた。さらに軌道敷設臨時委員を選出し敷設概要書も作成していた。町当局はこれまでも新しい物資の輸送方法の必要性を痛感していたが、町外の人たちが加わってその事業が進められることを知って、町議会が奮いたち即決してその対応に当たったのである。

　島田町の事業としての計画は人車軌道で、建設費1万1000円、収入7050円（1年）、支出3306円（1年）、差引3744円で、差引金額には起業費償却と純益金を見込んでいる。ところが、同年の島田町役場事業報告書には「停車場向谷間軌道敷設町事業トシテ出願セシニ、右ハ其筋ヨリ内示モ有之、個人的営業トシテ十二月十日発起人ヨリ出願ナサシメタリ」とあり、町の事業では許可されなく、個人営業として再び出願したものであった。明治30年12月15日軌道敷設の認可を受けただちに建設工事に着工した。

　創立当時の『登記簿謄本』によれば、明治31年1月28日島田軌道株式会社として設立。取締役社長天野廉、取締役に秋野橘太郎・桑原古作・酒井友次郎、監査役には石間廣・森淑・八木昇でいずれも島田町民らが就任している。資本金2万5000円、1株25円、会社の目的は諸貨物の運送で、営業所（本社）は志太郡島田町125の2である。

　明治31年4月8日島田停車場・向谷間1マイル64チェーン（約2.9km）、軌間610mmが開通した。道路の幅員馬踏8尺（約2.4m）の貨物専用の単線軌道が総工費1万3545円で完成した。島田町営計画の「概算書」では貨車30両、押手人夫60人となっている。

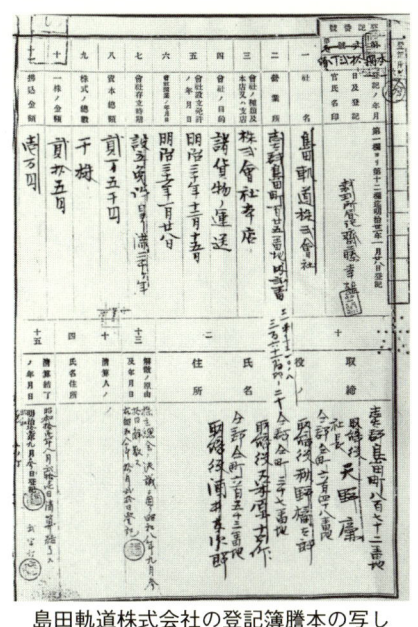

**62年間にお　　**『島田木材業発達
**よぶ木材輸送　**史』の著者紅林時次
郎の手記では「その頃、稲荷島地内
の軌道へ沿った所には殆んど家がな
く、田んぼの中を通したものである。
一直線で距離が短縮された関係から、
向谷方面の人が駅へ往復するのに軌
道を利用通行する者が非常に増加し
た。この軌道は自然の勾配による力
で直ちに速度が早まるため、従業員
（貨車を手押しする車丁）は前方を
注視しながら運転し、若し途中で上
下交換の場合は、向谷へ向うものを
退避させるのが常であった。一般人
は絶対に乗車させなく、荷物専用と

島田軌道株式会社の登記簿謄本の写し

いうことが原則であったが、従業員も頼まれれば断わりきれず、また急
を要するような出来事に対して、やむなく乗車させた。けれどもそれは
積荷の上へ乗せるもので、もちろん料金を取ることはできなかった。し
かし、乗車した者は、煙草銭として何程かを差し出したものである。

　軌道の積荷の多くは、木材や北河製品所の化学薬品などで、島田停車
場からは工場整備の関係用具などであったが、向谷方面の住民の日用諸
物資も運搬し向谷一帯の発展を促した」

　明治31（1898）年3月島田軌道の終点に製材所が建設されると、
次々と製材工場が事業を始めた。伐り払われた大藪付近は見渡す限り木
材置場と化し、高瀬船の発着場は水神山の岩先へ移り、川船の造船所も
川端に沿って居住した。向谷は木材集積地だけでなく、川根方面の林産
物・日常物資の集散地・発送地となって賑わっていく。島田軌道の人車
輸送は、木材業者の強力なスポンサーに支えられ、トラック輸送が始ま
る昭和34（1959）年9月30日まで実に62年にわたる最長期間
の路線となった。

島田軌道

富士登山客と山梨県への複線輸送ルート

御殿場馬車鉄道

北駿地方に馬車鉄道敷設の動き　明治２２（１８８９）年２月１日東海道鉄道国府津・静岡間が開通し駿東郡新橋に御殿場停車場が設置された。人家がまばらであった新橋村に造成された御殿場停車場は、御殿場地方の玄関口となり、足柄往還（県道小山御殿場線）に至る通りには旅館・商店などが立ち並ぶようになった。

　御殿場周辺の町村で使われる日用品の運搬経路は、沼津港からの荷馬車継ぎ送りから、御殿場停車場を拠点にした鉄道利用に替えられていった。その運搬は山梨県郡内地方への輸送にも広がり、その結果、御殿場停車場前には仲継・問屋を兼ねた各種商店や荷馬車など運搬業者らが次第に集まることとなった。郡内地方へは日用品のほか主に米穀・酒類・肥料、帰り荷は反物や材木、大豆・玉蜀黍などの雑穀、まゆ・生糸・薪炭・材木、竹行李など当地の物産も多く積み出され、御殿場地方のこれらの商品流通経路は、東海道鉄道と結ぶ御殿場停車場を中心にした新しい交通体系に編成替えされていった。

　御殿場停車場のもう一方の役割は、東京や大阪方面からの富士登山客の乗降であった。富士登山は７・８・９月の夏季に集中する季節ものであったが、停車場前通りの旅館・商店の発展ぶりはめざましいものがあった。また、登山者を相手にした強力・駕籠昇き・道案内・馬力・休泊山小屋なども繁昌した。

　日清戦争後の好景気で御殿場地方の商業・産業がかつてない盛況に沸いていた明治２９年８月１３日、北駿地方の有力者らを中心に御殿場停車場から須走村へ至る馬車鉄道を敷設する計画が内務省に申請された。

地元物産と富士登山客の輸送を目的　発起人は駿東郡御厨町の勝又勝美・芹沢信太郎・池谷茂三郎・杉山亀次郎・斉藤正七、同郡高根村の瀬戸捻次郎・林庄平・滝口寿雄、須走村の梶禎ら沿道の有力者・蚕糸業者・旅館業者・卸・仲買・小売商人など、他の６カ町村を含め合計２９

名であった。

発起人らによる働きにより明治30（1897）年5月22日特許状命令書が下付され、翌31年1月認可が得られた。

御殿場馬車鉄道株式会社、資本金8万円（1株20円）の全株式が144名の株主に割り当てられ、100株以上の株主は10名、うち1名を除き御殿場・小山を中心に北駿地方の有力者であった。創立総会が同年3月開かれ、専務取締役に林庄平、取締役兼支配人に勝又勝美、ほかに取締役5名、監査役3名が選出された。勝又はこのころ御厨町政をめぐる政争から引責し町長を辞任していた。

　本社は御厨町西田中46番地、創立委員らは既存の馬車鉄道の関係者から実情を熱心に尋ねた。当初の計画より輸送需要が多くなるとの判断から、軌道は複線とし沿道は傾斜地が多く、車両は馬1頭曳きの小型とした。経路は御殿場停車場を起点に、足柄街道沿いに旧御殿場を通り北久原・仁杉・水土野を経て終点須走に至る予定であった。輸送目的は貨客両用で山梨県郡内地方との貨物運搬と富士登山客など見込んだ。

既存の運送業者が反対運動　建設される馬車軌道は県道・里道などの街道沿いに道路を拡幅し、必要な箇所は用地が買収され、家屋の移転がなされた。軌道敷設買収費は1万2800円を要し、移転家屋は御殿場・西田中12軒、二枚橋・萩原28軒、須走3軒、新橋6軒の合計49軒にのぼったという。道路端を利用したのは、整地が不要で工事費が廉価だけでなく、貨客の利便を勘案して町並みの軒先を通す方が効果的だとの判断からである。

　いよいよ建設工事が進められようとした明治31（1898）年3月御殿場停車場を拠点に中継陸送を稼業としてきた荷馬・車屋・馬力屋などの運送業者らが、既得権を主張し補償を求めて猛烈な反対運動が起こ

御殿場馬車鉄道　201

った。運送業者側１００名以上と馬車鉄道側役員との間に険悪な状況が流れ、約１カ月にわたり昼夜の別なく両者の話し合いが続けられた。

　気の荒い馬車屋たちの馬車鉄道工事反対運動を撤回させるため、当分の間駅者・馬匹・運送部門などを、従来からの運送業者に請け負わすことで結着した。運送業を専業・副業に駄賃稼ぎをする新橋の住民にとって、馬車鉄道の開業は死活問題となる影響をおよぼしていたのである。用地買収と既存運送業者との対応は苦難に満ちたものであった。

　軌条（レール）は１２ポンドの鋼鉄製でイギリスから輸入され、新橋・須走間約１２kmの沿道には、橋梁１０カ所・石造隧道２カ所・暗渠２４カ所・土管の埋め込み７３カ所、途中の水土野には馬の水呑み場が設けられた。また、切り盛りの坪数は１万６０００坪余にのぼった。建設費は物価高騰のため、計画予算では不足が生じると懸念され、工事の変更や削減により当初計画よりわずか程度の増加費で収めたが、社債により１万５０００円の借り入れを行った。

明治３２年御殿場・須走間複線開通　明治３１（１８９８）年１１月１１日新橋・御殿場間が開通、同年１２月５日柴怒田まで延長され、翌３２年１月２３日御殿場停車場前の新橋・須走間全線が開通した。

　全長５マイル２８チェーン（約８.６km）。軌間２フィート６インチ。客車は幅５尺（１.５m）、長さ７尺（２.１m）で、定員は腰掛けに向かい合って１２人位であった。車両は客車１５、貨車６５、客貨兼用車８、合計８８両で、貨車はすべて無蓋（屋根なし）の１トン積みであった。客馬車は新橋・須走間を片道運賃１７銭、往路上り約２時間、帰路下り約１時間で結んだ。須走からの帰路は須走・仁杉間が急勾配で、御殿場付近の平坦地へ下るまで馬を馬車の後につなぎ、駅者が木製のブレーキをかけながら速度を調節し惰性で運行したという。

　鉄道馬車は警笛の代わりに駅者が豆腐屋が使うようなラッパを鳴らしながら走った。その音が「テトーテトー」と響いたため、やがて沿道の人々から「テト馬車」と愛称された。停留所でなくても気軽に手を上げれば馬車は止まって乗ることができ人気は上々であった。人々の往来や貨物の運搬に大変便利な輸送手段だったのである。始発の新橋から引込

線を設けて御殿場停車場と直接連絡し、沿線の酒屋や有力仲買商の倉庫へも引込線が設けられた。会社規程が制定され、会社組織・財務分担・執務時間・休日・欠勤の取り扱い・社内預金・俸給・支給日・懲罰・旅費取り扱

富士山を背景の御殿場馬車鉄道。富士登山者の貴重な足だった

いなど詳細に条文化された。これらの整備は勝又取締役支配人が町長の経験者だからである。

客貨とも好調　夜店も賑わう　馬車鉄道の最盛期は夏季で、明治３２（１８９９）年８月８日付の『静岡民友新聞』はその様子を次のように伝えている。「馬車と旅館　御殿場駅に於て富士登山の客すこぶる多ければ、須走行と直に東表口新道を登山するものの別なく、同所の馬車会社に於て馬車に引込んとし、又旅舎は我店に引込んと大声を以て呼び込み、競争すこぶる甚だ敷、毎日停車せる度競争を為し実に見ものなれば、暇人は毎日同所に出でて見物せるものあり。」（句読点は引用者）

　全通した明治３２年の１年間の利用数は、乗客約７万６０００人、貨物２６７万貫（約１万トン）、須走口から富士登山者が利用する７月・８月は他の月の２倍近い乗客を運び、貨物も含め下半期の方が多い。

　貨物は須走村の需要品だけでなく、駕籠坂峠を越えて山梨県郡内地方へ送られる米穀類・食塩・酒類・日用雑貨・食料品など種類も多く、なかには沼津から汽車で送られてきた魚介類なども急行荷として取り扱われた。郡内地方への送荷は、須走から荷駄に積み替えられて駕籠坂峠を越えたが、山梨県側では駕籠坂・富士吉田・大月間の富士馬車鉄道（山梨県所属）を経て甲府方面へ結ばれた。須走より駕籠坂まで路線延長して都留馬車鉄道との連絡が計画されたのも自然の成り行きであった。

　同３３年上半期決算から株主への配当はなく利益金は社債返済にまわ

る。業績が思惑どおりではなかったが、このころが御殿場馬車鉄道の全盛期であった。「御殿場停車場の賑ひ　同所は富士登山者と下山者とにて織(おる)が如く大賑にて、同所東表口組合事務所附近には毎夜夜店を出し夜景一層賑はしく、同所は僅か一町計(ばかり)の所に吹矢・空気銃・射的等数拾戸の遊技場もありと」『静岡民友新聞』明治３４年８月１１日付。

駕籠坂まで延長　全線１５.７km　明治３５（１９０２）年１２月９日延長工事が終わり須走・駕籠坂間４マイル３３チェーン（約７km）が開通し、新橋・駕籠坂間９マイル６１チェーン（約１５.７km）となる。１日１３往復、全線を新橋行２時間、駕籠坂行は約３時間半で運行した。柏の木から須走までの複線軌条を単線として取り外し、その軌条を延長路線に敷設した。駕籠坂峠直下の軌道は従来からの道路が使用できず、馬車は直登りの形になった区間で滑車とワイヤーを使って馬車を巻き上げたという。

　「テト馬車」の人気と裏腹に馬車の事故はしばしば起きた。馬方や馬力引をしていた男たちが、いきなり駅者になったため当初は脱線したり荷物をこぼした。乗客の酒機嫌・富士浅間の御詠歌で腰の鈴を振り金剛杖の突き鳴らす騒ぎに、馬は驚いて突っ走り谷間に墜落。梶棒が折れて乗客１３名を乗せたまま脱線転覆、重傷１、軽傷６。後部車輪が軌道から外れ車体は転覆し軽傷数名。大雪や暴風雨など悪天候にも悩まされている。同年３月従来請け負わせていた運送業者による荷馬車の運行を会社の直営で行うこととなった。駅者に揃いの制服を着せたように、馬夫には揃いの法被(はっぴ)を用意して「テト馬車」の威勢を示した。

中央線開通で馬車　鉄道の株価大暴落　明治３５（１９０２）年１０月１日中央線鳥沢・大月間、翌３６年２月１日大月・初鹿野間、同年６月１１日初鹿野・甲府間がそれぞれ開通する。この中央線の開通によって、御殿場馬車鉄道は決定的な大打撃を受ける。

　富士山は古来より霊山として知られ、毎年夏には多くの登山客を集めていた。中央線開通後はその登山者で利用客は増大していた。御殿場馬車鉄道でも夏期収入の圧倒的数字は、東京周辺からの富士登山客によるものであった。ところが、中央線の開通で東京周辺の登山客は、東京か

西部劇映画のワンシーンを彷彿させる雰囲気が漂う新橋停車場

ら甲武鉄道で発ち、八王子で中央線に乗り換え、大月停車場から富士馬車鉄道（山梨県所属）・都留馬車鉄道を利用して富士吉田口から富士登山ルートの方が、時間も短縮され運賃も安くなったのである。同年夏期の東口御殿場からの登山者は、例年にくらべ半減し、反対に吉田口は多数の登山者で大いに賑わったという。

このため御殿場馬車鉄道の株価（創立時１株２０円）は、明治３６年２月から３月に７円、同年８月で５円の取引相場となり、翌３７年２月には２円台に落ち込んでいった。さらに従来御殿場停車場経由であった郡内地方への東京方面から貨物輸送が、中央線大月停車場経由となり致命的な打撃を受けることになる。翌３８年９月御殿場馬車鉄道は経営が行き詰まり解散する。

富士山観測家 野中到が経営　破産した馬車鉄道を１万円で買収したのは気象観測家野中到（いたる）である。野中到は私費で富士山頂に観測所を設け、妻千代子とともに明治２８（１８９５）年１０月１３日から同年１２月２２日まで、厳冬期の富士山観測を行い、日本最初の高所観測を遂行して全国にその名を知られている。新田次郎の長篇小説『芙蓉の人』に全編が描かれている。当時、野中到は地元の駿東郡玉穂村中畑に居住し、富士山頂冬期気象観測施設の設置運動を進めていた。

野中御殿場馬車鉄道と社名変更し、野中到社長は同年９月２１日御殿場公会堂に地元有力者１００余名を招待し、馬車鉄道の再出発を祝い披露宴を催している。明治４１年１２月末当時、保有車両は客車１４、貨車１０、馬２５、職員は支配人以下２６名であった。

同年の輸送状況は、旅客６万３０００人・収入１万９７６円、貨物は

８００トン・収入１５００円で貨物収入は旅客収入の１３．７％にすぎない。総収入は全通当時の７０％であった。しかし年１割２分配当を行い、７４２円を次期繰越金とした。ところがこの経営も長続きしなかった。馬車鉄道は次第に利用範囲が御殿場地域に限定されていく。

バス・トラックの進出で廃止　野中御殿場馬車鉄道は、明治４２（１９０９）年４月８日御殿場の地主で事業家の勝亦国臣・杉山隆義らにより再び御殿場馬車鉄道株式会社に譲渡された。沿線の地形に難所が多く馬車の事故が絶えないため翌４３年２月人車軌道に変更願いを提出しているが、これは実現されていない。また町税の免除を願い出て認可されている。

　大正６（１９１７）年９月２５日新橋・西田中コウノ巣間に短縮、同９年春上町から分かれ足柄街道に沿い中町まで延長され、一方、上町・西田中コウノ巣間が廃止される。

　山梨県の富士山麓電気鉄道傘下の甲駿自動車が御殿場駅横にバス発着所を設置、乗合自動車（バス）・貨物自動車（トラック）の普及する時代に入った。御殿場馬車鉄道は昭和４（１９２９）年１月１９日解散し３０年の歴史に終止符を打った。「馬車道」と呼ばれる道路が名残をとどめている。

遠州地方最初の民営馬車鉄道

城東馬車鉄道

堀ノ内停車場を起点に敷設出願　東海道鉄道堀ノ内停車場（現菊川駅）は明治２２（１８８９）年４月１４日静岡・浜松間開通と同時に開業すると、停車場周辺はにわかに賑わいを見せてきた。堀ノ内停車場前はわずか５０戸ほどの村落にすぎなかったが、開業後１年あまりで運送店・物産店・旅館・銀行・郵便局・酒屋・煙草屋・小間物屋・飲食店など建ち並び、芝居や寄席を絶えず興業する盛況ぶりで１００戸に倍増した。

　鉄道開通の同年４月１日は町村制が施行され、城東郡のこの地域には従来２３カ村あったが、河城・西方・加茂・六郷・横地・中内田・下内田の７カ村の合併が成立した。地域道路網も整備され、堀ノ内停車場は物資の運搬流通・人馬の交通の拠点となり、池新田・御前崎方面にも広がっていった。

　明治２６年堀之内・池新田間に軌道敷設の話し合いが松下幸作・高力（こうりき）貢・丸尾謙三郎ら地元有力者・実業家によって進められていた。明治２９年８月２８日馬車鉄道布設請願書が内務大臣に提出され、翌３０年６月１日堀之内・南山間の軌道敷設特許状が農商務大臣より交付された。

　城東馬車鉄道株式会社が明治３１年９月２１日設立され、資本金４万円、本社を小笠郡西方村堀之内３５番地に置いた。取締役社長に高力貢、取締役に縣一郎作・松下幸作・山内儀三郎・石川五郎、監査役には外岡啓治・長坂勝太郎・樽松新次郎がそれぞれ就任した。

　城東馬車鉄道の敷設工事の起点堀之内は、東海道線堀ノ内停車場前の本社隣りで、車庫や厩が設けられた。路線は町の西裏を南下して現在の五丁目上で里道に合流する。地元では町の本通りを希望したが、道路を２間半（約４．５ｍ）から４間（約７．２ｍ）に拡幅し、家屋移転に５０００円が必要となり、西通りであると２０００円で済むため西通りとなった。五丁目の手前に１２０ｍほどの専用軌道があったが、古老は今

でもここを「馬車道」と呼んでいる。五丁目から里道（堀之内池新田往還・現県道３７号線）の東側を終点の南山まで向かった。沿道は一帯に沖積平野で高い山もなく幅の広い川もなく、途中の橋はすべて木橋であったが専用軌道を設けることもなく、交通路の妨げになるものも少なく工事は順調に進み、翌３３年６月竣工する。工費は総額３万８０００余円を要した。

明治３２年堀之内南山間開通　明治３２（１８９９）年８月１日堀之内・南山間に城東馬車鉄道が開通した。全長５マイル６５チェーン（約９．４ｋｍ）、軌間２尺（６０６ｍｍ）。１２ポンドレールが使われた。区間は堀之内・五丁目・万田・三軒家・円通寺・西横地・土橋（つちはし）・奈良野・奈良渕・城山下・平田・赤土・虚空蔵新道・南山の１４カ所であった。城東馬車鉄道は静岡県では９番目、遠州地方では東海道線に次ぐ開通である。『静岡民友新聞』は同月３日付で次のように報じた。「●馬車鉄道開通　小笠郡堀の内南山間なる城東馬車鉄道の全通式は、予報の通り一昨一日（いと）を以て挙行したり。朝来の降雨を厭はずして来会したるもの無慮二百六十余名。（中略）式を終へ迎友館内における祝宴に移りたり。夫より三時四十分一同馬車に乗りて試運転を為せしが、車体の動揺少なく三軒屋・奈良野・平田・赤土等の停車場を過ぎ終点南山に達したり。此日堀の内は勿論、各駅とも緑門（アーチ）を造り烟火（はなび）を打掲げ頗（すこぶ）る雑踏を極めたり（後略）」（句読点は引用者）

開業当時は１日１２往復運転され、所要時間は全線を約１時間、速度は時速１０．７ｋｍ、運賃は全線１３銭、最低運賃は２銭であった。車両は明治３７年１月現在、客車８（定員１２人）、貨車は無蓋車８、合計１６両であった。動力の馬は１２頭で、馬は１頭立てで、馬の頭の両側に目かくしをして、ひたすら軌道上を走るようにした。

駅者の服装は開通当初は質素であったが、のちに金ボタンの制服を着用し、冬にはマントまで着込んだ小粋な身なりになった。駅者が馬車のデッキに立って長いムチで馬の尻を叩いて馬を走らせ、同時に常にニンジンなど馬の好物を用意して馬をいたわった。馬は１頭につき１日２往復走り、本州産の馬のほか北海道産も用いられ、北海道産は体格もよく

牽引力もあった。

桜ヶ池大祭に人馬一体の大輸送 開通の翌３３年度は物珍しさもあり旅客数９万３９５０人で城東馬車鉄道の経営のうちで最も多い。この期の「営業報告書」には「前期ニ比シ乗客貨物賃金ニ於テ壱千余円ノ増収アリシハ夏秋ノ候常ニ往復頻繁ナルト炎暑ヲ厭ヒ徒歩スルモノ寡キメ荷積車夫ノ休業スルモノ多キ等ニ依ル」と増収の理由が記されている。

桜ヶ池大祭輸送のにぎわい（堀之内停車場）

　ところが日露戦争中の明治３７（１９０４）年は４万７２１４人、同３８年は５万２６１８人といずれも落ち込んでいる。『小笠町誌』によれば高力貢社長は「明治３９年には資本減資の登記をし、同志鈴木甚輔らと自らの資産を投じて経営にあたった」と記している。この年５月、資本金４万円を２万円に減資しているが、これは日露戦争の影響であること、それにこの馬車軌道が片田舎の南山が終点になっていることにあった。南山は池新田・佐倉・御前崎方面への乗合馬車との中継地であった。

　明治３７年１月１５日南山より池新田までの「馬車鉄道線路延長布設願」が内務大臣に提出された。しかし延長計画は順調に進展せず、延期に延期を重ねた。馬車軌道が一気に池新田まで延長できなかったのは、この先が丘陵地で１００ｍほどのトンネルを必要とし、これが大きな負担であったといわれている。馬車鉄道は沿線の物資も輸送した。とくに肥料・瓦が多く、瓦搬出のときにはトロッコを連ね人力で輸送した。

　明治３５年１月当時沿線にあった平田小学校の塚本松平校長は『鉄道馬車唱歌』を作詞している。その歌詞の１０番には「高天神の西の方、徳川武田の古戦場、与八郎の名も高く、一里へだてて望むべし」と旧跡

を懐古し、11番には「人の寄り来るステーション、銀行商店立ち並び、四方便宜のところとて、登記の役所も置かれたり」と、鉄道敷設後わずか2年あまりで、田んぼの中の平田村の発展の様子が歌われている。平田村が菊川流域の各村や横須賀・相良方面へ向かう分岐点となる位置だったからであろう。最大の輸送は、佐倉の桜ヶ池のある池宮神社の秋の大祭で、この日には近郷近在からの参詣客が繰り出し、人馬一体の大輸送が終日行われた。

御前崎軌道に社名変更　大正6（1917）年1月20日御前崎軌道株式会社に社名変更した。これは馬車軌道の終点南山から榛原郡御前崎村まで、路線を延長する計画があったからである。社名変更を機に経営陣が一新した。新取締役社長に松下幸作、常務取締役に伊藤幸市郎、取締役は山内儀三郎ら5名、監査役も5名が入れ替わった。資本金は15万円に増資された。同年下半期の「第40期営業報告書」に新旧株主表が掲載されている。旧株主48名は城東馬車鉄道最終期の株主で、御前崎軌道になって一挙に490名に膨れ上がっている。このうち5株以下の株主は377名におよび、全体の77％を占めている。旧株主は主として沿線の堀之内・南山間であったが、新株主は延長計画の池新田・御前崎方面に増加し、さらに掛川・横須賀・袋井・浜松・島田・藤枝・袖師・東京方面にもおよんだ。

　大正6年度下半期の営業報告書には「世間一般の好景気の余波をうけて、乗客収入は前年同期の1割5歩、貨物収入は3割3歩強の増収をみたが、諸物価の騰貴によって、純益は前期に及ばなかった」とある。御前崎軌道はおよそこのような営業状況で推移した。城東馬車鉄道時代の終点南山から、御前崎村までの延長計画と同時に、動力を馬車から蒸気機関車に一新させる構想があった。

電気鉄道計画と副業の電灯事業　この路線延長動力変更化計画は、折からの第一次大戦の影響で石炭の価格が高騰し蒸気機関車では困難と見込まれた。そこで蒸気機関車をとりやめ、動力を豊富で安価な水力発電による電力での電車計画に変更した。

　松下社長はこの電車計画にとりわけ熱心に取り組んだ。しかしこの計

御前崎軌道の休憩中の馬車鉄道

画も「財界ノ大変調ニ逢着シテ資金不足」のため、電気鉄道の軌間を3フィート6インチから2フィート6インチに縮小し、線路・車両の規格を引き下げて予算の節減をはかった。

御前崎軌道では電気軌道の計画に合わせて電灯事業も計画した。この事業は日英水電株式会社より電力の供給を受けて、小笠郡と榛原郡南部に配電するものであった。

大正7（1918）年6月両社の間で電車開通まで（夜間電灯用）として1カ月につき5400kW時、電車開通後は1カ月につき2万5500kW時の電力供給を受けることになった。日英水電株式会社の金谷変電所から電力の供給を受けて、河城村（現菊川市）から比木村（現御前崎市）・土方村（現掛川市）までの15カ村に供給した。

大正9年7月に南遠電気株式会社を合併し、供給範囲を榛原郡南部の御前崎から小笠郡南部一帯に拡大していく。しかし、翌10年10月電力事業は静岡電力株式会社に吸収合併されることになる。静岡電力株式会社は富士製紙を母体として設立された会社で、合併を重ねながら静岡県中西部に営業範囲を伸ばしてきた電力会社であった。

御前崎軌道は本業の鉄道路線延長も電化計画も実現させなかったが、副業の電灯事業は成功し、短い期間ではあったが小笠郡と榛原郡南部地方に電力を供給したのである。その後、御前崎軌道は堀之内軌道運輸へ譲渡されていくことになる。

城東馬車鉄道

秋葉山・可睡斉の参詣客も輸送する

秋葉馬車鉄道

相良・信州を結ぶ「塩の道」　明治２２（１８８９）年４月１６日東海道鉄道が開通し、袋井停車場が開業した。同２５年４月１６日改正の「汽車時刻表」によると、静岡午前６時の下り始発は、袋井に午前７時５７分到着とあるから、所要時間は１時間５７分である。これは当時大変なスピードであった。

　鉄道開通まで袋井地域の産物と生活必需品の輸送は、福田港・掛塚港あるいは清水港までの陸路と海路によっていたが、東海道鉄道は従来の非能率的な輸送方法を大きく改善させた。

　袋井・森を抜ける秋葉街道は「信州街道」ともいわれ、静岡県相良から長野県飯田を結んだ古来からの重要路であった。信州の米・麦・たばこ等の物資は掛川を経由し、また相良近辺の魚介類、とくに塩を信州への移入路として「塩の道」とも呼ばれていた。経路は駿河湾に面した相良港から牧之原台地を越え新野・加茂・西方・掛川を経て森町に入り、三倉川沿いを北上する。犬居・秋葉山から天竜川沿いの西渡を経て、水窪川沿いを相月・水窪を抜け、翁川沿いをさらに北上し、遠州と信州との境界にあたる青崩峠に至る。

　遠州秋葉山本宮秋葉神社は、赤石山脈の遠州平野に突き出した最南端の天竜川上流に位置する標高８６６ｍの秋葉山を御神体山としてその山頂にある。奈良朝以来、火防開運と病魔悉除の神として崇敬され、「秋葉講」の信者は全国におよぶ。杉・桧がうっそうと生い茂る広大な境内一帯は荘厳な趣をたたえ、周辺の各街道筋には秋葉神社に参拝する信者のため木造・石造の無数の常夜灯が設けられている。

　中遠地方は平野と北部に山地をひかえ、明治期以来米作・茶業・柑橘栽培・木材・藁加工などの発展をみせていた。しかしその物資の流通は、東海道鉄道のほかには相変わらずの人や牛馬の荷車曳きにたよるほかなく、流通の困難さをひときわ強くかかえていた。森の石松で名高い遠州

森川橋を渡る秋葉馬車鉄道

森町でも袋井停車場から遠く北にへだて、政治・経済・文化の発展から取り残される状況にあった。これが地元資産家たちの鉄道経営への関心をかきたてたのである。

秋葉街道に馬車鉄道走る　このころ、遠州三山で知られる法多山尊永寺・万松山可睡斉・医王山油山寺のひとつ法多山の門前と袋井停車場とを結ぶ約４．５ｋｍに鈴木友太郎は馬車５台を保有して乗合馬車の営業を行っていた。沿道の旅客・貨物輸送と法多山への参詣客を顧客として、人々からは「ガタ馬車」と呼ばれていた。

　明治２２（１８８９）年１月１２日付の『静岡大務新聞』に次のように報じられた。「●木道馬車敷設の事　…当初袋井宿近傍の有志者が森町より袋井宿へ出る間に敷設せんとて其の筋へ請願せしに、ほぼ許可となり仮測量までもなせし程なるが、其の後掛川宿の有志者が突然其の線路を変じ、森町より掛川に出る間に敷設せんとて是れ又た事情を具して其の筋へ請願し、双方互角の努力をなして競争し居ることなるが…」とある。

　ここで注目されるのは軌条(レール)を「木道」に計画していることで、明治２４年７月２５日開通した藤枝焼津間の人車軌道の軌条も「木道」である。

　明治３２年１２月６日秋葉馬車鉄道株式会社は、馬車鉄道敷設の特許を得て、資本金６万５０００円をもって周智郡森町に本拠を置き、秋葉街道沿いに建設工事を進めた。取締役社長に豊田庄九郎、取締役に豊田儀一郎・大石徳太郎・秋鹿(あいか)五郎八ら地元実業家・有力者が就任した。

　明治３５年１２月２８日森町・袋井停車場前間に馬車鉄道が開通した。軌間２フィート５インチ（７３７ｍｍ）、全長８マイル４３チェーン

秋葉馬車鉄道　213

（約１３．７ｋｍ）であった。始発の森町、中間の山梨、終点の袋井の３カ所に馬小屋と馬車小屋があり、飼葉桶で馬に餌を与えた。定員１２人乗りの箱馬車は、木造で長さ１．５間（２．７ｍ）、幅・高さとも１間（１．８ｍ）で、車体の周囲にはガラス窓があった。レールは、前述の木造ではなく鉄製に変更されている。

可睡斉参詣客に可睡線新設　馬車の前方デッキに駁者（別当）が乗り、車掌（監督）は切符と改鋏ペンチを入れたカバンを肩に下げ、乗客は馬車の後部から乗り降りした。駁者は夏は半袖シャツに黒ズボン、冬には黒の詰襟にカラーをつけた制服を着込み、ひさしのついた帽子をかぶり、革靴を履いた粋ないでたちをしていた。馬車が出発するときと、停留所に着く直前に駁者はラッパを手にして「テトーテトー」と吹いて合図した。「テト馬車乗れ乗れ、銭なきゃよせよせ！」と沿道の人々も真似をしたという。デコボコ道を直接通ったガタ馬車と違い、馬車鉄道は軌条の上を走ったから揺れは少なく、速度もあって乗り心地はよかったようである。時刻表はあったが運行の途中で事故に遭遇したり、馬の機嫌が悪いと定刻どおり走れなかった。

　出征兵士を見送るときには馬車を４・５台連ねた。秋葉山に参詣する乗客は終点森町からガタ馬車に乗り換えた。停留所の途中でも手を上げれば乗せてくれる気安さもあり、馬車鉄道は好評であった。馬車鉄道はしばらくガタ馬車と競合していたが、道路が悪く能率的でなかったガタ馬車は馬車鉄道に対抗できず、やがて廃業していった。

　沿線途中に所在する可睡斉への参詣人の増大と、同境内に日露戦争で犠牲となった全国５万人余の戦没者を祀る国護塔の建設とも相まって、支線の可睡線を計画した。明治４４（１９１１）年１２月２８日可睡口・可睡間１マイル２チェーン（約２ｋｍ）が開通し、全国からの可睡斉への参詣人の輸送体制も整い、一方、茶の集散にも馬車鉄道は活躍した。「沿線ニ於ケル客貨ハ逐年激増シ、現在運転セル馬車鉄道ヲ以ッテシテハ到底輸送ノ円滑ナラシムルアタハズ」として、大正８（１９１９）年１２月秋葉鉄道株式会社に合併されていく。

静岡県最初の民営電気鉄道

伊豆箱根鉄道軌道線

**電燈会社の鉄道
１０路線計画案**　　明治中期、文明開化の花形の一つであった電燈事業を、駿豆地方にも花咲かせようと考えていた有志たちがいた。田方郡函南村の仁田大八郎・小柳津五郎・渡辺万介・贄川邦作ら地元有力者が発起人となり、明治２９（１８９６）年５月３日三島町六反田に資本金５０万円をもって駿豆電気株式会社が創立された。駿豆電気は函南村平井の柿沢川に発電能力２７５ｋＷの水力発電所を建設して、静岡県内最初の電燈会社として華やかにスタートした。駿東・田方両郡内を配電区域とし、のちに資本金１００万円増資して神奈川県の湯河原温泉にまで配電区域を拡大した。

　全国の電燈会社の多くは、明治３５年から明治４０年代にかけて自社の電気を動力として鉄道事業を兼業する傾向が次第に強くなっていた。明治３８年駿豆電気は第１０回定期株主総会の席上、これまで社内で検討を重ねてきた鉄道事業案を発表した。

　その計画案は、沼津三枚橋より三島広小路に至る旧東海道往還（明治３６年１１月１２日免許取得）と、三枚橋より沼津停車場に至る市街線との連携敷設、三島広小路より大中島・小中島両町を経由して三島町停車場に至る市街線、小中島町より分岐して伝馬町に至る大社線、さらに沼津―鈴川線、沼津―江ノ浦線、三島―湯本線、鈴川―静岡線、吉原―甲府線、修善寺―湯ヶ島―伊東線であった。この発表を聞いた株主の中には、自分の耳を疑い重役陣の経営心理に疑念さえ抱く者もいたが、会社側は既定方針通り終始一貫した態度で計画推進の構えをみせた。

　静岡県内の民営鉄道史上、たった１社でこれだけ多くの鉄道敷設計画を株主総会の席上とはいえ発表した会社は、駿豆電気以外に類例をみない。この背景には２０世紀という新時代にふさわしい産業振興・日常生活の向上に不可欠な電力供給事業経営をしていたからであろう。

県内初の電車三島・沼津間開通　明治３８（１９０５）年１１月敷設工事はまず三島六反田・沼津三枚橋間に工費約１５万円で着手した。翌３９年６月２５日沼津三枚橋・上土間、同年６月３０日沼津三枚橋平町・志多町・城内間の免許がそれぞれ下付された。同年１０月１日駿豆電気は駿豆電気鉄道株式会社に社名変更した。その間にも軌道建設工事は進められた。電車専用の黄瀬川架橋工事、道路拡張工事、軌道敷設工事、架線工事などが終了し同年１１月１０日竣工した。明治３９年１１月２８日六反田（三島広小路）・沼津停車場前間４マイル８チェーン（約６．５ｋｍ）が開通した。静岡県最初の電車で全国では京都・愛知・大分・神奈川・三重・東京・大阪・高知に次ぐ９番目であった。軌間３フィート６インチ（１０６７ｍｍ）、架線電圧６００Ｖのシングルトロリー式、待避線３カ所、車庫には最新形の４輪電動車６、付随車１、貨車４（有蓋２．無蓋２）計１１両が晴れの出番を待ちわびていた。区間は三島広小路（六反田）・木町・千貫樋・伏見・玉井寺前・八幡・長沢・国立病院前・臼井産業前・黄瀬川橋・黄瀬川・石田・麻糸前・山王前・平町・三枚橋・志多町・追手町・沼津停車場前であった。

　開通当日は大社前と小中島・沼津平町の３カ所に大緑門（アーチ）を建て、街頭には紅白の幔幕と祝灯を掲げるなど、戦勝景気に満ちあふれたように三島・沼津両町民は町を挙げての歓迎であった。碧空にさく裂する煙火・花電車・珍しい蓄音器の公開・仮装行列・山車・屋台・芸妓手踊・楽隊などが繰り広げられるなかで数百人の来賓による大祝賀式が開催された。当日は電車を終日無賃としたため、歓喜した沿道の住民たちは群れをなして電車に殺到する人気であった。来賓の李家静岡県知事を乗せた沼津発の電車が途中で故障し、祝賀会場で待っていた藤山雷太社長以下重役らが心配しているところへ、知事一行は徒歩で会場にたどり着くというハプニングもあった。開通時には全線を４０分で運転した。

　『静岡民友新聞』は開業の模様を明治３９年１１月２９日付の３面トップで次のように掲載している。「駿豆電鉄開業式　参観人数万　未曾有の盛況なり　前日来の秋雨名残なく霽れて、富士の霊峰は裾まで白衣を垂れ、愛鷹箱根の紅葉錦を織り成して、秋郊の光景三春の花にも勝る

伊豆箱根鉄道軌道線略図

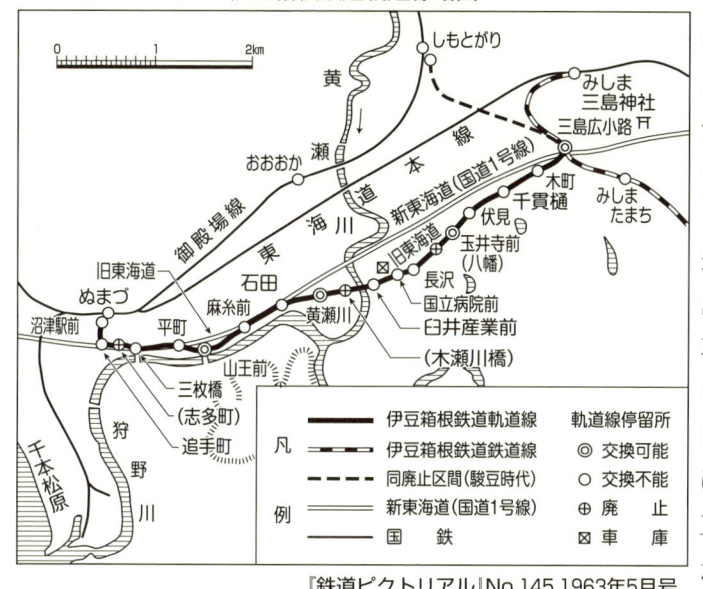

『鉄道ピクトリアル』No.145 1963年5月号
禅　素英 著「伊豆箱根鉄道軌道線」より

時、駿豆電鉄の開業式は昨日盛大に挙行せられたり…」

駿豆電気鉄道はその後三島市内線の電車敷設の免許を明治40年9月25日受け、翌年2月工事に着手した。

三島市内線六反田・三島田町間開通　明治41（1908）年8月3日六反田（三島広小路）・三島町（三島田町）間40チェーン（約0.8km）が開通した。次いで第2期工事予定の伝馬町に至る大社線は、用地の交渉がまとまらず開通されずに終わる。この駿豆市内線は広小路で伊豆鉄道の線路と交差する箇所があった。当時の鉄道技術ではレールの立体交差はできなかった。もちろん平面クロスの認可も安全性のうえから認可されなかった。したがって三島市内線は伊豆鉄道の線路と交差する手前でレールは中断していた。乗客は踏切をはさんで徒歩で横断し、車掌が降車して電車を押して交差点を渡ったという。

　三島市内線の区間は歩いて5、6分のところで、電車の運転間隔は30分だったから、乗車する人はよほど物好きな人か、花街の広小路へ遊びにいく人が格好をつけてわざわざこのチンチン電車に乗った。三嶋大社の例祭には、駿豆電気鉄道では子供たちを無料で乗せるという粋なはからいを示し大変喜ばれた。しかし大正4（1915）年1月18日限りで、三島市内線は開通からわずか7年足らずで休止となり、のちに駿

伊豆箱根鉄道軌道線　217

豆鉄道線に編入されていく。

大正6年駿豆鉄道に改称　駿豆電気鉄道は創立当初から豆相鉄道を買収して電化の計画を立てていた。明治40（1907）年7月19日に豆相鉄道は伊豆鉄道に譲渡していたが、銀行家の花島兵右衛門らの鉄道経営は思わしい業績が上げられず、明治44年10月駿豆電気鉄道に譲渡した。

　大正5（1916）年になると、従来より電力供給契約を行ってきた富士水力電気株式会社との複雑な事情と、藤山社長が東京の事業に専念し、2代目渡辺万介社長は上京中に客死、3代目西沢社長も他の事業上の失敗から退陣するという内部事情もあって、同年10月5日甲州系財閥が支配する富士水力電気に吸収合併され、同社の鉄道部となる。

　大正6年11月5日新しく発足した駿豆鉄道株式会社は、三島町・沼津駅前間の電気軌道路線と三島駅（現ＪＲ下土狩駅）・大仁間の蒸気鉄道の権利一切を譲り受け、資本金30万円、従業員144名であった。同年12月に本社を東京市麹町から三島町（現三島田町駅前）に移し、資本金100万円に増資した。ここに現在の伊豆箱根鉄道株式会社の基礎となる駿豆鉄道は再スタートすることとなったのである。

活躍した三島沼津間軌道線　大正時代はバスとの競合もなく、軌道線の黄金時代で大正14（1925）年7月に最後の新車20形（後のモハ10形）4両が中興の花を咲かせている。その後各地でバスが台頭してくるが、この駿豆軌道線は他の私鉄にくらべ乗客が多く利用し、日華事変が勃発するころまで順調なようであった。第二次大戦が始まると、石油統制によって悲惨な姿をさらしたバスとは反対に、再び輸送の主役として登場することになる。昭和9（1934）年ごろは早朝・夜半は24分毎、昼間12分毎で、広小路・沼津間24分で走った。広小路始発5時24分、沼津着5時48分で、終電広小路発23時、沼津着23時24分であった。

　沿線途中の東京麻糸工場へ通勤する女子工員のため、広小路発7時、夕方は沼津発17時が運転された。小学生の遠足・海水浴客・団体貸切用にもよく利用された。

　やがて太平洋戦争の激化とともに軌道線にも残酷物語がひたひたと押

三島・沼津間軌道線が廃止されバスとの切り替え式風景
(清水村玉井寺付近)

し寄せた。電車のモーター保護のため、パラノッチ運転が禁止され、全線２６分運転にスピードダウンし、日中１３分間隔運転となった。広小路・三島田町間の本線乗り入れも休止され、車庫出入以外はすべて三島広小路発着となった。定員増加のため車内のシートが半減し、戦争末期にはとうとう全座席がなくなり、まるで荷物電車並みとなった。

　男子従業員が出征して若い女性が電車のハンドルを握って勇敢に運転した。

　終戦後は資材不足で車内の窓はガラスがほとんどない板張りで、まるで犯罪者の護送車のように変わり果てた。しかし当時の食糧難を反映して農家への買い出し客やヤミ屋が横行し、列車は終日すさまじい混雑ぶりで、１３分ヘッドでも始発で３本は見送らないと、乗車できないくらい長蛇の列が延々続いた。

フリークエントサービスの先駆　昭和３２(１９５７)年６月１日伊豆箱根鉄道軌道線となる。この路線のダイヤは注目に値する。単線ながら三島広小路発５時２４分から２２時３６分まで、００・１２・２４・３６・４８分で、沼津発５時４８分から２２時４８分まで、同じ１２分毎のラウドナンバーだからどの停留場でも大変憶えやすく、利用客を待たせないこの時刻表は、まさしくフリークエントサービスの先駆けといえよう。

　昭和３０年代に入りバス路線との競合が激化し営業係数も次第に増加していった。壊滅的な打撃を与えたのは、昭和３６年６月２８日の集中豪雨で大橋梁が流失し国立病院前で折り返し運転と、バスの代行運転となった。そして昭和３８年２月５日、軌道線は５７年にわたる歴史的使命を果たして幕を閉じたのである。

人車鉄道を改軌・改修した軽便鉄道

熱　海　鉄　道

芥川龍之介作「トロッコ」の舞台　熱海・小田原間に主として旅客輸送を行っていた豆相人車鉄道は、人車軌道の改修と軌間（２フィート）の改軌の申請を提出し、明治３９（１９０６）年４月２４日命令書の更新を受けた。改修工事施行認可は翌４０年４月２４日で、工事の着工は同年８月、３区に分けて行われ、全線の完成は同年１２月２２日というスピード工事であった。熱海・湯河原間８ｋｍを会社、湯河原・石橋村榎戸間１５．２ｋｍを鉄道大隊、榎戸・小田原間２．２ｋｍは請け負いで行われた。スピード工事の原因は、最長区間を担当した鉄道大隊の参加が寄与したといわれている。官設鉄道ならまだしも、民営鉄道の敷設に鉄道大隊が関与したことは、雨宮社長の政治的手腕か、豆相人車鉄道の建設に遅れがあったのであろう。

　この鉄道路線工事の模様を、芥川龍之介は大正３（１９１４）年３月雑誌「大観」に、少年向けの短篇小説『トロッコ』と題して発表している。
「小田原熱海間に、軽便鉄道敷設の工事がはじまったのは、良平の八つの年だった。良平は毎日村はずれへ、その工事を見物にいった。工事を—といったところが、ただトロッコで土を運搬する—それがおもしろさに見にいったのである。トロッコの上には土工が二人、土をつんだうしろにたたずんでゐる。トロッコは山を下るのだから、人手をかりずに走ってくる。あおるように車台がうごいたり、土工のはんてんのすそがひらついたり、ほそい線路がしなったり—良平はそんなけしきをながめながら、土工になりたいと思ふことがある。せめて一度でも土工といっしょにトロッコへ乗りたいと思ふこともある。…」

熱海鉄道から大日本軌道小田原支社へ　『日本鉄道史』下編に「明治３８年４月液体燃料及無煙炭燃料汽動車に変更、社名を熱海鉄道株式会社」と記されている。熱海鉄道は明治４１（１９０８）年７月２７日大日本軌道株式会社に合併され、その小田原支社となる。

伊豆山愛染橋を渡る熱海鉄道の軽便列車
（後の大日本軌道小田原支社線）

大日本軌道（本社・東京築地）は、取締役社長に雨宮敬次郎が就任、全国８カ所の軌道を統合して新設した会社で、小田原のほか熊本・福島・静岡・山口・伊勢・浜松・広島に支社をおいた。これらの鉄道はすでに部分的に開業しているものと、敷設中のものとがあり、明治４１年から翌４２年にかけて開業していく。いずれも地方の中心都市との結びつきを強めるために計画された鉄道で、各地の小軌道や鉄道に対する出資者であり、コンサルタント的な存在であった雨宮敬次郎が一歩進んで総合的な軌道経営・鉄道工事・車両製造に乗り出すスタートでもあった。

明治４１年に軽便鉄道開通　小田原・熱海間に蒸気機関車による軽便鉄道が営業開始したのは明治４１（１９０８）年８月１１日である。軌間２フィート６インチ（７６２mm）、全長１５マイル６６チェーン（約２５．５km）。らっきょう型・へっつい式などと愛称された火粉防止装置のついた蒸気機関車が２・３両の客車を牽引して毎時９．４kmの速度で走った。軽便鉄道とは、軌間１０６７mm以下で一般的に幹線鉄道の規格より低く車両類が軽量で、それらを支える鉄道工学でいう軌道を構成する路盤・道床・軌条・枕木・橋梁・隧道などが車両に応じて簡単な構造とされる。従ってこれを建設するための資金は少なくて済むが、鉄道としての輸送能力・運転速度などが低かったが、全国には実に１３８路線存在した。明治４２年５月の「時刻表」には１日７往復、所要時間全線を２時間２７分から２時間４３分となっている。大正２（１９１３）年４月改正の「時刻表」によると、新橋を午前８時３０分に発つと国府津・小田原（国府津・小田原間は電車）乗り換え、熱海に午後１時１８分に到着できた。小田原から早川・石橋・米神・根府川・江ノ

熱海鉄道　221

浦・長坂・大丁場・岩村・真鶴・吉浜・門川・稲村・伊豆山・熱海にそれぞれ停車した。

　運賃は小田原・熱海間で３等が７０銭であった。軽便鉄道の評判は概して良くなかったようだ。人車軌道より所要時間は短縮されたが、運賃が高く、乗り心地も悪く、何よりも煤煙の不快さが不評であった。地元民も煤煙などの反感が強く、客車に向かって投石したり、線路上に障害物を置く事件もしばしば起きた。これらは軽便鉄道に改修するときに、沿線住民との話し合いが円満に行われなかったためである。

　しかし、何といっても文明の利器で利用客は次第に増加していった。大正８年１０月には１日１０往復になり、所要時間も２時間４３分から２時間２７分にスピードアップされ、小田原・湯河原間は増発された。営業成績は同年の報告によると、純益は小田原支社がトップで６万４７３３円、次いで浜松支社の２万６６８９円、以下伊勢支社１万８４８０円、熊本支社１万５５４円、広島支社５９８９円、静岡支社５９８８円ほかとなっている。

雨宮敬次郎社長波乱万丈の生涯　ここで「軽便鉄道王」と呼ばれた「雨敬」こと雨宮敬次郎についてふれてみる。彼の姓は「あめみや」で車両会社の雨宮製作所のカタログにも「ＡＭＥＭＩＹＡ」となっている。

　雨宮敬次郎は幕末の弘化３（１８４６）年９月５日山梨県東山梨郡牛奥村（現塩山市牛奥）の名主雨宮総右衛門の二男に生まれた。１０歳のころ甲斐一の宮の学者修（周）斎敏春の塾で四書五経・唐詩選など学ぶ。

　１４歳で父から１両をもらい、５両借りてまゆや生糸の仲買いをはじめた。万延元（１８６０）年江戸の勘定奉行所へ訴訟に出る者の差添人になり、１日３朱の日当が目あてで滞在中３月３日に井伊大老が水戸浪士に斬られ、桜田門に見に行くと、雪の上に血のついた草履が落ちていたという。１６歳のとき家にある持ち金を注ぎ鶏の卵を買い、甲府の町で売りさばき何がしかの利潤をあげ、後年相場師となる最初の仕事であった。

　その後は真綿・古着・煙草・干柿・蜜柑などを商い、養子に行ってすぐ家を飛び出したり、農業の手伝いなどさまざまの人生経験を積んで１９歳までに６００両を貯える。やがて横浜に出て生糸・洋銀相場に手を

「軽便鉄道王」雨宮敬次郎

出し大儲けしたり大損したりを繰り返し、苦労を重ね１万円余を儲けたのは明治９（１８７６）年のことであった。若尾逸平・幾造の兄弟はじめ後の「甲州財閥」の創設者たちも生糸貿易から出発した例が多い。

雨宮はこの金で蚕卵紙を買い込みイタリアで売り込みがてら英語も話せず世界一周の旅に出て見聞を広めた。サンフランシスコのパレスホテルでエレベーターに乗り「極楽の思い」を味わい、１人部屋に入って「天子さまだ」と喜び、牛肉の美味に驚く。大陸横断鉄道から見た原野の開拓風景から開墾事業に興味を抱く。横浜の両替屋金子屋へ住み込むが売込問屋の信州屋の主人が亡くなり望まれて未亡人と一緒になるが婿を嫌って「雨宮」姓で通した。

当時外国人との商取引では必ず１％のコミッションを取られる習慣になっていた。彼はそれを不当な特権だと主張、自ら石油の直接取引を行い、逆に外商からコミッションを取る。明治１７年洋銀相場で大失敗し再びどん底に突き落ちるが、夫人の〝虎の子〟の大判金貨２枚を元手に洋銀相場下落の兆候を巧みにつかみ、わずか１カ月で２万円を稼いだという。彼の本領は開拓期の商人にふさわしい典型的な商投機活動であるが、同時に東京商業会議所が創設されるとその議員となり財界活動にも励んだ。翌１８年軽井沢の土地を買収、開墾して人びとを移住させ雨宮村をつくった。農村経済の確立にも多大な関心を示し、中央米商会の創設を提唱し各府県郡村の穀類収入高を報告させ、全国標準米価を定めようとした。また乾燥機械を全国の貯蔵所に設置させ、貯蔵米穀の腐敗を防げと主張した。明治２０年代になると鉄道ブームに目をつけ、甲武鉄道の経営に乗り出し、東京市街鉄道・京浜電気鉄道の社長ほか川越鉄道・北海道炭礦鉄道・江ノ島電気鉄道などの相談役に就任し、常に旺盛な好奇心と鋭い先見性、持ち前の度胸のよさで新分野を開拓していった。

彼は資本家として政府・陸軍と結合し軍用の鉄が足りないと岩手県の

熱海鉄道　223

仙人鉄山を買収し製鉄にも関与するが自分のソロバンは忘れていない。別荘地・農場開拓・製鉄・水力発電・港湾事業などアイデアマン雨敬の面目を遺憾なく発揮し、晩年は大日本軌道を創立してトップに君臨する。

　明治４０年前後が彼の最盛期で東京・九段の大邸宅に朝野の名士２０００人を招いてガーデンパーティーを開いた。明治３９年１０月２３日付『中央新聞』は「雨敬翁の還暦祝は名の如く雨慶なり」と雨模様を報じ「一夜づくりの不二の高峰」に並ぶ天幕は、富士の巻狩りを思わせると表現した。出席者は西園寺公望、山縣有朋ら重臣閣僚、松方正義日銀総裁、犬養毅らの各界著名人を挙げその盛会ぶりを克明に伝えた。

　明治４４年４月２０日熱海の別荘で６４歳のダイナミックな生涯を終える。葬儀には松方正義、井上馨ら明治の元老重臣たちが参列して盛大に執り行われ、遺骨は軽井沢の雨宮山の山腹に葬られた。

関東大震災の被害で廃線　大正８（１９１９）年当時、国有鉄道網の改良工事が進められていた。国鉄熱海線の建設が決定すると、小田原支社の軽便鉄道の勝敗は明白であった。大日本軌道は事前に政府と交渉し、翌９年７月１日政府は小田原支社の財産と鉄道に関する一切の権利を８５万円で買収した。同年同日、熱海軌道組合（代表雨宮豊次郎・故敬次郎の養子）と大淵龍太郎（元熊本軽便鉄道社長・弁護士）の設立が認可され、国鉄はこの組合に貸与して経営を継続させた。大正１１年１２月３１日国鉄熱海線が小田原・真鶴間に開通すると、これまでの軽便鉄道の並行区間は廃止され、真鶴・熱海間だけが軽便鉄道で運転された。

　大正１２年９月１日午前１１時５８分突如発生した大地震は東京はじめ関東地方に大被害を与えた。この関東大震災は、熱海軌道組合にも壊滅的な打撃をもたらした。真鶴、湯河原、熱海の各駅はいずれも倒壊し、線路も全線各区にわたり崩壊、埋没し、復旧の見込みは全くたたないほどの甚大な被害であった。同年９月２５日営業廃止願いを提出し、翌１３年３月２６日豆相人車鉄道の開通以来、幾多の話題を生んだこの軽便鉄道は、２９年にわたる歴史にその幕を閉じた。

　当時運転されていた蒸気機関車が、現在ＪＲ東日本、東海道本線熱海駅前に展示され、熱海を訪れる旅行者に往時の面影をしのばせている。

天竜川右岸と浜松を結ぶ軽便鉄道

浜松軌道中ノ町線

中ノ町村は天竜川舟運の中継地　北遠地方の天竜川上流から舟やイカダで運ばれた木材、鉱石、椎茸などの産物は、遠州灘に面した天竜川河口に古くから栄えた掛塚港で荷揚げされ、回船問屋のもとで東京方面や関西方面に向かう船に積み替えられていた。

　天竜川右岸に木材専用引込線の敷設計画は、明治２４（１８９１）年浜松町の有力者中村忠七、鶴見信平、林弥十郎らの着想があったが実現しなかった。

　天竜川治山治水事業で知られた金原明善は、天竜川流域の木材輸送のため購入した蒸気船が明治２１年３月初航海で不運にも難破した。その苦い経験から鉄道輸送に変更することを決意する。平野又十郎（掛塚商船会社総代）、小松正一（東京野口組代表）らとの請願により、明治２５年９月東海道鉄道に天竜川荷物取扱所が設置された。

　この設置により従来の海運輸送から迅速・安全な鉄道輸送に切り替えられていった。貨物の取り扱いは請願した３人によって設立された天竜運輸会社によって行われた。貨物取扱量が増加すると、明治３１年７月１日天竜川停車場に昇格し一般営業が開始された。

　明治３５年１月および２月の天竜川停車場の営業成績は全国第７位で、ちなみに第８位は浜松停車場であった。同４５年１年間の天竜川停車場の乗降客は８万９４０５人、貨物は１１万６７４７トンであった。掛塚港はこのため所属船舶は明治１９年１６９隻、同２４年１９３隻に対し、同３１年５９隻、同４０年２３隻、大正６（１９１７）年４隻と激減し、ほとんど港湾としての機能は失われていく。

馬込・萱場間ラッキョ軽便開通　明治３９（１９０６）年秋、浜松鉄道株式会社発起人により軽便鉄道敷設計画が出願された。発起人は「軽便鉄道王」と呼ばれ全国に知られる雨宮敬次郎（東京）・松浦五兵衛（小笠郡西郷村）・石岡孝平（掛川町）・中村忠七（浜松町）・鶴見信平

（同）・林弥十郎（同）・鈴木幸作（同）・高林維兵衛（浜名郡有玉村）・松本君平（東京）であった。明治４０年４月２日敷設特許を得られたが、翌４１年８月浜松鉄道は大日本軌道株式会社（取締役社長雨宮敬次郎）に統合され、その浜松支社となる。

　中ノ町線の敷設工事は旧東海道の天竜川右岸よりかつての浜松宿に向かう途中の北側に沿った松並木を伐採して、その跡地と路面を一部利用して進められた。明治４２年３月３日中ノ町線は開通する。遠州地方最初の軽便鉄道であり、現在の遠州鉄道株式会社の前身会社のスタートである。

　静岡県内で東海道線とほぼ平行して走る民営鉄道は三島・沼津間（明治３９年１１月開通）の駿豆電気鉄道と、静岡・清水間（明治４１年７月開通）の大日本軌道静岡支社線と、この中ノ町線である。いずれも県内の主要都市を結んでいる。

　中ノ町線の始発馬込は、東海道線浜松駅の東方約１ｋｍの馬込川左岸に設けられ、終点萱場は天竜川右岸（現浜松市東区中野町公民館）の地点であった。全線３マイル３０チェーン（約５．４ｋｍ）、軌間２フィート６インチ（７６２ｍｍ）、単線。開業当時の区間は馬込・植松・橋羽・萱場の４カ所であった。賃金（運賃）は各区間とも３銭、馬込・萱場間８銭で、普通乗車券（片道・往復）、回数乗車券・学生割引乗車券・池田村連絡通橋券付乗車券（片道・往復）も発売された。

　雨宮式蒸気機関車は、火夫が１人やっと横に入ることができ、火夫がシャベルで石炭を釜に投げ入れ、石炭を平均的に燃やすには、ちょっとした技術が必要だったという。客車１両を牽引して歩くより少し速い程度の時速８マイル（約１３ｋｍ）でのんびり走った。開通当時、物珍しさもあって見物人は多かったが、運賃が高かったため一般の利用客は乗り慣れた乗合馬車の方を多く利用した。

鴨江観音の彼岸祭は満員　開通の年の１２月６日馬込川に木橋が架設され、始発馬込・南新町間２３チェーン（約０．５ｋｍ）、翌４３（１９１０）年３月１８日南新町・板屋町間２５チェーン（約０．５ｋｍ）、終点萱場の中ノ町村地内２８チェーン（約０．６ｋｍ）がそれぞれ延長され、４マイル２６チェーン（約７ｋｍ）が全通した。

**大日本軌道浜松支社
中ノ町線路線図**

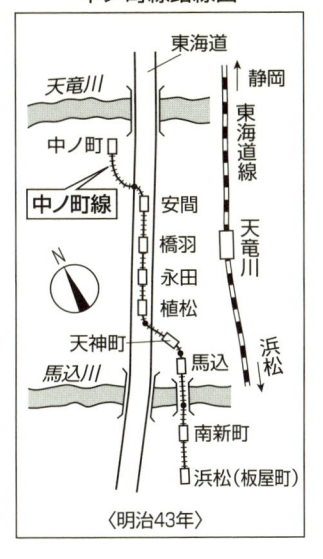

〈明治43年〉

　この全通により明治４２年１２月６日大日本軌道浜松支社の鹿島線板屋町・鹿島間１０マイル７０チェーン（約１７．７ｋｍ）開通と板屋町で接続した。大正末期には板屋町を発車すると南新町・馬込・木戸・天神町東・植松・永田・橋羽・薬師・安間・中ノ町に停車した。

　路線は浜松寄りでは旧東海道の南側に敷設され、家並みが続くところでは軒先すれすれに走ったので、機関車の煙突から出る火の粉が藁葺屋根に飛んできてボヤ騒ぎも時々起きたようである。現在、県道３１４号線松林寺東側の地点で、旧東海道を北側へ斜めに横切り道路沿いの家屋の裏側を通って中ノ町に着いた。

　全通当時の板屋町・中ノ町間の所要時間は約４０分。当時の時刻表によると、板屋町始発は午前６時１分、最終は午後７時２１分。中ノ町始発は午前６時４４分、最終午後８時５４分で、５０分間隔で運転していた。途中の植松で上り下りの列車が交換した。

沿線の古老が話すエピソード　中ノ町線が走っていたころ、沿線の松江町に住んでいた石塚貞一は軽便鉄道の思い出をこのように語った。「いまから考えれば、ちゃちなラッキョだったナ。煙突が細くて見上げるほど高いやつで、それが２０人位乗った車両を引っぱっていく。馬込川の木橋を登るとき、急な坂になっていたのでラッキョは黒煙を上げ必死で登った。雨が降ると、運転席にシートをかぶせて走っていたよ。中ノ町線のラッキョは奥山線（浜松鉄道）に比べるとちっぽけで、老朽化していたのでよく故障したり運休したり事故があった。大正１０年前後だったかな。馬込駅の西側で機関助手が走っているラッキョから線路わきに落ちている石炭を拾おうとして転落、ひかれて死んだ事故があった。これが人身事故第１号だと思う。それから鹿島線の貨物と、中ノ町線の客車が南新町駅構内で正面衝突した。機関士は飛び降りて無事だったの

を覚えている。脱線事故は年中あった。急カーブのところや路面を走っていたので小石が散らばっていて脱線した。鴨江観音の彼岸祭のときは中ノ町線は大変混んだ。車両も３、４両にふやして走ったが例の馬込橋が登れない。乗客が降りて後ろから押した。明治末期のラッキョは日露戦争で使われたものもあった。雨宮敬次郎の鉄工所で造ったラッキョも走らせていた。客車の明かりはランプで、機関車は鹿島線と同じで両線合わせて２２両走っていた。昭和１２年廃線になると秋田県に身売りされていった。」

木材・石炭・石灰の貨物輸送　明治４３（１９１０）年５月１３日貨物輸送が始められた。貨物は１級から３級まで等級ごとに運賃を定め、木材、石炭、石灰は特別割引した。大正元（１９１２）年の輸送状況は、貨物５万４７５０トン、旅客４３万人で活況を呈していた。

　終点中ノ町停車場は駅舎も立派で、駅員が常駐し機関車もあり、転車台は全通後に設置された。しかし途中の停留場はホームはなく、停留場名が書かれた案内板が道路脇に標示されていた。

　大正３年４月７日鹿島線の遠州西ヶ崎駅を起点に笠井までの笠井線が開通し、浜松支社はこれで３路線となった。蒸気機関車は黒煙を上げ、火の粉を散らして走り、大正５、６年になると沿線住民から反対運動が起こった。

遠州軌道・遠州電鉄・浜松軌道・浜松電鉄に変遷　大正８（１９１９）年６月１３日地元資本の天龍運輸が中心となり、大日本軌道浜松支社から譲渡が決まり、同年１０月１２日遠州軌道株式会社（取締役社長竹内龍雄）として再出発した。その後国吉に貨物専用駅が新設された。

　鹿島線の電化工事に先だち、大正１０年８月１７日社名を遠州電気鉄道株式会社に変更する。同線の電化は大正１２年４月１日遠州浜松・遠州二俣（旧鹿島間）が開通し、軌間３フィート６インチ単線で電圧６００Ｖで運転された。

　翌１３年２月１日遠州浜松・遠州馬込（０．７ｋｍ）間が開通し国鉄線との連絡貨物輸送が開始された。この区間は中ノ町線の２フィート６インチと鹿島線の３フィート６インチ軌間の三線軌条ではなかったかという内藤正己氏の説がある。文献等には見当たらないが、当時すでに同区間

国道（東海道）の南側を走る浜松軌道中ノ町線のガソリンカー

周辺には人家が建ち並び東海道(旧国道１号線)が横断していたから、同区間に新たに線路敷を確保する状況ではなかったことが考えられる。もうひとつ有力な手掛かりは石塚貞一のエピソードの中に「…鹿島線の貨物と中ノ町線の客車が南新町駅構内で正面衝突した」と証言していることである。

　電化によって鹿島線は客貨とも順調な営業成績を示したが、中ノ町線は相変わらずの軽便鉄道で営業成績は下る一方であった。その打開策として電化を計画し、電化免許は大正１１年６月に得て日本車両に車両の発注も行っていた。昭和２（１９２７）年１月１７日には浜松電気鉄道に社名変更した。ところが昭和２年の金融恐慌で資金の借り入れができず見送られることになる。

乗合バスとの激しい競合で廃線　大正１４年４月７日遠州電気鉄道の中ノ町・笠井両線は浜松軌道株式会社（資本金２２万円、取締役社長金原明徳）の新会社に経営分離し独立採算路線を目指した。中ノ町線沿線にも新興の乗合自動車が進出し経営の先細りが懸念された。そこで起死回生策として笠井線に導入して好成績を上げていた軌道自動車（ガソリンカー）を、昭和４年６月から中ノ町線でも運転した。「あのころ中ノ町線と乗合バスが、激しい客の奪い合いを行っていた。狭い東海道でバスと軽便が競走する。たいがいはバスが軽便を抜く。軽便の方が運賃は安かったが、なにせ軽便や軌道自動車はスピードが出ない。だからバスに乗る人が多かった。」橋羽停留場近くに住む松島達太郎は当時の状況をこのように話した。

　その後も乗合自動車の攻勢は激しく、昭和１２年２月１５日中ノ町線は２８年にわたる軌道の歴史に終止符を打った。

天竜川左岸と東海道本線を結ぶ人車軌道

中 泉 軌 道

北遠地方の鉱石輸送を目的　明治に入って天竜川の乗合船は２０石積み（およそ３トン）が使われはじめ、北遠地方の木材・鉱石・木炭・茶・椎茸・生糸などが天竜川を下っていた。その河口の遠州灘に面した掛塚港から船（最も大型は５００石約７５トン）に積み替えられ東京・下田・松崎・三津方面、さらに関西方面にも交易が行われていた。当時の海路では東京まで直行便で１週間を要していた。

　明治２２（１８８９）年４月１６日東海道鉄道に中泉停車場（現磐田駅）が設置され、旅客と物資の交流が中泉停車場を通じて盛んに行われるようになった。久根鉱山（現浜松市天竜区佐久間町）から産出する鉱石を、帆掛船で天竜川左岸の池田（現磐田市）で陸揚げし、中泉停車場まで運搬する方法を地元中泉町や池田村など近隣町村の有力者らで話し合われていた。

　当時北遠地方には、久根鉱山のほか峰之沢鉱山、鮎釣鉱山、龍川鉱山などがあり、久根鉱山だけでも使用人夫は１１１８名（大正２年当時）を数えた。投下資本が少額で輸送可能な方法として、考え出されたのが人車軌道であった。おそらく人車軌道の採用には、大井川左岸の向谷から島田停車場まで、木材を輸送して好成績をおさめていた島田軌道の視察も行われ、輸送状況から実現への確信を深めていったことであろう。

　鉱石・木材・米穀・肥料などと旅客輸送の目的で、明治４０年１月７日人車軌道敷設を鉄道当局に出願した。発起人は神谷惣吉・川島滝蔵・青山源一・平野一郎・山田重太郎・大橋半九郎ら地元関係者であった。軌道敷設の最大の目的は鉱石運搬にあり、当時北遠の二俣から池田まで天竜川を１日５往復の船便があったが、天竜川の増水や渇水時には、鉱石輸送の帆掛船も休止せねばならず大変不便であったのである。

　明治４０年６月２１日中泉軌道株式会社（資本金５万円）が設立し取締役社長に神谷惣吉（中泉町）、取締役に青山源一（同）・澤内宗次郎

中泉軌道の停車中の客車（中泉停車場前）

（浦川村）ら5名、監査役に中津川敬三郎（中泉町）ら3名がそれぞれ就任する。翌41年6月21日敷設許可を得て、ただちに路線の建設を進めた。トロッコ程度のレールの敷設であったが、その工事の主要な部分で6万5000円を費やした。経路は『井通村誌』によれば「源平新田ヨリ池田村ニ達スル第二類県道ハ幅三間（5.4m）以上、長サ三間アリ、中泉停車場ヨリ池田ニ達スル軌道ハ東海道ノ南側ニ付設セラレ、森下ニ於テ北ニ折レ、小立野デ西ニ曲リ、第二類県道ノ西側ヲ池田ニ至ル、マタ森下ヨリ源平新田ノ堤マデ支線ガアッタ…」と記されている。

池田・中泉停車場間に人車軌道開通　明治42（1909）年10月8日池田・中泉停車場間3マイル52チェーン（約5.9km）に人車軌道が開通した。軌間2フィート6インチ、単線。車両は客車2、貨車17であった。マッチ箱に似た6人乗りの客車に車丁といわれた人夫が手で押す原始的な輸送機関であった。中泉軌道は日本の最西端に位置していた。中泉停車場前に中泉運送があり汽車積貨物を専業としていた。大正4（1915）年5月同社と中泉軌道が合併し、資本金10万円で中泉軌道運送株式会社と改称された。大正に入って峰之沢鉱山から採掘された鉱石を一手に引き受け、にわかに多忙をきわめ猫の手も借りたいほどの活気を呈した。

　大正9年資本金50万円に増資され、客車は2両であったが、無蓋貨車は24両に増車されている。しかし昭和恐慌の影響で昭和2（1927）年1月27日中泉運送に合併し、翌3年中泉合同運送株式会社と改称される。トラックの新しい輸送手段の登場により昭和5年休止、同7年7月26日全面的に廃止となり、21年間の歴史に幕を閉じた。

中泉軌道　231

富士山麓で木材輸送と旅客輸送の馬車鉄道

富 士 軌 道

富士山麓の木材輸送が目的　富士山麓の木材を切り出して輸送することを原材運びといい、明治３０年代まで馬力と人力に頼っていた。人夫によるコロ運びは不可欠の作業であった。太い原木の枝をはらい、頃合いの長さに切って、切り口の中央左右に鉄輪を打ち込み、その輪にロープを取り付ける。坂道を原木がころげようとすると、後で人夫が力を加えて自制し、平坦地では原木をゴロゴロと回し引きする作業である。そうした作業が長距離を人力だけで能率的に行えなかった。

　馬力による積み出しは、道のあるところまでと限られており、それも重い大木が主体だったため、大八車の輪が路面にめり込まないだけの硬さや路幅を必要とした。どうしても人力を必要とし、馬方への労賃も安くはなかった。この木材搬出を能率よく廉価で行いたい要望や、当時富士山麓の自然林を利用した木炭づくりが盛んで、その販売のための輸送や、農作物の収穫時の交易などにも新しい交通機関が望まれていた。

　農民たちの現金収入といえば茶・桑・たばこ・三椏くらいのもので、それらは自家消費する場合を除いては、たいてい仲介人に一畑いくらと目算で買われていた。その輸送なども仲介人が茶摘み女たちを連れてきて茶を摘ませ、茶葉をかつがせて里へ運ぶという原始的作業であった。

　明治４０（１９０７）年３月１５日富士郡岩松村（現富士市）の石川省吾、同郡鷹岡村（同）の井出卯之吉の地元有力者の発起人により「軌道敷設願」が内務大臣原敬に提出された。

　「今般富士軌道株式会社ヲ組織シ、静岡県富士郡大宮町大宮ヲ起点トシ、同町万野原・北山村山宮・北山・上井出村狩宿・上井出・人穴ヲ経、同村根原ヲ終点トシ、内大宮町ヨリ上井出村上井出間ヲ一期線トシ、上井出村井出・同村根原間ヲ二期線トシ、其一期線ハ最モ速成ヲ期シ、専用道路開設、軌条ヲ敷設シ、人車及馬力荷車ヲ以テ、一般貨物ノ輸送業経営仕リ度候間、軌道敷設之義御認可被成下度、計画線路図及設計方法

書相添、此段奉願候也」

　明治４０年１１月２９日敷設特許状が下付され、用地買収にとりかかった。多くの地主たちとの交渉が行われ、おおむね好意的な協力が得られた。このうち人穴地内に御料地３町７反２８歩４合（約３万７０００m^2）の手続きには手間どっている。沿道の買収は実に１９８名の地主と承諾書４０２枚が受理されている。

発起人地元８名、株主の多くは甲州系　『登記簿謄本』によれば、明治４１（１９０８）年６月１日設立、資本金１０万円、常務取締役社長に堀内半三郎（吉原町）、大橋谷吉（元吉原村）、石川省吾（岩松村）、岩崎信吉（上井出村）、松永正名（加島村）、大井郡太郎（北山村）、井出卯之吉（鷹岡村）、色川誠一（安倍郡安東村）がそれぞれ就任した。

　地元株主以外に多くの株主は、富士馬車鉄道の成功が大きく作用していたからであろう。株主の中に甲州財閥の小野金六（富士身延鉄道社長）が１００株の大株主でいることは、当時投機的な投資家がさまざまな事業にかかわっていた一面をうかがうことができる。株式の取引金額は設立当初の１０万円に近づくもので、株式の過半数を甲州系のごく少数の株主で占有されているのが特徴である。

　明治４２年４月９日静岡県知事より認可が下り、翌５月より敷設工事が進められた。『馬車鉄道工事方法書』には、線路の長さは１万３５００間（約２４．３km）、路面幅８尺（約２．４m）で、途中に馬車の行き違いの区域を設ける。軌間の敷設は、所により築堤し、両側斜面に芝を張り、石垣を築くこともあるとし、レールは１２ポンド（約５．５kg）を使用し、枕木は長さ４尺（約１．２m）、幅４寸（約１２cm）、厚さ３寸（約９cm）の栗材もしくは同等の堅材を使用するとしている。

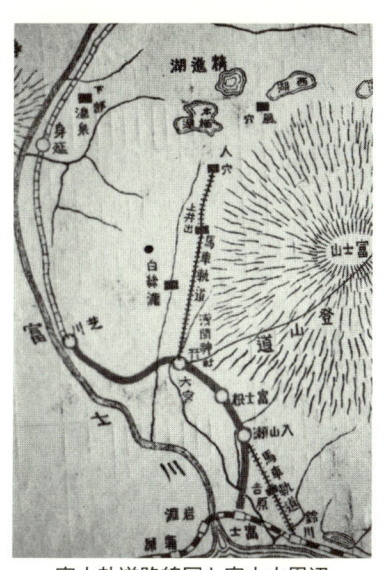

富士軌道路線図と富士山周辺

線路内には山砂利を敷き、すき間には細砂利を充填する。里道の横断箇所には相当の工事をする。丘を開削する工事などができた場合には、両側に小溝を掘って雨水の排水を万全にするなど神経をゆきわたらせた。

明治４３年　明治４２（１９０９）年１１月２５日第１期工事が完
客貨輸送開始 成し大宮・上井出間７マイル３９チェーン（約１２km）に木材輸送の馬車鉄道が開通する。始発の大宮は前年富士馬車鉄道が入山瀬・大宮間に開通させた終点大宮のすぐ近くにあった。

馬車鉄道は開通したものの以前より出資者や一般から旅客輸送の要望があった。沿線小学生の通学用に馬車鉄道が利用されることになれば、地方教育上の効果もあがり、貨物輸送として富士山麓の林産物の搬出だけにとどまらず、駿甲の交通上の一大欠点が解消されることにもなる。

待望の旅客輸送の認可が明治４３年１月２８日に下りた。当時、馬は何頭いたか不明であるが、客車２両、貨車３０両を保有していた。軌間６１０ｍｍ、区間は起点大宮中央町・三軒屋・万野・山宮・蒲沢・本門寺東・堀窪（北山）・二軒屋・中井出・上井出出張所で単線であった。

始発は夏期には午前５時４０分、冬期は午前６時４０分。上り下りの馬車が鉢合わせしないように各停車所で待ち合わせしたが、時折り鉢合わせすると、乗客は馬車から降り、乗客に馬車を持ち上げてもらい、レールから外して一方の馬車を通し、その後再びレールに戻して動き始めたという。この富士軌道で上井出から大宮まで行き、大宮で富士馬車鉄道に乗り継げば東海道本線鈴川駅に通じ、途中の同鉄道長沢で乗り換えれば、東海道本線富士駅にも通じるようになった。全線の運賃は４５銭、２時間半ほど揺られる旅であったから沿線を通過する村々の様子が異郷という感じを抱かせる時代であっただろう。

沿線にようやく電話が架設された。電話は上下線の馬車同士がぶつからないよう相互に連絡をとりあい、複線の停留場ですれ違えるよう開通当初より出願していた。この富士馬車に乗った寺田理平はこう語った。「狭軌道の客車は小さいもので、一頭の馬が曳き定員もわずかの人数だった。定員は乗客の安全を守るためにあるものだが、定員をオーバーすると馬の力に限界があるので、むしろ馬の安全保持のためのものと言っ

　　　　　　　　　　　　　　　　　　　　た方がいいかもしれない。それでも
　　　　　　　　　　　　　　　　　　　　当時は自転車もそれほど普及せず、
　　　　　　　　　　　　　　　　　　　　ハーレーとか何とかの舶来車を見た
　　　　　　　　　　　　　　　　　　　　ころだったので、私はこの馬車に乗
　　　　　　　　　　　　　　　　　　　　ったときは、新幹線に始めて乗った
　　　　　　　　　　　　　　　　　　　　とき以上の喜びだった。」
　　　　　　　　　　　　　　　　　　　　身延詣・白糸滝　　富士軌道が庶民
　　　　　　　　　　　　　　　　　　　　の観光客を運ぶ　の足として現在の
　　　　　　　　　　　　　　　　　　　　富士宮市の南北を結ぶ主要な交通機
　　　　　　　　　　　　　　　　　　　　関として定着するのは大正時代のこ
　　　　　　　　　　　　　　　　　　　　とである。物資輸送のトロッコ（馬
　　　　　　　　　　　　　　　　　　　　曳き貨車）の活躍は、とくに大正1
　　　　　　　　　　　　　　　　　　　　2（1923）年9月1日発生した
　　　　　　　　　　　　　　　　　　　　関東大震災の際に、帝都東京復興の
　　富士軌道株式会社客車時間表

ため富士山の原始林から伐り出した木材の搬出にその威力を発揮し、大
正14年ごろから2年がかりで木材を運び出したといわれている。
　旅客輸送では開通の翌年から沿線住民の足であったが、昭和3（19
28）年3月富士・甲府間に富士身延鉄道が開通し、身延詣での旅人、
富士登山者、白糸滝への観光客、大石寺への参詣者、さらには人穴への
富士講信者の来訪など旅行者の利用が増大した。当時の駁者の談話によ
れば「客車は1日6往復、冬季は5往復、定員は12人、大体いつもほ
どよく乗客があった。しかし、時には山手から町へ下る場合など、定員
をはるかに上回る40人もの乗客が押し合いへし合いすることもあっ
た」という。これは浅間神社の祭典など特別な時期で、上りは馬の労力
に過重がかかるため超満員は避けたようだ。
　上井出以北の第2期線はその後どうなったか。当初目的の根原までの
路線の延期願いが大正3年まで毎年1回ずつ繰り返されていた。工事延
期の最大の理由は、用地買収がスムーズに進まなかったこと、とりわけ
その大半が御料地であったため、帝林野管理局への手続きが困難をきわ
めたことによる。会社は全力を傾注して進捗にあたり、大正元年8月2

2日に上井出・人穴間が竣工、人穴地内の駒立まで貨物輸送だけがようやく開始した。大宮・人穴間全長12マイル15チェーン(約19.6km)の開通となった。

山梨県境の根原までは断念　大正2(1913)年になると「昨年来経済界不振ノ影響ヲ蒙リ、資金ノ払込等ニモ故障ヲ生ジ候為メ、未ダ工事ニ着手スルノ運ビニ至ラズ」という世相の変動が深刻に影響していた。富士軌道の発展にもやや暗雲が垂れ込める時期となった。大正4年2月3日静岡県内務部勧告で、目的地の根原までを切り上げ、現在終点の人穴までで終止符を打つよう迫られたのである。富士郡最北端で山梨県境の根原までの軌道敷設をやむなく断念し、上井出・人穴間は木材搬出専用のトロッコだけが往復することとなった。

　乗合自動車(バス)が大正13年に大宮・上井出間を走るようになると、そのスピードは馬車鉄道をぐんぐん引き離し、馬車とバスの競合時代を展開していった。馬車鉄道は夏期1日6往復、バスは1日7往復。運賃は馬車45銭に対しバスは70銭で高額であったが、時間的には馬車2時間半にくらべバスは50分の速さであった。それでも永い軌道の愛好者によって馬車鉄道の風情は守られていたが、刻々廃線の日が迫ってきていた。昭和12(1937)年12月4日より翌年3月31日までの収入は、貨車収入2798円10銭、雑収入54円66銭、合計2852円76銭で同期支出2718円98銭、差し引き133円78銭と利益金は前期繰越損失金へ振替とある。富士軌道の廃止の時期は明確でないが、昭和14年3月7日付の竹川某より清猪太郎宛ての手紙の中に北山の遠藤軍作と井出精太郎が軌道敷地の土地を買い受けたことが、添付の「承諾書」によって理解できる。これによって会社の解散時点は昭和13年11月をメドとするとその前後であることがわかる。レールが外され、昭和15年に満州へ運ばれたという説があり、それが実際の富士軌道の終焉につながっていく。こうして富士軌道は29年にわたる輸送事業に幕を閉じたのである。

静岡・山梨両県を結び身延山参詣客も輸送

富士身延鉄道

富士川右岸に鉄道敷設３案　駿河国と甲斐国を結ぶ輸送の大動脈は慶長１７（１６１２）年に甲州鰍沢から駿州岩渕までの１８．３里（約７２ｋｍ）にわたって開削された富士川の通船による物資の運搬が主要な位置を占めていた。文明開化の行われたのちでさえ、持船８００隻、船頭２０００人といわれ、１日に１００隻ほどの船が富士川を上下していた。日本三大急流といわれた富士川の運航は、両岸の季節を彩る新緑や紅葉の景観を楽しませましたが、時には難破による水死者や増水による積荷の流出など引き起こし、常に危険にさらされていた。富士川を下るには一気に５時間で流下する船も、上りは人力によって綱で引き上げるという過酷な労役が待ちうけ、帆掛船が就航するようになってはいたが、その輸送力にはおのずから限界があった。地域住民にとって通船に代わる文明の利器・鉄道の敷設は痛切な願いだったのである。

　東海道線の富士川右岸に岩渕停車場（現富士川駅）が開業してほどなく、同停車場から山梨県甲府と結ぶ鉄道敷設計画は３路線あった。明治２８（１８９５）年１２月東京在住の資産家渡辺友太郎ら９名の発起人で駿甲鉄道を出願、その１カ月後に地元富士川村の県議会議員若槻直作、常葉一郎・花田丈助ら、清水町から鈴木与平・土谷松太郎らが加わり官営の岩渕甲府線鉄道を出願、さらに同３０年４月には前述の県議会議員のほか、山梨県側から中央線開通に貢献した若尾逸平・雨宮英一郎・小林彦三郎らの甲州財閥のほか、田中光顕・渋沢栄一・岡部長職・佐竹作太郎・井口省吾などの名士が加わった富士川鉄道などである。

　これらは官営、民営それぞれの計画案で、資本金や敷設についての経路や建設工事などの詳細な検討がされ、敷設出願し仮免許をうけたものもあったが、日清戦争後の処理で国内は混乱し、不景気のどん底にあえいでいたこともあっていずれも挫折していた。

富士川左岸路線に認可　日露戦争で大勝利を収めた日本の経済界が、安定の兆しを見せてきた明治４０（１９０７）年６月、またも鉄道熱が再燃して「駿甲軽便鉄道期成同盟会」が結成された。この年５月１日中央線八王子・名古屋間が全通している。また富士側には明治４２年４月２１日富士駅が開業している。

　一方、明治４４年３月東京の小野金六らが富士身延鉄道を富士郡大宮町（現富士宮市）を起点として甲府までの路線を出願した。さらに、同年４月庵原郡興津町の田中耕一郎らによって、身延軽便鉄道が東海道本線興津駅を起点に小島・万沢・富河・睦合・豊岡など富士川右岸を経て身延へ至る経路を申請した。

　駿甲軽便鉄道期成同盟会はその後発展し、甲駿軽便鉄道として富士川村役場に事務所がおかれ、もしこの路線の敷設を遅延するようであれば、岩渕芝川間軽便鉄道に切り替えることとして政府関係機関に請願している。しかし政府はこの鉄道が必要であることは認めているが、財政上実現が不可能であることとなり立ち消えとなってしまう。

　この岩渕芝川間軽便鉄道は駿甲の鉄道路線ではなく、その連絡としての構想であった。新しく若槻直作の３００株以上５１名、合計２２１５株の株式引受人名簿まで作成されている。その経過についての資料はなく詳細は不明であるが、この出願運動はその後も長く続けられ、昭和３（１９２８）年の富士川町役場の公務日記にも、富士身延鉄道へ陳情している様子が記されている。

　鉄道院では富士川をはさんで左岸と右岸に鉄道敷設することはできないとした。そこで、人口が多く産業が発達し将来性豊かな沿線である富士身延鉄道に対してだけ、明治４４年６月２３日付で許可を与えたのである。長い間の鉄道敷設の出願戦争は、ここにようやく終結した。

　中央本線の全通によって甲府には続々と物資が輸送されるようになり、富士川通船による輸送が急激に衰退して岩渕もその機能を著しく低下させていった。時流は新しい動きに従って流れはじめていたのである。

明治２６年に富士・身延間構想　鈴川から大宮・芝川を経て身延へ通じる鉄道の構想は、すでに明治２６（１８９３）年１０月に富士郡加

明治36年の富士郡下の略図

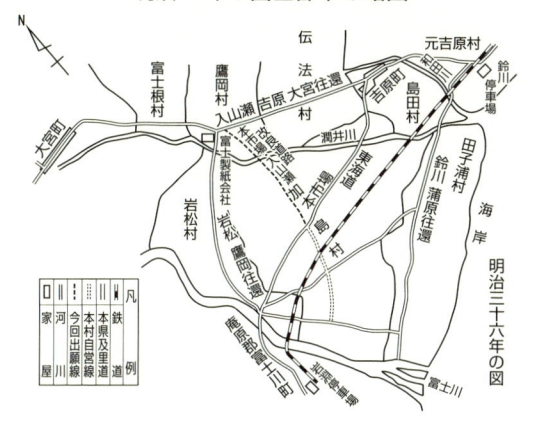

島村（現富士市）の松永安彦から同郡白糸村（現富士宮市）出身で当時富士馬車鉄道社長の渡辺登三郎に宛てた文書の中で語られている。

その文中で、富士川鉄道なるものが計画されて東海道線岩渕停車場を起点に、富士川右岸を北上して甲府に通じる測量などが行われているとの伝聞を記したのち「駿甲鉄道路線トシテハ、尤モ完全ナル御計策ト相考候ヘドモ、月代(げんだい)以南ノ線路ニ於テハ、壮大ナル架橋費、数多ナル隧道ノ用頗ル多額ヲ要スルニモ拘ハラズ、沿岸丘陵起伏、戸口極メテ僅少、他日ニ於テ嘱望スベキモノ無之候間、其区ヲ転ジテ富士川左岸ニ移シ、富士郡芝富村長貫ヨリ大宮町ニ出デ、東海道線ニ連接スルノ勝レルニ若カザル様相考ヘ、茲ニ数項ヲ叙シ、御明察ヲ煩ハシ候」と述べている。まさに先見の明の記述である。明治４２年の富士駅の開設まで、この敷設案は他の地区で激しく請願運動が行われていたにもかかわらず、久しく表面に出ることがなかった。

この「鉄道線路測量願」の中には、その経路について次の試案を出している。一案は、大宮町の南端から羽鮒(はぶな)に至り、ここにトンネルを掘り芝川に小橋を架けて砂ヶ原を回り、長貫に出て予定線に接続する。二案は、大宮町から中里山を斜めに登って西山に出て、森山の東端から芝川の右岸に沿って下り砂ヶ原に出る。両案とも実際の敷設にあたっては大分違って、羽鮒丘陵をトンネルで抜ける経路を採らず、これを迂回して沼久保から富士川に沿って芝川に出るよう変更している。

文書の最後に署名した関係者は、大宮町池谷繁太郎以下１１名、上野村２名、白糸村５名、上井出村２名、北山村３名、富丘村３名、富士根

富士身延鉄道　239

村2名である。おそらく富士駅の開設が思うように進展せず、約20年もの歳月がかかったことから、かなり消極的に時期を見つめていたであろうと考えられる。しかしそれが消滅したのではなく、温存されていたことは加島村の請願書にあるように「電気鉄道ヲ布設スル計画ヲナシ」として、一連の事業計画が脈々と生き続けていたのである。

身延山久遠寺の賛同が創立を成立　日本は日清（明治27年開戦）・日露（明治37年開戦）の戦役をくぐり抜け、曲がりなりにも勝利をおさめ、これが国内産業や交通政策に対して幅広く浸透する要素を生んでいた。さらに政府は、明治43（1910）年4月21日『軽便鉄道法』を公布して地方の小規模な鉄道建設を促進させようとし、翌44年3月23日には『軽便鉄道補助法』を公布して民間の建設計画に国が補助金を交付することとなった。

　そうした時代的背景の中で、いままで何度出願しても聞き入れられなかった駿甲を結ぶ鉄道敷設の許可が、ようやく得られる状況になった。そこで出願されたのが前述の駿甲鉄道・甲府岩渕線鉄道・富士川鉄道・甲駿軽便鉄道・富士身延鉄道・身延軽便鉄道などが続出した。この中で富士身延鉄道に許可が下りたことは前述のとおりである。富士身延鉄道は当初より富士・大宮間の営業を行っていた富士馬車鉄道を買収する計画をもち、最初の出願申請は大宮・甲府間の鉄道敷設であった。

　発起人は東京在住の小野金六ら30名で、このうち東京19名、山梨8名、残る3名が富士郡の堀内半十郎、佐野熊次郎、松永正名であった。そしてその強力な推進者は、当時報知新聞社記者の堀内良平である。彼は明治40年に山梨県議会議員となり、富士身延鉄道の実現を長年の夢として識者を説得していた。

　堀内良平は、とくに小野金六を担ぎ出すことに的を絞ったが、当初、小野金六は富士身延鉄道の工事の難しさと、採算面での無理を判断して容易に賛成が得られなかった。そこで堀内は、身延山久遠寺第79世の日慈法主猊下に話をもちかけ「この鉄道により身延参詣者は、旧来の3倍の年間48万人は来るようになるだろう」と協力を依頼した。これに賛同した日慈法主猊下は、日蓮宗身延山信者であった小野金六を説得し

てようやくその創立が成立したのである。

初代社長に甲州財閥の小野金六　財界の巨頭渋沢栄一に堀内良平はただちに相談し、他に富士川鉄道を企画した中野武営や甲州財閥の若尾逸平、雨宮敬次郎、根津嘉一郎らの賛同を得た。明治４４（１９１１）年３月大宮・甲府間延長７９．３ｋｍの鉄道敷設申請を行い、同年６月２２日にその敷設許可が下りた。

　富士身延鉄道株式会社が翌４５年４月２６日資本金３５０万円（７万株）をもって正式に創立した。取締役社長に小野金六、専務取締約に堀内良平、取締役に根津嘉一郎・竹村欽次郎・堀内半三郎・浅井六三・牟田口大学・山中隣之助、監査役には佐竹作太郎・古屋専蔵・松永安彦・小曾根喜一郎がそれぞれ就任した。

　小野金六初代社長は、嘉永５（１８５２）年甲斐国韮崎出身。河瀬秀次、村田一郎らと富士製紙を創立し、九十五銀行副頭取・富士水電会長・日本鉱業・九州炭鉱汽船・加納鉱山・南米ペルーのカラワクラー銀山・日本練炭・東洋製缶・富士水電・東京割引銀行・小倉鉄道など多くの事業の設立に関与した。明治４５年６月の株主総会で富士馬車鉄道の買収を決議し、資本金を４００万円（８万株）とした。富士馬車鉄道側では富士・大宮間の馬車軌道を電気鉄道に変換する申請を提示しその認可を受け、同年７月に富士身延鉄道に譲渡する旨の申請を行い、同（大正元）年１２月にその認可を受けた。

　富士身延鉄道は同年１２月５日富士・大宮間の買収を終了し、ここに初めて富士身延鉄道は東海道本線への接続を可能とした。一般に考えられているような最初から富士身延鉄道は富士・甲府間の許可を得たわけではないのである。

　敷設工事は第１期を富士・身延間とし、その完成後に第２期の身延・甲府間という計画であった。これには山梨県側に株主の大半を占めていた関係上不満の声もあったが、収益のポイントを身延山の参詣客におくことだったため、大きな問題とはならなかったようである。堀内専務の算出によると、身延参詣者が年間４８万人で、運賃は５６万円と計算し、買収した富士馬車鉄道の年間収入９万円だから優に１割以上の配当が可

能と考え、大正6（1917）年10月の身延山お会式に間に合う予定を立てた。

大正9年富士身延間が開通　こうした計画のもとに工事はまず富士・大宮間から着手され、大正2（1913）年7月20日同区間約10.3kmが開通する。富士・大宮間の開駅には問題がなかったわけではない。例えば富士根駅は当初富士根村の小泉字笠井田に設置することが決まっていた。ところが、その用地の勾配が険しいため工事が困難との理由で、会社側で隣村鷹岡村天間に変更した。これを知った富士根村では上京して当初案に戻すよう強固な意志を示したが、結局同年3月場所は鷹岡村天間で変更しないが、駅名は富士根駅とする妥協案で終結した。

　富士馬車鉄道を買収した段階では電気機関車の運転計画であったが、蒸気機関車に動力変更した。軌間3フィート6インチの単線に、蒸気機関車が黒煙を吹きあげて走った。開通当時の駅は富士・入山瀬・富士根・大宮町であった。入山瀬に富士製紙第一工場、富士根には同第二工場が操業していた。静岡・山梨県境の芝川駅までの開通は大正4年3月1日である。石炭を焚き、ポッポッポッと力強く走る蒸気機関車は、たくましく頼り甲斐のあるように見えたが、客車を2両牽引して中里山の急坂にさしかかると、速力は鈍くなるので多くの逸話がある。汽車の走るのが遅く乗客は降りて歩いたとか、学童が走って追いついたとか、列車に便所がないので坂道にさしかかると、客車から飛び降りて小用を足して走れば追いついたとか、駅に近い人たちは遠くからの汽笛を聞いて衣服を着替え家を出ると、ちょうど駅で乗車できたとか、古老によって語られている。

　芝川から北方の山梨県側はトンネルや橋梁が多く、敷設工事は容易に進まなくなり、豪雨があれば土砂崩れに悩まされた。さらに第1次世界大戦（大正3年）の勃発によって物価が異常に高騰し、工事を中断するような事態も発生した。さらにまた、用地買収に関して地価が高騰し、良田で1反歩（約10アール）630円、並の田畑で330円くらいが通り相場となった。当時、米1石が8円23銭だったから異常な高値であった。そうした困難な状況の中、大正7年8月10日芝川・十島間、

富士身延鉄道営業状況表

	旅客人数	取扱貨物（トン）	収入総計（円）	営業利益（円）	建設費（円）
昭和4年	2,258,460	285,916	1,431,053	751,007	21,297,397
〃 6年	1,896,794	260,735	1,183,805	655,099	20,316,263
〃 8年	1,747,085	293,316	1,017,630	484,148	20,459,185
〃 10年	1,905,696	319,009	1,065,334	517,658	20,525,240
〃 12年	2,120,818	398,342	1,296,611	672,366	20,603,448

（『鉄道統計』より作成）

同年１０月８日十島・内船間、翌８年４月８日内船・甲斐大島間がそれぞれ開通する。そして第１期工事の目的であった富士・身延間４３．５ｋｍが開通したのは、翌９年５月１８日のことである。当初計画の身延山のお会式に遅れること約３年であった。

鈍足で高額運賃の悪評　富士・身延間が開通して東海道本線から繰り込まれる身延参詣の旅客は、一挙に増加して関係者一同を喜ばせた。５月の大会（だいえ）、６月の開闢会（かいびゃくえ）、１０月のお会式を合わせて三大会と呼ぶ行事に、全国からの信者で境内を埋め尽くしたといわれる。しかし、それは平日の姿ではなく、富士身延鉄道の収益は決して順調ではなかった。

工事費が予想を超過していたこと、日常の利用客が予定どおり確保できなかったことなどによる。客車２両の定員１２０人、運賃は富士・身延間大人１円７１銭で決して安くはなかった。当時、大人１人の日当が７０銭そこそこであったから、少しくらいの距離は草鞋（わらじ）ばきで歩くことが奨励された時代である。会社の経営は汽車ならぬ火の車だったという。

富士身延鉄道の大正８年の総旅客数は６０万３４０７人、貨物は２４万７６６０トンで、その収入は４５万３８２８円９０銭であった。この数字は身延までの開通の前年のことであるが、身延開通時予想の６５万円まで、まだ一息ある状態である。

富士・身延間の開通当初は１日５往復、２時間３０分で運転した。運賃は２等２円５８銭、３等１円７１銭であった。甲府まで開通すると、３等２円８８銭となり、この運賃は東海道本線富士・東京間ですら２円１３銭だったから、高すぎて日本一高額な鉄道という評判があった。しかも汽車は速度が遅いばかりか、大宮を過ぎて潤井川の鉄橋を越えた通称「中里山の上り」では１０００分の２５という急勾配で立往生してし

富士身延鉄道　243

まい、乗客が降りて列車を軽くして進行させたという。

大紛争と堀内新社長の執念　身延まで営業を開始した富士身延鉄道は、それまでのトンネル工事や用地買収で予想外の費用がかかり、経営も赤字が続いたため、第２期工事に着手することが困難となっていた。そのころ身延・甲府間の鉄道敷設権を放棄するという意向が流れた。これを聞いて驚いたのは、甲府の旅館業者や商店関係者であった。富士・身延間の開通によって、今まで東京方面などから甲府を通って身延へ参詣していた信者たちが、東海道本線から身延へ行くことになり、甲府は一時的に大きな打撃を被ることになっていた。身延駅が開駅する以前から、早く甲府まで工事着工を請願していたからなおのことであった。政府はその状況を知り大正９（１９２０）年８月の帝国議会で身延・甲府間の工事を政府の手で行うことが決定し、一気に問題解決に向かった。ところが、これを知った会社側は再び自社で施工方針を打ち出したため、かえって問題がこじれたのである。世論は官営論と民営論に分かれ、容易に決着がつかない状態となった。

　富士身延鉄道では営業費の４割から５割を占める燃料となる石炭費が経営を圧迫していること、収入を上げるために列車の本数を増加させることなどから、輸送効率を増進させるためには動力を蒸気から電気に替えることとした。大正１０年７月動力変更の申請を提出し、同年１１月許可が下りると、翌１２月２５日に資本金を倍額の８００万円とした。

　小野金六社長が同１２年３月に死去し、代わって堀内良平専務が新社長に就任する。堀内良平は甲斐国出身、新聞記者後根津嘉一郎らと知り合い実業界に入る。日本初のバス会社、東京市街自動車（後の青バス）、東京遊覧乗合自動車（現はとバス）、富士山麓電気鉄道（現富士急行）等の創業・社長、富士五湖開発にも多大な貢献をする。堀内家は代々日蓮宗の厚い信者で富士身延鉄道の実質的な推進者であった。

　会社側は全線敷設する方針を固めて政府と折衝した結果、会社側が身延・市川大門間、政府側が市川大門・甲府間を敷設することで一応の決着がついた。このように解決したのは甲府市民の多くが官営を希望し、市民大会などを開いていた経緯もからんでいたが、政府は軍用鉄道とし

富士身延鉄道の蒸気機関車と機関士・乗務員ら

て位置づけていた。ところが、政府はまもなく財政緊縮政策を打ち出し、この敷設工事を富士身延鉄道側に全面委任することを通告してきたのである。五転・六転したこの大紛争は、結局富士身延鉄道によって同14年1月、5年ぶりに身延・市川大門間の敷設工事が進められた。

　堀内社長は赤字解消のため製材・植林事業にも進出した。さらに身延山参拝客が身延駅から富士川を船で右岸に渡っている便を図るため、大正12年に身延橋を建設した。この橋を〝東洋一のつり橋〟と宣伝して片道10銭の通行料をとったが高くて不評であった。

　大正15年3月資本金を倍額の1600万円にし同年12月から富士・身延間の既設区間を、身延・甲府間は千葉の鉄道連隊が動員され、最初からそれぞれ電化工事が行われた。

昭和3年ついに富士・甲府間が全通　昭和2（1927）年6月20日富士・身延間、同年12月17日身延・市川大門間がそれぞれ電化開通し、煙の出ない快適な電気機関車の運転が開始された。残る市川大門から甲府までは、計画路線に関係する各町村で株式の払い込みにも加わったであろうから、激しい誘致運動や駅設置の争奪戦が展開された。この区間の経路が屈曲しているのは、その経過を如実に物語っている。

　昭和3年3月30日ようやくにして富士・甲府間88.4kmが待望久しく電化による全線開通することとなった。会社創立から実に16年の歳月が流れていた。偶然にもこの期間に大正時代が通過していた。富士身延鉄道は、長い鉄道敷設にともなう幾多の苦闘の歴史をここに見事に結実させたのである。関係者の感慨は筆舌に尽くし難いものであっただろう。

全通当時開業した駅は、富士から竪堀・入山瀬・富士根・源道寺・大宮町・大宮西町・芝川・十島・内船南部・甲斐大島・身延・下山波高島・下部・甲斐常葉・久那土・甲斐岩間・鰍沢黒沢・市川大門・甲斐上野・東花輪・西条常永・国母・甲府南口・善光寺・甲府であった。

　昭和5年発行の「汽車時刻表」によると、富士・甲府間の運賃は2円83銭、富士始発4時15分、甲府着7時5分で、1日11往復であった。富士身延鉄道の全線開通と電化の完成は、小野金六初代社長、堀内良平第二代社長はじめ経営陣・従業者らがそれこそ心血を注いで育てあげた鉄道事業の開花を象徴したものであった。しかし役職員はもとより、株主・沿線関係者にとってはその後の経営の持続が重要である。

宿命的自然災害と苦しかった経営　大正15（1926）年3月資本金1600万円の増資は、借入金返済のため430万円を限度として年利率7分5厘以下で社債の募集を行った。また、その利率以下で320万円の銀行借り入れも行っている。このような巨額な投資をしてまで完成を急いだ事業であったから、当然の帰結として旅客輸送その他で大幅な増収とその継続がなければその維持は困難であった。しかし、沿線は工事上の困難さを内包した特殊地域であり、建設費を投入した割には、身延参詣の旅客だけで平常収入が維持できない状態であった。沿線の集落人口がさほど多くなかったため、沿線の利用客も急激に増大することもなく、設備費の過剰投資は高額な鉄道運賃に跳ね返り、一般の敬遠がその利用度を低下させていた。さらに予想外であったことは、東海道本線と中央本線とを結ぶ旅客の通過利用が少なかったことである。昭和2（1927）年中（市川大門まで開通）の乗降客は約91万余人であったが、甲府まで全通した翌々年には225万人という記録的な飛躍を見せるが、そのまま継続していかなかったところに問題点を抱えていたのである。

　昭和4年以降の実績は、図（P243）に示すとおりである。同4年以降の取扱貨物数量と収入総計は、毎年ともほぼ平均的で、営業利益も収入の約50％と高率であるが、建設費の借り入れ返済が毎年20万円ずつ計上されているため、まったくの赤字経営を続けねばならなかった。

建設費は単に電化にともなう設備だけではなかった。例えば大正8年の暴風雨によって芝川・甲斐大島間が不通となったとき、この復旧に7万円以上の出費があり、同年上半期の営業収入20万9000円から考えても実に甚大な被害だったことがわかる。その1年間の営業利益は18万3000余円であったから、こうした自然災害によって削り取られる出費は、一般人の想像を絶していた。

　山間地における土砂崩壊の危険、毎年襲う暴風雨がもたらす線路、電気・通信施設などの損害、また堆積土砂の排除工事など、宿命的な苦闘の裏面史が大きく存在したことが会社側にとっては誤算だったであろう。これらの自然災害がもたらす営業費の増大が、運賃の値上げとなって悪循環した。損害補てんのために1マイルごとに乗車賃8厘、貨物賃9厘の値上げをしなければならなく、ますます高額運賃との悪評が高まっていった。それに拍車をかけたのが昭和4年以降の世界経済恐慌であった。得意先の富士製紙も大打撃を受け、貨物輸送の伸び悩みが始まったのである。

国営期成同盟会組織される　昭和7（1932）年1月沿線住民らによって「富士身延鉄道国営促進同盟会」が組織され、内務大臣と鉄道大臣への陳情が行われた。これは政府が輸送統制を企図していることを知り、富士身延鉄道の国営移管を運動することが注目されていることによる。それに呼応して山梨県市町村会も動き出し、静岡県では清水市が日本海側の貨物を清水港に集積するには、あまりにも運賃が高すぎるために他に回されてしまうことを理由に立ち上がった。これら3者が同年2月合流して「富士身延鉄道国営期成同盟会」を組織し、その会長に清水市の清水港修築事業等に貢献した第6代鈴木与平が選出された。

　その積極的な姿勢に対し政府も腰を上げ、同年5月7日の鉄道会議で国営移管が決定され、協定書に調印された。しかしその直後に五・一五事件が発生し実施は延長される。ようやく具体的になったのは昭和11年12月の鉄道会議で、翌12年7月国営移管が富士身延鉄道に内示された。そこで問題になったのは、借り上げ価格についての双方の評価の相違であった。正式に鉄道省と借上契約を結んだのは翌13年9月29

日で、地域住民らの運動が始められてから何と6年あまりの歳月を経ていた。契約書によれば、借入金額（年額）95万5000円で、鉄道省の借入線として営業を開始する。路線の名称は「身延線」と定め、従業員はそのまま鉄道省に引き継がれるというものであった。当時の富士身延鉄道が保有した車両は、蒸気機関車7、電気機関車7、電動車11、客車39、有蓋貨車91、有蓋緩急車20、無蓋貨車61、合計236両であった。

国営「身延線」の喜びを伝える新聞　昭和13（1938）年10月1日日付の『静岡民友新聞』は「沼津方面の鮮魚が山の国甲州へ突進」「身延線国営化の利益」と題して、その喜びを次のように伝えている。「いよいよ本日から待望の富士身延線が国鉄に移管されることになった。従来民営のこの線の運賃は相当高いものであったが、国鉄になると普通の運賃が適用される。（中略）この線は専用貨物列車がなく大抵客車の後に貨物車を連結したものだが、今度からは四本ばかり専用が出来ることになった。この国営から一番恩恵を受けるのは、なんといっても静岡辺が一番だろうといわれている。」

このとき全線で5つの駅名変更している。甲府南口を南甲府に、西条常永を常永に、鰍沢黒沢を鰍沢口に、波高島下山を波高島に、内船南口を内船とした。こうして富士身延鉄道は大正2（1913）年7月20日の最初の開通から25年にわたる歴史に別れを告げ、国鉄身延線として再出発する。

身延駅の裏手に「金六山」と呼ばれる小高い丘がある。山頂には富士身延鉄道の創設者小野金六の銅像が建てられ、まわりには小野金六・根津嘉一郎・堀内良平・河西豊太郎・小泉日慈・小野耕一の6人の胸像が立てられている。いずれも当時の大株主で富士身延鉄道の創設に多大な貢献をした歴代社長らであるが、注目されるのは小泉日慈法主猊下で、同鉄道創設の陰の功労者であった。鉄道開通によって身延山久遠寺への参詣者の利便が図られたため、身延山では1株50円の株式を1000株所有して鉄道建設への協力を惜しまなかったといわれる。

駿河・遠江の産業・文化を輸送する軽便鉄道

藤 相 鉄 道

藤枝宿は茶・みかんの集散地　東海道藤枝宿は田中藩の城下町として栄えた。しかし東海道鉄道の開通によって藤枝停車場との距離が、約３ｋｍほど離れていたため、交通上の機能が徐々に衰退していった。藤枝停車場が設置された志太郡青島村前島は、当時１７４戸で停車場の周辺は田んぼが広がり人家は全くなかったが、鉄道開通後は藤枝町、岡部町に代わって次第に発展した。しかし藤枝町が古来より果たしてきた近郷近在の経済的中心地としての役割は、急速に変化することはなかった。むしろ明治以降殖産事業が推進され、農村の生産構造の変革が急速に進み茶・みかん等の生産量は増大の一途をたどっていく。

　藤枝の旧東海道筋には、明治以降茶・みかん・米穀などの問屋・仲買人らの家々が軒を連ね、これら商人たちは生産者の送り出す商品との交換を条件に生産財・消費財などを用意して前貸しもするといった仕合問屋的性格も備え、生産地に対して大きな勢力を拡大するとともに、藤枝町が近郷近在の物資の集散地としての地位をますます高めていった。

　藤枝町の大手・下伝馬の茶商・みかん商人らは、わざわざ焼津まで荷を運び、東海道鉄道の焼津停車場から鉄道で静岡・江尻方面へ送っていた。このため藤枝町の人たちは藤枝・焼津間の道路改修を一刻も早く始めたいと望んだが、焼津村の人たちは金がかかるからと断ったという。

　明治２２（１８８９）年６月１５日この区間つまり焼津街道（藤枝街道ともいう）の道路改修が行われ、同２４年７月２５日藤枝大手・焼津停車場間に、日本最古の人車軌道が開通し、この軌道を利用して茶をはじめとする生産物が焼津停車場へ向けて運ばれていった。

　藤枝町の商人たちの手元に集荷された商品は、鉄道輸送の発達とともに藤枝停車場へも出荷したいところであったが、藤枝町と停車場との距離が離れていたことから不便を生じていた。

　この不便を解消する打開策と、東海道鉄道開通後の青島村の急速な発

展に比べて停滞的な藤枝町の活性化についても関係者の間で話し合われていた。こういった事情は、藤枝停車場以南の米作地域の人々や、江戸時代に川崎、相良の湊をひかえ比較的交通の便に恵まれていた榛原郡南部の人々も、鉄道の開通による交通・運輸の質的変革にともなって鉄道の利用を志向するようになっていた。藤枝停車場か焼津停車場かのいずれかに関連づけようとする動きが、榛原地方の開発が進展するにつれて高まっていたのである。

藤枝・川崎間と焼津・中泉間が競合　藤枝町にとって長年の宿願であった鉄道計画が、明治４３（１９１０）年に入ってようやく具体化するきざしを見せてきた。藤枝町下伝馬出身で運送業を営み、後に缶詰製造で成功を収めた笹野甚四郎ら沿線町村の有力者３５名が中心となって話し合いが進められていた。その経路は、志太郡藤枝町大手を起点として青島村・高洲村・大洲村を経て、相川村から大井川を渡り榛原郡吉田村・川崎町静波に至る１２マイル（約１９．３ｋｍ）の軽便鉄道計画であった。

　この計画が進められているころ、別の鉄道敷設の動きがある。その計画は駿遠鉄道と称し、焼津停車場を起点に志太郡東南部を南下して大井川を越え、川崎・相良・大須賀・中泉に至るという延長４４マイル６０チェーン（約７２ｋｍ）におよぶ長距離軽便鉄道であった。この鉄道がもし完成すれば、焼津を中心に海岸線の榛南・小笠地域はもちろん志太郡東南部の交通を一手にして、焼津の繁栄は約束される。そうなれば、藤枝町とその周辺町村は再び取り残されてしまうことになる。

　笹野甚四郎ら藤枝町の有力者たちは、この鉄道計画に一種の危機感を抱いて敢然と対抗した。双方の路線に重複する区間が存在し、測量の時点から犬猿の仲であったらしく、「闘争的だったのは藤相ではなく駿遠の方だった」という何とも微妙な逸話が伝えられている。

　藤相側は藤枝町をはじめ青島・高洲・大洲・相川・吉田・川崎・相良などの地域を鉄道敷設の必要性を熱心に説いて回り、多くの賛同者を得て、明治４４年１月１５日軽便鉄道敷設の願書を提出までにこぎつけた。敷設願書に対する許可を確実にするため、当時興津に別荘を構えていた

藤相鉄道（大手・藤枝新間）開業風景

明治政府の元老井上馨らに働きかけ、同年８月２８日に許可が下りた。

藤相鉄道創立し社長笹野甚四郎　明治４４（１９１１）年１１月２５日藤相鉄道株式会社が創立された。「藤相」とは西駿の藤枝と東遠の相良とを結ぶことを意味した。資本金３０万円、本社を志太郡青島村前島に置いた。取締役社長に笹野甚四郎（静岡市）、常務取締役に松村恵三（藤枝町）、取締役は木下七郎（榛原郡勝間田村）・中村円一郎（同郡吉田村、後に大井川鐵道初代社長）・小宮小左衛門（藤枝町）・笹野徳次郎（同）・小山儀助（同）・大塚甚之助（同）・山内与十郎（青島村）・菊川源五郎（藤枝町）、監査役には鈴木辰次郎（大洲村）・中田録郎（静岡市）・藤田平吉（榛原郡川崎町）・村松唯吉（藤枝町）・笹野宗次郎（同）の合計１５名がそれぞれ就任した。

　藤相側と競合した駿遠側は、本社を川崎町静波におき、駿遠鉄道株式会社・資本金８０万円で、同年８月に許可を受けながら大正７（１９１８）年４月に免許失効となり解散した。営業路線が長く沿線各町村から排水問題等が大きく取り上げられ、株式払い込みにも社内的な混乱が増大した。

　藤相鉄道はまず藤枝町の中心地大手から東海道本線藤枝停車場を結ぶことであった。第１期工事は大正２年２月１５日藤枝新・大手間２マイル２３チェーン（約３.７ｋｍ）を着工し、同年１１月１６日に開通した。藤枝町民が待ち望んでいた鉄道が藤枝町の中を走ることとなった。

　軌間２フィート６インチ、単線。開通当初はドイツ・コッペル社製６.４トンＢ型タンク式蒸気機関車が客車２両を牽引して運転された。区間は大手・慶全寺前・岡出山・瀬戸川・志太・青木・藤枝新の７カ所であ

った。元従業員曽根義次はこう話した。「瀬戸川駅から瀬戸川までの上り坂が一番難所でした。この間はわずか１００ｍぐらいのものであったから、瀬戸川駅を出た軽便はまだ勢いがつかないうちに１０００分の２５の勾配を登らなければならなかったのです。雨の日はレールがすべって登れないから、軽便は一度瀬戸川駅よりも岡出山駅近くまでバックして、それから勢いをつけて登ったのです。それでも登れないときには、客が降りて後から押したのです。」瀬戸川木橋は橋台がなく、列車が渡ると橋がゆれたという。

　第２期工事は大正３年２月１５日藤枝新・大井川間４マイル２０チェーン（約６．８ｋｍ）に着工、同年９月３日開通した。この区間は高洲・大洲・上新田・大井川の４カ所であった。当時、大井川近くの大井川左岸沿いに相川競馬場があり、春秋の競馬大会には名馬が集まり賑わったという。

　藤相鉄道では大井川の川幅約１０００ｍに専用の橋を架ける建設費がなく、大正４年１月５日大井川右岸の大幡・細江間３マイル６８チェーン（約６．１ｋｍ）の第３期工事を進めた。この工事はわずか４カ月後の５月１日開通した。この区間は大幡・遠州神戸(かんど)・上吉田・下吉田・根松(まつ)・細江の６カ所であった。第４期工事の細江・遠州川崎間１マイル１１チェーン（約１．８ｋｍ）は同４年７月１５日着工、２カ月後の９月１８日開通した。乗客は大井川を渡るには列車から一旦降りて、富士見橋を歩いていた。富士見橋は有料で明治３９年当時は人は２銭、牛馬５銭、人が乗る駕籠７銭、荷車７銭５厘であった。

全国唯一大井川を人車軌道開通　この富士見橋越えの徒歩は、乗客はむろん藤相鉄道の経営陣にとっても従業員にとっても悩みの種であった。いろいろ検討した結果、大正４（１９１５）年９月１１日大井川・大幡間に人車軌道敷設の認可を得た。藤相鉄道では富士見橋を買収し、川の上流側の橋半分にレールを敷設し、下流側には一般の通行人が渡れるように考案した。このアイデアは利用者に大変受けたという。こうして大井川を渡るための人車用の客車と貨物専用の手押し車がつくられ、同年１１月から人車軌道が開通した。この開通により乗客は徒歩で大井

大井川の富士見橋を渡る藤相鉄道の人車区間（大井川・大幡間）

川を渡らなくてよくなる。当時、渡橋の運賃は旅客４銭、貨車１５銭であった。

　乗客を数人乗せた車両の後から車丁といわれた人夫が手で押して前進した人車軌道は、静岡県内にはこのほか４社が存在したが、川を渡るためにその区間だけ人車軌道に乗客が乗り換えた例は、全国でこの藤相鉄道だけである。大井川を渡った人車軌道の客車は長さ２．７ｍで８人乗りであった。黒塗りの車体に白いペンキで藤相鉄道のマークが入り、車丁も会社のマークが染め抜かれた法被を着ていた。

　大井川両岸に近い大井川駅や大幡駅で乗客は人車に乗り換えると、車丁が３、４人で人車を押した。平坦地の路線では普通２人ぐらいで押すが、橋まで登るには堤防の上り坂を押したから、車丁にとっては大変な労働だったらしい。

　軽便の機関士や車掌は、人車に乗らず徒歩で富士見橋を渡った。貨物は人車に移し替えるわけにはいかないので、蒸気機関車の動力を利用して急な坂を上がり、富士見橋まで押し上げその先は車丁が貨車を押して橋を渡った。大正４、５年ごろは上り下り１時間毎に軽便が走っていたから、車丁たちは３０分毎に客車や貨車を〝よいしょ、よいしょ〟と掛け声をかけながら大粒の汗を流して押した。

橋梁・トンネルは経営を圧迫　大正１１（１９２２）年７月と８月に襲った豪雨で、人車軌道が敷設されていた富士見橋が流されてしまう。桁や杭が古く危険な木橋であった。藤相鉄道には木橋架設の資金がなかったため、沿線町村長に働きかけ数次にわたり県当局と折衝し、ようやく橋梁の建設が認められた。

　大正１３年４月新しい県道に新富士見橋が完成する。新橋梁は幅員６．

３ｍ、延長８９１ｍ、うち２２０ｍが鉄橋、残りは木橋であった。藤相鉄道ではこの新富士見橋の建設資金の一部２４万円を負担し、その代わりに橋の一部に軽便鉄道が通れるレールを敷設した。橋梁上だけ軌道法の適用認可を受けていた。

　大正１３年４月４日大井川・大幡間１マイル１チェーン（約１．６ｋｍ）が開通し８年にわたる人車軌道は廃止される。大井川に新富士見橋が架かったとき、日夜人車軌道の木橋を守ってきた車丁らは涙を浮かべてその完成を喜んだという。

　官営でも同様であるが、ことに民営鉄道ではトンネル、橋梁等の建設、保守、復旧、改修には莫大な費用を必要とし経営を圧迫したから、鉄道関係者には並々ならぬ心苦があった。長距離の藤相鉄道の歴史は大井川・朝比奈川・瀬戸川・勝間田川、それに小堤山トンネルとの闘いでもあった。

大正７年認可岡部・相良間全通　　第５期工事の遠州川崎町・相良間３マイル６０チェーン（約６ｋｍ）の着工時期は不明であるが、大正７（１９１８）年６月１６日開通した。区間は片浜・太田浜・相良であった。これにより会社創立当初の目標であった藤枝大手・相良間１６マイル２３チェーン（約２６．２ｋｍ）がついに全通した。会社創立から６年８カ月の歳月が流れていた。

　開通式は相良駅前広場で執り行われた。鉄道関係者・沿線町村首長らの名士、会社役職員など多数参列し、相良町空前の祝賀式となった。全通を祝って藤枝尋常小学校の児童を招待して軽便鉄道に乗車させた。大正９年当時の保有車両は蒸気機関車６、客車１４、貨車２９（有蓋２２、無蓋７）合計４９両であった。

　このころ『藤相鉄道唱歌』が作詞されている。作者は不詳であるが、沿線の駅名・風光・産業・名所・旧跡など４１番まで巧みに折り込まれている。「米麦木材酒醤油　其他の貨物も夥し　院線旅客の連絡は　発着毎に発車」（１６番）、「思へば大手を立ちしより　十と二里其あいだ　僅か一時と四十分　嗚呼、便利なる汽車の旅」（４１番）。作者の藤相鉄道への限りない愛着と、沿線に寄せる賛歌がしのばれる。

藤相鉄道路線図

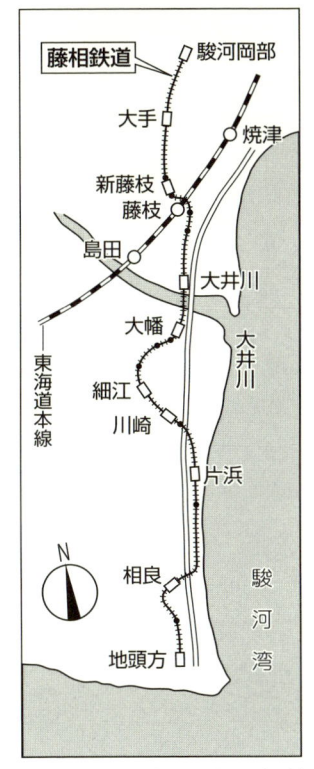

国鉄藤枝駅との接続が不便だったため、全通と同時に国鉄藤枝駅の北隣りに移転し、貨物上屋を新設、駅名も新藤枝に変更した。路線も一部変更した。開通当初は藤枝新駅を出るとすぐに大手行と大井川行に線路が分かれ、大井川行は東海道本線を跨線橋で渡った。路線変更後は大手線は青木のもと東海クラブ付近から焼津街道踏切に向かい、相良線と合流して新藤枝駅構内に入場するようになった。

藤相鉄道の営業成績は、客貨とも毎年順調に伸び黒字経営が続いた。沿線利用客の評判もよく、従業員も職務に精励した。これに気をよくした経営陣は、大正12年2月8日駿河岡部・大手町間2マイル74チェーン（約4.7km）の敷設認可を受けて着工し、同14年1月16日開通した。これにより全長19マイル31チェーン（約31.2km）となり、一般には相良、新藤枝間を相良線、新藤枝・駿河岡部間を岡部線と呼んだ。岡部線が開通した大正14年発行の鉄道省運輸局『汽車時間表』によると、大手始発は5時50分、相良着8時1分で所要時間は2時間11分であった。最終は相良発20時6分、大手着22時40分で、2時間34分かかり、駿河岡部発21時、新藤枝着21時40分となっている。上り下りともに約1時間毎に発車した。運賃は駿河岡部・新藤枝間38銭、新藤枝・相良間96銭、大手・相良間1円13銭、大手・新藤枝間17銭であった。

駿河岡部まで路線延長されたころ、岡部・静岡間の延長計画がもち上がった。この区間には宇津ノ谷峠がある。明治9年に最初の隧道（長さ224m、幅7.3m、高さ4.5m）が開削され、同37年に改修されて人馬の通行が行われていた。しかし、この岡部・静岡間の路線は実現していない。仮にこの区間が開通していれば、利用者は多く軽便鉄道

から3フィート6インチに改軌され電化され、現在も隆盛であろう。

地頭方延長と岡部線の廃止　大正13（1924）年7月相良・地頭方間の延長工事が着工され、同15年4月29日3マイル50チェーン（約5.7km）が延長開通した。区間は新相良・波津・須々木・落居・地頭方であった。藤相鉄道には難所と呼ばれたところが3カ所あった。大井川・瀬戸川・遠州川崎と相良間の海岸線である。豪雨や台風に襲われると、海からの波しぶきを直接かぶり、線路がえぐられ、何度か危険にさらされた。当時、相良町波津に保線工若林忠五郎という人がいて、非常に仕事熱心であった。台風が来るときには、人が止めるのを振り切って真夜中でもカンテラを照らして線路を見守った。線路がえぐられた箇所を発見すると、豪雨の中でも一人でツルハシを振るって「あすの1番列車を通すんだ」と、復旧作業を懸命に行ったという。

　藤相鉄道は鉄道線の防護策と資金的余裕から自動車事業に進出し、勃興しつつあった既存のバス会社を大正後期から昭和初期にかけて次々に買収した。大正13年藤枝自動車商会の買収を皮切りに、翌14年相良・御前崎間に路線をもつ地頭方自動車商会、翌15年に藤枝・相良間に乗合自動車を走らせていた輪光社、昭和5年（1930）には焼津地域に路線をもっていた焼津自動車、さらに勝間田自動車商会、川崎ＫＹ自動車商会、駿南自動車なども買収し、志太郡、榛原郡南部地域のバス路線を独占した。

　昭和5年の経済恐慌を境に、不況の嵐が静岡県内を駆け抜けた。待望の岡部、地頭方を各々延長し、23マイル1チェーン（約37km）を全通させ、日の出の勢いであった藤相鉄道にも不況の影が忍び寄ってきた。藤相鉄道はこの不況を乗り切るため経営を縮小しなければならなかった。岡部線は開通から数年順調に推移したが、その後は予想に反して一番期待したミカンをはじめとする一般貨物が振るわなくなった。会社では貨物運賃を割り引きしたり、運送部を督励して大いにサービスに努めたが戸口運送のトラックに押され、効果を上げることができなかった。

　昭和に入って岡部線の旅客の衰退は著しく、朝晩の通勤・通学客以外、日中は1人も乗らない日が続いた。これに加えて橋梁の腐朽が目立ち、

多額の修繕費をかけても到底採算がとれない見通しとなり、昭和１１年５月１９日駿河岡部・大手間が廃止となった。わずか１３年の開業であった。経営を合理化した藤相鉄道は一方では地頭方より西へ向けての鉄道進出と橋梁整備等に意欲を燃やした。

作家小川国夫の幼少時の恐怖　沿線には大井川、瀬戸川、勝間田川など大小の河川が流れていた。大半が危険な木橋で、大井川橋梁には約９ｍおきに丈夫な杭を打ち込み、その間に橋を補強するマグイと呼ばれる杭を打ちつけてあった。しかし豪雨があると、この杭は濁流に流され軽便列車を通すのは危険であった。地元作家の小川国夫は幼少のころの体験を『静岡の昭和史　上』（ひくまの出版）の中で次のように記している。「わたしが軽便に乗って大井川を越えた最初は、昭和６、７年ごろだったと思いますが、この時の印象が非常に強烈でした。軽便の軌道の幅がせまいのですが、車体はこの軌道からはみだしてもっと幅があるわけですが、窓からのぞいてみますと、下には河原の石があるだけであの猛烈な遠州の空っ風が吹きつけるわけです。それで車体が大ゆれにゆれて川へ落ちてしまうのではないかと子供心にも胸がドキドキして、あのときのおそろしい気持ちは今でも忘れません。…」

不況克服の積極的営業活動　藤相鉄道では従業員一丸となって乗合自動車への対抗と不況克服のための乗客へのサービスに努めた。昭和５、６年ごろ乗客にタバコのサービスをした。遠距離客に１８銭の「敷島」、中距離客に１５銭の「朝日」、短距離客にも７銭の「バット」を１箱つけた。新藤枝・相良間の運賃が６０銭だったから、出血サービスだったにちがいない。１人でも多く軽便に乗ってもらうため、駅長だろうが課長だろうが、全従業員が乗客の勧誘に歩いた。中学校、女学校に合格した生徒の家庭にはバスよりも軽便の方が安いからと定期券の購入を勧めた。大口団体客の勧誘も手分けして行った。昭和７（１９３２）年に蒸気機関車からガソリンカーを一部採用し輸送力の増大をはかった。同１０年には堀之内軌道運輸のバス路線を買収し乗合自動車の営業範囲を拡大した。

　太平洋戦争に昭和１６年１２月突入し戦争が拡大するにつれ、国民生

活は次第に窮乏化し「ぜいたくは敵！」を合言葉に、食糧をはじめすべて品物が不足して配給制になっていった。戦争が長びくにつれ燃料の石炭も配給制となり、やがて蒸気機関車に質の悪い亜炭が多く火力が弱く各駅に１０分ぐらい停車して蒸気をあげないと発車できなく、最終列車が地頭方に翌朝ようやく到着することもあった。

　昭和１７年ごろから燃料が石炭から木炭に代わり、レールカーの横に薪の釜をつけた不格好な代燃車が登場した。カシ・クヌギなど雑木から薪をつくる専門の人も現れた。木炭車は亜炭よりさらに火力が弱く、急坂は一度に登れなく後退しておいて助走をつけて登る始末で、こうなると時刻表など全くあてにならなかった。

　女学生が〝はちまき〟をして軍需工場で働くようになり、男性は次々に戦地に召集されていった。男性に代わって若い女性が鉄道に従事した。出征兵士を見送る風景が沿線各駅で展開された。

静岡鉄道藤相線買出し列車　昭和１８（１９４３）年５月１５日陸上交通事業調整法に基づいて藤相鉄道、静岡電気鉄道、中遠鉄道、静岡乗合自動車、静岡交通自動車の五社が合併し、新社名は静岡鉄道株式会社となり、旧藤相鉄道は静岡鉄道藤相線となった。勇躍して出征した兵士の遺族が、白い布に包んだ兵士の遺骨を両手に痛ましい姿が駅頭で目につくようになった。五社合併の藤相線と中遠線は輸送力が乏しいうえ農村地帯で〝やっかいもの扱い〟されていた。ところが終戦となり、終戦直後の食糧不足時代にこの２路線は蘇ったのである。沿線特産のイモをはじめ農作物と塩、魚介類などに目をつけたおびただしい買出人やヤミ屋が連日殺到し、大混雑ぶりを示した。超満員の乗客で列車がふくらんでみえたと形容され、アメリカの進駐軍兵士らが大混乱の情景をカメラに収めていたという。機関車を増備し老朽車にムチ打って買い出し列車となって大活躍したのである。

開業後わずか3年で消えた軽便鉄道

庵　原　軌　道

**国会議員西ヶ谷　　**庵原郡庵原村（現静岡市清水区）出身の衆議院議員、
**可吉の呼びかけ　　**西ヶ谷可吉は、明治42（1909）年庵原村発展の
ため、庵原村金谷から東海道線の江尻停車場を結ぶ軽便鉄道の建設を地元の有力者らに働きかけた。当時、西ヶ谷可吉は庵原製紙会社社長で、庵原村屈指の実力者であった。彼は地元の有力者に対し、豆相鉄道（明治31年開通）や大日本軌道静岡支社線（明治41年開通）などの蒸気鉄道が、沿線の町村を発展させていることを交えながら説いて回った。

　西ヶ谷可吉の熱心な鉄道建設運動に賛同した江尻町本郷の素封家望月輝蔵、庵原村杉山の庵原製紙副社長片平九郎左衛門らが発起人となり、村民から株式を募集した。明治43年4月20日敷設免許が下付されると、同年8月18日庵原郡辻村に本社を置き、資本金5万円で庵原軌道株式会社を設立した。『法人　登記簿』の目的には「軌道ヲ敷設シ旅客及ビ貨物等ノ運搬ヲ為ス」とある。取締役社長に西ヶ谷可吉（庵原郡庵原村）、専務取締役に酒井精一郎（安倍郡清水町）、取締役に石原甚五右衛門（同）・長坂須美夫（庵原郡辻村）・望月健吉（庵原郡江尻町）、監査役には天野久太郎（庵原郡庵原村）・橋本馬吉（庵原郡袖師町）がそれぞれ就任した。

　鉄道計画の段階で建設費が安くてすむ馬車鉄道の提案があったようであるが、西ヶ谷可吉が時代遅れになると反対して蒸気鉄道となった経緯がある。『庵原軌道敷設予算書』によると、創業費150円、軌道敷設費6000円、枕木1300円、駅舎などの建物費800円、蒸気機関車など1万6000円となっている。敷設工事は2期に分け進められた。

**江尻・金谷間　　**大正2（1913）年12月16日第1期工事の江
**に蒸気車走る　　**尻・西久保間が開通した。軌間2フィート6インチ、単線。翌3年5月22日第2期工事が竣工し、西久保・金谷間が開通、当初の計画どおり江尻・金谷間3マイル34チェーン（約5.5km）が

庵原軌道　259

全通した。区間は、江尻・本郷・辻・秋葉前・西久保・嶺・松花・小路・新田・金谷の１０カ所であった。

運賃は江尻・金谷間９銭。江尻始発は午前４時２８分、最終は金谷着午後１１時２８分で、１日６４本運転された。車両は蒸気機関車３（大日本軌道会社製の中古）、客車３、無蓋貨車３、合計９両であったが、客車は当時としてはなかなか立派なものであったという。

起点の江尻は東海道本線江尻停車場の西方５０ｍのところにあった。現在の仲浜町で、飲食店が立ち並んでいて昔の面影はない。当時はこの周辺は田んぼで、その中に小さな駅舎が建っていた。軽便鉄道は「江尻」を出ると、現在のＪＲ清水駅前の国道清水港線と旧東海道のちょうど中間のところを並行して走った。伝馬町を通って旧国道１号線を横切り辻町に出る。庵原軌道の本社は西友ストアの裏あたりにあった。

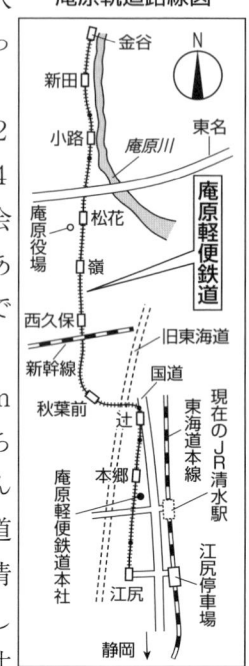

この本社近くに「本郷」があり、ここから約３００ｍほどで「辻」に入る。旧国道１号線辻交差点あたりである。「辻」から左に大きくカーブして矢倉町通りを軽便は走った。そして約２００ｍほどで県道小島・大向・清水線に突き当たる。ここが「秋葉前」であった。東海道新幹線のガードをくぐったところに「西久保」があり、北上して袖師中学校を通り、龍雲院近くに「嶺」があり、ここから軽便は東ドレスメーカーのあった裏を通って「松花」に出る。庵原公民館前で、県道をさらに北へ進み、東名高速道路のガードをくぐると、清水農協庵原第一支所のあたりが「小路」で、軽便はここで庵原橋に突き当たるため、左に大きくカーブし庵原小学校前を通るとすぐ「新田」。庵原川に架る橋のたもとで、伊佐布に向かう道路に向かい左手の地点に終点「金谷」があった。金谷駅構内は広く転車台（ターンテーブル）があり、近くに小川製紙があって周辺は活気があったという。「金谷」の北方の両河内村から、木炭や

庵原鉄道開業時の会社役員と従業員（江尻停車場）

手すきの和紙を背負子に背負った主婦やお年寄りたちが、軽便に乗って江尻まで運んでいた。開通当初は物珍しさも手伝って乗客は多かったが、大正4、5年ごろには空車が目立っていたという。

主力の肥料会社の負債で廃線

庵原軌道の開通時の様子を、沿線近くに住んでいた西ヶ谷庄作はこのように話した。「蒸気機関車が村の中を勢いよく走っていたのは、わしが小学校5・6年生のときだったかね。あれは確かに便利なもんだったけえが、運賃が高かったナ。何しろ庵原から江尻まで通しで15銭もかかったで、あまり利用されなかったよ。機関車も今の博物館にあるような可愛いやつだったし、レールの幅も狭かったから、カーブんとこで脱線してね。そのたんび、近所の大人たちが出て、丸太ん棒を当てがって、ヨイショコ、ヨイショコといって車体をレールにはめ直していたね。だから急カーブの線路わきには丸太が5、6本いつも置いてあったさ。沿線のうち庵原川に沿ったところは、ずうっと竹やぶが続いてね、そこを軽便はこするように走ったから、乗っていると窓ガラスに笹っ葉がバサバサ当たったっけ」

庵原軌道の西ヶ谷社長は肥料会社も経営していたが、取引上の手違いから数十万円の負債を抱えてしまう。西ヶ谷家では田畑や山林を処分してその負債に充てたという。この負債問題が引き金になって、庵原軌道は資金難に陥る。大正5（1916）年7月17日開通からわずか3年で廃線となり、同年10月10日株主総会で本社は東京市本郷区菊坂町82番地に移転した。蒸気機関車は開通間もない安倍鉄道に身売りされていったという。

中遠南部の穀倉地帯を走る軽便鉄道

中 遠 鉄 道

中遠南部に鉄道敷設の動き　東海道鉄道袋井停車場が明治２２（１８８９）年４月１６日開業して、原野谷川南岸の高尾地区はにわかに発展し、北岸の旧袋井宿にかわって袋井地域の中心的位置を占めるようになった。袋井停車場の南東にあたる遠州灘沿いの磐田郡・小笠郡・榛原郡の中遠南部地方の各町村は豊かな穀倉地帯であった。

　明治末期、この地方の道路状況は国道第１号東海道線は磐田郡の中央を東西に抜け、その沿道から中泉・掛塚線、中泉・福田線、袋井・横須賀線、掛川・南山線、堀之内・池新田線がそれぞれ南下していた。県道浜松・相良線が浜松を起点に遠州灘沿いを東に進み、掛塚・福田・袋井・横須賀・池新田・相良に至り、前述の南下した道路とを結んでいた。しかし、その道路の幅員はいずれも９尺（約２．７ｍ）の狭さで、東海道鉄道から遠く南方にへだてており、沿線の開発は遅れていた。

　当時の交通といえば乗合馬車・人力車などであったが、庶民の多くは草履(ぞうり)をはいての徒歩であった。大人１人の１日の行程は１５里（約５６ｋｍ）から健脚で２０里（約７５ｋｍ）で、荷物運搬は大八車が重宝され、１台におよそ米３俵（１８０ｋｇ）を積んだ。

　明治４４年８月駿遠鉄道の設立の動きあり、その経路は焼津を起点に駿河湾を南下し川崎・相良を経て遠州灘沿いを西に進み、中泉に至る延長約７２ｋｍにわたる軽便鉄道であった。これに衝撃をうけた中遠南部地方の有力者らは、鉄道敷設に強い意欲をみせた。同年１０月１０日笹野甚四郎（藤相鉄道社長）・戸倉惣兵衛（蚕種製造業）・戸倉実太郎（笠西村長）・芝田庫太郎（岡崎銀行経営者・後に笠原村長）ら地元有力者発起人１３名により「中遠鉄道敷設許可申請書」が内閣総理大臣侯爵西園寺公望に提出された。「今般拙者等相謀リ静岡県磐田郡笠西村高尾ヲ起点トシ、同県小笠郡大須賀村横須賀ニ至ル軽便鉄道ヲ布設シ、鉄道院東海道線袋井駅ニ連絡スル旅客貨物ノ運輸営業仕度候間、特別ノ御詮議

ヲ以テ御許可被成下度、別紙起業目論見書、敷設費用概算書、営業収支概算書、線路予測平面図、線路予測縦断面図及仮定款謄本相添へ此段奉願候也。」

初代社長に芝田庫太郎　軽便鉄道敷設の免許は明治４５（１９１２）年３月９日に得られた。同月２２日静岡県知事より鉄道敷設準備のため、磐田郡笠西村・上浅羽村・小笠郡笠原村・大須賀村へ立ち入り測量が許可された。

　大正元（１９１２）年８月２８日中遠鉄道株式会社が資本金１０万円（１株５０円）をもって創立され、第１回株式払い込みを終了した。

　当時の経済事情は、米１俵５円、製茶１貫目（３．７５ｋｇ）１円５０銭から２円の時代である。１０万円の株式募集には米２万俵、１株の株式にも米１０俵の供出に相当した。したがって１株５０円の払い込みを５回に分割、１回１０円宛払い込みし、大正３年後期までの払い込み完了とした。株主総数３１７名、１株株主が全体の８０％を占め、その多数が笠原村・上浅羽村・笠西村の人たちで、中遠鉄道に対する期待の大きさを示した。

　創立総会では取締役に芝田庫太郎・笹野甚四郎・深谷嗇橘・原田信一・荒井丈平・村松恵三・塩谷桑平、監査役には八木嘉一郎・山田伊太郎・高橋忠太郎・永屋景貞が選出される。同年９月２日の取締役会で取締役社長芝田庫太郎、常務取締役塩谷桑平・荒井丈平が当選就任した。

　中遠鉄道株式会社の設立登記、登記済書類、鉄道路線工事認可、駿遠鉄道との共同契約、地方鉄道事業認定など関係当局に提出し、用地買収に関わる事務を同年１０月２２日に開始した。

　地方鉄道は一般的には沿線住民の強い要望により敷設される。しかしその敷設には沿線住民の利害関係がからみ、まして例え１株といえども株主としての権利を行使すれば、その発言力は強く必ずしも順調に敷設工事が進められるとは限らない。中遠鉄道では敷設許可後およそ５カ月にわたり工事ができない紛争が起きたのである。

敷設に田畑の悪水での紛争　松井茂静岡県知事が西園寺首相に大正元（１９１２）年９月２８日宛てた文書には「再査修正ヲ要スル」とし

て「地元村意見ハ別紙写ノ通」と述べている。「再査修正」の要点は県費支弁の横須賀街道の上に一部重なる敷設計画部分があり、これは軽便鉄道法第四条「線路ハ之ヲ道路上ニ敷設スルコトヲ得ス、但シ必要ナル場合ニ於テ主務大臣ノ許可ヲ受ケタルトキハ此ノ限ニアラス」という規定から適切でない。また、悪水停滞箇所の線路の高さを街道並みに低くすること、すでに免許を得た部分も変更が必要と判断すべきこと、それらはいずれも地元村民の陳情がある、などを明示している。

小笠郡笠原村村長芝田庫太郎の県知事宛て同年９月２６日付「意見上申書」には、せっかく敷設するのだから集落の近いところに敷設計画してもらいたい。ところが予定では遠隔だけでなく田畑の水利を妨げること、予定されている橋梁でところによって低すぎるため、これも排水に支障があることなど要望している。上浅羽村の「陳情書」では「抑々軽便鉄道ハ国家進運ノ利器ニシテ之ニ向テ強チ異議ヲ唱フル者ニ無レ之」と書き出し、やはり当地の沿線では悪水排除を困難にするので修正されたいとし、これには富田良兵衛村長の９月２７日付の「副申書」が添えられた。そこには「線路ハ悪水ニ非常ノ関係ヲ有シ、到底黙認スル能ハサル義ニ付」と強硬意見が述べられている。こうした不満の原因は、中遠鉄道が当初計画した路線と異なること、藤相鉄道が将来中泉に延長する予定をもっており、これとの並行線を敷設することで、いずれ藤相鉄道に譲渡する計画ともかかわっていた。

敷設紛争は１年かけて決着　不満をもつ上浅羽村の住民は重ねて「治水上絶対ニ反抗スルノ不正得モノナリ」として陳情を繰り返した。ところが笠原村芝田庫太郎村長は大正元（１９１２）年１０月７日次の文書を県知事に提出し、知事は鉄道院総裁（内務大臣）原敬にとりついだ。「中遠鉄道施工認可申請ニ関シ、本年九月二十六日付ヲ以テ意見上申候処、其後関係者ト協議ヲ遂ケ該線路ニ対シ円満ニ解決相成候ニ付、該意見上申書御取消相成其筋ヘ御手続キ相成度此段奉レ願候也」

１０日あまりでこのように変化したことは不明とされている。しかしその後も上浅羽村１３９名の連署による同年１０月１５日付の鉄道院総裁宛ての「請願書」は強力な要請を行っている。

「線路変更ノ義数回交渉ヲ遂クルト雖モ、会社ハ更ニ応スルノ意志ヲ示サズ、止ムコトヲ得ズ管理官庁エ理由ヲ陳情シ、実地御踏査ヲ申請仕候、然レトモ爾今御詮議無之、憂慮ノ余リ人民一同ハ農ヲ休ミ、業ヲ捨テ、日夜衆議ヲ凝スト雖モ、竹鎗筵旗ノ暴挙ハ慎ミ官府エ再願シ、御命令ヲ仰クノ外途無レ之事ト、慈ニ人民挙テ懇願仕候」さらに請願はつづいている。「国本農位ノ良田数百町歩ヲシテ不毛ニ帰セシメ、恬トシテ省ザルハ之レ農ヲ死ニ致スノ所為ニシテ、本位ヲ顛倒シタル乎ヲ疑フ所以ナリ、…県道ニ並行スルトキハ障害最モ少ナク、…」

新横須賀駅ホームで中遠鉄道の軽便を待つ人々

　このほか同年１０月１５日付の大字浅羽の陳情もみられる。このあとに同年１２月２３日付の「中遠鉄道株式会社線路変更認可申請書」が「鉄道省文書」に収められている。そこでは「治水上浅羽村ト協議相整ハザル為メ」関係村と協定をもって計画を一部変更するとした。笠原村は翌２年５月８日、大須賀村は同月２２日にそれぞれ同意書を出している。これで同年８月６日許可され、ようやく敷設着工が可能となった。

　中遠鉄道敷設にみられる会社側と沿線住民側とのこのトラブルは、会社側の建設費のコストダウンをもくろむものだろうが、住民のねばり強い村ぐるみの要求に、これ以上紛争を長びかせては将来的にシコリを残すと不利だと判断され、会社側が譲歩することで解決したのであろう。住民の生活防衛に対する強い要望の正当性がその基盤にあるとはいえ、鉄道開業後に向けての住民感情と鉄道に対する沿線住民の日常性、利便性の価値基準の視点にたてば、地域ぐるみ・運命共同体としての地元有力者らが直接経営するところにその意義があり、このような譲歩に踏み切らせたといえよう。

中遠鉄道　265

**大正3年袋井
横須賀間開通**　大正2（1913）年4月7日袋井新・新横須賀間の敷設工事がようやく進められた。平坦な地域であったため、工事は比較的順調に進んだ。翌3年1月10日総理大臣より営業開始の許可があり翌1月11日全線開通式が行われた。当地方にとっては一気に文明時代に飛び込んだ思いがしたことであろう。

　大正3年1月12日全長6マイル21チェーン（約10.1km）の運輸営業が開始された。長い紛争で建設が遅れた中遠鉄道は、ここにようやく鉄道が開通し会社役職員はもちろん株主、沿線住民こぞって多年の念願達成を温かく迎えた。軌間2フィート6インチの単線。区間は袋井新・柳原（やなはら）・諸井（もろい）・芝・浅名・五十岡（いごおか）・新岡崎・三輪・石津・七軒町・新横須賀の11カ所。車両は蒸気機関車イギリスのバダネル社1913製4両、ドイツのコッペル社同年製1両、客車は大正9年当時6両、貨車も同年有蓋6両、無蓋3両。1日12往復、運転時間は開通当初全線43分であった。

　工事費その他の諸経費を合わせ17万9000円、資本金10万円だったから同年8月に20万円に増資し、その70％を当時の役員が引き受けた。営業成績を見ると、開通当初の大正3年下半期は旅客収入6100円、荷物収入700円、合計6800円であった。3年後の大正6年度上半期には旅客収入7000余円、荷物収入1400余円、合計8500円で25％の増加を示した。

　大正7年11月11日終結した第一次世界大戦で戦勝国の一員となった日本は、国内に空前の好景気をもたらし産業界全般に活況を呈し、全国の民営鉄道もその恩恵に浴した。大正9年下半期の旅客収入1万5000余円、荷物収入3800余円、合計1万8900円という好成績をあげ、大正6年上半期の22.3％増をみせている。しかし損益計算書をみると、石炭その他の営業費が物価騰貴によって増大し、また政府補助金の一時中止もあって、増資の際の優先株を取得した株主には配当されたものの、普通株主には配当もない状態であった。

**昭和2年新袋井
・新三俣間全通**　路線延長工事は横須賀町より大坂間に至る間の測量が完了し第1期工事を進めた。大正13（1924）

中遠線沿線略図

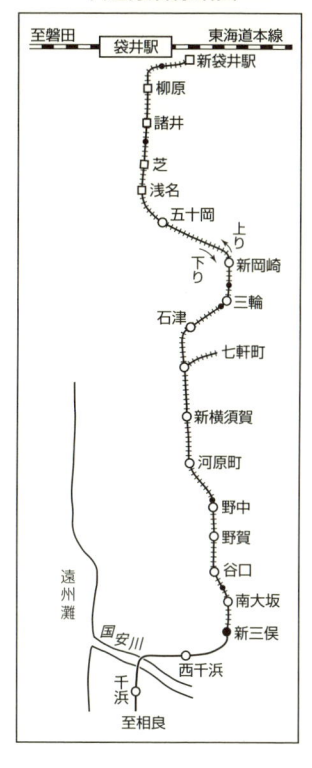

年4月17日袋井駅構内より池新田間に定期自動車営業の許可を県知事より得ている。

大正14年4月7日新袋井・南大坂間9マイル79チェーン（約16.1km）が開通した。このとき新袋井に改称し、省線袋井駅に乗り入れた。新横須賀より河原町・野中・野賀・谷口・南大坂の区間が新設された。さらに翌15年3月30日南大坂・新三俣の路線延長を申請し、同年5月28日許可、最終工事が始められた。

大正15年12月25日大正天皇崩御「昭和」と改元される。昭和2（1927）年4月1日新袋井・新三俣間全長10マイル65チェーン（約17.4km）が全通した。昭和2年上半期の鉄道収入3万4800円、自動車収入5800円、合計4万600円で、大正9年上半期に比べ114.8％増の好成績をあげた。蒸気機関車の煙突が植物のらっきょうに似ていたため、沿線の人々から「ラッキョ軽便」と呼ばれ親しまれた。定員45人乗りの客車を2、3両牽引して全区間を約1時間かけて運転した。若い人たちは走る軽便の後に追いついて飛び乗ることがよくあった。他の交通機関と並走していない時代だったから通勤・通学客が乗る朝夕のラッシュ時には、定員の2、3倍を詰め込んで走った。

大相撲双葉山一行が軽便を押す　沿線各駅の駅長を務めた鈴木右玄太は在職当時のエピソードをこのように話した。

「あれは昭和15年だったと思いますが、大相撲の横綱双葉山の一行が横須賀巡業の帰りに列車に乗り、諸井停留場を発車してすぐ切り割りの急勾配でストップしてしまった。客車5両を連結したうえに力士80名を乗せ、おまけに相撲見物客が超満員のため重くて動かなくなったのですね。もう一度停留場までバックして威勢をつけて上ったがまたとま

ってしまう。見かねた力士たちが降りて列車を「えい」と押した。そばで野良仕事をしていたお百姓たちが仕事の手を休めて、「ヨイショ、ヨイショ」と掛け声をかけた。力士たちも「えい、えい」と押すと、列車はするすると坂の上にあがった一幕もありました」

特産いも切り　　起点の新袋井駅から少し離れた西方に木造２階建ての
遠州瓦を輸送　　本社事務所と修理工場があった。列車は新袋井を発車してまもなく右にカーブすると「柳原」があり、ここを過ぎると下り坂になり「諸井」に着く。これより道路に沿っていくと「芝」となる。木造平屋の駅舎と貨物上屋があり、駅長がいて列車交換ができた。ここから「浅名」「五十岡」と続き線路は登り坂となる。乗客が多いと機関車がスリップして前進できず、車掌が列車から降りてレールに砂をまき、辛うじて登ることもあったという。

　次の新岡崎駅は列車交換ができ乗客・貨物とも多かった。貨物では遠州瓦と木毛が出荷された。ここから田んぼの中を「三輪」「石津」「七軒町」を結んで走り「新横須賀」に着く。

　横須賀は天正６（１５７８）年徳川家康が高天神城攻略の前線基地として横須賀城を築き、城下町として栄えた。新横須賀駅は中遠鉄道の中間地点で、列車交換ができ４人の駅員と５人の仲仕が常駐して乗降客が多かった。貨物は梅干・らっきょう・しょうがなどの漬物、さつまいもの澱粉・いも切り干しなどが多く、夏季には西瓜が５トン車で出荷された。ここを出るとまもなく横須賀小学校のカーブにさしかかる。線路に勾配があって朝露で機関車が空転すると、少し戻り列車に勢いをつけて登った。次は「河原町」でここを過ぎると〝野中〟の坂があり、ここも機関手が苦労した。野中駅は木造平屋建て駅舎と貨物上屋があり、駅員２人が客貨を取り扱っていた。次が「野賀」でこのあたりは山の中を走り「谷口」から「南大坂」に着く。南大坂駅は乗降客が多く駅員２人と仲仕が４人常駐し、貨物はいも切り干しの出荷と射場用の荷物の発着があった。近くに陸軍の射撃場があって弾薬関係が多かった。次が終点新三俣駅で駅員が５人配置され貨物扱いもあり、乗務員の合宿所があった。

ガソリンカー導入で息つく　勃興しつつあった乗合自動車は、大正１５（１９２６）年４月２３日袋井駅・富里間の認可を受け、中遠鉄道の防護策として運行された。乗合自動車の運行は鉄道と違って簡便なため、その後も福田・幸浦・池新田・横須賀などにも路線を拡大した。しかし乗合自動車の運行回数を増やすと鉄道の乗客が減少した。乗合自動車を放っておけば他社が進出する。鉄道には高価な車両があり、線路施設があり、駅舎があり、何よりも中遠鉄道を慕って入社した多くの忠実な職員がいた。昭和４（１９２９）年４月軌道自動車（ガソリンカー）１両を導入、試運転に成功を収めたため、さらに１両増車し１日１２往復を２２往復に増発した。新袋井・新横須賀間をバスで３５分かかるところ、軌道自動車は２８分で運転した。煙の出ない軽便が走るという評判が高まり、乗客数は著しく増加した。ガソリンカーの導入の成功で芝田社長は「ああ、神様のお陰だ！」と拍手して天を拝んだというエピソードがある。乗合自動車攻勢に苦悩していた社長の心情を吐露している。

　ところが経営がようやく軌道に乗りかかった時期に、この中遠地方にも昭和恐慌が押し寄せ、経営が困難なものとなっていった。優先株も無配に、会社解散説が流布される事態となった。会社役職員は結束して「如何なる犠牲を払ってでも鉄道を死守せねばならない」という悲壮感で業務に精励した。

五社合併で静岡鉄道中遠線に　昭和６（１９３１）年荷物運送取り扱い、倉庫業の営業など増収対策に乗り出した。昭和９年１月１３日会社創立以前より中遠鉄道に貢献し、ようやく不況から脱していた時期に文字どおり陣頭指揮した芝田庫太郎社長が死去する。静岡県内の民営鉄道で２２年にわたり最高責任者として沿線の発展に寄与した数少ない人物であった。太平洋戦争が激しくなった昭和１８年５月１５日陸上交通事業調整法にもとづき中遠鉄道・静岡電気鉄道・藤相鉄道・静岡乗合自動車・静岡交通自動車は五社合併し、社名を静岡鉄道株式会社となり、旧中遠鉄道は静岡鉄道中遠線となっていく。

織物産地笠井の繁栄を輸送した軽便鉄道

浜松軌道笠井線

遠州木綿産地と笠井市で賑わう　明治14（1881）年長上郡笠井村（現浜松市東区）に組織された西遠産業社を母体として今まで笠井縞とか河西縞とか地方的な名称で呼ばれてきた遠州織物を、広く販売する目的で翌15年に太物商物産社が設立され、同20年になると浜松の木綿商人たちも加わり、笠井村に西遠太物商物産組合が設立された。笠井村では太物を主として比較的安価で堅牢な織物である特長を生かし、販路を農村や寒冷地に伸ばしていた。当時の織機台数830台、産額25万反であった。遠州縞として関東や東北からも親しまれ、近郷近在から笠井市に人々が集まり、笠井は天竜川右岸に近く、対岸の池田（現磐田市）の方から舟で笠井市に来る人たちもいて盛況を呈していたが、鉄道からは外れていた。

　明治29年4月遠参鉄道の計画の中に、麁玉村から分岐して笠井村を経て東海道鉄道天竜川貨物取扱所（現JR天竜川駅）に接続する路線があるが、同31年4月理由は不詳だが失効になっている。

大正3年大日本軌道浜松支社笠井線開通　大正3（1914）年4月7日笠井町民の強い要望で大日本軌道浜松支社鹿島線の途中駅遠州西ヶ崎・笠井間1マイル39チェーン（約2.4km）に笠井線が開通した。軌間2フィート6インチ、単線で途中に万斛・女学校前の停留場が設置された。運賃は全線7銭で雨宮鉄工所製の小型蒸気機関車に客車1両を牽引して、1日16往復（大正14年当時）西ヶ崎街道に沿って時速12kmでのんびり走った。起点の遠州西ヶ崎駅の笠井線の乗降ホームは同駅の東端に位置し、終点の笠井駅は笠井小学校の南方約250mほどの地点で、駅構内にはターンテーブルが設置されていた。大正10年1月発行の「軽便鉄道浜松発鹿島行時刻表」によると、浜松発午前6時25分から午後6時20分発までのほぼ1時間毎の13本が西ヶ崎駅で笠井行に「連絡」と記されている。さらに大正12年1月発行の「軽

便鉄道浜松発鹿島行時間表」には、浜松発午前6時の列車が笠井直行（西ヶ崎駅経由）と標示されている。

独立採算めざし
4社の社名変更　大正8（1919）年8月18日鹿島線、中ノ町線とともに笠井線は大日本軌道浜松支社から地元資本による遠州軌道株式会社に社名変更した。その後、鹿島線の電化にともない大正10年8月17日社名を遠州電気鉄道株式会社とした。遠州電気鉄道鹿島線は改軌し電化後飛躍的に業績が伸展していたが、笠井線と中ノ町線は相変わらずの軽便鉄道で成績は思わしくなく推移していた。大正14年4月7日笠井・中ノ町両線は浜松軌道株式会社（資本金22万円・社長は遠州電気鉄道監査役金原明徳）を新たに設立し、遠州電鉄から経営分離して採算路線を目指した。昭和2（1927）年1月17日中ノ町線電化（大正11年6月6日電化免許下付されていた）のため、社名を浜松電気鉄道株式会社とした。しかし中ノ町線の電化工事は、当時の経済不況で資金が得られず電化されずに終わっている。翌3年9月そのころ全国の地方鉄道で採用が多くなっていた軌道自動車（ガソリンカー）を笠井線に導入、好成績をあげていった。

太平洋戦争中
乗客減で廃線　太平洋戦争が進行していくと、笠井駅前広場には出征兵士を見送る人たちであふれ、列車に乗った出征兵士は車窓から大きく手を振りながら戦地に向かう光景が目立つようになった。昭和18（1943）年11月1日遠州地方の交通事業会社が合併し遠州鉄道株式会社となる。戦局の悲報が日を追って伝えられる昭和19年12月10日、路線が短距離で利用客が年々減少していたことなどから、30年余地域に貢献した笠井線は廃線となり同区間に遠鉄バスが走るようになった。

遠州西ケ崎駅での笠井線ガソリンカー（右端）と左端と中央は鹿島線の列車交換

浜松から三方原台地を縦走し奥山方広寺を結ぶ

浜　松　鉄　道

発起人は１１市町村の有力者　浜名郡浜松町（鶴見信平町長）は明治４４（１９１１）年７月１日静岡県内では静岡市に次いで２番目の市制が施行され、浜松市（人口３万６７８２人）となった。

　当時、人々の衣服は男女とも木綿織で、冬は綿入りの着物を用い子供は筒袖であった。日露戦争後（明治３８年）は戦勝の余波をうけて華美となり元禄風という流行もみせた。帯は男女とも兵児を結び前垂れを用いた。洋服はまだ一般化せず、男子の防寒用には身頃にケープのついた袖なし外套のインバネスが流行した。履物は薩摩下駄が多く、雪駄や草履も一般に用いられた。婦人の束髪姿も一般的になり、女学生の海老茶袴の靴姿が日露戦争後には見られコウモリ傘もようやく増えてきた。

　食生活は１日に朝昼夕の３回が普及した。農村では午後３時ごろお茶漬けという習慣が残り、味噌・醤油（溜）の自家醸造もまだ行われていた。古来からの餅類・和菓子・水飴などのほかパン・ビスケット・カステーラなどの洋菓子が食べられるようになり、ラムネ・牛乳も飲用され、アルミの弁当箱も重宝がられた。住居は農村では１戸建て平屋の生活者が多く、市街地では旧家などを除いて、一般の俸給生活者などは借家住まいが普通であった。路地に入ると長屋があり共同井戸があった。

　浜松市制施行と前後して、浜松と引佐郡とを結ぶ軽便鉄道の話し合いが、沿線有志らによって進められていた。「浜松軽便鉄道発起人規約書」（明治４４年６月１４日作成）によると、発起人は総勢４８人におよび、その内訳は浜松町２３人、金指・気賀両町各４人、中川・井伊谷・奥山・伊平の４カ村が各３人、都田村２人、それに浜名郡天王村・小笠郡掛川町・静岡市各１人である。沿線となる曳馬・富塚・三方原の３カ村からはみられない。

当初計画では３路線案　敷設出願路線は、浜名郡浜松町紺屋字馬込堤西を起点に同郡曳馬村・富塚村・曳馬村・三方原村・引佐郡都田村・

中川村・金指町・中川村を経て気賀町気賀字上気賀に至る専用線１１マイル６０チェーン（約１８．９ｋｍ）。次に金指町字土橋から分岐し、井伊谷(いいのや)村を経て奥山村奥山字寺中に至る専用線５マイル（約８．１ｋｍ）。さらに井伊谷村井伊谷字大手下から分岐して伊平村伊平字島田に至る専用線２マイル６５チェーン（約４．５ｋｍ）であった。

　資本金３５万円、７０００株、１株５０円。発起人の引受持株数は１人５０株以上とした。当時の軽便鉄道敷設の目的は、起点と終点とを結ぶ沿線地域の旅客・貨物の輸送と、著名な寺社の参詣客の輸送ももくろんだ。建設工事ではトンネル・橋梁・切り通しなどをできるだけ避け、用地買収費を極力押さえ、車両・軌条・敷石・駅舎・機材等の建設費なども廉価が要求され、しかも路線は最短距離を採用した。したがって、途中に点在する集落や沿線開発には、大株主の住居がない限りさしたる関心が示されない場合が多い。地元政財界・実業家・素封家などの有力者が音頭をとり、零細資本を多数動員して鉄道敷設を実現するプロセスは、当時全国各地に勃興しつつあった地方軽便鉄道の典型的形態である。

初代社長伊東要蔵、鷗外の「渋江抽斎」に登場　　大正元（１９１２）年１０月１日浜松市下(しも)後(うしろ)道(みち)（現中区千歳町）聴涛館において浜松軽便鉄道株式会社創立総会が開かれた。取締役に伊東要蔵（中川村）・中村忠七（浜松市）・鶴見信平（同）・林弥十郎（同）・池田猪三次（伊平村）・石岡孝平（掛川町・大日本軌道浜松支社長）・深井鷹一郎（浜松市）・中村藤吉（同）・鈴木幸作（同）・松尾嘉平（金指町）・平田弥吉（気賀町）・袴田三雄（都田村）の１２名、監査役には山本平八郎（伊平村）・間渕栄一郎（浜松市）・山葉寅楠（同）・大石準（井伊谷村）・石野幸雄（奥山村）の５名がそれぞれ就任した。引き続いて取締役会が開かれ、投票の結果取締役社長に伊東要蔵、専務取締役に中村忠七、常務取締役は社長の指名となり、池田猪三次・石岡孝平・深井鷹一郎の３名が指名された。

　伊東要蔵は創設者として１９年にわたり取締役社長に在任する。敷知郡都筑村（現浜松市北区）出身で浜松中学（現浜松北高）に学び、渋江保の教えを受け慶応義塾に入学、在塾中『英国憲法論』下巻を翻訳、渋江が上巻を訳した。森鷗外の『渋江抽斎』には保と要蔵のことや浜松の

ことが登場する。創立当時は現職の政友会系衆議院議員で、７０年の生涯に三十五銀行、浜松信用銀行の各頭取はじめ第８代静岡県議会議長、地元各社の取締役・監査役を歴任、さらに引佐農学校（現県立引佐高校）の設立、都田川改修事業、養蚕伝習所開設など、学校教育の振興、地域社会の各種事業の指導者として幅広く活躍した。専務取締役中村忠七は第１０代静岡県議会議長を務めた。

大正３年元城・金指間開通　大正３（１９１４）年１１月３０日浜松市民と引佐郡民の温かい期待を受けて浜松軽便鉄道が開通した。軌間２フィート６インチの単線。蒸気機関車はドイツ・コッペル社製の２Ｂ型。開通当初は客車（定員３４人）１両を連結して元城・金指間９マイル３２チェーン（約１５．１ｋｍ）を１時間５分で運転した。区間は元城・元名残・中学校前・連隊前・銭取・小豆餅・追分・三方原（交換駅）・都田・谷・祝田・金指であった。本社屋は起点元城駅に隣接していた。

　開通当日の『静岡民友新聞』営業広告欄には「浜松金指間軽便鉄道十一月三十日開業　浜松軽便鉄道株式会社　十二月五日迄賃金半額」と掲載されている。開通当時、蒸気機関車２両で交互に運転され、１日８往復１時間３０分ごとに発車し、全区間の運賃は２３銭であった。

　浜松軽便鉄道では鉄道開通に特に貢献された人に１カ年の期限つきで優待券が進呈された。①取締役および発起人（現在株主）②５０株以上の株主③株主の内外を問わず用地買収および工事に関し特に尽力した人。

　路線は浜松城跡付近の元城駅起点から北方に進路をとり、浜松市の高台地域を登り、徳川家康が武田信玄と戦って敗北した三方原合戦（元亀３・１５７２年１２月２２日）で知られる三方原台地を北進し、都田から北西に進路を変え、切り通しを抜け谷の坂を下って都田川を渡り、祝田を経て金指に至る。長い煙突から黒煙を吐いて走る小型ながらスマートな蒸気機関車に、沿線住民は近代化の訪れを感じながら熱い視線を送ったことだろう。元城・元名残間には「名残のトンネル」（約１００ｍ）があり、浜松地方最初のトンネルとして当時乗客から珍しがられ、軽便鉄道は沿線の風物詩的な存在となった。

浜松鉄道に社名変更
伊平線廃案で紛糾

　大正4（1915）年4月24日浜松軽便鉄道は浜松鉄道株式会社に社名変更した。同年9月20日元城・板屋町間40チェーン（約0．8km）、同年12月28日金指・気賀間1マイル25チェーン（2．1km）がそれぞれ開通した。板屋町・気賀間11マイル17チェーン（約18km）を1時間20分で運転され、運賃は全線30銭であった。大正6年7月四国の伊予鉄道から英国製機関車を1両購入し機関車の補充を行った。

　起点の板屋町駅は、大日本軌道浜松支社の鹿島線の起点・板屋町駅のすぐ北隣に設置された。この浜松鉄道の板屋町駅は、昭和16年7月浜松市の都市計画により道路拡幅の際に移転（現クリエート浜松）し駅名を東田町に改称した。

　会社創立の際に計画された奥山・伊平両線の工事は大正4年4月に両線とも同時に着手すると確認されたが、経済不況の影響などから予定した営業成績が上げられなく延期されていた。既線工事費の借入返済があり増資は困難な状況にあった。伊平村出身の役員や株主からは、早期実現を強く主張した。困惑した会社はそこで2案を提出した。第1案は伊平線施工願い取り下げまたは放棄を前提に、奥山線（気賀・奥山間）施工後金指・伊平間に会社直営の乗合自動車営業を行い、道路の拡幅工事費のうち会社が1万円を限度に寄付金を募る。第2案は伊平方面の株主が持つ株式1000株に限り、1株払込金35円の割合で償却し、資本金5万円を減資するという提案であった。伊平側は2案とも取り消し、伊平線延期許可を申請して敷設実現を貫徹するよう回答した。その後も伊平線問題は紛糾したが、大正6年12月17日臨時株主総会で伊平線撤廃に関する議案が可決承認された。

浜松鉄道の気賀駅構内に停車中の軽便列車

大正12年浜松　　気賀・奥山間の敷設経路に2案があった。井伊谷村
・奥山間全通　竜潭寺水田を経て北神宮寺に至る東線（低地線）と、
竜潭寺裏を経て横尾に至る西線（丘陵地線）で、地元では乗車に便利な
東線を希望したが、用地買収工事費等の安い西線となった。

　大正12（1923）年4月15日気賀・奥山間4マイル65チェーン（約7．7km）が開通、これにより待望の板屋町・奥山間16マイル2チェーン（約25．7km）が全通した。会社創立から実に10年6カ月、伊平線問題が解決後からでも5年余の歳月が流れていた。区間は気賀から正楽寺・井伊谷・四村・田畑・中村・小斉藤・奥山で終点奥山駅には転車台が設けられた。停留場の設置には地元民が勤労奉仕に出役した。なかでも正楽寺・小斉藤は整地からホームの構築まで、すべて村民の手によって行われた。

　1番列車の開通日には村長や村の旦那衆はじめ、小学生が日の丸の小旗を振って「おらが村の軽便」を迎えた。

　開通直後の奥山半僧坊大祭には、近郷近在から大勢の善男善女が押しかけ、立錐の余地もないほどの賑わい、と地元紙は報道した。しかし賑わいもその期間だけであった。大正12年上半期は、旅客28万2698人、貨物は732トンで営業利益1万7878円61銭4厘、年7朱（7％）の株式配当にあてたが、旅客の大幅増は期待できなかった。

　諸物価の高騰が続き、車両購入や施設の整備の遅れ、多くの金融機関からの借入金があった。豪雨があると起伏の多い沿線で築堤損傷・流出・土砂崩壊などが起こり、その復旧に出費が増大した。軽便鉄道法による政府補助金を受けざるを得なかった。しかし従業員の人員整理はなく、給与は遅滞なく支給された。

飛行連隊設置で　　大正14（1925）年飛行第7連隊が浜松に移駐
貨物収入が激増　することとなり、かつてない軍事施設となった。小豆
餅停車場の側線と貨物線には建設資材が昼夜臨時列車で輸送された。翌15年上半期の貨物輸送は2万8656トン、1日平均156トンで当期利益は政府補助金を加え3万6737円52銭となり、株主配当8％不景気の最中にこのときばかりはまさに飛行連隊さまさまであった。同

年9月飛行連隊が完成しその見学者の輸送で昭和2（1927）年上半期は32万8498人と伸びたが、不景気は深刻で貨物は連隊設置工事前の水準に落ちていった。大正8年に資本金を70万円に増資していたが、昭和初頭の未曾有の大不況

浜松高等女学校（現浜松市立高校）遠足の生徒を乗せた客車を牽引するコッペル機関車重連。手前は茶畑の追分駅

下、会社は経営方針を積極策に切り替えた。

バスの脅威に改軌電化構想　浜松鉄道の板屋町・気賀間の改軌・電化構想は昭和2（1927）年5月に始まる。そのため資本金をさらに140万円に増資した。遠州電気鉄道の改軌・電化と同様に、軌間を3フィート6インチに改軌して電車を走らせる構想で、用地買収が進められた。さらに定款には軌道または一般自動車による一般運輸・遊園地・娯楽機関の経営・土地の開拓とその売買・賃貸借・倉庫業などが加えられた。このころ気賀駅を起点に東浜名・西浜名を経て豊橋に至る遠三電気鉄道設立計画があり、資本金400万円で発起人には浜松鉄道の役員らが加わっていた。

　昭和初期から乗合自動車が気賀・浜松間に運行を開始し、やがて運行頻度を多くしたため、早くて安い乗合自動車は乗り切れないほどの乗客で、軽便の乗客は減少し運賃を割引して板屋町・浜松駅間は自動車連絡をして対抗した。一方、改軌・電化構想は社運をかける大事業であり、バスの脅威は日常現実の問題であったから、その対抗策に全国の私鉄に普及されつつあった軌道自動車（ガソリンカー）を昭和4年4月導入した。老朽化した機関車は貨物用と団体列車専用に向けられた。修学旅行などで客車を増続して谷停留場付近の上り坂が登れなく、車掌が列車から降りて車輪とレールとの接地面に砂をまいたり、最後には乗客も降りて後押しをしたこともあったという。引佐方面からは特産の畳表・ミカ

浜松鉄道

ン・切り花・農産物が貨車で出荷された。

方広寺参詣客と飛行連隊面会客で賑わう　終点奥山駅からほど近い臨済宗方広寺派大本山深奥山方広寺への参詣客は、昭和２（１９２７）年７月７日の盧溝橋事件に端を発した日中戦争以来ますます多くなった。戦争拡大を背後に武運長久を祈祷する人々の姿が目立ち、なかには代参をたててまで祈る人も少なくなかった。門前には旅館が建ち並び、芸妓置屋もできた。そば粉・コンニャク・椎茸・山菜などの特産品を売る土産物屋も繁盛し、一般の商店街が不振をかこっている中で、方広寺の門前街だけは例外であった。

　三方原では飛行第７連隊の爆撃訓練が連日のように行われた。昭和１４年４月廠舎口停留場が新設され、その後軍隊の所在が容易に分かるということで、翌１５年１２月曳馬野駅に、このころ同様の理由から連隊前停車場が上池川駅に、飛行連隊前停車場は小豆餅駅にそれぞれ改称した。この３駅は終日軍服であふれ、軍人に面会に来る家族らで賑わった。このころ、増収対策の一環で浜名湖周遊コース会員が募集され、気賀から船に乗り換え奥浜名湖の瀬戸、舘山寺を周航し、気賀に戻り軽便で帰った。戦時体制下になるとガソリン統制がきびしく、再び蒸気機関車が活躍するようになる。若い男性従業員は次々に戦地に出征していったため、その補充に若い女性が採用された。その仕事は疎開客や買い出し客で殺到する対応のほか、機関車と客車の連結器を切り離したり、ターンテーブルを操作して機関車の方向を変えたり、石炭がらを取り除いて水を補給する男性に劣らない作業にまでおよんだ。

　昭和２０年４月増大する輸送状況に対し、機関車の購入や可及的速やかに軌間拡築（３フィート６インチへの移行）の実現を目指していたが、米軍による空襲の激化と資材不足のため、一部沿線の用地買収は完了していたが実現されずに終わる。

浜松空襲で大被害　戦局はさらに悪化をたどり、社会生活は窮乏化し会社経営も急迫していた。飛行連隊などの軍事施設がある浜松は米軍の標的とされた。空襲が相次ぎ艦載機がしきりに飛来した。これに対し応戦できずにいた。機関車は質の低下した粗悪炭で客貨車の牽引にあえ

いだ。谷停留場で水を補給し機関車の登坂力をつけるため石炭を燃しているとその黒煙を見つけて艦載機が列車を狙って襲って来る。飛行士の姿が見える低空攻撃で、乗務員はそのたびに命がけで乗客を避難させた。

昭和２０（１９４５）年６月１８日米軍Ｂ２９による大空襲をうけた浜松市その周辺地域は、死者１７２０人、重軽傷者１５１８人、全半焼家屋１万６２７３戸および、静岡県内で最大の犠牲者と被害を被った。この日浜松鉄道は本社、東田町・元城駅舎とともに在籍車３３両中約半数が破壊され東田町・元城間は不通となった。その後も空襲は続き、線路その他の施設の被害は増大し、ようやく８月１５日終戦を迎える。

奥引佐方面の疎開客・引き揚げ者・買い出し客・ヤミ屋・通勤・通学客などで利用者は激増した。車両の多くは被災で廃車となり、何とか使えるものは応急修理でとにかく走らせた。やむなく無蓋貨車にテントを張り客車代わりに使った。車両・施設の被災、物資不足、整備不良などで深刻な事態となり、役職員は惨憺たる状況の中での業務に悩まされた。

遠州鉄道への合併　　昭和２０（１９４５）年１０月１１日敗戦日本を統治した連合国軍総司令部（ＧＨＱ）は幣原首相に民主化５項目を要求した。これを受けて労働組合法が同年１２月２２日公布された。この法律で多くの会社・工場で労働組合の結成が進み、労働条件についての団体交渉が始められ、中には争議にまで発展するところも出てきた。浜松鉄道でも会社側が遠州鉄道との合併を進めていたことに反対する従業員が、同２１年１１月１日に浜松鉄道労働組合を結成し、合併による人事、給与等に関する要求書を会社側に提出した。会社側は多くの点で前向きな回答をした。しかし組合側は株主総会で合併案件が承認された後に合併条件の不当性や組合軽視を訴えて攻勢を強め、労使関係は険悪化した。会社、組合双方は県地方労働委員会に提訴、数回にわたる調整後に合併後の身分保障・賃金引き上げなど組合側の要求がほぼ受け入れられ翌年明けに終結した。

打ち続くインフレ経済と食糧難、物資不足など戦中、戦後の混乱期をよく走り抜いた浜松鉄道は、諸施設の老朽化と戦災による大被害が重なり、会社が意図した遠州鉄道への合併を組合が受け入れたため、昭和２２年５月１日遠州鉄道と合併し、遠州鉄道奥山線となった。

安倍奥の木材資源開発をめざす軽便鉄道

安 倍 鉄 道

鉄道法律の活用で安倍奥開発を　静岡市内を流れる安倍川左岸を身延山地の懐にある梅ヶ島温泉に向かって安倍街道を北上すると、門屋という集落がある。この門屋の土地で代々庄屋を務めた白鳥家は、江戸時代に徳川家康が鹿狩りで立ち寄ったことのある安倍郡賤機村随一の名家であった。大正初期、白鳥家当主蒔太郎は賤機村村議会議員を務め、村の発展と安倍奥の開発構想を練っていた。

当時、全国に軽便鉄道ブームが起こっていた。民営鉄道の路線別新規開業数は、明治44（1911）年34（13）、同45年35（16）、大正2（1913）年39（21）、同3年72（22）と急激に伸び、翌4年には81（12）のピークに達している。（　）内は官営鉄道開業数。

この異常なまでの開業数は、従来の『私設鉄道法』では規定が繁雑で経営を困難にしていたため、明治43年8月3日『軽便鉄道法』が施行された。この法律には「其規模小ニシテ公共ノ利用亦小範ノモノ」とし、軌道の寸法や運賃の自由選択、車両設備、停車場等も簡便なものでよいとされていた。さらにこの法律は翌年改正され、払込株式を商法の規定により4分の1を要求することから、10分の1でよいこととなった。さらにまた保護奨励のために建設費に対して益金が1カ年5分（大正3年以降は6分に変更）の割合に達しないとき、政府が5カ年にわたり（同10年に変更）補助金を出す（ただし軌間2フィート6インチ以上のもの）という『軽便鉄道補助法』が公布された。

つまり政府は軽便鉄道の隆盛をふまえ、第1次世界大戦による経済発展を条件として全国的な物資流通と人的交流を国有鉄道の拡充計画とも結びつけ、さらに促進させようとするものであった。白鳥蒔太郎はこれらの『軽便鉄道法』『軽便鉄道補助法』の法律の適用を有効に活用し、全国に展開されつつあった軽便鉄道ブームを背景に、地域開発の伸展の

ため安倍鉄道建設に意欲を燃やした。

安倍軌道初代社長白鳥蒔太郎　鉄道敷設の目的は安倍奥の豊富な木材資源の開発をはかるとともに、静岡の地場産業、木工家具の発展を目指した。路線は静岡・牛妻間を計画した。白鳥蒔太郎は沿道の海野孝三郎（井川村）、狩野閏八郎（玉川村）、大村利作（大河内村）、荻野初蔵（北賤機村）、酒井嘉重（南賤機村）ら安倍郡内の有力者に鉄道建設の必要性を説いて回り、彼の熱心な呼び掛けに賛同者は増えていった。

　大正2（1913）年7月10日安倍軌道株式会社が資本金10万円で本社は静岡市西草深町111番地に創立した。明治44（1911）年3月18日軌道法による安倍軌道敷設願を鉄道局に申請した。申請内容は「安倍郡ノ北部山間ニ於ケル植林ノ進歩ニ伴イ、歳歳伐リ出ス木材及ビ薪炭ハ年々其ノ数量ヲ増シ、殖産ノ発達ハ製茶、養蚕ノ産額ヲ増大シ、一方人口ハ倍加シ、欠クベカラザル日要品ハソノ輸入ノ多キヲ加工、是等貨物ノ運搬上軌道ノ必要ヲ感ジ候ニ付…」となっている。

　発起人の総代は海野孝三郎で、賤機村8名、大河内村3名、玉川村4名、静岡市3名の合計19名であった。大正3年1月軽便軌道法による敷設免許に変更願いの手続きを終了した。地元との用地買収交渉で、土地を失うことを嫌う農民や、蒸気機関車が人家の近くを通るためにその震動や火災を心配する声が多く、話し合いは難航したが熱心に交渉を重ねて理解を求め買収を進めていった。

　『第壹期事業報告書』によれば、募集株式2000株（1株50円）白鳥蒔太郎の200株を筆頭に、100株以上5名、50株以上6名、10株以上43名、1株以上38名、合計92名でこのうち半数以上が安倍郡出身者であった。取締役社長に白鳥蒔太郎、取締役に狩野閏八郎・海野孝三郎・大村利作・荻野初蔵・池谷浅次郎、監査役には稲葉利平・狩野賢作・酒井嘉重がそれぞれ就任した。

　この年8月安倍川に大水害が起こり、その直撃を受けた賤機地域は20余名の犠牲者を出した。その上多くの田畑が流失したために敷設事業は暗礁に乗り上げた。しかし白鳥社長はじめ関係者の懸命な努力により工事は再開された。線路工事はゆるやかな傾斜はあるものの比較的平坦

な土地であったから、難工事というほどのものではなかった。そうした状況だったからトロッコともっこで土砂を運ぶ人海作戦で工事作業は進められ、白鳥社長自身も作業着に着替えて連日のように現場を駆け回り、自分から土砂を運ぶなどして汗を流し、作業人足たちを懸命に激励して成果をあげていった。

安倍鉄道に社名変更大正5年井宮牛妻間開通　大正4（1915）年9月29日の臨時株主総会で、安倍軌道株式会社は安倍鉄道株式会社に社名を変更した。苦難を重ねた敷設工事は会社創立から3年を経て完成した。

　翌5年4月14日待望の安倍鉄道の開業式が行われた。起点となる井宮駅のホームは赤・青・黄色のテープで飾られたが、花火の打ち上げもなく、お祭り騒ぎのようなこともなかった。開業式らしいことといえば、無蓋貨車に招待客と5、6人の楽隊を乗せ、その楽隊が始発の井宮駅から終点の牛妻駅に向かって演奏を行っていっただけであった。しかし白鳥社長はじめ役職員・株主ほか関係者にとっては、鉄道開通の瞬間を目前にした感慨はひとしおのものであっただろう。

　翌4月15日より一般営業を開始した。軌間2フィート6インチ、単線、軌条20ポンド。車両は大日本軌道鉄工部より蒸気機関車3、客車3、無蓋貨車3、有蓋貨車2、合計11両。区間は井宮から菖蒲谷・御新田・役場前・福田谷・下村・大土手・門屋・中沢・牛妻の10カ所。起点の井宮駅には客待合室兼本社屋・機関庫・客車庫・転車台などが設けられ、中間の福田谷で列車交換した。

　全長5マイル7チェーン（約9.6km）を上り井宮行約35分、下り牛妻行約40分で、1日12往復した。運賃は全線大人24銭、子供12銭であった。

　役職員数は取締役6、監査役3、営業長（取締役兼務）1、主任技術者1、書記1、雇い1、駅長2、助役1、嘱託助役1、駅夫2、貨物夫2、車両係1、運転手3、火夫3、掃除夫2、小使1、工夫長1、工夫5、合計36人であった。蒸気機関車は「らっきょう型」の煙突の上部が広がったのが特徴で、夜間にはヘッドライトをつけたが、前方5mく

らいしか明るくならず、運転は不安だったが踏切は大体の見当をつけ汽笛を鳴らして通過したという。燃料は石炭で、石油缶（１８Ｌ）３杯で往復できた。牛妻から井宮に向かう運転には、下り勾配のため発車するときに石炭を焚いたが、後は惰力で走れたので石炭の消費は少なくて済んだようだ。

「不動の滝」へ納涼客を満員に乗せて井宮駅を出発する

　開通の翌月末日の『第六回営業報告書』での事業概要を要約する。「井ノ宮牛妻間ニ営業セル十六台ノ馬車ハ、交渉ノ結果、該区間ノ営業ヲ廃止セルガ故ニ、従来ノ旅客ハ本鉄道ニ依ルノ外ナキニ至レルヲ以テ、今後ニ於ケル乗客ノ数ハ漸次増加スベキヲ信ズルモ、地方貨物運搬ノ荷車、馬力等ハ本会社ト競争ヲ試ミルガ如キ有様ナルヲ以テ、貨物賃金ノ未ダ見ルベキ数ヲ得ル能ハザルハ甚ダ遺憾トス…」とある。営業日数４７日、旅客人員１万９２９５人（１日平均４１０人）、旅客賃金１７１３円５５銭、手小荷物賃金７円７１銭、貨物賃金３９円９１銭、合計１７６１円１７銭（１日平均３７円４７銭）。既存の乗合馬車との競争はなくなったが、貨物を運搬する馬力等との交渉はまだ成立していないことがうかがえる。

浅間神社参詣客
木材輸送独占　安倍鉄道は毎年夏になると、牛妻の〝不動の滝〟に涼を求める人たちを募集して臨時の「納涼列車」を運転した。「ホタル狩り列車」も夏の毎週土曜日の夜間に運転した。門屋付近の水田にたくさんのホタルが飛び交っていた。８月１日の軍神社の祭りには多くの花火が打ち上げられ、近在からの見物客で賑わい、軽便は一晩中フル運転した。浅間神社の「おねり」、盆・節句のときには軽便は２、３両に増結したり、無蓋貨車まで増結して乗客を運んだ。

　平日に軽便を多く利用した乗客はイカダ乗りであった。イカダ乗りた

安倍鉄道　283

ちは安倍奥の材木をイカダに組み、安倍川を流して、辰起町のドックまで下り、その帰途に軽便を利用した。そのほか静岡への通勤、通学客、買い物客などであった。安倍奥の松野・油山部落の農家の主婦たちが、特産のにんじん、ごぼうなどを大きな篭に入れて軽便に乗り静岡へ売りに出た。

　客車には乗客のほかに自転車（５銭）、乳母車（１０銭）をデッキにしばりつけて運んだ。

　営業開始以来旅客収入は順調に伸び、大正５（１９１６）年下半期の決算報告は旅客９万４９人（１日４９２人）、旅客収入７６１４円６４銭（１日４１円６１銭）となり、配当金１株につき７０銭、賞与金役職員１人平均５円４０銭が支払われた。

　翌６年には懸案の安倍奥の貨物輸送を独占することができ、同年の年間貨物は約７００６トンを輸送し、この上半期は前年同期の５倍に達する躍進ぶりを示した。その後安倍鉄道は新路線を計画する。井宮・静岡駅間、服織村山崎新田・藁科村大間間、さらに静岡駅・牛妻間を３フィート６インチに改軌し、静岡駅・井宮間の電化などであったが、これらはいずれも実現されずに終わっている。

のどかな田園路線　安倍鉄道の機関手であった山梨竜平は『安倍鉄道史』に「想い出」と題し寄稿している。「春は沿線野山新緑にもえ、青い麦畑に菜の花、れんげをおりまぜたじゅうたんの中を走り、線路に近い茶畑では赤いたすきの茶摘み乙女が手をふっていた。夏の日中運転は一番苦しいもの。酷暑というのに眼前に大きなストーブ（ボイラー）を抱えているので、拭いても拭いても汗がとまらずボイラーの熱で顔がヒリヒリ痛い。しかし夜行ともなれば郊外線だけに涼風が吹きこみ、昼の暑さも吹っ飛んでしまう。沿線の清流に蛍が群れとび、前窓からとびこんでくるのもいる。秋、黄金波打つ稲田の中をプラスト（排気音）の音も軽く快走する時、着飾った村娘たちが笑顔で手を振っているのもほほえましい。満月の夜、沿線の山頂を列車と一緒にころがって眺めはまた格別なもの。冬、厳寒の始発、薄暗い中で車体点検、定時に発車、蒸気不足の霜のためスリップ、撒砂して辛うじて上りきったとき「よくや

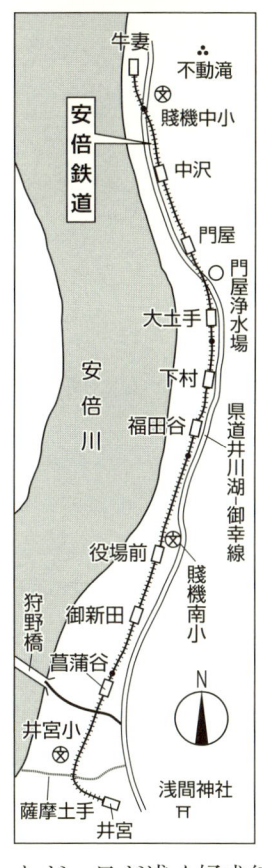

った、よくやった」と思わずボイラーをなでたもの、漏れ蒸気でくもりがちな前窓を拭き拭き下りを一気に走れば前方に新雪に輝く南アルプスが美しい。」

昭和恐慌にバス・トラック攻勢　大正12（1923）年9月1日の関東大震災は安倍鉄道にも被害をもたらした。福田谷の橋台の石垣が崩れ、その復旧費が多額にのぼった。しかし復旧後は被災地への見舞、救援、復興資材の輸送などで営業成績は向上した。だが復興景気は一時的なもので、すでに震災前からの金融界の不安定化と社会不安は次第に経済不況になって深まっていった。車両、レール、枕木などの老朽化と破損が目立ち、その修理のための支出が増大し、大正13年を境に業績は急激に低下した。

　新しい元号・昭和に入り景気は回復どころか悪化の一途をたどった。旅客収入で伸び悩む一方、車両の更新、枕木交換など行ったが、人件費は上昇し努めて営業費の節約をはかった。牛妻・俵沢間、井宮・国鉄静岡駅間の乗合自動車営業を始めたが、日が浅く好成績には至っていない。

　このころ山下バスが井宮から玉川村上助までバスを運行させた。バスの運行申請が出されたとき、安倍鉄道はバスが走っても鉄道の乗客は減らないと考え特別反対もせず承諾した。バスは20人ほど乗車でき運賃は軽便と同額であった。バスが開通したころ、井川方面から来た老人たちがバスに草履を脱いで乗ったり、馬がいないのにどうして走るのだろうと不思議がったという。バスは停留所の途中でも止まって客を乗せたから、次第に利用客は増加していった。貨物輸送もトラックの出現で輸送量は減少していった。静岡市内の材木会社では安倍奥の材木を切り出して近くまでトラックを接近させ、荷台に積み直接工場まで運び込みト

ラックを所有するようになる。株式は無配となり持株を売りに出す株主も出た。

　山下バス会社はその株を買い始め、軽便廃止のころには過半数の株を占有していた。機動性にすぐれた新興のバスやトラックには軽便は太刀打ちできなかった。日本経済の長い不況も影響した。

　安倍鉄道の廃止となる最終列車は、牛妻発午後9時冬近く乗客は1人もなく、機関手と機関助手と牛妻駅長の3人だけが乗ったさみしいものだったという。

　昭和8（1933）年10月20日のことであった。こうして市民から「井宮の軽便」と親しまれた安倍鉄道は17年半の歴史の幕を閉じた。

貿易港清水臨海工業地帯の物資を輸送

国鉄清水港線

清水港大改修で　富士山と駿河湾を背景にする〝三保の松原〟で名高
官設臨港線開通　い清水市三保(現静岡市清水区)周辺は、太平洋戦争
のころまで人家はわずかな農村地帯であった。その後清水・三保間に貨
物輸送のための官営鉄道が敷設され、この鉄道は清水港の発展とともに
整備され拡充されていった。清水港は明治４１(１９０８)年から大正
３(１９１４)年にかけて第１期大改修工事が行われた。清水船溜・江
尻船溜・それに巴川地区の改修が行われ、清水港が近代化への道を歩む
第一歩であった。

　清水港の大改修で港に陸揚げされた資材を東海道本線に直結するため、
大正５年７月１０日東海道本線江尻駅(現ＪＲ清水駅)から清水港駅ま
で、貨物専用の官営鉄道線が開通した。当時は「臨港線」と呼んだ。清
水港の改修はその後も進められ、大正１０年には日ノ出岸壁・富士見
(旧不二見)物揚げ場・内港航路・折戸泊地など、大型船施設が次々に
建設されていった。

　臨港線は昭和５(１９３０)年２月に清水港から清水埠頭駅まで延長
した。清水港は貝島１６万坪(５２万８０００m^2)、不二見８万坪(２
６万４０００m^2)、清水２万坪(６万６０００m^2)、辻・袖師１３万
坪(４２万９０００m^2)、合わせて３９万坪(１２８万７０００m^2)
の埋め立て地が、昭和８年までに造成された。この造成により大正５年
豊年製油、昭和４年日本石油、同１２年東洋製缶、同１４年日本軽金属、
東亜燃料、同１７年日本鋼管、日立製作所などの大企業が相次いで進出
し、清水港は全国有数の貿易港に発展していった。

大企業進出で　　大企業の進出によって清水港に本格的な臨港線が必
軍用鉄道の役割　要になってきた。清水商工会議所はじめ大企業は、昭
和１２年から清水埠頭から三保までの鉄道線延長を国鉄当局に働きかけ
たのが功を奏し、昭和１７(１９４２)年秋から敷設工事が着工された。

太平洋戦争が一段と激しさを増してきた昭和19年、臨港線の軍用鉄道としての役割が見直され、同年6月から清水・三保間の延長敷設が急ピッチで進められた。同年7月日本軽金属工場まで延長され清水・三保間が全通、まず貨物列車だけが運転された。日本軽金属・東亜燃料などの従業員は、全通後貨物列車に乗車して通勤したという。

清水港線路線図（昭和19年当時）

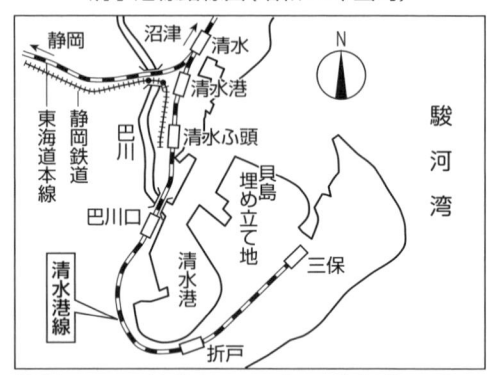

　折戸駅の完成と同時に旅客列車も運転された。軌間3フィート6インチの単線。清水・清水埠頭・巴川口・折戸・三保まで延長8．3kmを蒸気機関車が客車と貨車を牽引した。この時点で臨港線は正式に清水港線となる。『静岡新聞』昭和19年6月25日付は臨港線完成の模様を次のように伝えている。「輸送隘路の打開を策し一昨年秋工事に着手し、以来決戦下の輸送増強の要望にこたえて突貫工事を進捗していた清水―三保貝島を結ぶ臨港線は、世界に誇る国鉄の科学の粋を集め地元官民の熱烈なる援助のもとこの程完成、いよいよ七月一日開通式を挙行することになった。」開通式は7月1日午前11時より三保駅で行われた。河合国鉄名古屋鉄道管理局長、上田静岡県土木部長、山田清水市長ら関係者100名が出席し、沿線には日の丸の小旗を手にした地元民が多数集まり〝万歳〟〝万歳〟を何度も繰り返し開通を祝った。

　清水港線は戦時中は三保にある日本鋼管アルミナ、黒崎窯業の耐火煉瓦、日本鋼管の鋼材など軍需物資の輸送に活躍した。巴川口駅は海軍、陸軍の木材集積地となり、海上輸送されてきた材木・各種資材・石炭等を貨車で継送するため、全国に唯一の鉄道岸壁があった。巴川口駅構内には可動橋があり、列車が通るときには橋桁が下り、列車が通過すると上がった。橋の長さ88．3m、5基の橋桁の中央部1カ所が昇降し橋桁が昇ると水面から7mの間隔があり、貨物船などが橋桁の下を往来す

国鉄清水港線のＤＤ１３１４０お別れ列車を見送る人たち

る仕組みで、全国に国鉄佐賀線、桜島線の３カ所に存在した。

全通当初は三保地区の人口はわずかで、鉄道を利用する乗客は少なかった。乗客の大半は軍需工場へ朝夕通勤する従業員で、旅客列車は朝夕２往復しか運転されていなかった。

全国一の黒字路線　清水港線は戦後臨海工業地帯の発展にともない輸送量が激増した。清水港線に隣接する会社、工場の専用線が多く敷設され、清水市の経済発展に重要な役割を果たした。三保地区は終戦後になって次第に住宅が建ち並び、沿線の会社・工場への通勤客も増えてきた。昭和２７（１９５２）年２月に８年ぶりに時刻表が改正され清水・三保間に６往復の旅客列車が運転された。このうち４往復は旅客、貨物の混合列車であった。昭和３０年１１月にさらに１往復ふえ、このころ清水港線は営業キロ当たりの業績は日本一の黒字路線となった。昭和３７年２月から蒸気機関車からディーゼル機関車に代わった。鉄道友の会機関誌『ＲＡＩＬＦＡＮ』１９７８年１０月号で袴田伸一郎は清水港線を報告した。「旅客はバスの台頭により激減し、昭和４７年３月の時刻改正以降は１往復の混合列車、貨物は区間運転を含め１１往復で、利用者は沿線にある高校の通学生が多い。機関車はＤＬ化以前はＣ５０、現在はＤＤ１３で以前の風情はない。客車はオハ４７、スハフ４２が使用されている」

大型トラック・バスの普及で清水港線の貨物・旅客は減り続け、昭和５６年には朝夕１往復となり、乗客の大半は高校生の通学客であった。昭和５９年３月３１日限りで清水港の発展とともに歩んだ清水港線は、全線廃止となり６８年にわたる歴史的使命を終えた。

大正・昭和中期まで南伊豆唯一の馬車軌道

南豆馬車鉄道

伊豆金山と鉱石の採掘　伊豆地方は安土桃山時代から金銀の採掘が盛んで、各地に当時の廃坑跡が残っている。金山は天正5（1577）年土肥で開掘されたのが最初で、続いて湯ヶ島・縄地・修善寺などでも採掘が始められ、毛倉野や青野は貞享・宝永期（1684—1710）の発見であった。このうち最も盛んであったのは縄地で、一時は佐渡よりも多い産出量を誇り、徳川家康自慢の金山としてスペイン宣教師に視察させたと語り継がれている。

　金と銀の鉱脈は接近しているため、同一鉱山から両方産出するのが普通で、縄地の場合はむしろ銀の産出で注目された。特に慶長11（1606）年大久保石見守長安が金山奉行に任ぜられてからは、いわゆる〝ゴールドラッシュ〟の様相を呈し、鉱夫を募集すると全国から雲霞の如く集まり寺8カ寺、戸数8000戸を数えたと言い伝えられている。隆盛を極めた縄地銀山も、翌慶長12年には衰退していく。太くて短い伊豆の鉱脈の特徴であった。

　明治に入ってからも民間の小鉱業家の手によって採掘されることが多かったが、大正時代になると手工業的な採掘技術から近代的な技術が採用され、その規模も年々大型化していった。大正3（1914）年5月久原鉱業株式会社が進出して大松鉱山を買収し、日立鉱山河津支所を開設した。賀茂郡稲生沢村蓮台寺地内の鉱区は、翌4年にかけて買収、整備が進められた。付近の鉱区を統合して同6年3月蓮台寺に河津鉱業所（後に日本鉱業株式会社）を設置し本格的な操業を始めた。

久原鉱業の鉱石輸送が主力　明治後半から大正期にかけての陸路・海路の交通は発達し、特に天城街道の出口に位置する稲生沢村の河内温泉・蓮台寺温泉には多くの旅館が立ち並び、やがて鉱山と温泉の街として賑わっていく。

　大量生産を目指す久原鉱業は、採掘した鉱石を従来のように荷馬車で

稲生沢川沿いを武ケ浜（下田）に向かって下る鉱石輸送の南豆馬車鉄道

下田港へ運んでいては能率が悪かった。蓮台寺の鉱山と下田桟橋との距離は4.5kmほど離れている。道路は蓮台寺川と稲生沢川の谷に沿ってゆるく下る。悪路のうえ道幅は狭くカーブは甚だしく、長雨でも降ろうものなら途端にぬかるみと化すありさまだったから、重い鉱石を運んだ荷馬車の難儀は想像に難くない。鉱石を手際よく搬出するためには、建設費の低廉な馬力の専用軌道を敷設することが最適の方法であった。地勢からみてあえて機械動力によらなくてよい。1車2トン積み、時速10マイル（約16.1km）と想定しても、単位あたり約10倍の能力アップが可能となる。

　大正6（1927）年8月1日付『官報』には次のように掲載されている。「軌道特許状下付　去月28日南豆馬車鉄道株式会社発起人小川隆太郎外35名ニ対シ静岡県賀茂郡稲生沢村ヨリ同郡下田町ニ至ル馬力ヲ原動力トスル軌道敷設特許状ヲ下付セリ。内務省　鉄道院」この特許状と命令書を受けて発起人らは会社設立の準備を進める。発起人には小川隆太郎・鈴木忠吉など地元の資産家を表面に立てて久原鉱業は背後にひかえた。

　資本金5万円、株式は2500株（額面20円）、久原鉱業が70％を占め、残りは地元の有志に割り当てられた。業績の維持による配当金は久原鉱業は辞退し、地元株主にだけ配分するという方法が採られた。正式に南豆馬車鉄道株式会社が創立するのは同年9月20日である。本社は賀茂郡下田町大字下田805番地（まもなく同1180番地に移転）に置いた。『登記簿謄本』によれば、取締役社長鈴木久七（下田町）、取締役に国沢能勝（稲生沢村）・田中鶴松（同）・稲葉順次郎（同）・鈴木忠吉（下田町）、監査役には小針祐蔵（稲生沢村）・瀧森友吉（同）がそれぞれ就任した。事業の目的は「下田町稲生沢村蓮台寺間ニ馬車鉄道

大正7年蓮台寺・下田間開通　大正6（1917）年12月26日工事施工の認可を得て、ただちに建設工事に着工した。中之瀬専用橋の架設費に工事費の約4分の1にあたる約1万3000円かかり用地買収に難航したが、工事はおおむね順調に進み約8カ月を要した。

　大正7年9月2日大沢口（蓮台寺）・武ヶ浜（下田）間2マイル57チェーン（約4.4km）の馬車鉄道が開通した。軌間762mm、単線。区間は大沢口・蓮台寺・立野・中之瀬・中村・稲生沢・武ヶ浜の7カ所。車両は無蓋貨車23両で貨車は長さ2.8m、幅1.2m、高さ1.2m、容積は1.4m^{3}の大きさであった。客車は3両、長さ4m、幅2m、内部には6人掛けの木製の椅子に白い布が敷かれ、向かい合って2脚あった。

　機関車に相当する馬匹は当初11、12頭いた。重労働のため病馬・斃馬（へいば）が続出し半期ごとに数頭取り替えた。馬1頭の単価は250—300円、馬糧は1カ月1頭30円ぐらいであった。馬の不足は賃挽制、つまり相当量の請負馬によった。昭和初期8頭に減じ経済不況に対応したが、同6年度にはすべて請負制に切り替え、以後持ち馬は復活していない。馬車鉄道には馭者が1人、鳥打ち帽子に白いワイシャツを着て、ちょうど大工さんのような格好をして前方の荷台に乗り、馬の操作を巧みに行いながら採掘された鉱石を下田港まで運んだ。蓮台寺の久原鉱業から約50m東に蓮台寺待合（地元では停留場といわず待合といった）があった。ここから蓮台寺川に沿って温泉街を通り抜け、稲生沢川を渡るとすぐに立野待合に着く。立野からわずか70mほど専用軌道を走り、すぐ本郷橋の近くに出て道路（一般地方道下田・中川・松崎線）を横切って稲生沢川左岸沿いに走る。ここから約1.5kmで中村待合に入る。みなと橋より約100m、鉱石専用側線が延びて船積み場に達していた。鉱石は下田港で船に積み替えられ、海路を大分県佐賀関にある久原鉱業製錬所へ輸送されていた。

川端康成の「南豆紀行」　馬車鉄道で運ばれた鉱石の大部分は選鉱の工程を経たもので、掘り出したままの粗鉱に対し精鉱と呼ばれる。

南豆馬車鉄道路線図

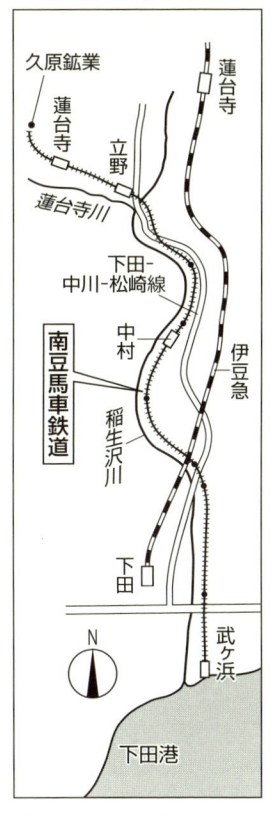

河津鉱業所の場合、金銀鉱石の精鉱率は約７５％、精鉱１トン当たり金６．４ｇ、銀３２０ｇ、銅１４ｋｇを含有している。

作家川端康成は大正１４（１９２５）年伊豆湯ヶ島に滞在していた。２７歳のときで、この年１２月に彼は南豆馬車鉄道に乗った印象記を、雑誌『文芸時代』に「南伊豆行」と題して発表している。「街を歩き居れば寒風強し。インバネスの袖拡りて蝙蝠の如し。忽ち南伊豆行を思い立つ」と書き出し「蓮台寺は田圃の中にて、以前より風景気に入らない。柿崎の阿波久旅館へでも行った方がよかったと思う。夕食を終れば馬車の笛聞ゆ。疾風の中に飛出す。馬車鉄道にて下田に行く。馬車を下り下田に入るあたり、河口の岸に灯点々として些か情調あり…」と記している。川端康成は翌１５年同誌に名作『伊豆の踊子』を発表する。

ピークは大正８年８万トン　『鉄道統計』によれば、南豆馬車鉄道の開業した大正７（１９１８）年度より昭和２１（１９４６）年度までの営業成績が掲載されている。旅客輸送は開業年度より昭和７年度まで行われている。１日の運行回数は不明であるが、輸送実績から７、８往復ぐらいと推察される。大正１２年度までは年間４万人以上の利用客があるが、翌１３年に下田馬車組合の定期馬車への対策として増発したと記録されている。昭和２年度まで各年度３万人台、昭和６年度まで２万人台、最終の昭和７年度は１万２４３６人と減少している。

　１５年間の旅客数は５２万８６７人、１年平均３万４７２４人、１日平均９５人で、ピークは開業翌年の大正８年度で５万４１４５人、１日平均１４８人であった。貨物輸送トン数は、開業の大正７年度より昭和２１年８月までの２８年間に６４万３０６６トン、１年平均２万２９６７トン。ピークは旅客同様大正８年度の７万８１６１トン、それが昭和

１８年には４９５５トンと落ち込み、同１９年度２４２９トン、同２０年度６３８トンで休業となる。

　利益金がほぼ毎年確保できているのは、鉱山という特定の荷主が存在したから健全経営が維持できたのであろう。馬車鉄道本来の事業だった貨物輸送の運行回数は、鉱山の休日には出荷がなく運休となり、年間３２０日の稼働としてピーク時の大正８年度実績から推察して、１車２トン積みであったから１日平均１２２車となる。平年度でも１日４０～５０車、保有車両からみて１日１５回程度、３～４両の続行運行が行われていたようだ。鉱石を運んだ馬車はゆるい下り軌道を運行したから、客貨車とも所要時分はほぼ３０分ぐらいだっただろう。中間の馬車のすれ違い場所は、続行の運行を考慮すると６０ｍくらいの有効長があったことになる。

鉱石の生産減少で廃線　昭和４（１９２９）年ごろ下田・蓮台寺間に乗合バスが運行され、その威力はたちまち馬車鉄道を圧倒していく。さらに経済不況が追い打ちをかけ、昭和７年度は前年度の６割にまで落ち込んでいった。昭和８年２月１日旅客輸送を休止する。同１０年７月３１日旅客営業の廃止出願し、翌１１年１月２２日旅客営業を廃止した。

　それ以後、本業の貨物営業の鉱石輸送に専念していった。昭和１６年度まではまだ相当の出鉱量があったが、戦時下では金銀の採掘だけでは企業の存続が困難となった。昭和１８年企業整備が実施され採掘事業を休止し、同時に馬車鉄道も休止となった。

　戦後、空襲による爆撃で破壊された線路を補修し、鉱山事業とともに鉱石輸送も再開した。しかし、すでに鉱石の品質が低下し、鉱山の稼働も思わしくなく、輸送量も著しく減少したため、トラック輸送に切り替え、同２２年８月貨物営業を休止した。同３１年１２月２４日廃止申請し、翌３２年４月１１日その許可を得た。南豆馬車鉄道はこうして２８年にわたる輸送事業の歴史に終止符を打ったのである。

日本初のディーゼル機関車「オット」を運転

堀之内軌道運輸

御前崎軌道、堀之内軌道運輸へ譲渡　大正１０（１９２１）年１１月２８日御前崎軌道株式会社は、堀之内軌道運輸株式会社へ譲渡した。資本金は３０万円から５０万円に増資され、松本幸作社長以下役員の多くと社員や施設などはほぼ同様で、電気事業をなくした以外は軌道業・運送業を御前崎軌道より継承した会社である。

　堀之内（現ＪＲ菊川駅）から池新田までの軌道敷設は、城東馬車鉄道設立以来の悲願であった。それがその設立から２４年目にしてようやく達成されることになる。馬車鉄道の終点南山より池新田村苗代田までの新線は、大正１１年１月より用地買収・測量・敷設工事が進められた。

　工事の最大の難所は南山村・新野村間の佐栗谷トンネルであった。長さ９３．３ｍ、幅３ｍ、高さ２．９ｍのトンネルは新野口に向かって上り勾配になっている。敷設工事用の蒸気機関車は、遠州電気鉄道（現遠州鉄道）より１両購入した。この機関車は雨宮鉄工所で製造され、遠州電気鉄道が大正１２年４月１日電化する以前まで、軌道（遠州軌道）で運転していたものである。

　大正１２年１２月２９日南山・池新田間２マイル７８チェーン（約４．８ｋｍ）が開通した。軌間２フィート６インチの単線。前述の工事用蒸気機関車とドイツ製「オット」機関車の２両によって開通した。当初計画の終点苗代田は、池新田の町並みより北にあり利用が不便だったため本町の池新田終点とした。堀之内・南山間の馬車軌道を、機関車軌道に改築する工事も一方で進められた。工事は西横地・南山間が第１期工事、堀之内・西横地間が第２期工事に分けて施工した。大正１３年７月２３日南山・西横地間が竣工、西横地で馬車と「オット」機関車の列車を乗り継ぐことになった。その後堀之内・西横地間が竣工した。

　『静岡民友新聞』大正１４年７月４日付は「堀之内軌道全町祝賀」と題し次のように報じた。「既報、小笠郡堀之内駅より同郡池新田に通ず

る延長九哩二分は、同軌道運輸株式会社施設を以て大正十二年より起工し総工費五十万円を以て工事中の処愈々落成し、五月より全通機関車の運転中であるが、二日午前十一時之が開通祝賀会を同社構内に於て開会した。（後略）」

堀之内軌道と合同運送会社の本社社屋

堀之内・池新田間内燃車で全通　堀之内・池新田間９マイル１６チェーン（約１８．４ｋｍ）、単線。区間は堀之内駅前から五丁目・万田・三軒家・横地・奈良野・城山下・平田・赤土・南山・南山学校前・中尾・木ヶ谷・大橋・苗代田・池新田の１６カ所。列車の交換は三軒家・西横地・奈良野・平田・南山・中尾の６カ所であった。１日１６往復、それに不定期が２往復で１時間４分、毎時１３．９ｋｍで走った。車両は内燃機関車４、客車６、無蓋貨車８、合計１８両。

　沿線はほぼ平坦地であったが、途中数箇所に勾配があり佐栗谷トンネルの前後は１０００分の１６．６の長い勾配があって、機関手を悩ませた。ここでは車掌がレールに砂をまき、時には学生たちに後押しを頼んで乗り切った。信号設備はなく、運転状況は電話で連絡された。閉塞方式は列車が棒状の通票を携行したが、列車本数が減ってからは廃止された。出札・荷扱いは民家に委託され、専用電話と乗合自動車の停車所を兼ねる赤旗があった。乗客があるときには赤い四角な旗を揚げて列車を停車させた。「オット」機関車の時代になると、馬車鉄道のときと違って停留場以外の所では乗降できなくなり、停留場では、軌道会社の乗合自動車の客扱いも行われた。起点の堀之内に本社、終点の池新田に出張所があり、それぞれに車庫・転車台・修理施設・倉庫などがあり、系列の運送会社が本社に接していた。

堀之内軌道とその周辺路線図

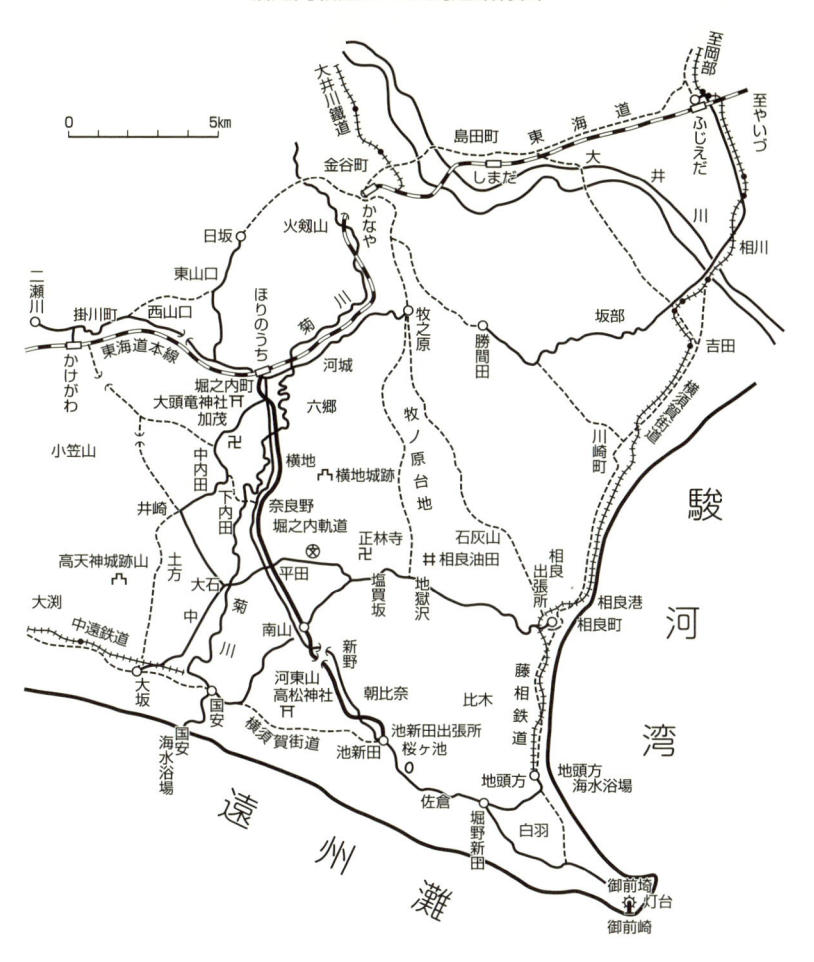

　堀之内軌道運輸では最初蒸気機関車の計画であったが、結局はドイツ発動機製造株式会社製造の内燃機関車「オット」が採用された。堀之内軌道運輸の「オット」機関車の採用に試行錯誤の作業に携わったのは、松下工場の技師者たちである。松下工場は明治31（1898）年10月松下幸作が創立した日本最初の製茶機械メーカーで、堀之内駅近くにあり軌道会社と同一社長で姉妹会社であった。全国一の茶生産地牧之原

台地をひかえ製茶機械を製造するとともに、ドイツ発動機製造の代理店となり、オット式発動機と呼ばれた発動機を取り次ぎ販売していた。松下工場の技術者たちはこの「オット」発動機に目をつけ、夜間走行実験を繰り返した。単車では走行できたが、肝心の車両を牽引することができず、結局失敗に終わる。そのころ、ドイツ発動機で機関車を製造することを知りその採用に踏み切ったのが「オット」であった。

日本の内燃機関の先駆的「オット」　「オット」はドイツのオットという人の発明したオットサイクルエンジンを動力としたことに由来する。沿線の人々から「オット」の愛称で呼ばれたこの機関車は、日本最初の本線用ディーゼル機関車の先駆的役割を果たした。

　「オット」機関車は単気筒２２馬力のエンジンを内装し、前進後進各２段の変速装置つきで、２組の動輪は内側軸箱式で丸棒のｃｏｕｐｌｉｎｇ　ｒｏｄで結ばれる。エンジンはガソリンで起動（ガソリンを燃料ポンプ→補助ノズルでシリンダー内に噴射、マグネット→点火栓で点火）のうえ、軽油または重油で運転（圧縮行程の死点付近で軽油または重油をシリンダー内の高温空気にメインノズルで噴射して発火）する構造であった。開通当時はガソリンで起動し重油で運転したが、重油であると黒煙をあげるため沿線の町並みから苦情が出たので軽油に変更した。ところがまもなく、電気装置が不調になってガソリン起動が出来なくなったので焼玉式起動に改めた。つまり、携帯式ブロランプでシリンダーヘッドを赤熱して直接軽油で起動するのである。

　この巨大な単気筒エンジンを起動させるのは大変な作業であった。まず携帯型のブローランプでシリンダーを赤熱させ、起動ハンドルを用いて大きな動作でクランクシャフトに回転を与える。その間、車掌は長い金テコで排気弁を開き続ける。回転が始まりやがて早まると機関手の大声の合図でテコを放すと、シュッ、シュッとオットサイクルの回転を始める。ところがこの時の加速が足りないと、エンジンはあたりを白煙に包んで逆回転してしまう。うまくかかった時のフライホイールやクランクやカムの運動は、大変目まぐるしくて壮観である。

　機関車は動き出さないうちからよく振動する。これは、ひとかかえも

あるピストンの往復運動を釣合錘が吸収しきれないためである。そのため停車場付近の民家から、瓦がずれて困ると苦情が出たという。もっとも排気は大きなマフラーで消音するので、シュッ、シュッ、シュッというリズミカルな音のほか騒音はなかった。

　しかし、ディーゼル機関車の元祖「オット」は、残念ながら好成績をあげるに至っていない。その原因の第１は鉱山・土木・工場入換用の低速領域の機関車であったこと。第２は構造上の欠陥があり、動力伝達のクラッチ圧着バネ（高速側）の製品が弱く扱い方を誤るとすぐ折損した。第３に線路状況にあった。砂利道の脇を走るため機関車の足まわりがほこりをかぶり、動輪のタイヤやロッドのブッシュ（砲金製）などが激しく磨耗する。また、道路の石ころが線路に転げて走りにくく、砂利出しの後には脱線した。とくに脱線しやすいのはポイント箇所で、中間駅でスプリングポイントでは、その尖端軌条のすき間に石が入ると、その軌条が本線軌条と密着しなくなり、尖端軌条の方向から来た列車は脱線してしまう。５トンもある機関車が脱線すると、ジャッキを用いて線路に戻すには３～５時間も要した。

勃興する自動車輸送に敗退　堀之内軌道が全通後、沿道にはバス・トラックが出始め「オット」に脅威を与えていた。荷馬車も幅をきかせ、短距離では米・茶・まゆ・藁縄などを発送し、肥料・石炭が返り荷であった。戸口輸送のきかない軌道は不利で、荷馬車の届かない地域へいも切り・西瓜・梅干・梅枝などが輸送された。やがて昭和恐慌が農村にも押し寄せ、人々は１銭の乗車賃を惜しんで長い道のりを自転車や徒歩にたよった。昭和３（１９２８）年に１０往復、同６年に下り５本、上り６本不定期、同９年４月には中等学生の通学用に朝夕２往復だけとなった。一方、同社の乗合バスは軌道と反比例して運行は増大していった。昭和９年同社のバス路線は、小笠・榛原南部を営業範囲におさめ、１３路線、２７１．３ｋｍに達した。翌１０年５月１０日軌道は運休となり、同年１２月４日軌道の廃線が公示された。自動車部門は同年７月１５日藤相鉄道に合併された。城東馬車鉄道の開通から３６年にわたって親しまれた交通機関はこうして幕を閉じたのである。

中遠北部地域の旅客貨物を輸送

静岡鉄道秋葉線

**駿遠電気系列　**秋葉馬車鉄道株式会社は大正８（１９１９）年１２月
**秋葉鉄道創立　**秋葉鉄道株式会社に合併される。取締役社長に平田宗威が就任し社屋は袋井市高尾に移された。合併の理由は「沿線ニ於ケル客貨ハ逐年激増シ、現在運転セル馬車鉄道ヲ以ッテシテハ到底輸送ヲ円滑ナラシムルアタハズ、コノ際施設優秀ニシテ時代ニ適合セル運輸機関ニ改善シ、輸送能力ノ完備ヲ図ルハ目下ノ急務ナリ、然ルニ財界不況ニシテ小会社ハ是ガ資本ヲ充実セシムルハ甚ダ困難」とし「比較的資本大ナル駿遠電気株式会社」との合併が望ましいというものであった。

　静岡市に本社が所在する駿遠電気株式会社は、大正８年５月１日会社創立に際して秋葉馬車鉄道を引き継ぐことを経営計画の１つに加えていた。創立当初のことであり、いきなり合併を進めるわけにもいかなかったため、同社は止むを得ず同社役員をもって別に秋葉鉄道株式会社を設立し、秋葉馬車鉄道を買収してその事業を継承するとともに、建設目的である沿線電化の準備にとりかかった。その後の合併は、駿遠電気株式会社が静岡電気鉄道株式会社と社名変更した直後の大正１２年３月１２日に承認された。これにより同社は新たに２５万円を増資して資本金３８０万円とした。旧秋葉鉄道株式会社は静岡電気鉄道秋葉線となり、同社は経営の地盤を静清地区から新たに中遠地区にも拡大することになった。

　中遠地方の当時の他の輸送機関は、豊田儀一郎の東海鉱業（高尾）が大正１２年自動車貨物を始め、翌１３年に中遠鉄道が袋井・横須賀間、袋井・豊浜間の定期乗合自動車の運行を開始し、また袋井タクシーの鈴木政一は同じころＴ型フォードを購入し８人乗りの乗合自動車として袋井・法多山間を運行したという。

　鉄道省当局では同社に対し山梨・袋井間の電化に取り組んで大丈夫かと問い合わせている。これに対し同社は「乗客ノ半数ハ乗合自動車ニ奪ハレ、所期ノ成績ヲ挙ケ得サルノ状況ナルヲ以テ、設備ノ改善ヲ為シ輸

送力ノ増大ヲ計ルニ於テハ、国有鉄道（二俣線）開通ノ場合ニ於テモ、尚相当収支相償フニ足ルヘク、一般沿道民ハ電化ノ達成ヲ渇望シ居レル」状況で変更しないとした。

静岡電気鉄道秋葉線が全線電化　静岡電気鉄道秋葉線は、大正13（1924）年5月軌間および動力の変更を認可されると、敷地の買収・社宅・修理工事・車庫・変電所などの建設が始められ、それと並行して袋井側から新設線の敷設工事に着手した。翌14年春に早くも袋井・可睡口間が電化し、同年7月1日可睡口・山梨間、翌15年12月15日山梨・森川橋（戸綿）間がそれぞれ電化した。同月25日森川橋・遠州森町間が電化され、ここに袋井・遠州森町間の全線電化が完成した。

遠州森町駅のターンテーブル

軌間3フィート6インチの単線で、全長12.1kmであった。区間は袋井駅前・袋井町・一軒家・可睡口・平宇・山梨学校前・下山梨・山梨・市場・天王・飯田・観音寺・福田地・戸綿・森川橋・遠州森町であった。可睡口より分岐して可睡まで1.1kmの可睡線も敷設された。この秋葉線の電化は沿線住民が多年念願していた。国鉄東海道本線袋井駅の北側に秋葉線袋井駅が置かれ、途中の周南中学から下山梨の間と山梨駅から秋葉街道の西側を走ったのち、街道を横切って下飯田の間、それに天王山から飯田の間の3カ所は鉄道専用線を通ったが、その他はほぼ秋葉街道に並行して走った。袋井駅前・山梨・遠州森町駅のほかは簡単な停留場が設置されていた。朝夕の列車は通勤、通学客で混雑し、定員45人の客車2両編成で30分毎に日中は1時間毎に運転された。

盆・正月には利用客は多く臨時列車が30分間隔で運転され、とりわけ山梨の祇園祭には上り下りとも超満員でフル運転した。電化完了後の昭和2（1927）年の営業成績は、大正2年と比較した場合乗車人員

で２．４倍、収入１．９倍強の向上を示している。貨物輸送は米・製茶・まゆ・藁製品・みかん・柿など（特産メロンは昭和１０年以降）が移出され肥料・農機具・新聞などが移入され、最盛期には貨車３両編成であった。また、全国各地から曹洞宗の名刹可睡斎や秋葉山本宮秋葉神社へ訪れる参詣者を多数輸送する参詣路線の性格も備えていた。

マイカーと道路整備で廃線　昭和１８（１９４３）年５月１５日静岡電気鉄道は、戦時下の国策に沿い周辺の交通事業会社である藤相鉄道・中遠鉄道・静岡乗合自動車・静岡交通自動車と合併し、静岡鉄道株式会社（資本金７５０万円）として発足する。静岡鉄道秋葉線が混乱したのは、昭和１９年１２月７日発生した東南海地震のときである。地盤が弱かった袋井地方は大被害を受け、山梨では家屋が倒壊し死者も出る被害となった。秋葉線の線路も各所で破壊し、電車内で仮住まいをした家族もいた。この地震で可睡線は陥没し復旧に多額な費用が必要となり、翌２０年１月３１日廃止した。終戦直後、沿線農家に静岡方面から米などの農作物を求めて買い出し客が静鉄秋葉線にも殺到し、列車は終日大混乱した。昭和３７年４月号の雑誌『文藝春秋』に「石松電車がんばる！　茶畑の中を走って６０年」と題して秋葉線がグラビアを飾り全国的な話題となった。当時の池田内閣は所得倍増計画を打ち出し、日本経済は高度成長期を迎えていた。沿線周辺の道路は改良され、高性能バスが走り、個人所得の伸びで自家用車が普及し秋葉線の利用客は年ごとに減少した。同年９月２０日静岡鉄道秋葉線は、秋葉馬車鉄道から通算６０年にわたる輸送事業を終えた。１週間後、モータリゼーションを象徴するかのように九州「若戸大橋」全長２０６８ｍの東洋一吊り橋が盛大に開通式を行っている。

浜名郡と引佐郡を結ぶ軽便鉄道

西　遠　軌　道

浜名平野中心集落宮口　大正時代、浜名平野地方の中心集落は浜名郡笠井町と引佐郡麁玉村宮口（いなさあらたま）であった。宮口は庚申寺の門前町として栄えた。笠井町には大正3（1914）年4月7日大日本軌道浜松支社の鹿島線遠州西ヶ崎駅から分岐して笠井まで笠井線が開通して軽便鉄道が走っていた。引佐郡には同年11月30日浜松軽便鉄道が浜松・金指間に開通しており、麁玉村民にとって鉄道敷設は長年の宿願であった。

大正11年12月18日西遠軌道株式会社が創立された。資本金3万5000円（1株50円）、本社を浜名郡北浜村貴布祢（きぶね）34番地に置いた。取締役社長に竹内龍雄（遠州電気鉄道社長）、取締役に木俣千代八（北浜村）・鈴木寿栄（同）・竹内雄太郎（同）・横田英次郎（同）・村松徳平（麁玉村）・平松市平（同）・鈴木庄兵衛（同）・高田安太郎（同）・伊藤春太郎（同）・河合甚兵衛（同）、監査役には平野千代平（北浜村）・鈴木安平（同）・山田彦四郎（麁玉村）・足立糸平（同）・廣瀬佐源治（同）であった。

西遠軌道についての文献は地元でもほとんど見当たらない。『西遠軌道株式会社登記簿謄本』によれば、大正12年1月14日資本金を6万5000円に増資している。株式欄には「優先株主ハ年末ニ満ツル迄ハ普通株主ニ優先シテ利益ノ配当ヲ受クルモノトス、而シテ会社ノ利益ニ余剰アルトキハ年八朱迄ヲ普通株主ニ配当シ、尚剰余アルトキハ優先株主及普通株主ニ平等ニ分配スルモノトス」となっている。

大正13年7月1日遠州貴布祢・宮口間が開通した。軌間2フィート6インチ、全線2マイル53チェーン（約4.3km）の単線。区間は遠州電気鉄道の鹿島線遠州貴布祢駅を起点として西山・下小林・下新原・中新原・段之下・宮口であった。終点宮口は宮口商店街のある宮口街道を東に入った宮口郵便局付近だったと古老はいう。車両は蒸気機関車3、客車3、貨車3（有蓋2・無蓋1）。起点の遠州貴布祢（現遠州

鉄道浜北駅）構内の西方に機関車の方向を変える転車台があった。

遠州軌道の諸施設を再利用　西遠軌道開通の翌１４年周辺の人口は北浜村９２６９人・麁玉村５９５２人で、北浜村であった貴布祢方面が飛躍的に発展するのは西遠軌道開通２年後の大正１５（１９２６）年１１月２８日日清紡績浜松工場が進出してからである。

　西遠軌道の開通までの状況は、前述のとおり詳細な資料が見当たらない。そこで乏しい資料から開通までの経過を推測してみる。麁玉村宮口は二俣西街道から西方の離れた位置にあって、軽便鉄道鹿島線の恩恵も受けずに取り残されようとしていた。当時最も手近な情報機関であった新聞は、連日のように鉄道に関する記事を書きたてていた。麁玉村民にとって軽便鉄道の実現は熱い願いであったに違いない。しかし鉄道建設には多額な資金が必要とされ、その調達は困難をきわめた。そのころ、遠州軌道（遠州電気鉄道の前身）鹿島線が３フィート６インチに改軌して電化計画のある情報を入手した。

　鹿島線に電化が完成すれば従来の２フィート６インチの車両・軌条・枕木等は不用になる。これらの施設を再利用すれば建設コストは廉価で済み、多額な資本金を必要としない。幸いにも当時の遠州軌道の竹内龍雄社長は宮口の出身であった。そこで麁玉村の有力者らは、北浜村出身で当時浜松市の綿布問屋木俣物産社長で遠州織物協同組合長を永年務め、遠州織物業界に多大な貢献をした木俣千代八を通じて、遠州軌道の電化後の旧施設を宮口新線に再利用していただきたいから竹内社長と交渉してほしいと懇願した。木俣千代八は理解を示し竹内社長にもその事情を要請した。竹内社長は社内の役員会などで検討し、その承認を得て電化工事に際し従来の施設を宮口新線に再利用することとなった。

　遠州軌道から遠州電気鉄道への社名変更が大正８年８月１７日、西遠軌道創立は前述の大正１１年１２月１８日でこの間に話し合いが進められた。鹿島線電化の免許取得は同１０年６月１４日、西遠軌道の免許取得は同年１０月５日、いずれも西遠軌道が後追いしている。『登記簿謄本』の取締役欄に竹内龍雄に続いて木俣千代八が続き、昭和１１（１９３６）年３月６日彼が死去するまで退任していない。資本金６万５００

西遠軌道の軌道自動車（ガソリンカー）

０円はあまりにも少額である。おそらく創業費・用地買収などであろう。さらに、西遠軌道開通の翌々月に遠州軌道で使用した車両・軌条・枕木・橋桁・転轍器（ポイント）などが廃品業者に売却したことが遠州電気鉄道の取締役議事録に記載されていることなど、遠州電鉄の系列会社であったことなどである。

短距離・人口少数が致命傷　地元の期待を担って開業した西遠軌道ではあったが、当時はすでに軽便鉄道の時代ではなく、農村地域でも交通機関の主役は機動性に富んだ乗合自動車に移りつつあった。

　西遠軌道の最も多く利用されたのは、大正１４（１９２５）年の５万９９６６人で同年３５６６円の赤字を計上した。昭和元（１９２６）年以降の利用者数は各年とも３万人台から４万人台で停滞している。翌２年１１月４日西遠鉄道株式会社に社名変更した。翌年９月に経営を親会社の遠州電気鉄道に委託し、日本車両より新鋭の軌道自動車（ガソリンカー定員３０人）を導入し人件費ほか経費の節約をはかる一方、収益の向上を目指した。しかし、利用客の増加に結びついていない。昭和１０年の起終点駅と鹿島線連絡で全利用者の９２．２％を占め、途中の停留場などで発車後に次の列車を待つより歩いた方が早く着き、日中は老人か病人などしか乗らなかったという。やがて、国鉄二俣線の建設工事が始まり、昭和１５年６月には同様の宮口駅開業が明らかになると、西遠鉄道の継続経営は困難と判断され昭和１２年１０月６日に１３年余の営業に幕を閉じた。

　西遠軌道の敷設跡は、現在「軽便道（けいべんみち）」と呼ばれ、浜北地域の主要道路となっている。

西遠軌道　305

丹那トンネル開通で東海道本線に編入

国 鉄 熱 海 線

**軍需的経済的　　**大正時代に入って国有鉄道網の改良工事が進められて
対応から要請　いた。当時東海道本線は国府津から箱根山地を迂回して御殿場経由で沼津を通っていた。御殿場回りの東海道本線は、勾配が非常に急でありトンネルや橋梁も多く、しかも御殿場の標高は４５５．４ｍもあり国府津から４００ｍ以上を登った。そして沼津へ下るには１０００分の２５の急勾配を下った。雨が降れば線路が流されるといった自然障害が多発した。さらに、列車の編成が大きくなってくると機関車１両で引き上げられなくなる。そこで大正２（１９１３）年沼津機関庫に導入されたマレー式テンダ機関車３両が５００ｍにおよぶ貨物列車を箱根連山に見え隠れしながら登っていくという壮大な光景が展開された。

　このころ御殿場回りに代わる別ルートについての調査が始められていた。これは日露戦争の際の軍事輸送手段の経験と、その後の重工業の発達段階に入り、貨物列車の輸送量が増大しその輸送需要に対応する必要が起こったことによる。つまり軍需的な理由と経済的な理由の両面から、別ルートの調査が要請されるようになったのである。

　『熱海町誌』によれば、大正５年当時の温泉旅館５２軒のほか菓子・米穀店が各３５戸、青果店３０戸、酒・醬油店２８戸、指物商２７戸、煙草店２６戸、薪炭店２０戸を数え、食料品・日用品・土産物店が中核をなしていた。熱海は大湯を中心とした旅館・娯楽場・一般商店からなる中心商業地区と周辺地区とで構成された温泉集落であったが、大正１４年の熱海線開通までは集落構成のうえで変化はみられなく、宿泊人員でも明治末期から第１次大戦による好況を迎えるまではむしろ停滞気味であった。

熱海疎外の　　箱根越えであった東海道本線に別ルートとして検討され
敷設３案　ていたのが「箱根別線」の３コースの敷設案であった。まず湯河原から田代盆地の下を抜け三島・沼津を結ぶ第１案。次に熱海ま

白糸川橋梁を渡る国鉄熱海線下り列車

で延長して丹那盆地の下を抜け直接沼津に結ぶ第2案。さらにはこれに並行した比較線が第3案である。鉄道院では第1案の泉越トンネルの掘削はなく、距離も第2案より約4.8km短縮されるこの案を採用しようとした。すると「熱海を除いた鉄道計画などもってのほか！」という強力な圧力がかかった。結局、国府津から小田原・湯河原・熱海を経て丹那トンネルを抜け、三島から沼津で東海道本線と結ぶルートに決定した。小田原から沼津に抜けるためには、かなりのトンネルを掘らなければならない。トンネルは将来性を考え複線とし、しかも電化することが前提になっていた。当時ヨーロッパやアメリカでは鉄道電化の必要性が問題になっていて、蒸気から電化という「エネルギーの転換」が欧米では進み始めていたこともかかわっていた。トンネルを複線で掘る場合、単線並列の方式にするか、複線の断面で1本のトンネルを掘るかで問題になった。トンネル工費は明らかに複線断面の方が安上がりである。しかしトンネルの強度の面からみれば、複線のような大きな断面をとった場合、果たしてその強度が保障されるかという危惧もあった。

　当時のトンネル掘削技術からいって、長いトンネルを複線断面で掘ることができるか、かなり疑問視されていた。ところが、明治15（1882）年スイスのサンゴッタルドトンネル（1万5003m）では複線断面で開通していた。そこで新しいトンネル掘削の方式を採用すれば、複線断面でも十分可能であるということになり、丹那トンネルほか複線断面が採用された。ただし湯河原・熱海間の泉越トンネル（2456m）は地質が悪く温泉余土が膨張するため、単線並列となった。このトンネルは完成してからも側面がふくれてきたり、底が盛り上がってくる

などしたので対策が必要となり、昭和2（1927）年から下り線だけで単線運転したという。

熱海線開通で飛躍的な発展　国鉄熱海線の建設は大正9（1920）年に入ると進められた。同年10月20日国府津・小田原間6．2km、同11年12月21日小田原・真鶴間11．9km、同13年10月1日真鶴・湯河原間3．3km、そして翌14年3月25日湯河原・熱海間5．5kmが4期に分けてそれぞれ開通する。

　国府津・熱海間全長26．9kmは約5年の歳月をかけて完成する。途中、関東大震災（大正12年9月1日）に見舞われ、工事はその被害により遅れての完成であった。熱海の人々にとって永年の待望の開通となった。熱海は「陸の孤島」ともいわれ、小田原からは豆相人車鉄道・熱海鉄道などが明治中期以降開通していたが、国鉄熱海線の開通は本格的陸上輸送の到来を告げた。

　熱海線が開通すると東京・熱海間は約3時間で結ばれたため、開通前の熱海駅の大正13年度の乗降客数3万5967人から開通後の翌14年度の乗降客数は一躍75万8448人と21倍にも急増した。同時に温泉掘削や別荘建設が急速に進み、昭和2（1927）年には源泉数79井(せい)（大正10年は41井、別荘数91軒に増加した。さらに昭和11年末には源泉数102井）、別荘433軒を数えた。旅館の増加も著しく同年95軒（大正5年52軒）となり、東京資本との結びつきが強くなった。

67人の犠牲で宿願の箱根越え　昭和9（1934）年12月1日熱海・沼津間21．6kmが開通し、熱海線と東海道本線（国府津・沼津間48．5km）とが結ばれた。熱海・函南間には丹那トンネル（7803．8m）が67人の尊い犠牲者と16年余にわたる工期とを費やして完成していた。また、熱海線着工から14年余の歳月が流れていた。この開通により熱海線は東海道本線に編入され、途中の函南・三島両駅も同時に開業し国府津・御殿場経由・沼津間60．2kmは御殿場線と改称した。東京・神戸間を走っていた超特急「燕」は、御殿場経由で9時間だったが、熱海経由で8時間37分で走破するようになった。

駅前線・追手町線で静岡市民に親しまれる

静岡鉄道静岡市内線

**大正１１年　　　**静岡電気鉄道の前身会社大日本軌道静岡支社線は、製茶
駅前線開通　の輸送を主目的として敷設され、製茶取引の中心地安西から清水港に輸送するためには、大正初期ごろまで起点の鷹匠町駅で馬車や荷車から積み替えねばならず、大変支障をきたしていた。

　大正時代に入っても鷹匠町駅は省線静岡駅より約１ｋｍほど北方にあり、東海道本線の利用者にとって不便さがあり、この区間の軌道敷設は市民にとっての念願であった。静岡市議会でこの静岡市街に電車の敷設が承認済みとなり、駿遠電気（静岡電気鉄道の前身会社）は大正９（１９２０）年６月に出願し、翌１０年３月許可され、ただちに着工した。大正１１年６月２８日省線静岡駅前・鷹匠町間２５チェーン（約０．５ｋｍ）が軌間３フィート６インチで開通した。経路は伝馬町から松坂屋百貨店の東側の道を通って省線静岡駅前に通じていた。徒歩で１５分ほどの距離であったが、市民からは「駅前線」と親しまれ利用客は多かった。

追手町線開業で　　製茶問屋などの多い安西・北番町と鷹匠町駅とが１．
清水に直通運転　５ｋｍ以上も離れていて非常に不便であったため、静岡電気鉄道（大正１２（１９２３）年２月２８日駿遠電気より社名変更）は大正１４年６月鷹匠町から中町まで市内線を建設し、わずか２カ月で完成させた。同年８月５日鷹匠町・追手町間３２チェーン（約０．６ｋｍ）が開通し「追手町線」と呼んだ。県庁前・中町間が複線となり、鷹匠

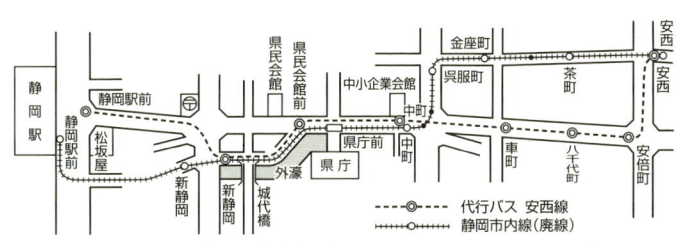

静岡鉄道静岡市内線略図『鉄道ピクトリアル』No.140 1963年1月号
奥田愛三著「静岡鉄道電車線」より

静岡鉄道静岡市内線　309

町・県庁前間には御用邸の前を通ったため単線とした。御用邸の前の電車の通過には車両の騒音が少ない県内初の５０ｋｇレールを採用し、レールの継目を溶接して許可になった。この追手町線の開業により中町から鷹匠町駅

上魚町付近を走る静岡市内線

を経由して清水までの直通運転を始めた。続いて中町・呉服町間、呉服町・北番町（安西）間の敷設工事に着手した。ところが中町通りの一部と天満宮の道路拡幅にともなう移転交渉が容易に解決せず中町・呉服町間の工事がいっこうに進まない。やむなく呉服町・北番町間の工事を先行し、昭和元（１９２６）年１２月２９日開通した。中町・呉服町間は交渉が解決するまで徒歩連絡とした。なお、昭和２年２月１９日鷹匠町・県庁前間の複線工事が竣工した。

昭和４年に静岡市内線全通　その後も移転交渉を進めたが解決せず、ついに昭和４（１９２９）年土地収用法により決着がつき、全線７５チェーン（約１．５ｋｍ）の開通は同年４月１日であった。区間は鷹匠町・県庁前・中町・呉服町・金座町・茶町・安西であった。茶町通りは単線で中町の天満宮のところで電車交換した。運賃は安西・国鉄静岡駅前間大人６銭、子供３銭であった。この市内線は市民から「チンチン電車」と呼ばれ親しまれ、昭和の戦中・戦後もよく走り抜いた。

　昭和３０年代後半に入ると、高度経済成長の波に乗ってモータリゼーションの進展により、目抜き通りをゆったり走る電車は自動車の走行に邪魔になる存在となってきた。ことに静岡駅前の国道１号線を横切ることが致命的な欠陥となり渋滞する原因となった。こうして昭和３７年９月１４日静岡市内線は市民に惜しまれて廃線となった。

北陸と結ぶ雄大な構想の県内最速電鉄

光明電気鉄道

**鉱石・製紙・木材　**　明治以降の文明開化で北遠地方は豊かな天然資源
北遠物産の輸送を　に恵まれていた。鉱石・製紙・木材など産業開発に大資本が投下され、その物産の輸送をどうするか、東海道本線とどのように関連づけるか、地方鉄道に関心をもつ資本家は多くの青写真を描いていた。北遠には古河鉱業・久原鉱業・三菱鉱業・王子製紙などの大企業が進出し、古河鉱業の久根銅山は大正5（1916）年には2000人の人夫を従事させ鉱石を採掘していた。鉱石は天竜川を帆掛船で池田まで下り、池田より人車軌道で東海道本線中泉停車場に運ばれていた。

　王子製紙は東海道鉄道全通の年、周智郡気多村に新聞用紙製造工場を建設し、明治23（1890）年に磐田郡佐久間村に中部工場の操業を始めている。中部工場は信州・遠州の山林から伐採する樅などの針葉樹から新聞用紙や雑包装紙を製造、1カ月生産75万听（約450トン）で職工は335人を数えた。さらに日本三大美林とうたわれる天竜美林に恵まれ、多くの企業家の関心を集め後に数路線の鉄道計画が生まれることになる。

田中寿三郎の　　磐田郡長野村（現磐田市）出身の素封家田中寿三郎は
中遠開発構想　大正8（1919）年から10年にかけ磐田郡見付町ほか周辺町村の有力者を訪ね、海外で見聞した京釜鉄道や南満州鉄道の実態を交えながら、広域にわたる総合開発と鉄道敷設の重要性を力説した。これが光明電気鉄道建設の端緒となる。

　田中寿三郎は投機的で豪快果断な手口を好み、東京兜町に出たのち永田町の政友会の要人に近づき、やがて伊藤博文に認められ明治40年代に入ると重要任務を携え朝鮮に渡る。彼は独自の情報を東京に送り、日朝併合の舞台裏で暗躍する。明治42（1909）年10月26日満州ハルピン駅前で伊藤博文が暗殺されると、彼は郷里に帰り残された人生を光明電気鉄道の実現に賭けていく。

田中寿三郎は見付町の有力者をはじめ総合開発を計画する沿線町村長を説得し、地域住民の共感を得るため東奔西走する。大正１１年光明電気鉄道株式会社の創立趣旨書に記された計画の要旨は次のとおりである。
　「①国鉄中泉駅（現ＪＲ磐田駅）から磐田郡光明村に至る電鉄を敷設する。軌間・車両・電圧など国鉄並みとし、将来は信州と結び、日本の縦断鉄道の役割を負う。②動力は他から供給を受け、天竜川を利用する水力電気事業が許可されれば水力発電所より供給し一般にも電力を供給する。③磐田郡龍川村横山から野部神田発電所の間に、幅員八間の運河を建設し木材の搬出に利用して電鉄に連絡する。④神田発電所より磐田郡中泉町まで溝渠をもって送水、一方周智郡の大部分と磐田郡南部の１０数箇町村の耕地を灌漑する。⑤磐田原台地に送水し開墾を進め、磐田郡西南部１０余町村の湿地の排水を行う。⑥電鉄の沿線一帯の工業化を進める。」この計画は後の寺谷用水改修事業、東部用水建設事業、仿僧川改修事業、天竜川下流用水事業などの基点をなすもので、大正時代にこのような壮大な総合的地域開発構想を田中寿三郎らによって打ち出していたのである。

創立目的は古河鉱業の鉱石輸送　光明電気鉄道株式会社の敷設出願の免許は大正１２（１９２３）年７月２日下付された。社名の由来は、天竜川が赤石山脈の南端の接点付近に位置する光明寺を配した光明山から名付けられた。前年に作製した光明電鉄の「営業収支概算書」には、１カ月間の搬出量４０００トンとし、１カ年間の営業マイルにあたる利益は１４万７２００円を計上している。当時久根鉱山から鉱石を積載して天竜川を下る帆掛船は、東海道本線天竜川駅まで６時間３０分を要したというから、光明電鉄は古河鉱業の鉱石輸送を最大の目的にしていた。鉄道の営業費はこの鉱石輸送で十分まかない、他の旅客収入等はすべて利益金であるとし、鉱石輸送は鉱山事務所と交渉済みであると記されている。しかしこれは田中寿三郎の希望的観測にすぎなかったのである。
　東海道本線中泉駅が設置された中泉町は、当時戸数が増大し発展を続けていた。有力者の政党支持は憲政会に属する者が多かった。これに対しかつて東海道見付宿で栄えた見付町は、鉄道建設を地域社会の振興

光明電気鉄道株式会社の株式分布状況

町村名	戸数	人口	株主数 100株以上	50株-99株	20株-49株	10株-19株	9株以下	計	持株数	株数比較
中泉町	1,951	9,790	5	9	18	58	356	446	3,400	11.3
見付町	1,918	9,402	13	12	12	48	538	623	8,629	28.8
富岡村	486	2,790	1	0	2	2	22	27	202	0.7
岩田村	319	1,885	1	0	9	6	65	81	625	2.1
広瀬村	595	3,561	6	7	12	36	245	306	3,803	12.7
野部村	560	2,971	2	1	4	13	60	80	1,109	3.7
二俣町	1,322	6,487	3	3	16	32	291	345	2,662	8.9
光明村	837	4,698	2	0	4	14	136	156	1,065	3.6
郡　下	-	-	2	4	2	24	28	60	1,289	4.3
県　下	-	-	1	3	3	13	27	47	884	2.9
県　外	-	-	12	5	6	5	5	33	4,795	16.0
計			48	44	88	251	1,773	2,211	30,000	100.0

（第1回営業報告書より算出、戸数と人口は大正14年10月1日の国勢調査による）

役立てたいとする政友会の地盤で、強固な政治活動を続けていた。

　光明電鉄の開発構想は、鉄道網拡大の政友会の党方針と一致し、見付町有力者らの強い支持を受けた。その後、田中構想に賛同した支持者らの働きもあって中泉町・見付町・富岡村・岩田村・広瀬村・野部村・二俣町・光明村の3町5村の足並みは次第にそろっていった。

平野富岡村長は建設反対の立場　大正13（1924）年光明電気鉄道株式会社創立事務所が見付町横町に設置され、株式募集が開始された。資本金250万円（後に150万円に減資）、1株50円、第1回の株式払込金は1株5円であった。田中は沿線町村役場を株式応募の窓口とし、磐田郡長ほか各町村長を集め強力な体制づくりをした。

　設立発起人は田中寿三郎（見付町）・山内清一郎（同）・大箸五郎作（広瀬村）・松本芳太郎（二俣町）・鈴木和吉（光明村）・小山温（東京）・吉井幸蔵（同）・小島棟吉（同）・永原軍次郎（横須賀市）ら32名で、その内訳は見付町9、広瀬村5、二俣町・光明村が各3、野部村2、岩田村1、県外9で、この引受株は300株11、250株1、200株6、150株1、100株13、合計6200株、総株数の12.4％

光明電気鉄道　313

である。沿線町村で発起人に名前がないのは中泉町と富岡村であった。光明電鉄の起点となる中泉町には、国鉄中泉駅があって発展が約束されており、この鉄道計画に対する期待は薄かった。見付町に隣接する富岡村は起点の中泉に比較的近く、平野睦則村長自身が無理な株式勧誘には反対の立場をとっていた。平野村長は慶応大学理財科（現経済学部）を卒業していた。「光電の雄大な構想はよいが、それに伴う資金の調達に大資本が参画し、鉄道経営に詳しい人材が参加しないかぎり、この事業は挫折する」という卓越した識見をもっていた。富岡村は株式公募の再三にわたる要請に、辛うじてお付き合い程度の参加を見せた。

株式公募は難航　株主２２１１名　創立事務所では沿線町村に対し株式応募の督促や激励を続けたが、株主づくりは予定どおりに進まなかった。田中は止むなく資本金を１５０万円に減資し、当初計画の客車１０、貨車８０を、客車５、貨車５に大幅圧縮した。

　大正１４（１９２５）年２月１９日沿線町村に通知した株式募集概算書には中泉町３０００株、見付町５０００株、広瀬村・二俣町各２５００株、光明村１５００株、岩田村・富岡村・野部村各１２００株とあり、合計１万８１００株で、総株式の６０％を町村に割り当てている。最終的な数字は図のとおりである。見付町は６２３人の株主から８６２９株を集め、総株式の約３０％を占めた。目標をはるかに超え見付町民は熱狂的に支援した。第１回株主総会の株主名簿に記載された法人株主は、天竜川製糸２００株、二俣銀行５０株、中泉銀行・中遠銀行・福田銀行・遠江共同銀行が各３０株、中泉軌道運送２０株ほか５株から１５株の企業が８社にすぎない。注目されるのは古河鉱業の鉱石輸送が主目的であるにもかかわらず出資が全く見当たらないことである。船明まで開通して鉱石輸送の見通しがつくまで静観して出資に応じない態度だったのではないか。これが光明電鉄の経営を大きく狂わせる要因となった。

　創立総会を目前にひかえ１５３７株の消化ができず、結局富岡村を除く沿線町村長が共同で負担し、田中も責任を負うかたちで３６２８株の筆頭株主となっている。資本金の約８０％を沿線住民の約２０００名余が負担し、その株主約８０％が１０株未満の出資であった。株主総数は

光明電鉄路線図

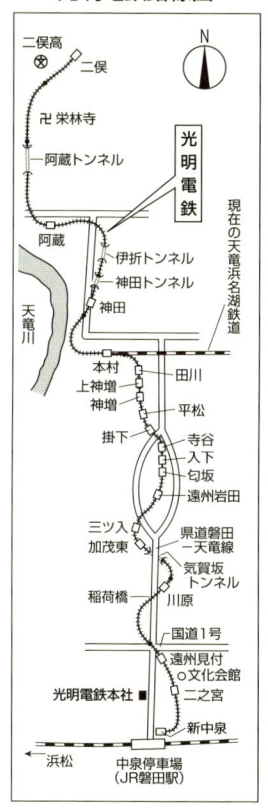

実に２２１１名、まさに地域住民の連帯で生まれた開発会社であった。

光明電気鉄道創立し初代社長大箸五郎作　光明電気鉄道株式会社創立総会は大正１４（１９２５）年６月２１日に開かれ、取締役９名、監査役３名を選挙により選出、当日の役員会で取締役社長に大箸五郎作、専務取締役に田中寿三郎、常務取締役に村松信太郎が当選する。大箸五郎作初代社長は天竜川製紙を経営、共同で土木請負の東海組を設立し浜名湖の干拓を手がけ、田中構想に全面的に賛同し寝食を忘れて奔走した１人である。

大正１２年９月１日関東大震災が起こり東京地方一帯は未曾有の大被害を被り、静岡県内では東部地方にその余波をうけ、県議会議員選挙が２０日間延期されるなど社会不安が起きようとしていた。こうした社会環境のさめやらぬ中で光明電鉄の建設が始められようとしていた。

起工式は大正１５年４月１４日中泉町の府八幡宮境内で盛大に行われた。当時の『静岡新報』はこのように報じている。「北遠地方民が多年熱望している省線中泉駅を起点として、光明村船明に至る光明電車建設は、いよいよ名古屋鉄道局と会社側の諒解なり、中泉駅構内に六万坪の土地を借り受け、駅舎及び引込線を建設することになり、近く着手するはずだが、来る１４日午前１０時から中泉・見付町の中間である八幡神社境内でこれが起工式祝賀会を行うこととなった。」

見付町の光電本社前には、杉の葉で形どられた「祝起工」の文字が浮かぶアーチが飾られた。起工式後は２台のオープンカーによる沿道町村へのパレードがあり、華やかなムードに包まれた。夜は見付町で提灯行列が催された。毎年旧暦８月１０日直前の土・日曜日に盛大に行われる矢奈比売神社（見付天神）の奇祭裸まつりに使われる万灯に「祝起工」

光明電気鉄道　315

の灯がともされ、子供から大人まで手に提灯をもって祭典に似た行列が全町に繰り広げられた。

苦難の敷設工事と他社出願　第１期線の新中泉・野部間の敷設工事は、大正１５（１９２６）年４月１４日起工式をあげた。野部・船明間は同年１２月２５日認可を得ていた。この日、新しい元号「昭和」となり激動の時代へと入った。内閣は若槻礼次郎を首班とする憲政会、銀行の休業が続出する昭和の金融恐慌の起きる嵐の前夜に、光明電気鉄道は沿線住民の浄財を集めてのけわしい船出となった。

　新中泉・田川間は新中泉駅舎の新築、中泉町の市街地の線路敷設、見付駅、見付町市街地敷設、さらに富岡村の気賀坂トンネル工事など問題点が多く建設工事は遅れた。長い橋梁はなかったが気賀坂・神田・伊折・阿蔵・大谷の５カ所のトンネルを掘らねばならず、その工事費に２５万６５００円の巨費が必要となる。早くも役員の間から前途を不安視する空気が出始め、大箸社長の苦悩は増大した。

　経済恐慌の嵐はこの地方にも容赦なく吹き荒れた。鉄道会社の特例で１０分の１の株式払い込みで会社設立ができたため、応募株式が少ないところから株主には払い込みを１０回に分割する方法で利便をはかっていた。ところが不況で役員ですらその影響から株式の払い込みに応じられない状況になっていた。大箸社長が経営する天竜川製紙会社も経営危機に陥り、社長自身も株式の払い込みが困難となりその責任から社長を辞退したいとの申し出が重役陣に伝えられた。しかし最高責任者が個人的理由でただちに辞任するわけにもゆかなかった。

　さらに問題が追い打ちをかけた。このころ、全国的に鉄道敷設が集中し鉄道戦国時代の様相を呈していた。天竜川流域だけで遠州電気鉄道は起点の浜松から天竜川を越え二俣町に乗り入れを、浜松地方の有力者らによる私設遠信鉄道、遠電の遠州二俣駅から北上し長野県辰野に至る計画をしていた。それに掛川町の資本による二俣線への乗り入れ計画、さらに愛知県側から浜松を経て北遠への乗り入れ計画など、いずれも民間資本の出願申請が鉄道省に提出されていた。光明電鉄はこれらの出願に対し、「…殊ニ天竜川沿岸ノ物資運搬ヲ目的トスル点ニ於テハ、全ク光

二俣町の栄林寺付近を走る光明電鉄

明電気鉄道ノ目的ト一致スルモノニシテ、同鉄道ヲ危機ニ陥シ入レントスル一大脅威タル企画ニ付キ、既設会社及ビ本村ノ公益擁護ノ為メ、一刀両断右出願ハ速ニ御却下サレタク…」と井上鉄道大臣に陳情している。

相次ぐ役員辞任と社長の交代劇　やがて前途多難な情勢から役員が次々に辞任し始めた。昭和2（1927）年11月20日までに9名、大箸社長までがこの時点で見付町の清酒卸業の資産家古田庄太郎に社長の席を譲ったものの、役員を辞退することはできないありさまであった。

　会社を取り巻くきびしい経済環境、人口の希薄な地方の短距離に都市型鉄道建設規模など、光明電鉄に対する経済効果が疑問視された。無謀な開発行為だと指摘して接近しない有識者や資産家も多くいた。どこの鉄道にも政治家が株主で参加していたが、光明電鉄にはいない。郷土の総合開発の第1弾として登場した光明電鉄に情熱を傾け積極的に取り組んだ役員たちは、建設途中にしてその能力を使い果たし、多くの零細株主に不安を与えて去っていった。

　「工事は中泉、野部間の土木工事・軌条引伸ばし工事のほとんどを終了し停車場の工事を進めていた。第2期線の野部・船明間の用地買収にも着手した。電気工事は変電所の機械据付工事も完了し、車両も製作を終わっている。車庫が完成すれば電車が到着の予定である。」『第6回営業報告書』にはこう報告がされている。しかし実際には、沿線住民が熱望するような方向には進んでいなかった。資金繰りが円滑に進まず、資材の運搬が停滞し、国鉄中泉駅構内には軌条、枕木、継ぎ目ボルトなどが山積した。株式払い込みは滞り、開通の見通しさえ立たない状況にあった。しかし、とにかく一刻も早く電車を走らせることであった。

鉄道の完成がすべての問題の解決と考えていた田中専務は、開通に向け執念を燃やした。車両注文先の蒲田車両会社を訪れ、社長の西村直吉に経営参加を懇願する。さらに田中専務は当地方での資金調達では限界があるとみて、東京を駆け回り旧知の２人に役員就任の了解をとり出資を約束した。この２人は田中専務が日韓併合に働いた時代の中島行一と中島の義兄の江村忠之助であった。昭和３年７月２８日の定時株主総会で社長古田庄太郎は辞任し、江村忠之助を第３代社長に迎え、中島行一を田中専務と同職の専務とした。

蒲田車両の電車を借用　田中専務は名古屋鉄道局を訪問し無蓋貨車６両を借用依頼するとともに、三河鉄道から機関車１両を借り入れ、建設輸送車として工事の急展開をはかった。この大規模な作業に全線に活気がみなぎり工事は急テンポで進んだ。しかし一方では、表面上の工事進捗に役員間には不信感が強まり、断絶した人間関係が生まれ抗争にまで発展していった。

　昭和３（１９２８）年１１月２０日新中泉・田川間１５．３ｋｍがようやく開通した。着工から２年半後のことであった。株式の応募不足・資金不足・工事の遅滞・役員の相次ぐ辞任など、紆余曲折があったがどうにか開通に漕ぎつけた。軌間１０６７ｍｍ、単線、架線電圧１５００Ｖ。建設費が不足したため、パンタグラフ式電動客車２両を蒲田車両会社から借り入れた。３マイル（約４．８ｋｍ）分の軌条は鉄道省から払い下げ品を購入した。区間は新中泉・二之宮・遠州見付・川原・加茂東・三ッ入・遠州岩田・匂坂・入下・寺谷・掛下・平松・神増・上神増・田川であった。全線の所要時間は３５分、運賃は５３銭であった。

　磐田郡内に東京で走る省線並みの電車が時速６０ｋｍのスピードで走った。しかし、待望の開通は何か重苦しい空気が流れ祝賀気分はなかった。開通当時は電車への物珍しさも手伝って利用客は多かったが、それもわずか２、３カ月の間であった。第２期線工事はそうした中で始められた。開業直前、約９８万円の株式払い込み未済、建設費は約８４万円となり、借入金・未払手形・未払金が総額５６万円にも達していた。開通後の月末在籍株主は１６６７名で創立総会当時から５５４名も激減し、

光明電気鉄道の車内にきれいどころが勢揃いした風景

新中泉・二俣間待望の全通　昭和4（1929）年1月31日第7回定時株主総会で事実上の創設者であった専務取締役田中寿三郎と中島行一が退任、さらに歴代社長の大箸五郎作・古田庄太郎・江村忠之助の3名のほか1名も取締役を退任した。代わって北越系の資本家4名が取締役に就任。この4名は、はかない夢にわずかの望みをつなぎ説得されたのである。同年5月15日見付町の焼酎醸造業の匂坂勝蔵が第4代社長に就任、匂坂は設立発起人のうちの1人であった。

　同年12月1日田川・神田公園間前3.1kmが開通した。翌5年に入ると続いて第3期線工事が進められた。路線延長されても工事費は増大し赤字はいっこうに解消しない。匂坂社長もこれでは全財産を潰しかねないと判断し、同年5月社長を辞任した。次の第5代社長は第19代静岡県知事の白男川譲介であったが、経営内容の劣悪さにあきれ、北越と地元の役員間の紛争にも巻き込まれ、わずか2カ月で社長の座を下りた。その後は社長のなり手がなく、止むなく二俣町の医師松本芳太郎を筆頭重役に推して何とか経営をくぐり抜けていった。松本芳太郎は設立当初の田中構想の推進論者で、これまでの光明電鉄の建設経過をつぶさに立ち合ってきていた数少ない役員の1人であった。

　昭和5年12月20日神田公園前・二俣町間4.6kmが完成し、新中泉・二俣町間23.0kmが全通した。北遠の中心地二俣町に高速電車が勇姿を見せた。二俣町民が夢にまで見た電車であった。会社代表で会社設立以来、苦難に耐え抜いてきた松本芳太郎は、男泣きして一番電車を迎えている。晴れの開通祝賀式典は、終点二俣町駅前の二俣高等女

学校校庭に、二俣町の主催で開催された。松本会社代表のあいさつ、西田喜作二俣町長らの祝辞があり、参列者は開通の喜びを分かちあった。

**乗合自動車との　　**光明電鉄は設立当初の計画どおり船明(ふなぎら)までの敷設が
**ダンピング競争　　**急がれた。古河鉱業の鉱石など北遠の物産輸送に活路を見い出しすべての解決に通じた。経済不況で鉄道収入はきわめて少なく、株式払い込みは遅れていた。乗合自動車の経営権をもつか、遊園地を神田か光明に建設するかなど将来への布石も考えられた。経営陣は船明までの敷設に最後の努力を傾注した。鹿島の花火・納涼電車などの企画をたて中泉からの乗客の増大を見込んだが、季節外れと不況で成果をあげていない。全線の往復運賃が１円２０銭を半額の６０銭とし、沿道を並走した遠州秋葉自動車に対抗した。乗合バスも値下げを断行した。鉄道省からのダンピングに対し警告を受けたが、乗車券の裏に「株主に限る」とし合法性を主張した。

　運賃の値下げ競争で全国的に有名なのは、明治３５年の関西鉄道と官設鉄道との競争がある。運賃だけでなく手ぬぐいや弁当のサービスまでエスカレートして２年も続き、日露戦争の勃発でようやく幕が下りた。

　乗合バスは沿道の商店前を停留所とし、乗客は店に上がり茶を飲んで待ち、店頭の白旗を見た運転手はバスを止め、乗客を迎えに出たという。

**個人名儀とな　　**第４期工事の二俣・山東間はレールが敷かれ駅舎も完
**り７年で廃線　　**成したが送電設備が未完であった。第５期工事の山東・船明間は鉄道敷設の造成だけに終わっていた。昭和８（１９３３）年１月２１日新潟県出身の貴族院議員高鳥順作からの申し立てで光明電鉄は浜松区裁判所から会社破産宣言を受ける。会社再建整理案を作成し破産は免れた。その後、電気料金を滞納し昭和１１年１月２０日送電が打ち切られ電車の運転は休止する。最後の柳瀬寿道専務は会社再建に努力したが和議は不成立に終わる。光明電鉄は高鳥順作一個人の所有となり、鉄道存続させる意志はなく、同年７月２０日付で営業廃止が公告される。運転士らは他社にスカウトされ、車両は買い取られ、土地など切り売りされた。

　この年、二・二六事件が起こり、同１３年３月国家総動員法が公布され、軍靴の響きが忍び寄る無気味な時代に入ろうとしていた。

全線６７ｋｍの半分余がトンネル・鉄橋の電気鉄道

三　信　鉄　道

天竜川水運ほかと　　天竜川は長野県諏訪湖を水源として、赤石山脈や
東海道鉄道を結ぶ　　伊那山地・木曽山脈の間の地溝状の伊那谷を南流する。伊那谷には河岸段丘と扇状地が典型的に発達し、長野県飯田市南部の天竜峡以南で赤石山脈と斜交する先行性河川となり峡谷部を形成する。豊田郡佐久間村中部で流路を大きく変え曲流し、同郡二俣町で山地を離れ、三方原台地と磐田原台地との間に扇状地を発達させ遠州灘に注ぐ。流長２５０ｋｍ。流域は長野・愛知・静岡の三県にわたっている。

　日本を代表する東京の王子製紙と古河鉱業の二大企業が明治２９（１８９６）年から同３２年にかけて相次いで豊田郡佐久間村に進出した。日清戦争で発展した産業資本が明治２２年の東海道鉄道の全通で京浜・阪神方面への市場の輸送が容易になり、沿線の資源の開発に乗り出したものである。

　静岡県では駿東郡六合村の紡績、岳南地方の製紙などの例はあるが、佐久間村の場合は周智郡気多村の製紙とともにずっと山奥にあり、東海道鉄道と結ぶ天竜川や気田川の水運が重要な特色である。このため地元の資源が乏しくなると、岳南地方のように輸入や移入資源に切り替えて操業することができず廃止されていく。しかし、この両社は天竜川の水力発電でも先駆者であり、大きな発電計画に着手しており、これは電力会社がのちに継承・拡大して佐久間ダムの完成になっていく。

王子製紙進出で　　佐久間村は林業とともに製紙・鉱山は三大産業であ
佐久間村に活気　　った。多くの職員・労働者の流入によって村の文化と社会に大きな影響を与えた。王子製紙は渋沢栄一が文化と経済を基礎に製紙と印刷の重要性を政府の為替方であった三井組・小野組・島田組に説き、その出資で明治６（１８７３）年に創立したわが国最初の製紙会社で、同８年から大阪・兵庫に製紙所を開業した。工場が大都市に限られたのは、洋紙に使用する印刷所が大都市に集中しているほか、原料で

ある麻・綿布のボロ布が大都市で集めやすかったからである。地券用紙の製造や西南戦争の新聞紙需要で洋紙の国内生産が伸び、明治１３年には１０００トンを超え輸入洋紙を上回った。王子製紙は明治２０年ごろまで国内生産の約半分を占める優位にあった。

　ヨーロッパで始められた木材パルプの導入の目的で、明治２２年秋、天竜川支流の気田川流域の周智郡気多村気田に工場の操業を行った。同年１２月わが国最初の木材の亜硫酸パルプの製造に成功し、王子製紙のこの年の生産量は前年の２．３倍の３４１３トンに飛躍した。しかし木材パルプ製の洋紙の販売は容易でなく、また気田工場は水害で生産が止まることが多かったのである。

　後発の富士製紙は明治２３年１月富士郡入山瀬村に第１工場を操業、同３０年には王子製紙の生産量を追い越したため、王子製紙はこれに対抗し日清戦争で紙の需要の増大に応ずるよう明治３３年１２月佐久間村中部に新工場を操業した。中部工場では大阪朝日・東京朝日・さらに時事新報などの新聞用紙が生産された。

　王子製紙の佐久間村中部での活動は、大正１３（１９２４）年までの２４年ほどであったが、地元に与えた影響は大きい。王子製紙が中部に進出するまでは商店はわずか２軒しかなく、舟乗りの村で６０～７０戸の戸主全員が舟を操り、２０余隻に３人ずつ乗り組み、主に信州から下る米などの荷を中継して天竜川の下流へ送っていた。製紙の生産が始まり都会から何百人もの人が村に入り、商店が増え隣の浦川村を凌ぐほどの町となり、外国人の家族が村に文化の新風を吹き込んだ。

古河鉱業と　　日本鉱業界の大手である古河市兵衛は、明治３２（１８
の鉱石輸送　　９９）年２月佐久間村の久根鉱山を買収し、昭和４５（１９７０）年の閉山まで７２年にわたって鉱山経営を行った。古河市兵衛は鉱山の新設備や機械の導入の先駆者で、明治２５年に栃木県足尾で日本最初の電気機関車で鉱石を運搬した。古河鉱業は久根に進出すると、間もなく水力発電に着手し、大正２（１９１３）年末には山香村半血沢の水で大滝発電所が運転を始め、出力１３５ｋＷと小規模ながら坑内照明をカンテラから電灯に替え、ダイナマイト穴の穿孔を手掘りから削岩

久根鉱山から鉱石を積んで天竜川を下る帆掛船

機に代えるなど機械化を進めた。

　鉱石粗鉱量は明治３５年の２万トンから次第に上昇し、大正６年に１７万トンのピークに達する。このころの使用人夫は６５０人といわれ、専属舟夫は含んでいない。その後は下降をたどり昭和６年には最低の１万トンに落ち込むが、太平洋戦争に突入すると銅はいくら掘っても足りず、新鉱床の発見でそれまで１カ月産出含銅１５０トンから２００トン程度が、昭和１８年には１カ月４００トンを超え、この年の粗鉱量は１１万トンに達する。

　当時わずか７００人に満たない従業員と１００人足らずの学徒動員で、山を挙げて火の玉となり戦争に勝つため応召者と同じ思いで増産に没頭した。最高の粗鉱量は昭和３５年の１８万トン余で、閉山の昭和４５年には２万５０００トンになっている。磐田郡龍山村では明治４０年から久原鉱業の経営となった峰之沢鉱山が大正５年に久根の約半分の５万トン、１７１万円の生産額をあげ、使用人夫は７７４人であった。このほか鮎釣鉱山・龍川鉱山・名古尾鉱山などでも採鉱を行っていた。

木材を中心とする北遠の産物等　明治初年に東京に送られた木材の主産地は紀伊国（現和歌山県）で全体の２３．５％、第２位は遠江国（現静岡県西部）で１６．８％、以下武蔵国（現埼玉県）、下野常陸（現茨城県）などの東京周辺である。木材の品質においても、明治中期の各材種価額はヒノキ・スギ・マツ・ケヤキなど、遠州材は尾州材に次いで第２位を確保していた。遠州材の主産地は、天竜川中流域の佐久間地域や気田川流域にあたる春野地域であった。遠州材は信州樽木輸送による刺激であるとか、土地生産性を高める方法として恵まれた風土と領主層の植林奨励策などによる一つの成果があいまってこのような地位を確立

したのであった。これらの遠州材は時期が来ると伐採され、天竜川や気田川をイカダに組まれて天竜川河口の掛塚湊に運ばれ、そこから東京に送られるのが東海道鉄道開通までの状況であった。

　金原明善手記の明治12（1879）年『天竜川堤防始末書』によれば、掛塚湊からの木材移出は年間20万石内外で、木材は原木ではなく貫・板・角材など加工したものが相当含まれ、加工業者がかなりいたことが推察される。木材のほか米・操綿・石灰・炭・茶・串柿・砂糖・葉煙草・蜜柑・青石などの商品が送られていた。

大正11年民営鉄道敷設の動き　　愛知県三河川合から静岡県佐久間村までの民営鉄道敷設運動は、大正11（1922）年末から起こっている。浦川・佐久間・山香の旧村役場に残る記録によれば、次のような謄写版刷の決議案文が3カ村に回され村長・村会議員を中心とする有志が決議署名している。

「決議　大同電力株式会社主トナリ鉄道会社ヲ設立シ、愛知県北設楽郡三輪村（鳳来寺鉄道三河川合駅）ヨリ静岡県磐田郡佐久間村ニ通ズル鉄道敷設計画ニ関シ、後援ノ為大正11年　月　日有志会ヲ開キ左ノ事項ヲ決議ス。

　1．該鉄道ノ速成ヲ促進スルコト
　2．該鉄道潰地代金ノ不当ノ要求ヲナサシメザルコト
　3．其ノ他敷設ニ関スル総テノ便宜ヲ講ズルコト　以上」

　原文の大正11年　月　日は浦川村では12年　月　日とあり、山香村では12年3月14日となっている。矢部六三郎浦川村長の招集で、大正12年3月8日佐久間・山香・愛知県三輪の各村長ら有志が浦川村役場に集まり、三輪村ほか3カ村有志鉄道敷設後援会を組織し、その規約に前記の決議をほとんど盛り込み、これと並行して各村では後援会または促成同盟会を組織した。

　大正3年3月国鉄遠美線の掛川・大井（現中央本線恵那駅）間151km、三河大野・長篠（現大海駅）間と浦川・佐久間の各6kmが政府に予定線と認められて満1年、第1次建設28路線の1つとして一応予算計上されて3カ月後であった。ここで民営建設案を推進するのは尚早

にみえるが、本線だけで１５ｋｍもある遠美線を掛川と大井の両端から着工すると、中間の浦川付近の建設はかなり先のことと判断された。

これに対し鳳来寺鉄道は、工期を１年足らずで長篠・三河川合間１７.６ｋｍを大正１２年２月１日開通させている。また遠信線（浜松・笠井・二俣・竜川・佐久間を結ぶ路線）の北部にあたる伊那では、伊那電気鉄道が大正２年１２月２７日伊那町・宮田間開通以来、路線を延ばし、同１２年８月３日飯田まで全長６６ｋｍが開通している。

この南北に所在する民営鉄道の実績がこのたびの鉄道敷設案を勇気づけた。人間関係でも鳳来寺鉄道社長は前大野町長大橋正太郎、重役の中に浦川村の矢部和作と三輪村長金田安二郎がいて、この人たちが中心となり鳳来寺鉄道完成の勢いを三信鉄道敷設に向けたのである。

鳳来寺鉄道・伊那電気鉄道、それにこれから建設されようとする三信鉄道は、政府の『改正鉄道敷設法』（大正１１年４月公布）の予定路線の一部と全く一致するが、これを民営で建設することは全国的にも例が多く、大正１０年成立の『地方鉄道補助法』によって建設費の１００分の５の全額が一定年間交付されたのであった。

浅田平太郎の伊那電と鳳来寺鉄道接続の構想　決議文に「大同電力主トナル鉄道会社ヲ設立」とあるのは、同社が当時愛知県豊根村の２地点で発電調査工事を行い、佐久間村中部と竜川村横山間の天竜川４万ｋＷ発電の水利権を持っていたのでその工事に鉄道が必要と見たのである。そこで三輪村ほか三カ村後援会で名古屋の大同電力本社を訪ね、同社と交渉したが結果は思わしくなく以後同社は三信鉄道計画に現れない。

鳳来寺鉄道・伊那電鉄との連絡鉄道の３構想が並立する中で、関係者は三信線こそ当面実現可能に高い唯一の路線との確信を深めた。その実現に導いたのが豊橋電気軌道技師長の浅田平太郎である。彼の会社は市街地の路面電車で三信線とは直接の関係はないが、自ら予定路線を詳細に調査して工事計画のみならず、開通による経済効果や資金の調達案まで優れた見通しを立てたのである。

彼が大正１４（１９２５）年に配布した『三信鉄道ト遠信鉄道トノ比較説明書』の要点は次の通りである。佐久間村中部以北と下伊那郡川路

村天竜峡駅との間の５０ｋｍは両線共通であるから、比較には中部以南既設私鉄終点の三河川合までと二俣までを比較すればよい。距離は三信線の１７ｋｍに対し、遠信線は３９ｋｍで２倍以上ある上に工事が著しく困難である。

「三河川合中部間ハ鳳来寺鉄道沿線ト同一地層ニテ……工事ハ比較的容易ナリ、唯長岡峠ニ約１哩（約１．６ｋｍ）ノ隧道ヲ穿ツモ削岩機ノ利用発達セル今日１哩位ノ隧道ハ困難トスルニ足ラズ」これに対し、「中部下流二俣間ハ地質非常ニ不良ニシテ……至ル処地滑リノ形跡アリ、天竜川ヲ渡ル橋梁モ数ケ所ニ及ビ川幅モ非常ニ広クナリ工事ノ増加ト期限ノ伸長ヲ来タス」ために、この区間の建設費は三信線の３００万円に対し、遠信線は７００万円、工期は１年半に対し３年になる。そして大口出資者は久根鉱山や電力会社のようにどちらへも出資可能な企業を除くと、三信線は豊橋市・豊川鉄道・鳳来寺鉄道・愛知電気鉄道（現名古屋鉄道）の１自治体と３私鉄があるが、遠信線では浜松市と遠州電気鉄道（現遠州鉄道）しかない。また「交通運輸及将来ヨリ比較スルトキハ、何レモ（両線とも）必要ニハ相違ナキモ商取引ニ於テ蚕糸ノ関係上遠州ヨリ三州豊橋トノ関係密接ナリ、又信州トシテハ海岸ニ出デ港湾ト連絡スルコトハ最モ必要トスルコトニシテ……三信鉄道ニヨリ三河湾ニ出デルコトハ最モ希望スル処ナリ。」と記している。これは十分な調査と、信州側を含めた関係町村や会社との話し合いに基づくもので説得力がある。

電力・私鉄８社と関係市町村が株主　浅田平太郎の算出した資本金１０００万円の見積もりとその引き受け分担案も、同様に十分な調査と話し合いによるものである。「三信鉄道会社出資額ニ付テハ、先ニ私案ヲ呈示候処其ノ厚薄及資産状態ヲ考慮シタル結果、左記ノ通リ私案ヲ訂正可致候。本案ニテ妥当ト確信致候間御考慮願上候。」

　出　資　額
　　東邦電力　　２５０万円　　　天竜川電力　　２５０万円
　　豊川鉄道　　１５０万円　　　伊那電鉄　　　１５０万円
　　鳳来寺鉄道　　２５万円　　　愛知電鉄　　　　２５万円

水窪川水電　２５万円　　久根鉱山　　２５万円
　　豊橋市　５０万円　愛知県静岡県関係町村１０万円
　　下伊那郡関係町村　１０万円　　飯田町　３０万円
　　合　計　１０００万円
（愛知県静岡県関係町村の内訳）
　　三輪村１万円　本郷町・御殿村・振草村で２万円　浦川村３万円
　　佐久間村２万円　下川村・園村で１万円　富山村・富根村で１万円　合計１０万円

　実際の出資額は果たして浅田平太郎の分担通りほとんどこの金額で、ただ愛知電鉄の分が鳳来寺鉄道に肩代わりされたり、水窪水電の減少分などが豊橋市や東京で募集された。豊川・鳳来寺・伊那の３私鉄が三信鉄道を推進したのも自社の輸送量の増加を期待してのことである。また三信鉄道が開通すれば、天竜川の大型発電所の建設が可能になり、その資材輸送もこれらの私鉄が望んでいた。問題は電力会社の三信鉄道に対する態度で、両社それぞれに事情があったがようやく了解がとれた。

　昭和２（１９２７）年７月１９日三信鉄道に対し鉄道大臣からの免許が下りた。この免許に付帯した通知には、三信鉄道の設計・施工をなるべく国有鉄道布設規定に準拠することを指示している。これは三信鉄道が国鉄未成線の遠信・遠美両線の区間にあたり、また将来の国鉄化を示唆していた。

金融恐慌で町村割当て株式引受けは困難　同年８月９日東京で発起人総会が開かれ、私鉄３社、電力２社、関係市町村を含め２５名が創立委員となった。総会で予定した日程が発起人１０１名中２５名が脱退し、東京方面での１万株の追加募集など遅れ、１１月２５日株式募集締め切り、１２月１５日創立となった。

　三信鉄道が発足したこの年は、憲政会の若槻禮次郎内閣が３月の金融恐慌で倒れ、代わって政友会の田中義一内閣になり、鉄道建設も積極政策に転じた年である。しかし景気は振るわず北遠・東三河の１０カ町村に予定されていた総額１０万円、２０００株の引き受けは容易ではなかった。佐久間村の平賀喜重村長が水窪町と城西村の役場を株式引き受け

の懇請のため数回訪れ、創立事務所への書状の中で次のように述べている。

「水窪町では最近3・4の会社が失敗し数十万円の損害を出したため、残念ながら何ともできない。城西村は村長が大変熱心で一時は割当て分の引受け内諾があったが、払込みの際に電話で断ってきた。佐久間村は北遠一般の木材炭繭の不況に、王子製紙工場移転以来の不振が重なり、まるで火の消えたようである。」

株式払込での紛糾 　最初の工事が始まったのは昭和4（1929）年8月の天竜峡・門島間8.3kmである。三信鉄道の敷設工事は、北端の天竜峡と南端の三河川合の双方から9区間に分けて進められた。

第2回以後の株式の払い込みは、工事が進行してその支払い資金が必要に従って行われた。初代末延道成社長が病死後に就任した石川六郎新社長は、大株主である電力・電鉄会社が自社の資金問題から追加払い込みに反対し借入金の主張を行っていたのに対し、東邦・伊那電鉄両社の反対を押し切り、前回の条件を無視して同8年5月に第5回5円払い込みを強行したとして両社の払い込み拒否を受けた。これは石川社長の独断というより沿線市町村の熱意による払い込み強行で、両社の説得には主に下伊那郡の地元が当たった。

翌9年4月第6回払い込みの際にはそれまで三信建設と払込金徴収の推進者であった豊川鉄道の倉田藤四郎専務が、払込資金問題で豊川鉄道重役間と意見が対立し、専務を辞任したため一層困難な事態となった。

三信鉄道では全線67kmのうちまだ14kmしか開通せず、収入が少ない上に多大の建設費を要するので無配当が続くのは止むを得ないが、こういう株式に次々と払い込みをするのは個人はもちろん会社・株主としても大きな負担で、三信鉄道に払い込むために自社株の払込金徴収を行うか、借り入れをするかが必要となった。

伊那電鉄ではさきに桜木専務が就任して会社の更生整理を断行してようやく立ち直り途上にあり、ついで豊川鉄道で専務の交代劇が演じられた。同年5月12日の三信重役会では、このような状況から払込金徴収案を撤回し東邦・矢作水力（昭和6年9月に天竜川電力を合併）、豊

白神駅付近より天竜川沿いにトンネルが延々と続く

川・伊那両鉄道の4大株主の保証を得て300万円を借り入れる案とした。

これに対し豊橋方面の重役ほか多くの株主は、5月31日の株主総会で全通促進を強く主張し、資金は借り入れと追加払い込みとを併用することを承認させた。借入金保証についても最も困難視された豊川・鳳来寺両鉄道が率先して6月上旬に調印し他の3社もこれに追随した。払い込みは9月から翌10年5月にかけて1株あたり12円50銭の徴収が決まり、ついに資金問題も山を越した。

天竜川沿いの敷設計画　三信鉄道の沿線の大半は、標高1000mを越す赤石山脈を横断する深さ数百mの天竜川大峡谷に沿っている。設計は鉄道省の要望に基づき国鉄丙線の規程に準拠し、曲線の最小半径は10チェーン（約200m）、最大勾配1000分の25、レールは60ポンド（30kg）、鉄橋桁はクーパーE33型を使用した。建設材料の輸送が困難なため、支障のない限り現地の物資を活用する方針を採用した。築堤張芝は雑石の張石に代え、コンクリートも止むを得ぬ場合を除き鉄筋を省いた。測量と同時に進行した用地買収は順調で、山間部では貴重な耕地や宅地の買収であっても土地収用法にたよるような紛争は起こっていない。線路用地約19万坪（坪当たり平均1円34銭）、停車場用地5万4000坪（坪当たり2円62銭）などを約43万円で買収し、地上物件補償に10万円余を支払っている。

これは水力発電所建設とイカダ流しの代行輸送のための電力会社の要求に基づいている。このためトンネルは171カ所、合計延長32.3km、橋梁は97カ所、合計延長4kmを数え、合わせて全線67kmの54.2％を占める。トンネルが多いといわれる中央本線の名古屋・

塩尻間でも木曽川・奈良井川の渓谷の中津川・塩尻間の区間９５ｋｍに対して、トンネルは５０カ所足らずで三信鉄道の３分の１以下である。

全区間トンネル鉄橋が連続する難工事　は、佐久間トンネル（１５６４ｍ）のように天竜川の大屈曲を近道する１３カ所と、豊川と天竜川支流相川の分水嶺を越す池端(いけば)トンネル（１１１４ｍ）である。大多数のトンネルは天竜川に並行した１００ｍ内外のもので、峡谷の谷壁が切り立っていて、岩を切り取ってわずかの線路敷をつくる余地もないためにトンネルになっている。トンネルの両端は支流の深い谷で、文字通りトンネルと鉄橋の連続となる区間が多い。トンネルと鉄橋について、浅田平太郎は大正１５（１９２６）年５月に「三信鉄道の建設費について」という文書で、一般に考えられているほど技術的に困難でなく、建設費も過大でないと力説している。

　「三信鉄道は難工事には相違なきも、技術の進歩せる現今にては何等顧慮する必要はないのであります。隧道でも硬岩にして１日３フィート（約０．９ｍ）位の進行が、現今では削岩機を用ゆすれば１日１０フィート位は掘削します。土木等は以前の半分で出来ます。橋梁工事に於てもコンクリート工は、レンガ時代の５割にて出来ます。桁架けに至っては足場掛け時代の１０分の１で出来るようになりました。」

　工事費についてはトンネル１フィート１３０円、橋梁１フィート１５０円を見積もっている。トンネル掘進速度の実績は、浅田説をさらに上回り大嵐(おおぞれ)駅南方の夏焼トンネルは全線第２位の１２３８ｍの長さを、１日平均１２フィートの速度で１１カ月で貫通した。その上に工期短縮のために、長いトンネルでは両端から掘進するだけでなく、途中の谷側から横坑を掘り、トンネル中心線に達した箇所から左右に掘進する方法を考案し、時には数本の横坑で同時に掘り、また長さ２００ｍもの横坑もあった。

　鉄橋では東栄の東方の相川第一橋梁や奥山川・水窪町の門谷川・河内川など、２５ｍないし５５ｍの著しい高さの難工事が多く、両岸が絶壁で作業用地や鉄橋部品置場がなく、両側のトンネルが貫通するまで架橋

三信鉄道の区間別開業年月日

- S7.10.30
- S10.11.15
- S11.4.26
- S11.12.30
- S12.8.20
- S11.12.29
- S11.11.10
- S9.11.11
- S8.12.21

長野県
愛知県
静岡県

伊那電鉄
天竜峡
千代
金野
唐笠
門島
田本
温田
為栗
遠山口
満島
鶯巣
伊奈小沢
中井侍
小和田
大嵐
白神
天竜山室
豊根口
佐久間水窪口
中部天竜
下川合
早瀬
浦川
三信上市場
三信三輪
出馬
池場
三河川合
飯田線三信
飯田線佐久米
飯田線三遠

三信鉄道

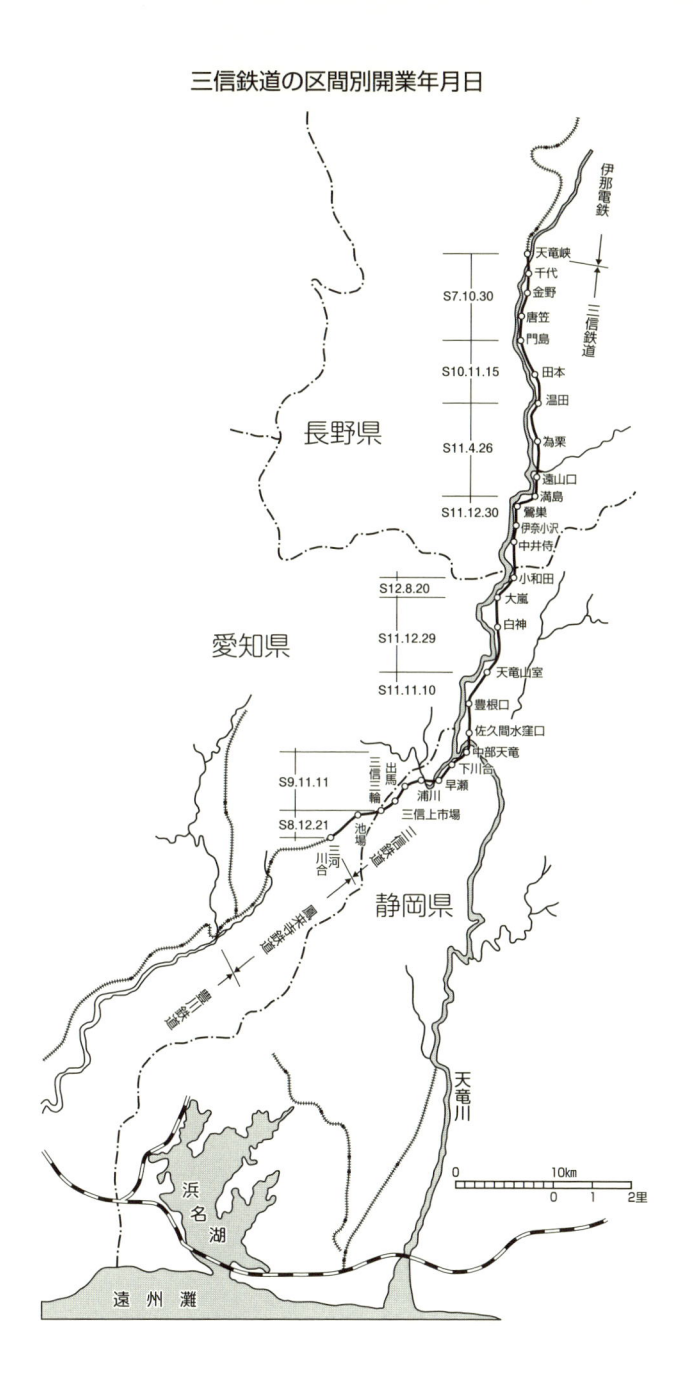

天竜川
浜名湖
遠州灘

できないことがたびたびあった。また鉄の橋桁やトラスは分解輸送して現地で組み立てるのであるが、その輸送のためにもトンネルの開通が必要であった。しかし全線開通間近で工事を急いだ時期には、橋桁の川舟輸送を敢行して工期の短縮をはかった。

工事の進捗状況は、第3紀層に属する片麻岩、変成岩の山腹を切り開く作業は言語を絶するものがあり、予定を大幅に引き延ばした。これは浅田平

三信鉄道　331

太郎の見積もりに比べて、トンネルの延長が３倍半、橋梁が２倍余も長くなったことによる。その他の区間でも彼の見積もりを大きく上回り、天竜大峡谷のけわしさは浅田技師でさえ予想以上のものであった。

４工区に分け全通まで８年　最初の工事区間のうち天竜峡・唐笠間４．９ｋｍを大林組が請け負い、唐笠・門島間３．４ｋｍは飛島組が請け負い、昭和４（１９２９）年８月から工事が進められた。この区間は地質の極く悪い箇所があって、翌５年４月に大山崩れがあり貫通していた黒見第２トンネルを埋め、本流の中央まで土砂を押し出した。このため新トンネルを掘って翌６年６月の竣工予定に間に合ったものの、レールと鉄橋の購入資金が調達されず、約１年にわたり工事中断の後に軌条を敷設した。

　翌７年１０月３０日三信鉄道最初の電車が天竜峡・門島間に運転される。着工から３年余、創立から５年後のことであった。次の三河川合・三信三輪（現東栄）間の６．１ｋｍは昭和５年２月五月女組が請け負った。この区間は全線中第３位の長大な池端トンネルがあり、地形上西に向かって下り一方の片勾配で、東端の砂礫層のほかは堅岩であったが割れ目が多く多量の湧水が出た。排水の関係で西口からでないと工事ができず、橋梁１０カ所の多くは２０ｍ近くの高い橋脚で難工事であったが、約４年を費やして昭和８年１２月２１日に開通する。

　佐久間村の中心部を通る三信三輪・中部天竜間１１．１ｋｍは、同区間を３工区に分け西寄りから五月女・飛島・明正の各組が請け負い、昭和７年８月ないし翌８年１月に着工した。この区間は橋脚の高い相川第１鉄橋、奥山鉄橋などに、尾高トンネル・大月トンネルなど軟弱地質があったが約２年で竣工し、昭和９年１１月１１日開通して浦川・佐久間両村民の永年の夢がここに実現した。

　残る中部天竜・門島間４１．５ｋｍは、全線の６割を占める長い区間で、同年１月から熊谷組によって進められた。この区間は平均４ｋｍを１０工区に分け、南北各２工区で同時に作業を始め、これが終わると次の４工区に進んだ。北端の北の上第１工区の門島・温田間は昭和８年８月着工したが、豪雨で２カ所に土留擁壁崩壊・土砂流出・切取斜面の崖

門谷橋梁上で劇的にレールが結合される瞬間

崩れなどで工事が延期され、昭和１０年１１月１５日の開通となる。

　南の上第５工区では天竜川架橋と佐久間トンネルの二大工事があり、ともに全線の最長で橋梁は１年８カ月、トンネルは２年を要した。その完成前にも前方の工事を進めるためにトンネル上の標高５２０ｍの佐久間峠を越え、さらに天竜川に沿って長野県境の河内川まで１５・６ｋｍの空中索道を建設し資材輸送に効果を発揮した。それまでは主に川船輸送にたよっていたが、洪水で船便が止まり千数百人の労働者が食糧の危機に陥ったこともあった。他の工区では中井侍（なかいさむらい）駅の北の観音トンネル、鷲巣（うぐす）駅南方の第１鷲巣トンネルが豪雨で大地すべりを起こし、半年余もかけた工事を放棄して別のトンネルを掘り、このために生じたレールや鉄橋部品の輸送遅延対策として鷲巣から中井侍・小和田（こわだ）へ重量品の船輸送を敢行した。最後の伊那小沢・佐久間間の難工事は「工事報告書」で次のように述べている。

　「本区間測量中最も困難を感じたるは天竜川に沿ひ路線を選定す可く限定させられ居りたる為め、断崖絶壁の中腹を通過するの止むを得ざる……足場悪く命綱を岩又は樹株に結び昇降する箇所多く、且つ小沢以南に於ては付近に人家乏しく測量隊根拠地を得るに窮し、小和田白神間にあっては対岸佐太に設け、毎日約二里（約７．８ｋｍ）を往復するの止むを得ざる状態なりし。加えならず殆んど通路なく僅かに山道の稀れにあるのみなるを以て進捗意の如くならず、故に北海道旭川市付近に住居し鉄道測量に経験あり山間跋渉（ばっしょう）に熟練せる「アイヌ」人１０数名を召致し之れを混用して大いに好結果を得たり。なお又従事員の米噌は主として船運に依ることとせしも、一朝降雨のため天竜川増水船運杜絶の場合

は、遠く水窪町より相送せり。且つ付近に農家皆無なるが故に野菜欠乏し健康を害したるもの続出するも…1人の犠牲なかりしは天佑なりき」

作家葉山嘉樹の短篇「濁流」に登場　この報告書にあるアイヌ人は、酋長川村カ子ト(ね)が率いる同族で、北海道や朝鮮の開発でその測量手腕が知られていた。ロープに身を託し岩山によじ登り深い谷を飛ぶように渡り、野猿やイノシシの脅威と戦いながら仕事を進めていったアイヌ人酋長の話は、鉄道関係者の語り草になっている。川村はのちに旭川アイヌ記念館主に就任し、昭和35（1960）年67歳のとき飯田北線管理長に招かれて飯田市を訪れ歓待されている。

　プロレタリア作家として知られた葉山嘉樹は、昭和9年1月から同年9月末まで長野県泰阜村明島の三信鉄道飯場の帳付けとして家族一家で生活しており、工事現場の実態を題材とした数篇の小説を発表している。昭和11年7月号『中央公論』に短篇小説『濁流』を発表、その小説の中で三信鉄道敷設現場の描写を抜粋する。

　「天龍とはよくも名づけた、と思はれるやうに、川面は赤濁して、海の暴化る時と同じやうに怒涛を上げ、飛沫をはね、黒いものを浮かしたり沈ませたりして押し流した。何とも云ひ難い声で、天龍は吠えた。河底では地響きが、流れる大小の石の為に、唸るやうに頭の芯に響いて来た。材料上げが殆んど終らうとする時分に、濁ってうねりになって流れると云ふよりも赤褐色の雪崩とも云ふやうな河面に、新しい材木だの、枝だの、そっくりそのまま屋根の形をしたのだの、橋の材料だのが、群がって流れて来た。私たちは、全身濡れ寒さにガタガタ震へながら、濁流の表に見入ってゐた。

　「あ、橋桁が流れて来た」「おうい、あれやあ飯場の屋根だぞ」シャーッ、と聞える雨の音と、川面の怒涛の轟音と河底の鈍い響きとを裂いて、甲高い警鐘が鳴り出した。……幾十年、或は数百年も経るであろう、胡桃の大木の根から幹への方へかけて、濁流は盛り上り膨れ上って来た。対岸の山壁は、いつの間にか、数百尺の滝になって、土砂と共に落ち始めた。……立ってゐる地面が、河流に逆らって非常な速力で上流に向って走ってゐるやうに思はれた。「何もかもオヂャンになるんぢゃない

か」……山も、森も、谷も、河も、支流も、一切がその表情を変へてしまった。」

昭和１２年三河川合・天竜峡間全通　昭和１１（１９３６）年には工事区間での開通が相次いだ。４月２６日温田・満島(みつしま)間（８．４ｋｍ、トンネル２２、鉄橋６、工期２年６カ月）、１１月１０日中部天竜・天竜山室(やまむろ)間（７．３ｋｍ、トンネル１６、鉄橋７、工期２年１０カ月）、１２月２９日天竜山室・大嵐間（６．９ｋｍ、トンネル２１、鉄橋１３、工期１年７カ月）、翌１２月３０日に満島・小和田間（１０．３ｋｍ、トンネル２５、鉄橋１８、工期１年８カ月）と南北２区間ずつ電車開通が延長された。最後に残った大嵐・小和田間３ｋｍは、短距離ながらその９１％がトンネル、鉄橋からなる典型的区間で、資材輸送も最も困難なため最後の着工となった。しかし工事の速度は逆に進み、終わりの区間に近づくほど向上した。

　沿線の各部落にとって駅ができるか、またその位置が駅として適切かどうかは切実な問題であった。線路が急勾配で平地でない箇所では設置できないし、乗降客が商店の町並みを通らずに出入りしないか、将来市街地として発展すべき唯一の平坦地に駅用地では困るとか、各地区ごとに地元の利害問題がからんで駅の設置には種々の問題が生じた。

　南と北から伸びてきたレールが、全線で最も高所に当たる５５ｍの高さの門谷(かどや)鉄橋上で劇的に統合され、昭和１２年８月２０日ついに全線が開通する。工事着工から満８年、会社創立から実に１０年の歳月を要した。大正８（１９１９）年私設遠信鉄道案、国鉄遠美線案以来の関係沿線市町村、周辺企業など一丸となった運動が、ここに見事に三信鉄道として実を結んだのである。三信鉄道の事実上の推進者浅田平太郎が全通

佐久間水窪口・豊根口間にあった佐久間トンネルを抜ける三信鉄道の電車

三信鉄道　335

実現に強い使命感と精魂をうちこんだ感慨はどのようなものであっただろうか。

　三信鉄道敷設工事の最盛期には７０００人におよんだ労務者のうち、５４人の尊い生命が失われていた。その犠牲者の慰霊碑は、中部天竜駅の東方に位置する天竜川鉄橋の脇に立っている。

人と物資の流れ　　三信鉄道は単線、軌間１０６７mm。開通当時全
早く容易に大量に　線６７ｋｍに所在した駅は天竜峡・千代・金野(きんの)・唐笠・門島・田本・温田・為栗(してぐり)・遠山口・満島・鶯巣・伊那小沢・中井侍・小和田・大嵐・白神(しらかみ)・天竜山室・豊根口・佐久間水窪口・中部天竜・下川合・早瀬・浦川・三信上市場・出馬(いずんま)・三信三輪・池場・三河川合の２７駅であった。

　保有車両は電車１０、有蓋貨車３７、無蓋貨車３２、合計７９両（昭和１５年当時）であった。

　並行して工事を進めていた天竜川最初のダム式泰阜発電所も完成し、続いて長野県平岡村満島の平岡ダムが日本発送電株式会社によって昭和１４（１９３９）年に着工した。

　三信鉄道の開通は天竜峡谷の地域にとって新時代の到来を告げた。それは人と物資の流れの方向を変えるものではなく、流れが従来より早く容易にしかも大量になったことである。このころすでに豊橋から長篠まで豊川鉄道、長篠から三河川合まで鳳来寺鉄道が通じており（直通運転、大正１４年電化）、三河川合から浦川まで東三河自動車のバスがあり、浜松方面からも大半は豊橋回りで利用したと見られる。

　東三河自動車は鳳来寺鉄道開通後は三河川合・佐久間村中部に進出し、１日４往復、運賃２円１０銭で運行していた。終点中部の平賀運送店の切符発売記録によると、大正１５（１９２６）年８月は夏休みと鮎釣客などで、三河川合行の客が毎日１０人から２０人あり、浦川までの客もあって臨時便が出るほどであったが、ほかの時期には約半数に減ったという。運賃２円１０銭は当時の１日の賃金以上であるから、客の多くは村外者と見られる。村民は当時普及しつつあった自転車の利用が多かったようで、浦川村の自転車は大正８年１８２台から大正１３年には２７

5台と増えている。

山道のバスに勝つ鉄道のスピード　三信鉄道が昭和9（1934）年12月三河川合・中部天竜間に開通すると、中部天竜から豊橋まで直通で約2時間と非常に短縮された。運賃は1円40銭で、従来のバス・電車乗り継ぎの半額以下となった。東三河自動車は路線を浦川・中部間に限定し、1日10往復で20銭として三信鉄道の電車と同条件で対抗したが、道路事情は山道で悪く、時間は2倍余もかかり競争にならなかった。

　貨物輸送は旅客の場合と違い、木材のイカダ流しは鉄道より経済的なため佐久間ダムや秋葉ダムの建設まで続き、荷馬車はトラックに代わり三信鉄道が吸収した貨物は限定された。木材は浦川村の出入貨物のうち最も多く年間1万トンを超えた。イカダ流しが有利であったのは、川船と違って下り一方であることと、大部分の送り先が東海道本線天竜川駅付近の中野町村半場で、ここで製材または原木として東京方面に送るため、豊橋回りより近道であったことによる。

木材・鉱石・生活物資輸送　三信鉄道の貨物輸送であったのは豊橋や名古屋向けの木材と製材で、特に製材はイカダ輸送に適さず、川船や荷馬車で運び、浦川には大正8（1919）年の製材所が4工場で、昭和10（1935）年には7工場となり4万5000石の板材を生産するほど発展し、その4分の3が豊橋・名古屋向けであるので鉄道貨物として有望視されたが、主にトラック輸送になっていった。その他の移出貨物のうち浦川から椎茸や茶が川船で静岡や藤枝市場へ出荷していたが、三信鉄道開通で豊橋経由の鉄道貨物となった。まゆは浦川に市場があり隣村から集荷して1万5000貫（約56トン）を豊橋・新城の製糸工場へ荷馬車で送っていたがトラック輸送に代わった。このように豊橋までの近距離輸送では、鉄道は駅での積み卸し費や配達費のためにトラックより不利となり、豊橋以遠の貨物に限り三信鉄道を利用する例が多かった。浦川・佐久間の移入貨物の大部分は食料・衣料・雑貨で、新城または豊橋発の近距離小口貨物であったから、道路の改修とトラックの普及でその輸送品となり、三信鉄道が開通して鉄道に移ったものは少ない。

トラック以前には新城からの馬車で、大正１２年に鳳来寺鉄道が開通すると、三河川合と浦川との間を２００貫（約０．７５トン）積みの荷馬車が往復した。

　三信鉄道が開通した昭和９年にはトラック輸送が確立しており、昭和１１年の調査によると、浦川への移入物資のうち鉄道利用は名古屋発のタバコと織物類、豊橋発の鮮魚・塩干魚に限られ、その他はトラック輸送で食料品は新城発、雑貨、肥料・建築材料などは豊橋発が多い。

久根鉱山の鉱石輸送と戦争での総力輸送　　久根鉱山では中部天竜駅へ空中索道を開設し、足尾銅山に送る精鉱や生産資材・生活物資を輸送して年間２万トン以上の貨物を三信鉄道にもたらした。この索道は曲折する天竜川の谷や屋根を越え、駅と鉱山を直線で結び、その距離３ｋｍ、１日１００トンの輸送力があった。当時は西渡・佐久間間には車が通る道路がなかったため、この索道が建設されたのである。

　昭和１３（１９３８）年８月長期の大洪水で水運と道路が止まり山香・城西・水窪が食糧危機に陥ったとき、この索道は鉱石輸送を停止して、村民の食糧・日用品を運び大いに役立った。この教訓が県道西渡中部天竜線建設の必要性を住民や道路当局に痛感させ、翌年から着工し同１９年開通する。

　三信鉄道が三河川合・天竜峡間６７ｋｍを全通させる１カ月前の昭和１２年７月７日盧溝橋事件が起こり日華事変となっていく。三信鉄道は沿線の下伊那・北遠・東三河から陸軍豊橋連隊への入隊将兵とその見送り、面会家族の往来などで、にわかに旅客が増大する。やがて太平洋戦争に突入すると、ガソリン不足でトラックの活動が制限される一方で、増産増送の体制で貨物・旅客とも総力輸送となり、戦時陸運非常体制の時代となっていくのである。

静岡茶を清水港に輸送し清水市民に馴染深い

静岡鉄道清水市内線

昭和8年港橋・横砂間全通 　静岡電気鉄道の前会社・駿遠電気創立の翌大正9（1920）年、興津線として清水市入江町を起点に興津町・八木間経由山梨県万沢に至る路線が計画され認可を受けていた。おそらく身延線に接続する構想であったのであろう。しかし不況下にあって消極策に転換を余儀なくされ、止むなく着工を延期していた。そこで静岡市内の追手町線の完成を待って計画実現に着手した。新しい計画では万沢まで延ばすことを断念して入江町・八木間に変更された。八木間以北が高い山地で難工事が予想されたからである。

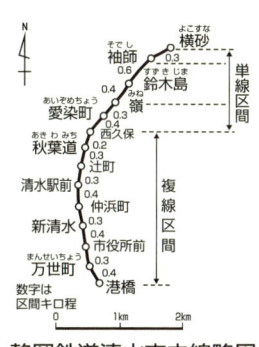

静岡鉄道清水市内線略図
『鉄道ピクトリアル』No.140
1963年1月号 奥田愛三「静岡鉄道電車線」より

　ところがそのころ清水市では将来への発展を意図して市の中心街港橋まで、市を縦貫し興津に至る10間（18m）道路市道1号線の建設など大幅な計画改造計画があり、そのため興津線の建設にも起点その他で再度の変更を加えることが必要とされた。この工事の着工に先立ちまず今後の工事量の増大が予定される港橋・江尻新道間約1.1kmの複線敷設工事施工の申請を行った。昭和3（1928）年9月認可を得てただちに着工した。

　同年12月24日港橋・江尻新道間に開通した。翌4年4月1日静岡市内追手町線の安西と港橋間を鉄道線を通じて直通列車が走るようになり、静岡茶の輸送と沿線住民に大きな利便をもたらした。江尻新道・横砂間の複線工事（西久保・横砂間は単線）は同年6月に着工した。この工事では都市計画道路が一部用地買収が進まないため完全に竣工できずにいた。そこで予定を変更して仮線を設けるなど難航したが、同年7月24日江尻新道・横砂間3.5kmが一部仮軌道のまま開通した。一応

竣工したものの新市道の国鉄線をまたぐ江尻跨線橋が完成しないために、国鉄線で軌道が中断されていたのである。跨線橋の完成が遅れていたのは、清水市と鉄道省で建設費をめぐって話し合いがつかなかったためであった。

　静岡電気鉄道では乗客に３６０ｍの間を徒歩連絡させることはサービスにならないとして、徒歩区間を短縮させるよう国鉄線路の際まで仮線を敷設した。それでも一度電車から降りて乗り換える不便さには変わりなかった。その後も清水市に対して跨線橋の架設を急ぐよう極力要請したが問題は解決し

清水市内線の複線区間を走るモハ６２港橋行とモハ６５横砂行

そうになかった。そこで静岡電鉄では関係方面に許可を得たのち、将来両側に併用道路橋を増設し得るような設計にして、単独出資で軌道専用の跨線橋を昭和７年１１月起工し、翌８年３月竣工した。同年４月１日待望の港橋・横砂間４．６ｋｍが全線開通した。区間は港橋・万世町・市役所前・新清水・仲浜町・清水駅前・辻町・秋葉道・西久保・愛染町・嶺・鈴木島・袖師・横砂で全線を２０分で走った。江尻跨線橋の完成は、清水市民から拍手をもって迎えられ清水市内線となり、江尻新道は清水相生町（現新清水駅）に改称された。

　西久保・横砂間が単線の専用軌道で、他の区間は複線の併用軌道で、そのうち清水駅前・西久保間は国道１号線を電車が走った。車両は高床式ボギー車（クモハ６０形・同６５形）、静岡市内線の小型ボギー車（クモハ５５形）もあり車庫は横砂にあった。

交通渋滞の一因で廃線　昭和４０年代に入りモータリゼーションの進展で自動車渋滞の一因となり、昭和５０（１９７５）年３月２２日静岡県内最後の路面電車は、清水市民に惜しまれて幕を閉じた。

東海道本線の迂回路線で奥浜名湖北西岸を走る

国 鉄 二 俣 線

敷設計画前に掛川鉄道と省線遠美線　奥浜名湖の北西岸を迂回して東海道本線掛川駅と新所原駅を結ぶ６７．９ｋｍの単線鉄道が、昭和１５（１９４０）年６月１日全通した国鉄二俣線である。

　この鉄道の起こりは明治２８（１８９５）年１２月、掛川町の豪農山崎千三郎・二俣町の豪商高田銀蔵ら１６名の発起人らにより掛川鉄道株式会社が設立された。掛川・二俣間に軽便鉄道を敷設し、遠江の物産を東海道線に直結して東京・横浜方面に輸送する計画であった。翌年７月発起人代表の山崎千三郎が病死したため、この鉄道の建設計画は立ち消えとなった。

　大正９（１９２０）年政友会原敬内閣に鉄道省が設置された。鉄道省は全国の鉄道の整備・充実を図るため、国防上にも重要な官営鉄道路線を大正１１年４月『改正・鉄道敷設法』で公布した。その別表６３に「静岡県掛川ヨリ二俣・愛知県大野、静岡県浦川、愛知県武節ヲ経テ岐阜県大井ニ至ル鉄道……」が掲げられている。これがいわゆる省線遠美線で、遠は遠州、美は美濃をさし、大井は中央本線大井駅（現恵那駅）である。この計画を知った掛川・森・二俣の地域住民は、〝幻の掛川鉄道の復活だ〟と歓迎した。

　起点の掛川町では請願運動資金として１戸当たり８銭１厘を徴収するほど鉄道建設誘致に燃えていた。大正１２年第４６帝国議会で正式に遠美線建設が決まり、同年４月１４日掛川町・森町・二俣町などの沿線町村主催で、遠美線建設祝賀会が掛川町で盛大に催された。

　祝賀会には大木遠吉鉄道大臣・石丸重美鉄道次官・八田嘉明建設局長ら来賓７６名が出席、着工するばかりとなった遠美線への期待に地元では歓喜したのである。ところが、その年９月１日突如関東大震災が発生、東京を中心に関東地方は大混乱に陥った。地方鉄道の建設どころではなくなり、遠美線計画は無期延期となり沿線住民の期待ははかなく消えた。

昭和6年掛川・新所原間に敷設決定　昭和2（1927）年7月遠美線が再燃するようになる。翌8月地元民の強い要望により「来年度第1期工事として掛川・森・二俣間の工事に着手」の運びとなった。総工費は260万円であった。同年10月鉄道関係者から掛川起点に異論が出る。それは起点を掛川駅西とするか、掛川駅東（掛川町東部を迂回し西郷を経て森町へ）とするかの2案であった。

　昭和5年7月までの間に同線計画には次のような動きがあった。起点を堀之内とし、西山口村・原谷村・森町・二俣町の路線とする。二俣より阿多古村経由か、引佐郡金指町を迂回するかの調査も行われた。二俣では駅の設置を二俣にするか、鹿島にするかで紛糾する。昭和6年12月政友会斎藤実内閣誕生で地元の強力な運動が展開され、翌年度より掛川・二俣間の着工計画が提出された。

　同年9月熱海建設事務所の測量班が掛川町を訪れ、本格的な測量を行った。この時点で計画は大幅に変更され、遠美線は二俣線と改められ、掛川・二俣間を東線、新所原・二俣間を西線とした。二俣線は戦争によって東海道本線の天竜川鉄橋・浜名湖鉄橋が敵の攻撃で破壊されたときの迂回路線と位置付けられていた。

　昭和8年4月28日掛川から東線が着工された。翌9年6月から西線が新所原から着工された。当時、二俣線の建設工事に従事した掛川市の山本良平は、建設の苦労を次のように語った。「原野谷川の鉄橋を架けるときは、まずピーヤという大きな足を造り、その次にワクを造って全部に板を張って打ち込み沈める。砂利をシャベルですくって穴を掘り、堅板をはめてピーヤを造った。粘土のところで掘り進むと1つのピーヤの中に松の木を25本ずつ入れ、コンクリートを打った。今では鉄の棒を使うが、当時は松を使ったのです。鉄橋ができ線路が敷けると、原野谷川から砂利を上げ掛川から森まで敷いた。砂利はトロッコと軽便を使って運んだ。またあるときは、モッコかつぎといってワラで縄を編み、網のようなカゴを作り砂利を運んだのです。」

　この時代の「昭和初期」は経済不況と農業恐慌の代名詞である。さらに昭和7年2月～3月に血盟団事件、同年5月には五・一五事件が起こ

C5899蒸気機関車牽引の貨物列車（宮口・都田間）

り、政財界要人暗殺を狙う一連のテロ行為は、後に二・二六事件へと誘発し国民に社会不安を増大させていくことになる。

試運転区間を映画ロケ現場　東線の掛川・遠江森間１２．９ｋｍで敷設工事が終了した昭和９（１９３４）年１２月には、蒸気機関車による試運転を翌１０年３月末まで毎日行った。鉄橋の上で蒸気機関車をわざわざ止めて、前進させたり後退して走らせたりして安全性を確かめた。この試運転中の同年２月映画会社日活が『嵐の鉄路』という映画のロケーションを二俣線の蒸気機関車を使って撮影した。ロケ現場は今の西掛川駅東方の逆川の鉄橋が選ばれた。嵐の中を蒸気機関車が疾走するシーンで、消防ポンプを使って水をまき、線路工夫たちもエキストラに動員された。

『静岡民友新聞』の昭和１０年４月１８日付には、二俣線掛川・遠江森間の開通祝賀会を報告した。「輝く二俣線の開通式は、沿線各町村連合会主催の下に１７日午前１１時より掛川中学校講堂において挙行された。先づ鈴木掛川町長のあいさつに次いで君が代の合唱があり、来賓として井関県道路課長、須田名鉄局長等の祝辞あり、式を終って祝賀の宴会に入り掛川・森等から美妓の接待があって正午頃より沿線視察を行った。」開通式は１７、１８日の両日掛川町・桜木村・森町などで昼間は旗行列、夜間は花火・提灯行列が盛大に繰り広げられた。また、この２日間は地元民を無料で列車に乗車させ大変喜ばれている。

昭和１５年掛川・新所原間全通　昭和１１（１９３６）年１２月１日新所原・三ヶ日間１２．１ｋｍ、同１３年４月１日三ヶ日・金指間１３．８ｋｍ、同１５年６月１日遠江森・金指間２９．１ｋｍがそれぞれ開通し、ここに掛川・新所原間延長６７．９ｋｍが全通する。掛川鉄道

国鉄二俣線　343

の敷設計画から掛川・森・二俣などの沿線町村にとっては４５年ぶりの鉄道実現である。軌間１０６７ｍｍ、単線、起点掛川から北西に進み、天竜川を渡り奥浜名湖北西岸沿いに南下して終点新所原で再び東海道本線と接続し豊橋へ乗り入れた。

　全通当時の駅は掛川から遠江桜木・原谷・遠江森・遠江一宮・敷地・野部・遠江二俣・西鹿島・岩水寺・宮口・都田・金指(かなさし)・気賀・西気賀・佐久米・都筑(つづき)・三ヶ日(みっかび)・尾奈・知波田・新所原の２１駅であった。遠江二俣機関区が遠江二俣駅構内に設置された。途中駅の西鹿島で遠州電気鉄道、金指で浜松鉄道とそれぞれ接続し、浜松市と奥山方広寺とも結ばれた。全通直後の『汽車時刻表』（昭和１５年１０月号）によると、下りの始発列車は遠江二俣発午前５時２０分、豊橋（新所原経由）着同７時１６分、最終は掛川発午後１０時４分、遠江二俣着同１１時１分。上りの始発は気賀発午前５時３２分、掛川着同７時１４分。最終は豊橋発午後９時５０分（新所原経由）金指着同１１時１２分。１日９往復で、運賃は掛川・新所原間１円３銭、掛川・気賀間６８銭であった。

東海道本線が迂回運転　太平洋戦争終局近くの昭和２０（１９４５）年７月２４日東海道本線は米軍から空襲を受け、東海道本線の列車が二俣線を迂回運転する。さらに同年７月３０日には東海道本線浜松駅が艦砲射撃を受け、軍用列車が二俣線を迂回輸送している。天竜川鉄橋・浜名湖鉄橋の爆破こそなかったが、二俣線は戦争による東海道本線の迂回路線としての役割を果たした。戦後も１回迂回運転している。それは昭和３７年２月２５日東海道本線鷲津駅構内で上り貨物列車の脱線転覆事故が発生し、上り急行列車２本がＣ５８形重連の牽引によって二俣線を迂回運転した。

　国鉄二俣線は戦後客車と貨車を連結した混合列車も運転された。乗客の中には用宗・焼津・浜岡方面から豊橋にかけて鮮魚・菓子・食料品・みかん・ゴザなどの行商人が多数利用した。西鹿島から水窪への省営バスの利用客もふえ始め、佐久間ダム建設中は、天竜本線（省営バス）にはその関係者などの利用で急増し、全国の省営バス路線中営業成績はトップクラスにランクされていた。

**遠州鉄道気動車
が二俣線乗入れ**　昭和３３（１９５８）年１１月１日遠州鉄道のディーゼル気動車が始発新浜松から西鹿島を経由して天竜川を渡り、二俣線の遠江二俣まで１日４往復乗り入れた。遠州電気鉄道時代にも鹿島鉄橋を渡り、鳥羽山トンネルを抜けて二俣町に乗り入れを計画したが実現せず、二俣線乗り入れのかたちでようやく実現した。また同３６年５月１６日からはこのディーゼル列車のうち２往復が、二俣線遠江森まで延長運転され、通勤・通学客で満員となった。

奥浜名湖岸沿いを走る国鉄二俣線ディーゼル４両編成列車（都筑・三ヶ日間）

翌３７年４月１日二俣線初のディーゼル気動車（キハ０７形式）が運転を開始し、同４３年１０月１日より客車の全車両（１０両）がディーゼル車に転換する。金指駅に磐城セメント（後に住友セメント）までの引込線が昭和２９年８月敷設されていた。

**昭和４０年が
輸送のピーク**　二俣線のピーク時期は、金指のセメント工場から生産されるセメント輸送の最盛期で、昭和４０（１９６５）年ごろには全線に従業員３５０人、年間輸送旅客数は５００万人と活況を呈していた。金指駅構内にはセメント輸送の貨車（ワム）であふれ、沿線からは木材・石灰・鉱石・みかん・畳表・切り花・松茸などが多く移出され、肥料・飼料・日用雑貨品など移入されて貨物輸送も盛んであった。

やがて沿線の道路が整備され、モータリゼーションの急速な発展により旅客数は年々減少し始め、貨物も戸口輸送に便利なトラック輸送に切り替えられていく。昭和４６年３月３１日限りで蒸気機関車による運転が廃止され、開通以来のＳＬの勇姿が消えた。

昭和５６年６月１０日日本国有鉄道経営再建特別措置法と施行令に基づく第２次線に二俣線が選定される。同５９年２月１日二俣線のドル箱であった住友セメントの操業休止によりセメントの貨車輸送が終了する

国鉄二俣線　345

こととなった。このころ二俣線では旅客誘致策を積極的に打ち出している。沿線の天竜川・浜名湖・山里の景観や著名な寺社を訪ねる「お座敷列車」「カラオケ列車」「みかん狩り列車」「納涼花火列車」「ブルートレインレジャー列車」「天竜川舟下り」など次々に企画し、懸命に利用客獲得に乗り出していく。

県・自治体・有力企業で鉄道存続の検討　昭和５９（１９８４）年１２月５日第１回二俣線特定地方交通線対策協議会が開催された。従業員も利用者も二俣線がバス輸送になるのか、廃止になるのでないかという不安感を抱いた。従業員はもちろん、沿線に所在する１１校にのぼる高等学校に通学する高校生通学問題や、長年行商などで乗客となり生計を立てている人たちもいた。

　明治２８（１８９５）年の掛川鉄道創立から、国鉄遠美線計画を経て今日に至る先人の苦難に満ちた歴史的背景もある。二俣線の場合、沿線の大半が郊外路線で市街地を自動車の邪魔になるようなノロノロ運転をしているわけではない。しかも静岡県内のローカル鉄道では最長路線であり、３フィート６インチの軌間での廃線は県内では歴史的にみてきわめて少ない。

　高度経済成長期のクルマ社会の中で、経済性と利便性にそわないといって空しく切り捨てられてはならない。しかし、タテマエは存続であっても、赤字が年々増大するとなればホンネは賛成しかねるのが世相の大きな流れでもあり、沿線１０市町村の足並みはいっこうにそろわず関係者の心労は日増しに募っていった。

　とくに沿線両端の掛川・遠江森間、三ヶ日・新所原間ではバス路線が比較的未整備であり、そのため二俣線への依存度も高かったのである。二俣線を鉄道として残して地域活性化への起爆剤にしたいという願望はその両端部地域で強く、第三セクター方式に向けての研究も早くから進められていた。この間には遠州鉄道や名古屋鉄道がこの路線経営に乗りだすというまことしやかな噂が流れたり、某大手スーパーが経営参加するなどという情報も流れ出たりして情勢は混沌としていた。

　こうした状況の中で、二俣線沿線市町村の自治体、静岡県・沿線民間有力企業などにより鉄道存続の話し合いが進められていた。

軽便鉄道のまま電化・内燃化に改修

遠州鉄道奥山線

遠州鉄道合併後東田町・曳馬野間を電化　太平洋戦争で打ち続くインフレ経済と食糧難・物資不足など戦中戦後の混乱期をよく走り抜いた浜松鉄道は、車両の不足・諸施設の老朽化、それに戦災による大被害とが重なり立ち直るには困難な事態に追い込まれていった。

昭和20（1945）年10月11日、終戦後日本を統治していた連合国軍総司令部（GHQ）は幣原内閣に5項目の民主化案を要求した。これを受けて日本政府は同年12月22日労働組合法を公布した。この法律で全国に多くの会社、工場で労働組合が結成され、経営者側と労働条件についての団体交渉が進み、なかには交渉が決裂して争議にまで発展するところも出てきた。浜松鉄道でも会社が遠州鉄道との合併を進めていたことに反対する従業員が昭和21年11月1日浜松鉄道労働組合を結成し、合併に関する要求書を提出した。会社はこれに対し多くの点で前向きの回答を示したが、組合は株主総会で合併案件が承認された後になって合併条件の不当性や組合軽視を訴えて攻勢を強め、労使関係は険悪化した。同年12月24日会社側、翌25日組合側がともに静岡県地方労働委員会に提訴した。合併による人事・給与等に関する事項を双方大筋で合意し、5回にわたる調停は終結した。

昭和22年5月1日浜松鉄道は遠州鉄道と合併し遠州鉄道奥山線となった。合併当時の在籍車両は、わずかに機関車5、客車6、貨車6、合計17両であった。戦後復興に向けての奥山線の輸送力増強による業績向上が急務とされた。とりあえず戦災の破損箇所や老朽化したレール・枕木等の応急手当がされ、次第に復興への動きが全線にわたっていった。

昭和25年4月26日起点東田町・曳馬野間8.2kmが軌間2フィート6インチのまま電化され、パンタグラフ式・架線電圧600Vが小豆餅変電所から送電されて列車のスピードアップをはかった。

昭和26年曳馬野・奥山間ディーゼル化　翌26（1951）年8月1日曳馬野・奥山間17.5kmを走っていた蒸気機関車を廃止し、ディーゼル動車に切り替えた。「ラッキョ軽便」の愛称で親しまれた蒸気機関車は、37年にわたる歴史的役割を果たして引退することになった。

経営の合理化・スピードアップ化など進めた奥山線は、旅客輸送では電化後の昭和25年度は前年度の約2倍に増大し、翌26年度は267万4000人で前年度に比べて約55万人増加した。その後、頭打ち状態となったため、いっそう施設の拡充を図った。昭和27年北田町・幸町・追分・豊岡駅を新設、同29年岡地駅を再開、32年には元城駅が浜松城公園の玄関口ふさわしい近代的な駅舎となった。連結車両の増加によりホームの総延長2632mが、33年には3482m、ホーム上屋は1800m^{2}におよんだ。

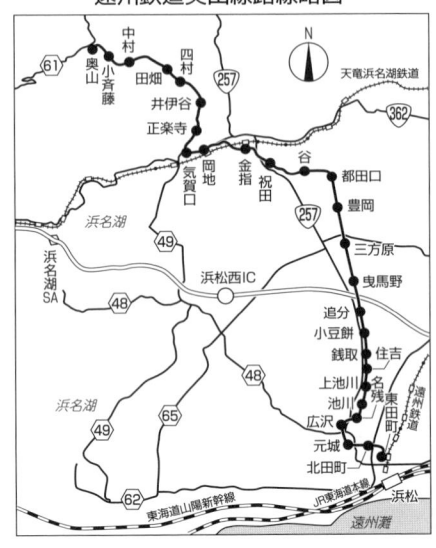

作家吉田知子の随筆と森繁久弥主演映画撮影　浜松在住の芥川賞作家吉田知子氏は『懐しの軽便物語』（ひくまの出版）で「遠州鉄道奥山線」と題し通学の思い出を寄稿している。「…奥山駅の建物は薄暗く重厚な感じで子供心にも何となく誇らしかった。26年から27年まで1年奥山から名残まで通った。浜松北高の傍の駅である。…ジーゼルは機能的な機械であって生きもののようには見えない。軽便は嘆いたり、溜息をついたり喘いだりした。嬉しそうに高らかに汽笛を鳴らした。」

昭和28（1953）年3月東宝映画『安五郎出世』が奥山線の車庫に眠っていた蒸気機関車を引き出して撮影された。主人公の安五郎役に名優森繁久弥、悪党が金を奪って軽便に乗って逃げるところを、馬に乗った安五郎が軽便の後を追い、祝田駅で追いつき格闘して捕えるシーン

がハイライト。馬の方が軽便より早く走るため何度も駅に到着するタイミングを繰り返した。ロケ中も通常どおりディーゼル列車は運転されていたから、軽便はそのつどバックして金指駅の退避線に戻ったから大変な撮影だったようである。

国鉄二俣線（下）と立体交差する奥山線のディーゼル列車（金指・岡地間）

総合駅遠鉄浜松　昭和完成、6年後廃線　33（1958）年6月1日総合駅遠鉄浜松（旧東田町駅・現クリエート浜松の地点）が完成した。鉄筋コンクリート造地上2階（一部3階）・地下1階の白亜の建物は、奥山線の起点と二俣電車線の遠州浜松駅（以後貨物専用駅となる）を統合した。両線がホームをはさむ形で接続し乗客の乗り換えがスムーズになった。1階は駅事務室・待合室・売店・喫茶・食堂などを併設、2階に鉄道部事務室・乗務員室・遠鉄商事本社、3階には屋上にネットを張ったゴルフ練習場が設けられた。駅前広場はバスターミナルとなり遠鉄バス主要路線の始発となった。昭和36年10月1日改正の時刻表によれば、住吉停留場営業開始とあり、下り遠鉄浜松始発5時45分、気賀口着6時36分。最終は遠鉄浜松発22時02分、曳馬野着22時28分。上り曳馬野始発5時41分、遠鉄浜松着6時6分。奥山発6時2分、遠鉄浜松着7時19分。最終奥山発20時5分、遠鉄浜松着21時23分。曳馬野発22時、遠鉄浜松着22時25分。34往復、日中30分毎、うち奥山まで10往復。

　その後、相次ぐ物価の高騰と人件費の上昇などで奥山線は走れば走るほど累積債務は増大していった。沿線には踏切箇所が多く保守設備にも多額な費用を必要とした。高性能大型バスの対抗には、小型車両の単線では限界があった。昭和38年5月1日気賀口・奥山間、翌39年11月1日遠鉄浜松・気賀口間が廃線となり半世紀の輸送事業に幕を閉じた。

駿河湾・遠州灘に沿い全国一長距離軽便鉄道

静岡鉄道駿遠線

藤相線中遠線戦後買出客等で大活躍　昭和18（1943）年5月15日陸上交通事業調整法に基づき静岡電気鉄道・藤相鉄道、中遠鉄道・静岡乗合自動車・静岡交通自動車は合併し、新社名が静岡鉄道株式会社となった。旧藤相鉄道は静鉄藤相線となり、旧中遠鉄道は静鉄中遠線とした。静岡鉄道ではいわゆる五社合併後、2フィート6インチの藤相線と中遠線は軽便鉄道で輸送力に乏しく、人口の少ない農村地域のうえバスの進出で沿線の利用客は少なく、〝やっかいなもの〟とさえ思われていた。

　ところが昭和20年8月15日太平洋戦争が終わり戦後の食料難の時代にこの2路線は蘇ったのである。藤相・中遠両沿線の地帯にはサツマイモをはじめ多くの農作物と塩・魚介類の海産物などの宝庫で、食糧の豊富な供給地であった。

　これに目をつけたおびただしい数の買出人・ヤミ屋らがこの両線を利用して連日殺到し、駅舎や列車に収拾がつかないくらいの大混雑ぶりを示したのである。大きな荷物を背中にかついだ乗客で列車はまたたく間に超満員となり、デッキや連結器にまでぶらさがる始末で列車がふくらんで見えたと形容されるほどで、それを見たアメリカの進駐軍兵らはしばしばその混乱ぶりの情景を物珍しげにカメラに収めていたという。買出客らは各駅で長い列をつくって列車を待ち、終列車に乗りあぶれると待合室や駅舎の軒下などで一夜を明かす情景も見られた。ここまでくると時刻表などないのと同然で、老朽機関車は故障がちであり、とにかく夜明けまでに終点に着けばそれでよかった。藤相・中遠の両線は空襲を受けなかったことも幸いした。食糧不足が続くすさまじい生存競争の時代に、機関車を2両増備して老朽車にムチ打って買出列車となって大活躍したのである。

　当時、藤相線の西端地頭方駅と中遠線の東端新三俣駅との間が接続し

昭和23年当時の静岡鉄道駿遠線略図（ただし駿河岡部・大手間は藤相鉄道時代の昭和11年5月19日廃止）

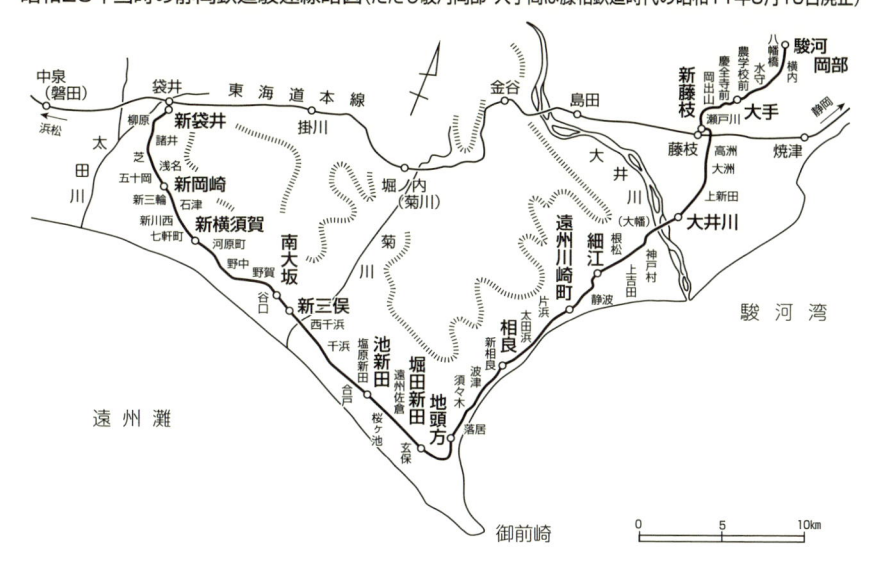

ていなかったため、輸送効率が悪く乗客に不便をかけていた。この区間を結べば東海道本線の藤枝駅と袋井駅を結ぶことになる。終戦直後に静岡鉄道社長に就任した川井健太郎は、この両線を連結する路線延長を計画した。この両線の中間に旧日本陸軍の遠江射場があった。戦争中ここに弾薬運搬用の専用軌道が敷かれていたためその払い下げを受けた。急カーブの多い軌道だったので新たに軌道を敷設した。

全国一長距離軽便鉄道開業　昭和23（1948）年1月20日中遠線新三俣・池新田間8.3km、同年9月6日藤相線地頭方・池新田間7.1kmがそれぞれ開通した。ここに待望の藤相・中遠両線が結ばれ、藤枝大手より新袋井まで全長64.6kmにおよぶ全国一長い軽便鉄道が完成したのである。この路線を静岡鉄道駿遠線と改称した。東海道本線から離れ、駿河湾と遠州灘に面した静岡県最南端に通じる鉄道路線として、沿線住民はもとより広く県民の注目するところとなった。静岡鉄道新袋井駅から同社秋葉線新袋井・遠州森間を走る電気鉄道と接続した。

駿遠線の昭和25年現在の保有車両は、蒸気機関車13、気動車9、

客車２６、有蓋貨車２９、無蓋貨車２６、合計１０３両でこの時期が最多であった。特に貨車５５両は貨物輸送が盛んであったことを物語っている。また昭和３１年１１月に新藤枝・地頭方間に快速列車を運転した。

沿線には史跡と盛んな貨物輸送　駿遠線の沿線は穀倉地帯の志太平野と砂丘の発達した海岸平野が広がり、民家は田沼街道（相良城主・田沼意次が安永５・６年ごろ築く）に沿って並んでいる。

　起伏の少ない平坦地を軽便は走るが、難所は東海道本線をまたぐ跨線橋である。新藤枝を出るとまもなく跨線橋にさしかかる。弱い馬力の機関車は乗客が多いとこの登り坂を一度戻って勢いづけて登り、時には乗客が降りて押してもらうこともあった。雨が降り出すと車輪がスリップするため車掌が列車から降りて線路に砂をまいて登った。

　大洲・上新田は志太梨の栽培の中心地で、夏には志太梨が盛んに出荷された。大井川橋梁は強風のときには客車が横揺れすることもあり、大井川の増水時には南側の富士見橋を徒歩で渡ることもしばしばだった。遠州神戸は利用客が多く、藤相鉄道時代の第２代社長中村円一郎が醤油醸造と輸出茶再製工場を経営していたため、その製品は毎日貨車で出荷していた。このあたりの臨済宗妙心寺派の能満寺は、徳川家康の側室阿茶局の消息文書を残し、前庭のソテツは国の天然記念物に指定される巨樹である。その裏山の武田勝頼が築城した小山城跡の東側を通って上吉田に着く。ここは住吉の漁港と養鰻業の盛んな川尻地区をひかえ、鮮魚の移出と夏にはうなぎの出荷で盛況となった。また焼津からうなぎの餌となるいわしやかつおの頭などが移入された。近くに日本漁網会社があり、原料の綿糸が関西方面から移入され、加工されて上吉田から移出された。

　次の根松までの間は路線が直線となり時速４５ｋｍのスピードで走った。細江は客貨とも多く、榛原にタバコ専売公社があり、近郊の農家では葉タバコの栽培が盛んで、束ねた葉タバコを貨車で出荷した。夏になると特産のお茶のほか海産物の魚介類、かに、えび、うみつぼ、かつおも４斗樽に詰めて輸送された。反対に外米、肥料（豆類、油脂類）が到着した。

大井川橋梁を渡る廃線近い駿遠線５両編成車輌

榛原町は旅客・貨物とも多く、貨物では椎茸・茶・タバコ・サツマイモの切り干しなどが多く出荷された。片浜のカーブは時速２５～３０ｋｍ制限で、この周辺は海岸線を走るため台風時には線路がよく洗われて不通になることがあった。

相良油田の埋蔵継続の仮説　太田浜を越して相良橋の手前を右にカーブして相良に入る。相良は江戸中期幕府の老中田沼意次の領地で、相良城跡が一部保存され、相良港と東海道藤枝宿とを結んだ田沼街道は、当時の人々の重要な往還であった。

　明治中期この地には東日本唯一の相良油田が存在した。明治５（１８７２）年２月浜松県士族村上正局によって榛原郡海老江村（現牧之原市）で初めて採油された。同年５月石坂周造が試掘に着手し、東京石油会社相良支社が設置された。区域は北東に１６ｋｍで幅員２ｋｍ、石油は青緑色の良質油であった。石坂周造は米国製鋼掘機械３台で試用採油し、わが国最初の機械掘り成功井として注目された。最盛期は明治１７年ごろで原油年産４０００石（７２０ｋＬ）、従業員は数百人におよんだ。大正５（１９１６）年ごろには手掘井が１５０坑を数えた。昭和３０（１９５５）年ごろまでは年産３４ｋＬ程度産出したが、以後稼働を中止している。

　仮にこの相良油田の原油が明治中期以降も継続して多く産油していれば、おそらく藤相鉄道時代に石油輸送で活況を呈し、軌間３フィート６インチに拡充され、大型タンク車で東海道本線を経由したであろう。それが実現していれば、太平洋戦争で被害は受けたであろうが、今日もなお健在する路線となっていたであろう。

静岡鉄道駿遠線

新相良を過ぎると路線中一カ所しかないレンガ造りの小堤山トンネルがある。須々木は茶・梅干し・イモ切り干し・醸造醤油が出荷された。地頭方は朝晩通勤、通学客で賑わった。池宮神社が近くにあって、秋には境内にある信州諏訪湖に通じるという伝説の桜ヶ池があり、遠州七不思議のひとつお櫃納めの行事がある。この大祭には近郷近在から多くの参詣客で終日賑わいを見せる。

　『軽便の思い出―日本一の軽便鉄道・静岡鉄道駿遠線』（静岡新聞社）の中で吉田町の中村嘉巳は次のような思い出を記している。「私たちより少し前の人たちは盛んに「軽便」あるいは「藤相線」と呼んでいたように思う。私はいつも「駿遠線」と呼んで、身近かに親しんでいた。その時代時代の軽便の歴史があるように感じられた。昭和３２年から通学に、３５年からは通勤に利用させてもらった。なくてはならない交通機関であった。学生の頃、印象深かったことがある。毎日同じ時刻の同じ車両に乗っていた。大体、同じ顔ぶれだった。時刻を変えるとまったく違った顔ぶれであったものだ。（中略）」

バス・トラックの進出で廃線　昭和３０年代後半に入ると、高性能大型バス・トラックの急速な進出により駿遠線は旅客・貨物とも減少していく。車両施設の老巧化も進み、累積赤字も年ごとに増大していった。昭和３９（１９６４）年９月２７日大手・新藤枝間、堀野新田・新三俣間が廃線となり、同４２年８月２８日新三俣・新袋井間、翌４３年８月２２日堀野新田・大井川間、そして同４５年８月１日大井川・新藤枝間がそれぞれ廃線となる。藤相鉄道開通から５６年８カ月の非電化の歴史的使命に幕を閉じた。廃線の翌８月２日東京銀座でクルマを締め出す「歩行者天国」がスタートしている。昭和２０年代に活躍した蒸気機関車Ｂ１５号が藤枝市郷土博物館に、往時の面影のまま展示されている。

第3部　静岡県で未開業の鉄道・軌道

1．官設東伊豆鉄道　（明治22年・賀茂郡）

　秘境の地・伊豆の交通が海路は小蒸気船、陸路は徒歩の時代に文明開化のシンボルであった鉄道の誘致運動が起きたのは、明治22（1889）年7月東海道鉄道が全通したころである。賀茂郡下田町・浜崎村・稲生沢村・下河津村・上河津村・稲取村・伊東村・宇佐美村・網代村・多賀村・熱海村の有志らが「鉄道期成同盟会」を結成し政府に鉄道敷設を嘆願した。しかし明治20代初頭から約10年にわたる経済不況によりこの運動は空しく消滅する。

2．官設甲岩線　（明治25年・富士郡）

　明治25（1892）年6月政府は『鉄道敷設法』を公布した。この法律に定められた第1期線として中央線が予定されていたが、中央線と東海道線を結ぶ岩渕・甲府線は第2期線に編入されていた。このため岩渕・清水・静岡の有志らが第1期線に繰り上げの請願を始めた。

　甲府岩渕線の敷設遅滞は「商業上及生産地ノ利害最モ至大ニシテ岩渕以西清水港、静岡市ヲ始メ京阪神ヨリ甲信両国エ輸出スル諸貨物…」の騰貴をきたすから早くその完成を望むとの請願である。この運動には地元富士川村の県議会議員若槻直行・常葉一郎・花田太郎、清水町から鈴木与平・土谷松太郎が加わり猛烈な運動を展開するが、その請願も達せられずに終わる。

3．官設甲信鉄道　（明治26年・駿東郡）

　『鉄道敷設法』（明治25（1892）年6月）の第2条に「神奈川県下八王子若ハ静岡県下御殿場ヨリ山梨県下甲府及長野県下諏訪ヲ経テ伊

未開業の鉄道・軌道　355

那郡若ハ西筑摩郡ヨリ愛知県下名古屋ニ至ル鉄道」とあり、御殿場地方の有力者多数の熱望により東海道鉄道御殿場を起点に富士山腹をまいて甲府・諏訪・伊那・名古屋を結ぶ鉄道敷設の運動がされた。日清戦争勃発の直前に甲武鉄道終点の八王子を起点とする中央線の敷設が決定し、御殿場の人々が描いた甲信直結鉄道の夢ははかなく消えた。

4．掛川馬車鉄道　　（明治26年・佐野郡）

　明治26（1893）年11月16日遠江国佐野郡南郷村西郷87番地平民農業・山崎千三郎らは「掛川馬車鉄道敷設願」を内務大臣井上馨に提出した。この馬車鉄道は掛川停車場往還や掛川町仲町から大池付近までの国道に軌道を敷設する必要があったため内務省の理解を求めたのである。しかし敷設目的を十分に達成するには馬車鉄道では規模が小さく、沿線住民の要望に到底応えることができないと考えた発起人らは、一転して掛川鉄道開設願いに変更していく。

5．官設甲府岩渕線　　（明治28年・富士郡）

　明治28年（1895）年2月官設甲府岩渕線の請願を再び国会に提出する。「中央線の敷設地は山岳地帯で資材運輸の便を欠き八王子と名古屋両起点から着手するほかないが、これでは期間内（12年間）に竣工は難しい。それより先に岩渕・甲府間約47哩（約75.6km）に鉄道を敷設し、この線を利用して資材の運搬を行えば容易であり経費も減少する。また岩渕線は工事も容易で経費も少額で済み3年間で竣工できるものだ」と地形・経費・期間的なことなど必要理由を述べている。

　そして『中央鉄道線路中岩淵線ニ関スル調査書』が添付され「距離岩渕ヨリ甲府ニ至ル47哩弱、橋梁38箇所、隧道29箇所、停車場7箇所、最急勾配100分ノ1、建設費470万円」となっており岩渕・清水側と共同で予備調査も済ませ綿密な計画をたてていた。この請願は第9帝国議会の議事日程に組み込まれるまで漕ぎつけたが、日清戦争たけ

なわで議会も解散しこの請願も流案となり、これまでの熱意と努力ももろくも崩れ去ってしまう。

6．私設駿甲鉄道　　（明治28年・富士郡）

　明治28（1895）年12月25日東京在住の資産家渡辺友次郎ら9名が甲府・岩渕間に駿甲鉄道を敷設しようとする出願を内務省に提出した。この計画路線は中央線と東海道線を結び、甲州の産物と駿州の産物を運輸交易するルートとして将来の両地域の発展を考えたものであった。ただし東海道線はすでに開通していたが、中央線の敷設は前年に決定されたばかりで、まだ何のかたちもできていなかったのである。

　この動きに呼応して静岡県側から50名の参加があり、翌29年2月には発起人100名と申込株数4万2000株にふくれ上がったため、第1回株主総会を開催し当初計画の資本金280万円を400万円に変更した。同年6月鉄道敷設の仮免許が下付され早速用地買収と測量に着手した。ところがこの駿甲鉄道の出願の1カ月後に、全く同様な計画のもとに甲府岩渕鉄道という別の鉄道敷設が出願された。そこで両者が歩み寄り協議の上、双方の鉄道計画を統合して新たに富士川鉄道株式会社を創立したが、明治28年といえば日清戦争があって国情も慌ただしく国の許可は下りなかったのである。

7．掛 川 鉄 道　　（明治28年・佐野郡）

掛川鉄道使用予定と思われる機関車カタログ（丹羽きぬ家所蔵）

　明治28（1895）年12月27日佐野郡掛川町の豪農山崎千三郎・豊田郡二俣町の豪商富田銀蔵ら地元有力者16名が発起人となり、掛川鉄道創立願いを静岡県知事小松原英太郎に提出した。資本金30万円。その後、発起人に渋沢栄一・浅野総一郎・波多野承五郎など東京在住の実業家や、松浦五兵衛・

岡田良一郎・丸尾文六・河井重蔵ら地元政財界の有力者ら合計７７名が名を連ねた。創立理由は、遠江の物産を東海道線掛川停車場に直結して東京・横浜方面に輸送することであった。路線は掛川を起点に森町を経て二俣に至る計画である。

　翌２９年７月４日発起人代表であった山崎千三郎がそれまでの無理からか病死すると、その推進力を失い翌３０年４月２２日付で当局より却下され鉄道敷設は実現されなかった。

8．浜　松　鉄　道　（明治２９年・敷知郡）

　明治２９（１８９６）年２月２０日浜松町とその周辺の政財界の有力者鶴見信平・中村忠七・林弥十郎らが発起人となり、浜松鉄道を敷設しようとする出願を関係当局に提出した。敷知郡浜松町在住の林弥十郎宅に所蔵されていた『浜松鉄道線路略図』が出願の際に添付されたものと推定される。この略図には『附傍近各線路』とするサブタイトルがあり「浜松鉄道敷設之要旨」として「線路及ヒ工費　〇浜松鉄道ハ浜松二俣間ニ敷設スルモノニシテ延長十二哩工費壱哩ニ付貳萬九千余円最モ有利ナル鉄道ナリ　〇特有ノ長所　浜松鉄道ハ南信北遠地方ヲ東海道ニ連絡セシムル最近ノ捷路ニシテ某経過スル地方ハ遠江中土地廣潤人口最モ稠密ナル地域ナリ　将来ノ企図　〇浜松鉄道ハ将来天竜川ニ沿テ延長シ信州飯田ヲ経由シ中央線ト東海道線トヲ連絡セシムル一大企図ヲ有スルモノナリ　他線トノ関係　〇浜松鉄道ハ掛川線若クハ森線ト共ニ許可セラルヽトキハ掫要ノ接続線トナリ

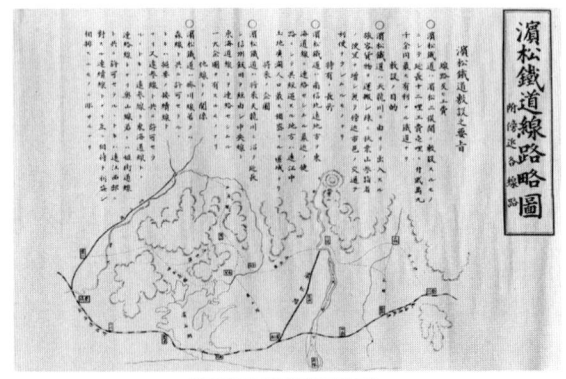

「浜松鉄道線路略図」
浜松鉄道（現遠州鉄道）出願の際、添付したと推定される

358　未開業の鉄道・軌道

ヌ遠参線ト共ニ許可セラルヽトキハ遠参線ト東海道線トノ連絡トナリ奥山線若クハ姫街道線ト共ニ許可セラルヽトキハ遠江西部ニ対スル連絡トナリ互ニ相待テ利益シ相排スルモノニ非サルナリ」とある。

『略図』の下欄には、東海道鉄道の線路を中心に、太線で浜松から二俣までの浜松線、点線で掛川から森経由で二俣までの掛川線、袋井から二俣までの森線、二俣から金指経由で愛知県豊川と結ぶ遠参線、金指から愛知県鳳来寺付近までの西遠線、浜松から気賀経由で奥山までの奥山線、気賀から愛知県豊川までの姫街道線が記されている。

同年にはいずれの路線も出願されており、県内では他にも甲駿・豊橋・豆駿・下田・富士・遠州・遠江・遠江中央・相良・東海中央・奥浜・南遠・秋葉・豆州・静岡身延・遠駿・清水・遠陽・富士水利・身延・殿甲などの鉄道会社を設立し一斉に出願しており、全国的な第１次鉄道ブームに本県も参画している。

出願の浜松鉄道は明治３０年８月７日に仮免許が下付されるが、資金調達が不備であったのか明治３４年に失効となっている。しかしこの浜松・二俣間は明治４２年１２月６日大日本軌道株式会社浜松支社鹿島線として開通（発起人に前述の鶴見・中村・林の３名が名を連ねている）し、現在の遠州鉄道電車線となっている。

９．沼津三島間馬車鉄道　（明治２９年・駿東郡）

明治２９（１８９６）年３月駿東郡三島町の高田譲八郎・贄川直一郎、静岡市の伏見富作・近松貞助・高橋利右衛門・伊藤勝蔵らの発起人により沼津・三島間に馬車鉄道敷設を内務大臣に提出した。しかし、時代遅れの馬車鉄道ということで翌月取り下げ実現には至っていない。

10．遠　参　鉄　道　（明治２９年・榛原郡）

明治２９（１８９６）年４月１６日遠参鉄道の最初の設立認可願が引佐郡金指町松尾弥平らによって提出された。同年７月２７日の再提出

では、榛原郡相良町を起点に佐野郡掛川町・豊田郡二俣町・麁玉郡麁玉村・引佐郡金指町・同郡奥山村・愛知県八名郡富岡村を経て同郡新城町に至る本線６０マイル（約９６．５ｋｍ）、また麁玉村から分岐し長上郡笠井村を経て同郡橋田村東海道線天竜川貨物取扱所（現ＪＲ天竜川駅）に接続する８マイル約１２．９ｋｍ）、さらに富岡村から分岐して愛知県宝飯郡豊川村に至る９マイル（約１４．５ｋｍ）の２支線を合わせ延長７７マイル（約１２３．９ｋｍ）に達している。

　資本金５００万円、軌間３フィート６インチの蒸気鉄道で、掛川鉄道と激しい設立認可競争を演じ、仮免認可が同３１年４月２５日下りるが、発起人の足並みに乱れや株式払い込みの遅れ、経済状況の悪化により実現されていない。

11．島田馬車鉄道組　　（明治２９年・志太郡）

　志太郡島田町の大井川左岸向谷（むくや）から東海道線島田停車場を結ぶ馬車鉄道敷設計画が明治２９（１８９６）年７月静岡県知事に出願された。発起人は富士郡元吉原村鈴川の間野秀俊、同郡須津村神谷の伊達文三、志太郡島田町の有光万次郎、同町の大河原徳太郎・大河原直次郎であった。

　『馬車鉄道布設願書』には「御県下駿河国志太郡島田町字向谷河岸ヨリ東海国道ヲ横断シ、同郡島田町官設鉄道停車場ニ至ル凡二哩別紙絵図面之通リ馬車鉄道ヲ布設仕リ度、右向谷河岸ハ大井川川根各地ヨリノ要部ニシテ島田停車場ニ入ルノ連絡ヲ通シ広ク公衆ノ便益ヲ謀リ度、資本金壱万五千円ヲ以テ私共五名ニテ合資会社馬車鉄道組ト称シ開業ヨリ向フ廿年間諸物運搬之業ヲ営ミ度候間御許可被下度…」

　この『布設願書』に対し島田町議会でこれを審議したところ「故障あり」として承認を与えなかったのである。その要旨は「…当町営造物トシテ同事業設計議決ニ付テハ当町公益上不利ナルヲ以テ故障有之モノト認ム…明治廿九年七月十八日午後二時…」

　島田町議会は当日に同事業計画があるとして、馬車鉄道敷設にともなう町の共有地貸与の件を承認しない決議をしたのが７月１８日午後であ

った。すでに同日午前中に向谷・停車場間の人車軌道敷設を議決して、軌道敷設臨時委員を選挙し敷設概算書も作成している。これまでも軌道の必要性を認めながら町外の人たちによって事業を進められることを知らされて、その対応策を即決したのである。その後、島田町では島田町営事業として人車軌道を出願するが、町の事業として許可されなく、同３１年１月２８日島田軌道株式会社を設立し、同年４月８日島田停車場・向谷間に貨物専用の人車軌道を開通していく。

12. 豆駿電燈会社佐野長岡間電気鉄道 （明治２９年・駿東郡）

　駿東郡三島町の島田与平・沼上繁太郎・鈴木東海夫らの発起人によって豆駿電燈会社を創立し、明治２９（１８９６）年８月６日付に認可を得てこれを母体とする電鉄会社を計画した。ところが発電所予定地である箱根西坂山田川付近の住民の反対によって、計画は挫折している。計画どおり実現していれば佐野（裾野）・三島・沼津・長岡を結ぶ電気鉄道となった。

13. 西遠馬車鉄道 （明治２９年・敷知郡）

　明治２９（１８９６）年１２月西遠馬車鉄道の敷設請願がなされた。計画路線は、幹線が浜松・西ヶ崎・西鹿島で、その支線として西ヶ崎から宮口までと浜松・中ノ町間の２路線であった。動力は馬力、客車は１２人乗り、貨車は２トン積みであった。この敷設計画は浜松町長中村忠七・曳馬村中村太郎三郎らによって翌３０年に西遠馬車鉄道株式会社として設立された。静岡県より「土地立入許可」があり、同３２年１２月には浜松・西鹿島間の測量が始められた。ところがこの計画はこれ以降何らかの理由で記録がない。これらの路線は、その後鹿島線・中ノ町線・西遠軌道として開通していく。

14. 秋　葉　鉄　道　　（明治２９年・豊田郡）

　明治２９（１８９６）年秋葉鉄道設立の申請がなされた。この計画は豊田郡二俣町・周智郡犬居村間に鉄道を敷設しようとするものであった。翌３０年磐田郡役所で調査を実施したが、同年５月１５日敷設出願は却下され、この敷設計画は実現していない。

15. 浜松気賀西遠馬車鉄道　　（明治３０年・引佐郡）

　明治３０（１８９７）年２月浜松気賀西遠馬車鉄道の創立発起認可願いが川口栄三郎・小池文雄・松井欽三郎ら１０名によって当局に提出された。この路線計画は引佐郡気賀町から中川・和地・三方原・吉野・曳馬を経て敷知郡浜松町に至る１０哩（約１６．１ｋｍ）で軌間２フィート６インチであった。敷設認可が同年５月２７日下付され、資本金５万円、２０００株の株式の募集も終わり工事開始の矢先、常務委員であった川口栄三郎が保証金をめぐって不祥事を起こし失踪するという事件が発生する。会社の中心人物の失踪は関係者に大きな衝撃を与えただけでなく、以後の会社運営を困難なものとする。

　翌３１年５月関係者の努力も空しく敷設許可は取り消されてしまう。この馬車鉄道は姫街道沿いの敷設計画で、既存の乗合馬車の営業成績もよく株主に配当もされそれを拡充するもので鉄道敷設で最も困難とされる建設資金も集められ、工事にとりかかるところにあった。

　計画路線は地形的に障害の少ない平坦地が多く、開通すれば沿線人口が増加する可能性があり、馬車鉄道は盛況となりやがて軽便鉄道、電気鉄道（３フィート６インチ）へと推移する可能性も十分にあったものと推測される。仮にそうした経緯で推移すれば、浜名湖岸の気賀・伊目・舘山寺を経由して浜松に至る鉄道線がその後に計画されているから、沿線人口・沿線開発等は早期に進んだであろう。軌間１０６７ミリの電気鉄道となれば今日においても活躍可能な路線となっており、１人の人物の不祥事が地域の発展を疎外し、将来の鉄道地図を塗りつぶした実例と

して大変惜しまれる。

16. 富士川鉄道　（明治30年・富士郡）

　明治28（1895）年出願の私設駿甲鉄道と私設甲岩鉄道とは、ともに岩渕を起点として北松野で富士川を渡り芝川に出て十島・九滝・市川大門を経て甲府に達する路線であった。そこで両社の発起人らは協議のうえこれを統合して新たに富士川鉄道株式会社を設立し改めて出願し直したのである。この新会社は明治30年4月鉄道敷設の認可を受けた。当時は日清戦争による勝利は表面上だけで、戦費の放出とその処理で世間は混乱し不景気のどん底に落ち込んでいたため、長年かかって進めてきた鉄道敷設事業運動も挫折し、ついに翌31年8月免許失効となり終わってしまう。

17. 岩水横山間人車軌道　（明治32年・浜名郡）

　明治32（1899）年岩水横山人車軌道敷設計画が立てられた。この路線は浜名郡赤佐村接待を起点に水神・平田・塩見渡・米沢・日明・伊砂・月を経て磐田郡龍川村横山を終点とし天竜川右岸を予定した人車軌道であった。路線の幅員は二間半（約4.5m）の複線で、軌間二尺（約600mm）、客車は10人乗り、貨車1トン積みだったが計画倒れとなった。

18. 官設駿甲線　（明治33年・富士郡）

　富士川鉄道の失効の後を受けて、次に国営による早期達成を訴えるべく、静岡県議会でこれを採り上げ静岡・山梨両県から内務大臣宛てに送達する運動を進めていく。富士郡富士川村若槻直行・同郡須津村松下牧男・田子浦村斉藤鉄三・静岡市の萩原太郎次郎・安倍郡豊田村山田唯吉・同郡長田村福地賢吉らの県議会議員団が建議書・具陳書を提出し、

明治33（1900）年11月22日の静岡県議会で同議員若槻直作が「駿甲鉄道速成ノ儀ニ付具陳書」の提案理由を説明した。

「岩渕線ノ如キハ東西両京ヲ控ヘ、南ハ特別輸出港ナル清水港ヲ迎ヘ、北ハ甲州諸州ノ豊富ナル供給需要地ヲ開キ、利便実ニ僅少ニ非ズ。東海道中清水港ノ如キハ唯一ノ要港ニシテ、岩渕ハ其ノ唇ノ如ク、富士川ハ咽喉ニ似タリ。」と述べその重要性を強調している。

この具陳書は満場一致で賛成され、山梨県議会でも同年12月に同様の経過をたどって、「甲府岩渕間鉄道の速成を請う意見書」が提出されている。その中で政府が第2期線であった篠ノ井線を第1期線に編成した例があることを指摘し、本線もこれに劣ることのない重要路線であるとし「本線の工事は平易にして工費も小額なるをもって、本線を竣成せば之に由て、現に起工中なる中央幹線の準備線として、鉄道経費にも多大の便利を与ふるものなりと確信す」とまで述べている。

これと同様な思考は静岡県側の第2回請願の際にも述べられている。しかし、それらはいわば希望観測的なもので、それほど鉄道敷設は単純なものではなかったのである。それを承知の上であったのか、両県から提出された意見書はそのまま陽の目を見ずに終わってしまう。

当時、国内にはロシアに対する警戒と敵対意識を強めていて風雲ただならぬ情勢下にあり、戦力増強を叫んでいた時期であったから、このような請願や陳情に応えるだけの余裕を関係当局は持っていなかったのである。こうした運動の時期が国内の政治・経済事情にそぐわなかったことも不運であった。

19. 私設遠信鉄道　（明治36年・浜名郡）

浜松商工会議所の記録によれば、明治28（1895）年6月23日同会議所副会頭中村忠七の発議により「浜松を起点として信州飯田を経て中央線に連絡すべき鉄道の件」の協議が行われ静岡・長野両県に遠信鉄道期成同盟会が結成され、機会あるごとに同線の実現運動が展開された。

明治36年浜松商工会議所は「遠信鉄道（浜松・飯田・辰野）敷設方建議」を提出する。これに呼応するかのように愛知県東三河地方が中心となって三信鉄道建設運動が展開される。
　大正15（1926）年11月私設遠信鉄道は「天竜鉄道」と名称を変更し準備が進み出願の運びとなる。渡辺素夫浜松市長は打ち合わせのため信州に赴く。北遠沿線の各町村では株式出資に賛成する。しかし天竜鉄道の出願は却下され、後の国鉄佐久間線（未完）へと推移していく。

20. 私設伊豆循環鉄道　（明治37年・賀茂郡）

　明治37（1904）年1月30日賀茂郡の有力者矢田部強一郎・山本吾平・鈴木寛吉・清田賢治郎・田中鶴松・鈴木吉兵衛・清水酒造・県議会議員土屋梅之助ら16名は、100年後に伊豆循環鉄道の建設を実現すべく「鉄道期成賀茂郡同盟会」を結成した。地元の政財界人で結成したこの同盟会は、東海道鉄道が全通した明治22年7月「鉄道期成同盟会」が結成され、政府に鉄道敷設を嘆願したが経済不況の中で不発に終わっていた経緯を継承しながらもその轍を避け、他力本願から自分たちの手づくりの鉄道建設を目指した。
　『鉄道期成賀茂郡同盟会主意書』によれば「天城ノ山麓南走シテ陸地ヲナスモノ正ニ之レ賀茂郡ナリ、而シテ之レカ谿谷ヲナストコロ吾々郡民ノ棲息スル地ナリ、此地ヤ青山水ニ映シ禽鳥戯ルトコロ正ニ仙客ノ住スヘキノ郷タリ然リ、而シテ二十世紀ノ今日社会…」とあり、その概要は次の通りである。
　①国家および企業の手を借りない。
　②100年後に自力で鉄道を建設する。
　③建設資金1000万円、主唱者の自弁により元金3万円を下田銀行に預け、90年後に1115万1060円（複利）とし、100年後に伊豆循環鉄道を建設する。
　しかし、鉄道期成賀茂郡同盟会の種まきから成木伐採という林業の基本図式を地で行くこの鉄道建設構想は、同年2月の日露戦争開戦により

未開業の鉄道・軌道　365

挫折し賀茂郡民５万人の悲願は露と消える。

21. 駿豆電気　沼津・鈴川線　修善寺・伊東線他
（明治３８年・駿東郡他）

　明治３８（１９０５）年駿豆電気株式会社は第１０回定時株主総会の席上、次の鉄道事業進出計画を発表した。
　①三島・沼津線　②三島市内線　③三嶋大社線　④沼津・鈴川線　⑤沼津・江ノ浦線　⑥三島・湯本線　⑦鈴川・静岡線　⑧吉原・甲府線　⑨修善寺・湯ヶ島・伊東線
　この発表を聞いた株主たちは路線のあまりの多さに自分の耳を疑った。電力会社でいくら供給する電力があるとはいえ、会社経営陣の心理状態を懸念するものもいた。会社側は既定方針通り計画を推進する構えをみせた。明治３９年１０月１日駿豆電気鉄道株式会社と社名変更し、同年１１月２８日三島・沼津間、同４１年８月３日三島市内線の一部がそれぞれ開通した。③の三嶋大社線は用地の交渉がまとまらず、④〜⑨の各路線もその後実現されていない。

22. 東海道電気鉄道　（明治３９年・静岡市）

　明治３９（１９０６）年１１月２９日付の『静岡民友新聞』の１面に次のような記事が掲載されている。「電気鉄道の勃興　東海道電鉄」という見出しで「東京の松尾寛三・志岐信太郎・竹内綱・長森藤吉郎・千澤平三郎・藤山雷太・笠井愛次郎・中山佐市・日下義雄・亀澤半次郎・大塚栄吉・山中隣之助・大阪の桑原政・三重の太田小三郎・愛知県豊橋の宇野梅吉・名古屋の奥田正香ら１６名発起の下に今回７８０万円の資金を以て「東海道電気鉄道株式会社」なるものを設立し、静岡市を起点として東海道鉄道線路に沿ひ熱田町に至る延長１１４哩余に電気鉄道を布設し、旅客及び貨物運輸業の開始を企画し、去る２６日付を以て発起人は静岡県庁の手を経て主務大臣へ出願に及びたるが、右願書提出と共

に名古屋の奥田正香氏は発起人総代として愛知県知事へ対し静岡県と打合の上進達取計方願出たり、同鉄道株式数は15万6000株（50円株）にして収入は客車124万8000円余、貨車3万7000円、雑1万5000円此内支出56万2000円を差引73万8000円（年7朱8厘）の利益を得ん見込みなる由」

この壮大な鉄道計画のその後の進展状況は不明で実現されていない。

23. 北遠電気鉄道　（明治40年・小笠郡）

明治40（1907）年1月北遠電気鉄道営業免許の申請がなされた。これは小笠郡掛川町から周智郡森町・磐田郡二俣町を経て同郡龍川村千草に至る路線に電車を走らせる計画であった。資本金250万円、発起人の中に福沢桃介が入っていて、中央の財界が遠州に手を伸ばしてきていることがうかがえるが、その後の経過は分からない。

24. 磐田鉄道　（明治44年・磐田郡）

明治44（1911）年6月磐田鉄道株式会社の許可申請が関係当局に提出された。

資本金70万円。この計画路線は磐田郡中泉町から同郡見付町・岩田村・広瀬村・野部村を経て同郡二俣町川口に至る単線の蒸気鉄道で軌間2フィート6インチであった。この鉄道の目的は天竜川上流から産出される鉱石、木材、製紙、茶、椎茸などを輸送するもので、大正元（1912）年10月26日免許が下付され、同年11月中泉町友愛館で発起人会を開いている。地元主導型で発起人代表神谷惣吉（中泉町）をはじめ発起人全員が地元出身者、神谷惣吉は明治42年10月8日中泉、池田橋間に人車鉄道を開通させた中泉軌道株式会社社長である。

ところが間もなく外部資本の才賀商会で「遠州軽便鉄道」という鉄道会社がほとんど同じ路線計画を示してきた。そこで同年6月沿線の各町議長らが磐田郡役所で調停のため協議会を開いた。その席上見付町長は

妥協案として磐田鉄道計画に才賀商会を加えたいと意向を示した。一方、中泉町長は直接利害のある地元で計画を進めるべきだとして折り合いがつかず結論が出ない。そこで同年7月15日までに沿線町村から2～3名の代表発起人を出し、その協議によって才賀商会の取り扱いを決めることになった。すると話がどう展開したのか、6月30日地元発起人25名に東京の資本家福沢桃介・木下立安・岡田熊三郎の3名を加えた28名の発起人で、布設免許の申請がなされた。二俣町から富田銀蔵と柏田次郎九が入っていた。しかし明治44・45年両年の風水害と財界の不況のため敷設までには至らなかった。

　その後、この路線と全く同様の光明電気鉄道株式会社が、大正13（1924）年地元資本で創立され、幾多の苦難の末昭和5（1930）年新中泉・二俣間に県内最速の電車を走らせる。

25. 甲駿軽便鉄道　　（明治44年・富士郡）

　明治40（1907）年6月日露戦争で大勝利を収めたわが国の経済界もようやく安定のきざしを見せてきたころ、また富士川右岸に鉄道熱が再燃して駿甲軽便鉄道期成同盟会が結成された。このときも静岡県議会は同年11月30日の本会議で政友会派議員23名が連署して「駿甲鉄道ニ関スル建議案」を提出し満場一致で可決した。

　甲府側においても翌41年11月寺田忠三郎・矢島栄助・大木喬命・成島治平らを甲駿鉄道速成に関する委員に選任し、本線に関係のある長野・新潟両県各商業会議所の協賛を求め、県選出国会議員にも協力を要請した結果、明治43年3月の衆議院で佐竹作太郎らの提出した「甲府より岩渕に至る鉄道布設に関する建議案」が一応通過した。翌45年9月岩渕側では「岩渕・甲府間鉄道敷設五箇町村連合有志会」を組織し、仮事務所を富士川村役場内におき、さらに同年11月「甲駿軽便鉄道株式会社」と改めた。

　明治44年といえば中央本線が新宿・名古屋間に全通した年で、富士側にも東海道本線富士駅が開業し、その上別ルートの駿甲鉄道も計画さ

れていた。ここに至って岩渕側ではあせりが見え始めた。翌４５年には大宮（現富士宮）・甲府間の富士身延鉄道が創立しているだけに岩渕側はますます不利な立場に立たされた。そこでもしこの区間の敷設を遅延するようであれば岩渕・芝川間軽便鉄道の敷設に切り替えることにし、政府関係機関に請願している。しかし政府はこの鉄道が必要であることは認めているが、財政上実現が不可能であることとなり結局はそのままになってしまう。

　この岩渕・芝川間軽便鉄道は駿甲の鉄道路線ではなくその連絡としての構想で、新しく若槻直行３００株以上５１名、合計２２１５株の株式引受人名簿まで作成されている。この鉄道の敷設運動はその後も長く続けられ、昭和の役場公務日誌にも富士身延鉄道へ陳情しており、岩渕・甲府間鉄道敷設は実現できずに終わるのである。

26. 甲　駿　鉄　道　（明治４４年・庵原郡）

　明治４４（１９１１）年８月１５日付の『静岡民友新聞』に次に記事が掲載された。「甲駿鉄道計画　尾崎伊兵衛、若尾逸平氏等は資本金５００万円を以て庵原郡興津駅より身延を経て山梨県甲府に達する甲駿鉄道を計画し、目下上京奔走中なり、

　△甲州側の意気込　該鉄道は曩に尾崎氏等が計画せる所謂駿甲鉄道が何時の間にやら立消の姿なりたるを、更に新規蒔直したるものになるが、今回は寧ろ甲州側の若尾氏等により熱心に其敷設を希望し、株式の如きも大半之を引受くる意気込なるのみならず、中央知名の実業家が一肌脱いでの声援もあれば該創立計画は着々進捗しつつあり。

　△甲駿と身延軽鉄　小野金六等の首唱に成る大宮・身延間廿八哩の富士身延軽鉄は既に其筋の認可を得て不日起工の運びとなり居れるを以て一面甲駿鉄道はそれと競争の姿なきに非ざれども、然し甲駿鉄道は其目的とする所単に身延興津間の連絡に止らずして中央線と東海道線との連絡にあれば之が為め何等痛痒を感せずと云ふ。

　△清水と甲駿鉄道　甲駿鉄道の実現さるる時は、従来富士川を経由し

若くは横浜東京を迂回せる貨物は自然同鉄道に依るべきは必然の数にして、道は又た延いて清水港の殷賑を促すものなれば、清水町民は該鉄道を同町まで延長せんことを熱望し昨今寄々協議中なりと。」

　甲駿鉄道のその後の進捗状況の資料は見当たらない。この鉄道は東海道線興津駅を起点に身延を経由して中央線甲府駅とを結ぶことを目的としているが、大正２（１９１３）年７月２０日東海道本線富士駅と富士身延鉄道大宮駅間とが開通し、富士身延鉄道が身延を経由して中央本線甲府と結ぶ構想が現実に大きく前進したことで甲駿鉄道計画は実現に至らなかった。

27．遠州軽便鉄道　　（明治４５年・磐田郡）

　明治４５（１９１２）年５月磐田鉄道と北遠電気鉄道とが競争を避けるためという名目で合併することになった。新会社は遠州軽便鉄道株式会社と称し、資本金は１００万円であった。計画路線は東海道本線の中泉駅（現ＪＲ磐田駅）から二俣を経て龍川村千草までとし、途中野部村で分岐して掛川までの２路線であった。こうして天竜川左岸の鉄道はすべて東京資本に押さえらえることになった。北遠電気鉄道・磐田鉄道・遠州軽便鉄道の３社の資本金を比較すると、路線の長い遠州軽便鉄道の資本金が他の鉄道より少額なのは、鉄道を実際に敷設することよりも鉄道敷設利権だけを得ようとしたとも推察される。

　大正元年（１９１２）１０月、北遠電気鉄道株式会社発起人福沢桃介と磐田鉄道株式会社発起人神谷惣吉ほか２７名に対し、それぞれ鉄道敷設の免許が下付された。ただし北遠電気鉄道は電気鉄道として申請したが、北遠軽便鉄道の名称で許可がおりた。しかしそれ以降の両社の記録は見当たらず、結局鉄道はいずれも実現しなかったのである。

28. 駿遠鉄道　（明治45年・益津郡）

　明治43（1910）年12月15日政友会会員本間俊一・榛原郡川崎町戸塚国次郎ら16名が発起人となり、益津郡焼津村東海道本線焼津停車場を起点として、静浜街道沿いに志太平野南部を通り、駿河湾を南下し榛原郡川崎町・同郡相良を経て磐田郡中泉町に至る45マイル（約72.4km）、軌間2フィート6インチの軽便鉄道敷設願を内閣総理大臣侯爵桂太郎に提出した。

　翌44年8月22日敷設許可を受けた。資本金80万円、本社は榛原郡川崎町静波であった。翌45年5月川崎町川崎ホテルで創立総会を開催した。工期延長許可を受けたにもかかわらず大正7（1918）年4月15日免許失効となり解散してしまう。

　おそらく同時期に許可を得た藤相鉄道株式会社と、特に大井川より相良までほぼ同区間を競合しており、相手方の藤相鉄道関係者が危機感をもって沿線町村に対しより積極的な株主誘致運動を展開したものと考えられる。ほかに駿遠鉄道は藤相鉄道より路線距離が長く、沿線各村から敷設による排水問題等が大きく取り上げられ、株式の払い込みにも社内的な混乱が増大したようである。

29. 伊東鉄道　（大正2年・賀茂郡）

　大正2（1913）年11月安立綱之らを発起人とする伊東鉄道株式会社が設立され、伊東・熱海間に敷設免許がおり、線路の予備測量や株式の募集などが行われた。しかし当時の沿線住民に鉄道に対する認識がうすく実現されていない。

30. 浜松軽便鉄道　伊平線　（大正3年・引佐郡）

　大正元（1912）年10月1日浜松市に浜松軽便鉄道株式会社が創

立した。創立当初の計画路線は浜松・気賀間の本線と、途中の金指から分岐して井伊谷経由奥山に至る支線と、井伊谷から分岐して伊平に至る支線の合計3路線があり、明治45年3月5日敷設免許は下付されていた。伊平村民らは零細な資金で鉄道実現のため株式を取得し役員も送り込んでいた。

　ところが大正3年11月30日元城（浜松）・金指間の本線が一部開通後、業績があがらなく増資難と金融機関からの建設資金の借り入れ難などから、支線の敷設工事は延期されていた。大正6年7月伊平村出身の役員らが伊平線の着工を金指より井伊谷経由で奥山に至る支線と同時に行うよう主張した。これに対し会社側は2案を提案した。第1案は伊平線施工願い取り下げまたは放棄を前提に、金指・伊平間に会社直営の乗合自動車営業を開始することにし、その区間の道路を沿道各町村において乗合自動車の運転に支障のない道路幅員に拡築する工事のうち、会社から1万円を限度に寄付金を募ること。第2案は伊平線方面に関係する株式所有の株式1000株に限り、現在株式1株払込金35円の割合をもって償却し資本金5万円を減資すること。この2案のいずれかを選択する提案がなされた。同年8月会社は伊平村役員と交渉の結果、①会社側の2案はすべて取り消すこと、②伊平線施工期限（大正6年9月2日）の延期許可を申請し極力貫徹すること、これが伊平側の主張であった。

　同年11月1日の取締総会で伊平線敷設撤廃の変更案（金指分岐を廃し気賀から井伊谷を経て奥山に至る）および交通補助金提供の件（井伊谷村以北の株主所有の株式1000株に限り、1株7円の割で7000円を別途積立金より支出）を株主総会に提出した。

　しかし、同月18日の株主総会でも伊平線案件は議決に至らず、その後も両者は話し合いを重ね、翌12月17日の臨時株主総会で伊平線撤廃に関する議案はようやく可決承認された。

31. 東 遠 鉄 道　（大正4年・小笠郡）

　城東馬車鉄道が池新田延長と動力化の方法を模索している大正4（1915）年、小笠郡川野村の三橋四郎次（城東馬車鉄道の大株主）によって東遠鉄道株式会社が発起された。『目論見書』『定款』などによれば、資本金は１２万円。この鉄道は小笠郡堀之内から榛原郡地頭方までの軽便鉄道を敷設する。堀之内・南山間の城東馬車鉄道は買収する、堀之内・池新田間を第１期線とし池新田・地頭方間を第２期線で、第２期工事で増資する、というものであった。翌５年２月発起人総会で創立委員を推薦するところまで進んだが、その後の計画は立ち消えとなった。

32. 秋 葉 鉄 道　（大正6年・磐田郡）

　秋葉鉄道株式会社設立計画は、大正６（１９１７）年３月３０日磐田郡光明村船明字川久保１７１６番地を起点とし同郡二俣町・野部村・三川村・周智郡園田村・山梨町・宇刈村・久努西村・磐田郡久努村を経て、同郡笠西村高尾字田畑２０１８番地の１に至る１３マイル７０チェーン（約２２．３ｋｍ）に軌間２フィート６インチ、動力は蒸気の単線で、旅客および貨物の一般運輸を目的として出願した。

　資本金は７０万円で１株５０円。発起人は松浦五兵衛・石岡孝平・内山又十ら沿線有力者９名であった。事務所は浜松市後道（うしろみち）（現中区千歳町）３０番地。敷設費用概算書・営業収支概算書などが提出され、同８年４月認可が下りる。翌９年１０月３日の工期期限に工事が間に合わず、翌１０年３月まで延期願いを提出しているがその後の経過は明らかでない。この計画路線は、昭和１５（１９４０）年６月１日全通する国鉄二俣線掛川・新所原間の一部となっている。

33. 駿富鉄道　　（大正6年・沼津市）

　大正6（1917）年沼津を中心に地元の人たちによって駿富鉄道株式会社が創立された。計画路線は沼津を起点に吉原を経て大宮に至る13マイル24チェーン（約22km）の鉄道であった。敷設免許を得て工事に着手するところまで進められたが、大正7・8年の経済不況のため解散した。

34. 根方軌道　　（大正7年・富士郡）

　愛鷹山の南側に沿って富士郡内を東西に通っていた通称根方街道の改修工事が一応完了して数年を経た大正7（1918）年4月、富士郡今泉村の岳南製紙株式会社社長芦川万次郎・渡辺利作・広瀬和作・石井与市・宮幡寛三・堀内省吾ら地方有力者10名の発起人は、富士身延鉄道株式会社と連携して吉原町・須津村間の根方街道の道路上に馬車鉄道の敷設を計画し、富士郡役所経由で静岡県へ許可申請書を提出した。

　当時、富士身延鉄道は富士馬車鉄道を買収し鈴川・大宮間の経営を行っていた。富士身延鉄道は大正2年7月20日富士・大宮間に蒸気鉄道を開通させたのを皮切りに、大正4年3月1日大宮・芝川間を開通させた。富士身延鉄道にとっては富士馬車鉄道が所有していた鈴川・大宮間の馬車鉄道は無用の長物であった。

　その資材のスクラップすることを回避する転身手法として根方軌道株式会社の設立になったのである。事実、根方軌道は大正7年鈴川・入山瀬間4マイル54チェーン（約7.5km）、軌間610mmの富士馬車鉄道の軌道を買収している。富士郡役所の第一課長から今泉村村長に宛てた文書に「富士身延鉄道及根方軌道株式会社に対する別紙指令書を、貴職から岳南製紙株式会社にある根方軌道株式会社の発起人に交付してほしい」とあるから、両社の関係の深さは明らかである。

　根方軌道敷設計画は明らかになったが、なぜこの軌道は実現に至らな

かったのであろうか。根方諸村も賛成だったし上級官庁も差し支えないという。しかし考えてみると幅員わずか二間半（約4.5m）の道路上に例え軌間2フィート（約610mm）の線路（馬車のすれ違い場所は複線が必要）を敷いて馬車を走らせること自体が無謀な計画であった。

　それに当時はすでに馬力車・荷車などをはじめ人々の往来も多く、さらに小型ながら乗合自動車や貨物自動車なども運行され始めたことなど考慮に入れると、実は関係官庁でも二の足を踏んでいる格好だったであろう。そしてさらに専務の宮幡寛三が過労で倒れたこと、経済不況の最中で資金難などから開通に至らなかったといわれている。

35. 安倍鉄道　静岡駅前線・藁科線
　　　　　　　　　　　　　　　（大正7年・静岡市）

　安倍鉄道株式会社は大正5（1916）年4月5日井宮・牛妻間5マイル7チェーン（約9.6km）に軽便鉄道を開通していたが、同7年9月30日井宮より静岡市栄町（国鉄静岡駅に接続）に至る2マイル64チェーン（約4.5km）の延長路線を計画し、敷設免許申請書を提出して翌年3月6日下付された。この路線の一部である北番町停留場予定付近で、駿遠電気鉄道久能線予定と共同使用区間があり、静岡駅までの延長線は実現されない。大正10年4月4日には安倍郡服織村山崎新田・同郡藁科村大間間6マイル20チェーン（約10.1km）の敷設計画を提出、さらに同年10月24日砂利採取業願を申請、同年11月10日その認可を取得しているが藁科線の方は同年11月3日不許可となる。

36. 天竜軽便鉄道　（大正7年・磐田郡）

　大正7（1918）年に出願した天竜軽便鉄道株式会社は、天竜川左岸の磐田郡袖浦村駒場を起点に同郡十束村(とつか)・井通村・池田村・富岡村・岩田村・広瀬村を経て野部村神田に至る8カ村全長14マイル40チェ

ーン（約２３．３ｋｍ）、軌間２フィート６インチ、蒸気機関車による敷設計画であった。停車箇所は駒場から平松・平間・高木・宮本・長森・池田・匂坂・寺谷・神増(かんぞ)・一貫地・神田の１２カ所であった。

　発起人は袖浦村の高安健次ほか３２名で、そのうち袖浦村９、井通村１２、池田村１２名からなっていた。資本金２５万円、事務所は磐田郡池田村。起業目的は天竜川上流からイカダ・帆船により木材・鉱石などの物資を運んでいたが、野部村字神田以南は川幅こそ広いが川底が浅いため荷舟の積載量を半減するか、あらかじめ少量に積載するかしなければならず、また雨量により増水すると運送に混乱が生じるなど、輸送力の不足を陸路で充足しようとした。しかしその後の経過は明らかでない。この路線とほぼ同一の経路をやや短距離であるが、昭和５（１９２９）年１２月２０日中泉・二俣間に光明電気鉄道が苦難の末に開通している。

37. 駿 府 鉄 道　　（大正７年・静岡市）

　大正７（１９１８）年１２月１６日駿府鉄道株式会社の免許申請をするため発起人会が静岡市で開かれた。榛原郡川根村千頭の漢学者殿岡噉石・愛知県名古屋市の近藤紡績株式会社社長近藤修孝・元静岡県知事李家隆介ら５２名が発起人となった。会社設立の計画によると資本金６００万円、本社を静岡市に置き、路線は静岡市を起点に藁科街道沿いに洗沢峠を通り千頭に至る予定であった。ところが洗沢峠を越して千頭に至る路線は、トンネルをかなり掘らねばならず、そのために莫大な建設資金が必要となることが判明した。

　そこで静岡・千頭のコースを変更し、東海道本線島田駅を起点として大井川左岸を北上し、志太郡大長村・伊久美村を経て榛原郡本川根村藤川に至る延長４０．９ｋｍとした。地元志太郡島田町・榛原郡金谷町・同郡川根村の有力者を中心に計画が立てられた。東海道本線と同規格の軌間１０６７ｍｍ、蒸気機関車で一般旅客貨物の輸送と木材の委託運輸を行うことを目的とした。この時点ではまだ大井川の電源開発には着目していない。大正１０年７月発起人三谷軌秀に対し敷設免許が下付され

るが、５００〜６００万円の資金調達の見込みが立たず、さらに発起人代表がしばしば交代して建設には至らなかった。

　しかしこの駿府鉄道が基礎となって大正１４年３月１０日大井川鐵道株式会社が創立され、昭和６（１９３１）年１２月１日金谷・千頭間４０．５ｋｍが全通していくことになる。

38. 豆　東　鉄　道　　（大正９年・賀茂郡）

　豆東鉄道株式会社は熱海・伊東間に資本金３５０万円、軌間３フィート６インチ、直流６００Ｖ、３カ年計画の本格的電気鉄道で大正９（１９２０）年３月に敷設免許を得ていた。当時国内は好況で伊豆の各温泉場は繁昌し、同年５月には伊豆鉄道が沼津・伊東間に鉄道敷設の免許を得ていた。豆東鉄道の準備は着々進められたが、その後の経済恐慌が年ごとに拡大し伊豆鉄道とともに鉄道建設は挫折する。

39. 駿豆鉄道　伊豆長岡三津浜線
　　　　　　　　　　　　　　（大正９年・田方郡）

　駿豆鉄道株式会社は大正８（１９１９）年５月２５日三島（現ＪＲ下土狩）・大仁間に電化完成後、翌９年５月１４日伊豆長岡・三津浜間３マイル４８チェーン（約５．８ｋｍ）に新路線敷設免許を得たが、施工に至らず大正１３年４月失効となった。

40. 駿遠電気　興津線　　（大正９年・清水市）

　駿遠電気株式会社（現静岡鉄道）創立の翌大正９（１９２０）年に計画された興津線は、清水市入江町を起点に興津町・八木間経由で山梨県南巨摩郡万沢に至る路線として計画され敷設認可を受けていた。しかし当時は不況下にあって政策を消極策に転換を余儀なくされ、やむなく着工を延期していた。その後、新しい計画では八木間以北が高い山地で難

未開業の鉄道・軌道　377

工事が予想されたため、万沢まで延ばすことを断念し八木間までとされた。だが結局は清水市内線として昭和8（1933）年4月1日港橋・横砂間の開通となった。

41. 省線伊豆循環鉄道　　（大正11年・田方郡）

　大正11（1922）年4月11日『改正・鉄道敷設法』が公布され、新たに建設予定線149路線が決定した。同法別表第61号には「静岡県熱海ヨリ下田、松崎ヲ経テ大仁ニ至ル鉄道」として伊豆循環鉄道予定線約125.5kmの敷設計画が明示された。

　これを受けて賀茂・田方両郡民は『伊豆循環鉄道期成同盟会』を三たび結成し、会長に伊東町長鈴木藤左衛門、副会長に下田町長金澤藤左衛門を立てた。ただちに計画沿線の住民759人の署名をまとめて貴族院・衆議院の両議長宛てに請願書を提出しいずれも採択された。また一方では地元の政財界人らによる伊豆鉄道の「速成建議案委員会」が結成され、委員長に地元出身の衆議院議員小泉三申（本名策太郎）が就任した。

　伊豆半島住民一丸となっての鉄道誘致運動は、大正15年12月若槻内閣の井上匡四郎鉄道相により熱海・伊東間建設が認可された。次いで昭和2（1927）年12月熱海・伊東間を下田まで延長することが閣議決定され、翌3年12月の第56帝国議会は伊豆鉄道下田延長を決定した。

　ところが浜口内閣の緊縮財政政策を受け継いだ斉藤実内閣の三土忠造鉄道大臣は、一転して鉄道縮小政策を打ち出すとともに伊東・下田間の鉄道延長計画の凍結を決定した。これにより国鉄伊東線は昭和13年12月15日熱海・伊東間に完成するが、念願の伊豆循環鉄道の誘致運動は徒労に終わった。

　さらに昭和29年12月運輸省の諮問機関である鉄道建設審議会が、「新線建設計画は国家財政ならびに国鉄財政の面からよく調査・研究これを慎重に検討する」旨の答申を行った。この答申により約半世紀にわ

たっての伊豆鉄道誘致運動はここに終幕を迎えた。
　なお伊東・下田間には昭和３４年４月９日伊東下田電気鉄道株式会社（現伊豆急行株式会社）が創立され、同３９年１２月１０日開通する。

42. 省線御殿場吉田大宮線　　（大正１１年・駿東郡）

　『改正・鉄道敷設法』（大正１１（１９２２）年４月１１日公布）には「第１条　帝国ニ必要ナル鉄道ヲ完成スル為政府ノ敷設スヘキ予定鉄道線路ハ別表ニ掲グル所ニ依ル」とあり、別表には１４９の路線を計画している。このうち別表６２に「静岡県御殿場ヨリ山梨県吉田ヲ経テ静岡県大宮ニ至ル鉄道及吉田ヨリ分岐シテ大月に至ル鉄道」とある。
　この別表６２によれば、御殿場を起点として山梨県吉田を経て大宮に至る路線と、山梨県吉田から同県大月に至る路線となる。しかしこの鉄道計画は、その後の政府の緊縮財政政策や経済不況、それに日華事変などにより中止となっていく。

43. 省線遠美線　　（大正１２年・小笠郡）

　大正７（１９１８）年９月２９日に発足した原敬政友会内閣は、交通機関の整備を主な政策に掲げ同９年５月鉄道省を新設して地方鉄道の整備を図ることを目指した。こうした中で国鉄遠美線の構想が登場した。
　『改正・鉄道敷設法』（大正１１年４月１１日公布）の別表６３には「静岡県掛川ヨリ二俣、愛知県大野、静岡県浦川、愛知県武節ヲ経テ岐阜県大井ニ至ル鉄道及大野付近ヨリ分岐シテ長篠ニ至ル鉄道並ニ浦川付近ヨリ分岐シテ静岡県佐久間付近ニ至ル鉄道」とある。
　この中で東海道本線掛川を起点として二俣・大野・浦川・武節を経て岐阜県東部の中央本線大井（現恵那）に至る鉄道構想は、全長９４マイル（約１５１．２ｋｍ）の路線で、静岡県内は３５マイル（約５６ｋｍ）である。この構想を知った静岡県掛川町はじめ沿線１２町村では、翌１２年１月１２日元田肇鉄道大臣宛てに次のような請願書を提出した。

「仰モ下記町村カ交通機関施設ノ必要ヲ感シ其ノ計画ヲ為シタルコト実ニ一再ニ止ラス、即チ明治二十九年遠参鉄道ヲ計画出願サルヲ初メトシ、爾後或ハ軌道条例ニヨリ或ハ軽便鉄道法ニヨリ、絶ヘス同様ノ企画ヲナシ片時モ之ヲ放念シタルコト無之候」

　この地域の鉄道敷設計画は数次にわたり出願し、その都度挫折したいわば宿願の計画であった。沿線町村ではその実現を図るため、掛川町出身の代議士松浦五兵衛らの連名で衆議院に「遠美線速成ニ関スル建議案」を提出し、大正12年の第46帝国議会に可決され実現に向けて大きく前進した。これを受けて同年4月24日掛川町で盛大な祝賀会が大木遠吉鉄道大臣ほか来賓82名が出席して挙行された。これにより沿線町村関係者らは遠美線建設実現に向けてさらに大きく動き始めた。

　ところが、この年9月1日突如関東大震災が起こり、東京をはじめ関東地方の復興に莫大な予算が必要となったこと、さらにその後の昭和恐慌などの不況が影響して、遠美線などの新たな鉄道敷設計画は無期延期されることになった。

44. 浜松臨海鉄道　　（大正13年・浜松市）

　大正11（1922）年6月『地方鉄道敷設免許申請書』が発起人浜松市浜松八幡地伊東八郎・同市鍛冶外山隆吉ら11名により静岡県当局に提出した。敷設目的は地方開発と産業発展のために浜松八幡地を起点に白脇村中田島に至る2哩40鎖（約4.6ｋｍ）に3フィート6インチの蒸気鉄道を敷設するものであった。区間は浜松平田から馬込川・瓜内・新屋・大畑・中田島で、沿線住民のほか夏期の海水浴客の旅客輸送と大藺・肥料・海砂・雑貨などの貨物輸送を見込んだ。

　大正13年8月15日鉄道敷設免許が下付され、その理由に「短距離ノ線路ニシテ収支ノ関係ニ付多少ノ懸念ナキニアラサルモ、終点付近産出ノ特殊貨物ヲ主要トスルモノナルノミナラス、知事副申ノ次第モアリ仍テ同案ノ通処理可然ト認ム」とあり、「成業後ノ成績如何ニ拘ラス地方鉄道補助法ニ依ル補助申請」をしない条件が付加されていた。

免許交付されても設立準備が遅れ、3度の工事延期願いを出し昭和2（1927）年8月ようやく資本金25万円、浜松臨海鉄道株式会社を設立した。ところが敷設工事がまだ始まらなく、やっと昭和6年2月工事に着手、同年10月竣工の予定であったが、この時期は破産宣告の後で、社内の実体が崩壊していた。同年12月12日東京で株主総会が開かれ、浜松臨海鉄道株式会社は解散することとなった。解散理由は経済恐慌などで建設資金が集まらなかったためといわれている。

45. 藤相鉄道　駿河岡部静岡線
　　　　　　　　　　　　　　　　　　（大正14年・静岡市）

　大正14（1925）年1月26日藤相鉄道が大手・駿河岡部間が開通したころ、駿河岡部からさらに東へ静岡市と結ぶ話が持ち上がった。駿河岡部・静岡間には東海道の難所のひとつの宇津ノ谷峠があった。この宇津ノ谷峠は明治9（1876）年に最初の隧道（長さ224m、幅7．3m、高さ4．5m）が開削され、同37年に改修されて人馬の往来が盛んに行われていた。
　その隧道にレールを敷設して隧道内は人馬と軽便鉄道とが併用する計画であっただろうが、文書その他が判明せず実現していない。宇津ノ谷峠の勾配が急で敷設費に多額な費用がかかること、機関車が車両を牽引することができるかも問題だっただろう。実現していれば沿線は開発され静岡市のベッドタウンとして利用客は多くなり、その後、3フィート6インチに改軌し電化され現在も隆盛であると考えられる。

46. 遠三急行電気鉄道　（大正15年・浜松市）

　大正13（1924）年12月9日付の『報知新聞・静岡版』に「数年後の浜松は電車だらけになる計画　市営電車の内外線に遠三浜豊その他延長」という見出しで、当時の鉄道計画線の様子を興味深く伝えている。「…今回目論みつつあるのはまず第一に例の豊橋間二十マイル四百

万円の浜豊急行電車を初めとして、愛電の延長線ともみるべき豊橋から浜名湖岸引佐郡気賀町に至る遠三急行電車で、これは前記浜松鉄道をも買収して電化し浜松市に乗り入れる事は火を見るよりも明かな事実である。一方遠電では浜名郡中の町に至る軽鉄の電化計画もあり更に市のアウトラインを一周すべき外廓電車の設計もひそかに歩を進めてゐる。しかしこれは市営事業として市内電車と共に経営せんとの計画もあるから道路完成の上は無論実現するはずである。それからやかましく伝へられてゐる問題の遠三電鉄は三信側と発願のかたちになるだろうが結局勝算むづかしかるべくこの点のみはすこぶる不利の位置におかれてあるが、しかしたとひ三信鉄道が速成されるとしても、遠州側としてはある時期において省営で実現する事はもち論である。以上を総合すると、市内及市外廓を初め遠電、遠三浜豊ならびに中の町線などいづれも電化し更に遠信を加える時は、実にクモの巣の如く八方に交通網がグングンのびるわけで今後数年後における浜松市の交通状態は実に全国中都市に例を見ないはつらつたるものがあると」

　国鉄東海道本線に一部沿い浜名湖南を渡って浜松と豊橋を結ぶ鉄道計画が遠三急行電気鉄道である。この鉄道の目的は①豊橋市南部の発展②岩屋山遊園地の繁栄③雄踏・白須賀に過去の繁栄を回復させる④浜松市郊外南部海岸地方の発展などにあった。

　大正１５年５月『浜松新聞』によればこの鉄道の概要は次の通りである。発起人の豊橋側は神野三郎・武田賢治・倉田藤四郎・今西卓、浜松側では宮本甚七・加藤喜一郎・久野茂・金原徳次・杉山正一・住岡栄太郎であった。資本金２８０万円。軌間１０６７ｍｍ。単線。株主割合は豊橋・浜松両市で６０％、その他で４０％とする。

　計画路線は浜松より伊場・入野・神久呂・雄踏・舞阪・新居・白須賀・細谷・二川・豊橋であった。同年７月出願され、許可が下付され次第着工の運びとなる。同年１０月１６日浜名郡雄踏町議会では、この鉄道敷設に関し入野・神久呂・伊佐見・庄内地方・湖西地方の物資の集散する要地である当町として、地域内に敷設する用地には全部時価より２割引をもって鉄道会社に提出することを議決している。同月、同郡新居

町でもこの鉄道に将来の発展を期待しこの計画を援助するとして、町内の該当路線の土地価格を時価より割引して提供する議決を行っている。

一時は「遠三急行電車は目下鉄道省に於いて審議中なるも、同鉄道に於いて橋梁（浜名湖鉄橋）・幅員拡張の分担金さへ負担すれば、橋梁利用を許可されるらしく愈々有望視される」（昭和3年9月『浜松新聞』）までに運動の成果があったことがうかがえる。

しかし、東海道本線との競合や浜名湖北の遠三電気鉄道計画との関係があり申請は却下されることになる。こうして遠三急行電鉄計画は消滅するが、その後も浜松、豊橋間の電鉄計画は立てられている。例えば昭和4（1929）年浜松側から4路線（浜松・豊橋間1線、浜松・新居間3線）、豊橋側から（豊橋・新居町間1線）、東京代々木の東治郎兵衛らが浜松・豊橋間の電鉄出願を行っている。だが、昭和金融恐慌はきびしく昭和5年8月の『浜松新聞』には「一頃の私鉄熱どこへやら」という見出しで、私鉄の出願はひところ1カ月200件あったが、現在では大幅に減少し、さらに私鉄400社のうち3分の1は無配当で鉄道省は警告を発し、認可取り消しの方針を打ち出したことを伝えている。同年11月政府は私鉄の救済策として「鉄道軌道事業の変更に関する法律」を通達している。

47. 遠州電気鉄道　浜松市内線・浜松郊外線
（昭和2年・浜松市）

遠州電気鉄道株式会社（略称遠電・現遠州鉄道）は大正14（1925）年1月国鉄浜松駅前・第二中学（現浜松西高校）間に電気鉄道計画を発表した。この路線は浜松市の中心地を東西に走り、経路は浜松駅前・鍛冶町・大工町・栄町・鴨江町・第二中学前であった。

この計画は昭和2（1927）年7月次のように変更され静岡県当局に出願した。

〔計画概要〕　資本金250万円　路線＝市内複線・市郊外単線　運転時間16分毎　停留場＝1.6kmに5カ所

〈本線・木戸町舞阪線〉木戸町・松江町・新町・板屋町・浜松駅前・
　　旭町・鍛冶町・大工町・栄町・二葉遊廓大門前・東洋町（鴨江
　　町）・西伊場町・入野村・彦尾・新津町・篠原村・舞阪町弁天島
　　（浜名湖鉄橋まで）
〈支線・板屋町亀山線〉板屋町・田町・神明町・紺屋町・高町・名残
　　町・亀山町（現鹿谷町）
〈支線・伝馬町伊場町線〉伝馬町・旅篭町・成子町・菅原町・伊場町
　　（現ＪＲ浜松工場前）
　この出願に対して浜松市は静岡県に許可しないように働きかけを行っている。その理由として昭和初年の経済恐慌・市の起債不許可・市営バスの普及と競合するなどが主なものである。これらの浜松郊外線・浜松市内線はいずれも実現していない。

48. 浜松鉄道　浜松市内線・浜松郊外線
（昭和２年・浜松市）

　浜松鉄道株式会社（遠州鉄道奥山線の前身会社）の市電計画は、遠州電気鉄道への連絡を目的として大正15（1926）年12月に立てられた。その後遠州電気鉄道と同様に昭和２年７月に次のように変更して静岡県当局に出願した。
〔計画概要〕（旧案）①名残の停留場・広沢普済寺前・裁判所前・東洋町
　　　　　　　　　（鴨江町）・伊場町・旧東海道筋
　　　　　　（新案）資本金４０万円・複線
　　　　　　　　　〈浜松市内循環線〉板屋町駅前・浜松駅前・鍛冶
　　　　　　　　　　町・栄町・鴨江・裁判所前・浜松高工（現浜松
　　　　　　　　　　市立高校）前・名残町・高射砲第一連隊（現和
　　　　　　　　　　地山）
　　　　　　　　　〈浜松郊外線〉浜松①（起点が明確でない・板屋町
　　　　　　　　　　駅前か）・佐鳴湖東岸・富塚町・庄内（舘山
　　　　　　　　　　寺）・②浜松（①と同様）・佐鳴湖西岸・富塚

(①と合流する)

この計画も遠州電気鉄道と同様の理由で実現していない。

49. 富士大石寺電気鉄道　（昭和2年・富士郡）

　昭和2（1927）年3月14日富士大石寺電気鉄道株式会社の鉄道敷設申請書が鉄道大臣井上匡四郎に提出された。発起人は富士郡白糸町渡辺登弐郎・同郡大宮町池谷幸作・同郡上井出村佐野清治ら38名である。この内訳は大宮町10、白糸村5、上野村5、富丘村4、上井出村3、富士根村1、それに東京9、神奈川1が連署捺印している。

　『地方鉄道敷設免許申請書』によれば、「今般富士大石寺電気鉄道株式会社ヲ設立シ静岡県富士郡大宮町ヲ起点トシ同上井出村ニ至ル延長八哩四拾八鎖（約13.8km）間ニ電気鉄道ヲ敷設シ一般旅客並ニ貨物ノ運輸業ヲ経営致度候間特別ノ御詮議ヲ以テ御免許被成下度別紙関係書類相添ヘ此段及申請候也　昭和二年三月十四日　富士大石寺電気鉄道株式会社発起人」〔（　）内は引用者〕とあり、創立事務所は静岡県富士郡大宮町駅前となっている。

　『会社仮定款』には本社は東京市に置き、資本金100万円、1株50円とする。定時株主総会を毎年5月と11月に開催、役員は社長1名、専務1名、常務2名以内、取締役5名以内、監査役3名以内としている。取締役は200株以上で任期は3年、監査役は100株以上で任期は2年とし、補欠は選任された前任期の残任期間とする。会社の営業・庶務・会計・建設の4課長は取締役中より推薦するとし、取締役・監査役の報酬は1年1万5000円以内で、決算期の純益金は法定準備金100分の5以上、役

富士大石寺電気鉄道「地方鉄道敷設免許申請書」本通

員賞与金は100分の15以上、株主配当金は空白になっているなど、32条にわたっている。また『起業目論見書』には、軌間三呎六吋（1067mm）、動力の供給者は富士電力株式会社、建設予算98万円、旅客数1哩当たり7万5000人を算出基礎に年間129万人、貨物は木材を中心に雑貨の輸送を22万5000トン見込んでいる。しかし、この鉄道は実現されていない。そのなによりの証拠には本書著者が東京の古書店でこの『地方鉄道敷設免許申請書』の原本を入手したからである。おそらく実現できなかった理由のひとつに申請時期が昭和恐慌の最中で株式の募集など困難と予測されたからであることが推測される。

50. 雄踏町営伊場山崎線　（昭和2年・浜名郡）

　昭和2（1927）年浜名郡雄踏町では、大正14（1925）年2月11日の町制施行を機会に、従来よりバスの運行が1日数往復しかない不便を解消するため、昭和2年同町を中心に遠州電気鉄道の協力を得て電鉄の創設運動を起こした。町民は計画が具体化すれば必要な用地を無償に近い価格で遠電に提供してよいという意向を表明するほどのこの計画に期待をかけた。
　電気鉄道の敷設費は100万円。路線は雄踏街道に沿って伊場から山崎までの延長11.4km。停車場・停留場を含め13カ所であった。しかし、この鉄道計画がなぜ実現されなかったか定かでない。おそらく遠電の浜松市内線の終点伊場町での接続を計画していたことが考えられ、だとすれば遠電市内線の計画倒れと連鎖反応したとも考えられる。

51. 駿富電気鉄道　（昭和2年・沼津市）

　昭和2（1927）年9月26日沼津市と富士郡吉原町地区の有志が発起人会を開き、駿富電気鉄道株式会社を設立した。事務所を沼津市三枚橋字惣作153番地の1に置き、取締役社長に杉山周蔵が就任した。計画路線は、沼津から根方通りを経て富士郡今泉村下和田付近を通り、

富知六所浅間神社北側の旧大宮街道の近くを北進し、同郡鷹岡村を経て同郡大宮町に至る１３マイル４チェーン（約２２ｋｍ）である。

　富士郡吉永村役場の同日の日誌に「村長発起人会出席のため沼津へ出張」とある。同日誌にはその後昭和５年８月１３日までの間に幾度かの会合を記し、会社の計画の進捗状況が記されている。それによると関係町村はこの鉄道建設について真剣に取り組み、会社理事者と各村当局は打ち合わせ会を重ね、あるいは村議会を開いて設置委員会を結成し用地買収をはじめるなど、関係町村では機を得た事業として賛成であった。

　富士郡伝法村の記録には和田橋付近に設置する踏切、法寿寺山門の並木の東側を横切る問題、また旧隔離病舎に対する補償問題などで、会社との交渉が難航していること記されているが、用地に反対しているわけではなかった。昭和５年８月２１日の同誌の記録には、会社より村長遠藤峯太郎宛ての「村内土地立入測量期日の延長」という通知を最後に、駿富電気鉄道株式会社の関係文書は見当たらない。

52. 浜名湖遊覧電気鉄道　　（昭和２年・浜名郡）

　浜松市郊外にある佐鳴湖から浜名湖北岸に位置する舘山寺を経て引佐郡気賀に至る電気鉄道計画が、昭和２（１９２７）年７月３１日付の『静岡日報』に掲載されている。この鉄道を計画した中心人物は倉元要一で、沿線町村の有力者が後援者となっているが、その後の記録は見当たらない。

　この鉄道計画は同じころ計画された遠州電気鉄道・浜松鉄道・浜松市営などの市内線・郊外線と接続し、奥浜名湖の景勝地と結ぶ路線であったのであろう。構想は当時として魅力あふれるものだっただろうが、新興の乗合バスの伸展に危惧したこと、金融恐慌、市内線計画の破綻などによって連鎖反応的に実現できない要因が重なったものと推測される。

53. 遠三電気鉄道　　（昭和2年・浜松市）

　浜名湖南線の遠三急行電気鉄道案に対して、浜名湖北の三ヶ日・気賀を経由して豊橋・浜松両市を結ぶ湖北線計画が遠三電気鉄道である。資本金400万円、このうち200万円を愛知電気鉄道、残りの200万円を豊橋・浜松の両市がそれぞれ100万円ずつ負担して設立するというものであった（『新朝報』昭和2年5月28日付）。

　当初浜松市はこの計画を渋っていたが、昭和2（1927）年8月に遠三電気鉄道株式会社が正式に発足し第1期工事計画も決まり、一部開通へ向けて工事施工認可を申請中であった。しかし昭和5年10月12日の財界不況により遠三電鉄は解散したと『新朝報』は同月15日付で報道した。

54. 浜松市営市街電車線　　（昭和3年・浜松市）

　大正15（1926）年11月3日付の『浜松新聞』に次のような記事（要約）が掲載されている。「市街電車は私営か市営か　市側の方針（都市計画の内容）が不明のため再度協議することに決定す」。昭和2（1927）年12月浜松市は鈴木幸作・津倉亀作ほか9名を浜松市街電車調査委員に任命し諸調査を依頼する。調査委員のなかに市営は財政上不可能とか、乗合自動車網の整備が先決であるといった反対意見があり計画はまとまらなかったが、翌3年7月ようやく次のような計画を発表することに漕ぎつけた。

（第1案）　鴨江馬込線＝鴨江町・鍛冶町・浜松駅前・馬込町
（第2案）　①浜松駅前・田町・板屋町・馬込町・天神町
　　　　　②浜松駅前・伝馬町・大工町・鴨江町・裁判所前・第二中学前
　　　　　③浜松駅前・伝馬町・連尺町・旧郡役所前・高町連隊前
（第3案）　①旭町天神町線　②旭町成子町線　③鍛冶町追分線　④伝

馬町鴨江線

　これらの諸案に対して駅南方面の委員より駅南路線の増設案が提案されたため紛糾し、計画は宙に浮くかたちになってしまう。こうした状況の中で浜松市議会は同年８月、市営電車の敷設をとにかく可決するが、経済恐慌に関連して資金調達のための起債が困難な形勢となり、計画も浜松市で財産処分してできる範囲に縮小され次のように変更される。
　①馬込町・伝馬町・菅原町、②馬込町・伝馬町・大工町・二中前
　③馬込町・伝馬町・連尺町・高射砲連隊
　浜松市はこの計画を県へ出願し、競願の３社に市内路線敷設を断念するように勧告する。市側の理由は、当局に市電の利益によって市の財政を支援する考えがあり、その利益を他の私営に取られてはならなかったのである。しかし結局は市営電車敷設のための起債は不許可となり、金融恐慌による資金調達を困難なものとし、ついに計画は放棄せざるを得なくなる。昭和３年７月の『静岡日報』に市と競願する「３社＝浜松鉄道・遠電・郊外電車」とあるが、戦後、浜松市の市内交通は浜松市バス、遠鉄バスが市内のバス路線を発展させていく。

55. 中遠鉄道　法多山線　（昭和１７年・磐田郡）

　中遠鉄道株式会社は昭和１７（１９４２）年１２月１６日「地方鉄道延長敷設免許ニ関スル件」について運輸省鉄道局に提出した。延長敷設理由は法多山尊永寺までの輸送を既存の個人経営による乗合自動車の運行から浜松地区に統合されることにより、法多山尊永寺までの鉄道輸送としたい旨の内容であった。当時の国内情勢の背景には戦時下の国策により運輸事業の統合の動きがあり、車両その他の資材調達はきわめて困難とされ、敷設計画は立ち消えとなったように考えられる。
　ところで法多山尊永寺までの路線はどこを起点として計画されたのであろうか。既存の袋井新・新三俣間の途中「芝」あたりから東進し、豊沢に抜ける道路沿いを尊永寺門前に至る敷設案、いま一つは袋井新から尊永寺までの直行新線案だが、これは建設費もかさみ、開通後の諸経費

も増大する。静岡電気鉄道秋葉線の可睡口から分岐して可睡斉までの可睡線と同様に建設すれば、建設費は比較的少額で完成すれば運転効率もよく前者案ではなかっただろうか。

56. 駿豆鉄道　沼津吉原線
　　　　　　　　　　　　　　　　　　（昭和１８年・沼津市）

　昭和１８（１９４３）年３月１６日駿豆鉄道株式会社（現伊豆箱根鉄道）によって大正６（１９１７）年創立の駿豆鉄道以来、再び鉄道敷設の免許出願がなされた。路線も大正６年に同様の経路であったが、やや短縮され沼津を起点として吉原に至る１７ｋｍであった。しかしその後太平洋戦争の激化にともない中止となる。

57. 静岡鉄道　三保線　（昭和２０年・清水市）

　昭和２０（１９４５）年３月静岡鉄道株式会社は、太平洋戦争の終局近く第一種軍需充足会社に指定され、一般旅客を制限し軍需要点の重点輸送に転換されて三保線を建設した。当初は無軌条敷設が計画されたが、当時はまだ欠陥が多いことから静岡線の柳橋から分岐して三保間に計画される。

　同年４月認可を受けただちに着工に入った。ところが戦争中の資材不足・労働力不足、さらに空襲の激化などで工事は難航した。施工の進捗状況が５割の時点で、静岡市の空襲により整備車両の大部分を焼失し、工事が竣工されても車両が皆無に等しい事態となり、工事未完のまま終戦を迎え実現ならずに終わった。

58. 駿豆鉄道　沼津吉原線
　　　　　　　　　　　　　　　　　　（昭和２１年・沼津市）

　昭和２１（１９４６）年１０月６日終戦から日の浅い駿豆鉄道株式会

社では、三度鉄道敷設の出願を運輸大臣に申請した。計画路線は前回と少し異なり、国鉄沼津駅を起点に富士郡吉原町および沼津市静浦に至る２２．２ｋｍであった。建設費は３５０万円を計上した。

　昭和２２年８月１日同社はさらに「富士郡元吉原村国鉄鈴川駅ヲ起点トシ吉原町ヲ経テ同郡吉永村ニ至ル鉄道ヲ敷設シ一般運輸ヲ営ミ…」とした申請を運輸大臣に提出した。

　この出願申請は昭和２３年２月１８日に免許が得られ、かねてより予定していた岳南鉄道株式会社にこの鉄道敷設の免許権を譲渡し、昭和２８年１月２０日鈴川・岳南江尾間９．３ｋｍが全通していく。

59. 大井川鐵道　御前崎線　（昭和２３年・榛原郡）

　大井川鐵道御前崎線は、創業時より敷設計画の意欲があって、大井川鐵道初代社長中村円一郎は藤相鉄道の取締役も兼務していたが、具体化したのは戦後のことである。大井川鐵道御前崎線の動きを株式の面から見ると、昭和２４（１９４９）年４月の増資は大井川線の電化に充当されたのち、同２６年にも増資を行い、また宮内庁の持ち株１万８０００株の民間移動を完了している。これと並行して同２３年ごろより御前崎線計画と関連して株式の募集があり、同２４年１０月から翌２５年６月にかけ御前崎・相良・榛原

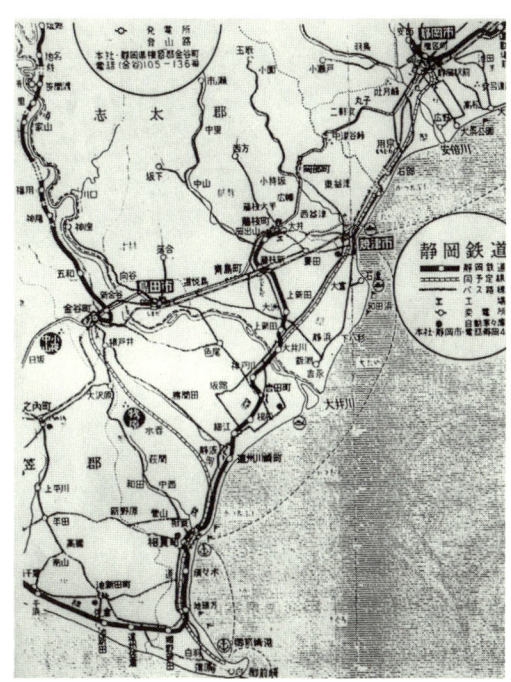

静岡鉄道静岡大井川線と大井川鐵道御前崎線の予定線が掲載された地図（静岡民報社発行）

未開業の鉄道・軌道　391

町の多くの住民が大井川鐵道の株式を取得している。同23年から同26年ごろにかけ具体的な状況となり地元協議・増資・測量・免許などの準備が進められたが、どうした理由かその後中止となった。

御前崎線の関係図面は昭和29年の金谷の水害で放棄されたが、動力は電気とし、添付地図では金谷起点だが実際には新金谷が起点で、初倉を経由して相良に向かい終点は御前崎の先端であった。

60. 静岡鉄道　静岡大井川線
(昭和25年・静岡市)

静岡鉄道では昭和18（1943）年の五社合併以後、静岡線と藤相線を結ぶ計画が立てられていた。この計画は静岡線の運動場前を起点に、東海道本線用宗・焼津間にある石部(せきべ)隧道を抜け、焼津を経て藤相線相川（大井川）で接続する路線であった。石部隧道は、太平洋戦争中に国鉄が弾丸列車専用に計画され、太平洋戦争の激化で弾丸列車敷設工事は中断され、建設されていた新しい隧道に東海道本線を開通させたため、旧隧道は未使用となっていた。

静岡鉄道では昭和21年6月20日敷設申請を行い、同25年12月23日に免許許可が下りた。しかしその後国鉄では新幹線の建設が決定し、弾丸列車用に掘削されていた新隧道は東海道新幹線が使用し、旧隧道は再び東海道本線で使用することとなったため、この計画は実現されなく終わる。

仮に新幹線が計画が数年遅れ、静岡鉄道でこの路線が実現していれば、同線と接続した藤相線の沿線も開発が進み、利用客がさらに増大し、同軌間は1067mmに改軌され、静岡行きの急行が走ればその後に普及著しい路線バスと対抗し現在も存在していることが考えられる。

61. 岳南鉄道　吉原日産前入山瀬線
(昭和27年・吉原市)

　岳南鉄道の吉原から入山瀬まで延長して身延線に接続する計画は、昭和22（1949）年に富士岡・江尾間の第2期工事とともに施工することが期成同盟会で決定していた。岳南鉄道では昭和27年11月25日に吉原日産前から入山瀬までの5．4kmの敷設免許を受け、同29年6月1日同区間の工事施工認可の申請を行った。昭和54年にこの認可は失効となっているが、資金調達が困難であったか、用地買収で暗礁に乗り上げたのか、あるいはその他の理由であるのか明らかでない。

62. 伊東下田電気鉄道　下田石廊崎線
(昭和31年・下田市)

　昭和31（1956）年2月1日東京急行電鉄は、伊東下田電気鉄道株式会社発起人代表五島昇名儀で伊東・下田間地方鉄道敷設免許申請書を鳩山一郎内閣の吉野信次運輸大臣に提出した。
　このなかで鉄道敷設計画には第1期工事に伊東・下田間47．8kmを建設費47億8000万円、次いで第2期工事を下田・石廊崎間15．5kmに建設費15億5000万円で完成させる計画としていた。
　伊東・下田間は昭和36年12月10日に開通（伊豆急行に社名変更）しているが、下田・石廊崎間は実現されていない。
　これは伊東・下田間の建設費が当初計画より膨大な金額になったこと、また下田・石廊崎間の距離もかなりあり、建設費に見合う集客にも乏しく、沿線開発にも大きな期待が望めないと判断されたのかも知れない。

63. 国鉄佐久間線　(昭和42年・天竜市)

　国鉄佐久間線の起源は、昭和12（1937）年帝国議会で建設が可

決され、同１４年建設線に指定されるが日華事変のため工事は中止された。戦後の昭和２６年佐久間線沿線が国土開発特定地域に指定され、同線開発を開発事業として実施要請された。鉄道建設審議会はこの要請に応じ各種の調査を行い、同３７年審議会は同線の建設線編入を決定した。同３９年運輸大臣より工事線編入の指示が下り、同４１年１２月同線の着工の杭打式が挙行された。

　佐久間線は静岡県の遠州地方と愛知県の東三河地方と長野県の伊那地方を結ぶ国鉄短路輸送線で、総工費１８６億円を見込み、昭和４２年４月に認可され、同年６月２０日天竜市二俣町で起工式が行われた。全線の規模は国鉄二俣線遠江二俣から国鉄飯田線中部天竜間３５ｋｍの単線区間で、第１期工事は二俣・横山間１３．４ｋｍに着手した。

　東海道本線掛川経由、遠州鉄道二俣電車線経由の計画で、天竜川流域・北遠地方の森林資源開発・過疎対策・観光開発・地下資源開発、さらに長野・愛知両県との産業・文化の交流等に大きな期待がかけられた。

　しかし、総事業費が約２００億円近くが見込まれたのに対して毎年の予算はわずか３億円で、着工以来９年を経て完成した部分は全線の１８％にすぎず、いつ全線開通するのか全く見通しが立たない状態となる。昭和５１年当時といえば、大きな赤字を抱える国鉄にとって黒字の見通しのない新線建設は「お荷物」であり、地元の顔をつぶさない程度に工事を継続してさえいればよいということだったのだろうか。

　昭和６２年４月１日日本国有鉄道改革法により、国鉄敷設法そのものが廃止された。翌６２年６月７日国鉄佐久間線建設同盟会が天竜市で臨時総会を開き、同盟会解散を承認、佐久間線建設断念を正式決定した。

　ここで考えられることは大正３年政友会原敬内閣成立以来、鉄道省を新設し政友会は全国に鉄道敷設を旗印に掲げ、総選挙で得票数を伸ばしていたことである。全国には大正１１（１９２２）年４月公布の『改正・鉄道敷設法』に期待をかけて、それを推進しようとした議員を支援し続けた選挙民もいたであろうし、実現できない鉄道を承知で自らの議員生命を長らえるために地元民に対し鉄道敷設を重要な公約の一つに掲げていた議員もいたはずである。佐久間線のような運命をたどった鉄道

線は他にもおそらくあったであろう。

64. 浜松市の新交通システム　　（平成元年・浜松市）

　平成元（１９８９）年２月２８日までに静岡県はテクノポリスや浜名湖開発の進む浜松市で新交通システムの必要性が叫ばれる中、予想利用数のデータをもとに導入の可能性を検討した。調査は２１世紀の県西部の総合都市交通計画を策定するため、県と県西部１６市町村で作る西遠都市圏総合交通計画協議会（会長塩川理一郎・県都市住宅部長）が昭和６０～６２年度に実施した。

　２０年後の西暦２００５年をめどに西部１６市町村の人口を１１３万人と想定。モノレールやリニアモーターカーの新交通システムでＪＲ浜松駅から浜松テクノ都田開発区を経て天竜浜名湖鉄道都田駅を結ぶルートと、ＪＲ浜松駅から湖東団地、フラワーパークを経て舘山寺温泉を結ぶルートの２路線（総延長２７．６ｋｍ）を想定した。この利用客は１日４万３０００人、ＪＲ東海道線の８万２０００人は下回るが、遠州鉄道の２万７００人、天竜浜名湖鉄道の５０００人を大幅に上回る。しかし１ｋｍ当たり利用客１日約１６００人で、採算ベースに乗るといわれる１万人におよばないことが分かった。これは用地買収や専用軌道、駅の建設などの施設整備を行政や第三セクターで負担しても採算がとれない数字だという。今後は都市開発・地域開発を加味した新たな交通システムを検討する必要があると結論づけている。

65. 浜松市街地リニアモーターカー構想
　　　　　　　　　　　　　　　　（平成７年・浜松市）

　日本モノレール協会（会長根本竜太郎）は、平成７（１９９５）年９月「浜松リニアモーター新交通システム」の計画試案を独自にまとめ浜松市に提出した。道路の中央分離帯に支柱を建て高架軌道を設け、２両編成のリニアモーターカーを走らせる構想である。

路線はＪＲ浜松駅から初生町まで６．７ｋｍ、全線複線で駅は９カ所、全線を１４分で結び、８〜１２分間隔で１日２万５０００人の利用者を見込む。建設費は２５９億円。経営主体は地方公共団体を中心に第三セクターを想定、資本調達は出資金と金融機関からの借り入れで賄い、主要株主の公共側が相応の無利子貸付金を手当てすれば、単年度黒字化１０年、累計で２０年という評価基準はクリアできるとしている。

　これに対し浜松市側は、いますぐ具体化に向けて検討するつもりはないが、将来の街づくりの参考にさせてもらう、と受け止めている。このリニアモーター線構想はその後進展していない。

66. 静清地域８の字形懸垂式モノレール構想
　　　　　　　　　　　　　　（平成９年・静岡・清水市）

　静清地域の新たな都市づくりを研究するＳＳシティー構想推進協議会は平成９（１９９７）年５月２１日総会を開き静岡・清水両市の県中部地域自治体による政令指定都市の実現を決め、その中で協議会内部で研究を続けてきた両市間の新交通システム計画について報告した。

　この計画案は静岡市広野から清水市袖師の間を「８の字」形に巡る懸垂式モノレールで、総延長約６０ｋｍ、駅数５２、４．３ｋｍの日本平区域はロープウェイ式を想定している。ワンマン運転で列車の編成は４〜５両。平均速度は時速３５〜４０ｋｍ、ラッシュ時は５〜１０分、通常は１５〜２０分間隔で運行する。建設費は１ｋｍ当たり７５〜９０億円。ロープウェイ部分は１ｋｍ当たり１０億円。運営は第三セクター方式を考えている。このモノレール構想はその後具体的進展は不明である。なおこのころ、静岡市の市民グループにＬＲＴ（超低床次世代型路面

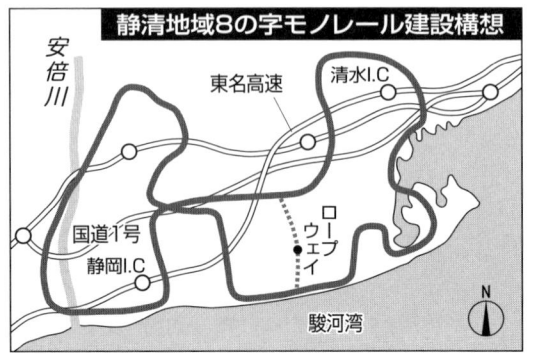

電車）を市内に走らせようとする研究が始められている。

67. 静清合併後の新交通システム４路線案
（平成１１年・静岡・清水市）

　静岡市・清水市合併協議会で築く「都」のデザイン部会副会長片山卓委員（静岡市議会副議長＝当時）が平成１１（１９９９）年１０月２２日、都市グランドデザインの中間素案に盛り込まれた新交通システムのルート案を私案として発表した。路線は東静岡から安倍口団地・用宗・大浜公園を経由する静岡環状線（延長２８．８ｋｍ）、東静岡から狐ヶ崎・三保・ＪＲ清水駅・鳥坂を経由する清水環状線（同３６ｋｍ）、静岡大学から県庁前を経由して羽高までを結ぶ静岡南北線（同１３．６ｋｍ）、袖師と興津を結ぶ興津線（同４．３ｋｍ）の４路線。
　この新交通システムは新聞報道の限りではモノレールなのか、リニアモーターなのか、ＬＲＴなのか方式が判らない。合併後も進展は不明である。

68. 静岡市にＬＲＴを走らせる準備会
（平成１６年・静岡市）

　バリアフリーで環境に優しい次世代型路面電車ＬＲＴを静岡市に導入したいと同市議会全会派・商店街関係者らが「静岡にもＬＲＴを走らせる準備会」を平成１６（２００４）年１１月発足させた。委員長には超党派の衆院議員でつくる「ＬＲＴ推進議員連盟」で幹事を務める牧野聖修が就任した。
　ＬＲＴは高齢社会にもふさわしく、例えば静岡地域は南北の交通網に弱いとされ、静岡大学・県立大学・東静岡駅・県立病院などをつなぐモデルも試案として紹介された。平成１７年１月ごろに多くの市民を巻きこんだ形で正式に発足させ、ニーズの調査、国・県・市に実現に向けて働きかけ、５年間をめどに完成させたい意向とした。国土交通省はＬＲ

Tを自治体に促すため、来年度予算の概算要求に「LRT整備費補助」として約50億円を新規に盛り込み、このため全国の自治体でLRT導入に向けた機運が高まっている。しかし、その後の具体的進展は見られない。

69. 富士市新交通システムDMV構想
（平成18年・富士市）

　公共交通体系の見直しを進めている富士市は、東海道新幹線新富士駅と東海道本線富士駅との間と、市内の東西に延びる岳南鉄道を基軸に交通体系を構築するため、その先導役として早くからDMVに着目していた。DMV（Dual Mode Vehicle）デュアル・モード・ビークルは、JR北海道が開発した道路と線路を自在に往来することができるボンネット型のやや角ばったイエローボデーの車両である。
　平成18（2006）年11月24・25日の両日、岳南鉄道の最終列車運転の終了後に6回ずつ翌未明にかけて走行試験が行われた。コースは岳南原田駅・市場踏切の2．8kmを線路・市場踏切でモードチェンジし、一般道を3．2km走行して岳南原田駅に戻る全長6kmで、区間最高速度20km／hの走行テストであった。北海道以外の初走行で、夜間の現地には鈴木富士市長の記者会見や深夜にかかわらず沿線には大勢の見物人が集まり、DMV導入への富士市の意気込みがみられた。
　その後DMVは天竜浜名湖鉄道でも平成21年1月31日・2月1日の両日、三ヶ日駅から線路に入り、西気賀駅西側の踏切付近から道路を走行して三ヶ日駅に戻るコースの実証実験が行われた。
　しかし、双方ともその後の採用実現への動きは明らかでない。

70. 新浜松市新交通システムLRT敷設構想
（平成14～22年・浜松市）

浜松市の街づくりを考える市民組織「浜松都市環境フォーラム」（代

表内田宏康）は、同市が１２市町村合併後に政令指定都市になった場合に導入すべきとするＬＲＴ（Light Rail Transit）の具体的な４路線案を平成１４（２００２）年１１月２７日発表した。ＬＲＴ（ライト・レール・トランジット）は１９８０年代から欧米に始まり、斬新なデザイン・超低床・高性能・多機能を備え、利便性・快適性・静穏性・低コストに優れ、車椅子・ベビーカー・自転車の乗車が可能で交通弱者に優しい車両で、街の活性化に大きな役割を果たしている。日本では１９９５年から路面電車整備への助成を始め、広島電鉄はじめ各都市で導入され、豊橋鉄道では豊橋市内に走り、全国で１０都市以上で導入に向けた動きがある。問題は自動車の便利さに慣れた日本社会で、路面電車と自動車がどうすみ分けていくかにかかっている。当初案では都田遠州浜線・浜松環状線・舘山寺と東名・湖西市鷲津と東海道本線とを接続、総延長約８５ｋｍ、建設費１７００億円としている。

　その後、ＬＲＴ導入をさらに前進させる構想として同フォーラムＬＲＴ部会長に本書の著書が１年かけ独自に実地踏査し同フォーラムのＬＲＴ公開講座でさらに検討を重ねた。平成１５年１２月７日「広域都市交通を考えるシンポジウム」（浜松都市環境フォーラム主催）をＪＲ浜松駅前のフォルテホールで開催しその具体的内容を発表した。新提案で動力はCO_2削減と震災に強い架線のない世界初の水素・酸素からなる燃料電池（日本総合鉄道研究所で実験済み）の採用、軌間１０６７ｍｍ。

路線は７路線、ＪＲ浜松駅を起点に放射線状に、①三方原本線（浜松工高まで８．４ｋｍ）、②佐鳴湖線（大平台まで６．３ｋｍ）、③宮竹線（笠井街道まで４．８ｋｍ）、④富塚線（狸坂まで５．９ｋｍ）、⑤高丘線（浜

世界初！　燃料電池式ＬＲＴが浜松を変える（鍛冶町を走るＬＲＴ（イメージ図））

松西ＩＣまで１０．４ｋｍ）、⑥中田島線（中田島砂丘まで４．６ｋｍ）、⑦大柳線（大柳町まで４．５ｋｍ）で総延長４４．９ｋｍ（④⑤の重複区間は差し引いてある）原則複線で建設費８９２億円、沿線には鉄道交差、橋梁等なくすべて道路上に敷設する。１路線ずつ市民の支持と行政の了解のもと延長路線も可能とし、経営形態は路線・車両・建造物は自治体等の負担、運行諸経費は鉄道事業者の負担する上下分離方式の第三セクターとする。ＬＲＴ採用の狙いは街の賑わいの再生、少子高齢化社会、地球温暖化への対応で、早期実現採算ベースを目指すとした。

研究内容では沿線人口・集客施設・道路状況等について詳細に調査し、２交差点目の信号機直近の横断歩道を渡り中央分離帯の箇所に島状形式の停留場を設置し、ＬＲＴ優先信号で運転する。具体的に例えば①三方原本線の場合、沿線人口８万７０００人、建設費１８５億８０００万円、電停数２０、全線３０分、日中６分間隔、利用者１日１万人、運賃初乗り１５０円（従量制）２連接１１編成のワンマン運転、収入６億１９００万円、要員６３（うちパート１７）、車両・固定資産償却費（車両・建物除く）を除けば、１０年内に累積黒字転換する。

浜松都市環境フォーラムは、その後市民・地元大学教授・交通事業者・行政・市・県・国会議員らにより自動車依存型の交通政策を転換する運動が進められ、平成２０年４月市民と大学教授からなる「都市交通デザイン研究会」（会長川口宗敏）を設立し、『浜松型次世代交通システムの提案』を同２２年５月発表した。

この中で人口８２万の浜松市とその周辺地域の公共交通機関の現状と改善策を解説し、自動車交通に依存した結果バス交通が衰退化し、公共交通分担率は全国政令指定都市の中で最下位の４．４％と指摘している。高齢化社会とCO_2削減対策が強く要請されている中、将来のまちづくりとしてＬＲＴ敷設構想の位置づけが報告されている。動力はリチウムイオン電池を搭載し、軌間１４３５ｍｍ、車両は２階建てを採用、路線は前述の提案とほぼ同じで、高丘線と大柳線が消え、やや延長した路線もあり総延長４２．６ｋｍ、総事業費１０００億円で、これはＪＲ浜松駅前にあるアクトタワー建物の３分の２の費用、運行形態も前述とほぼ

同じで年間１１６３万人を見込み、経営も上下分離方式で採算ベースになるとしている。本提案により地域公共交通の重要性・緊急性に対する市民の認識が高まり、行政・議会のリーダーシップのもとに誰もが容易に安全に移動できる「浜松型次世代交通システム」が実現することを願っていると結んでいる。

71. 東部２市３町のＬＲＴ新都市構想
（平成２４年・沼津・三島市ほか）

　平成２４（２０１２）年４月県東部の都市デザインを研究する経済人らでつくる「東駿河湾まちづくり研究会」（工藤政則代表幹事）は、沼津市・清水町・長泉町・三島市・函南町を一体にとらえ、ＬＲＴ（次世代型路面電車）の導入や世界的イベントを開催できる施設の誘致など盛り込んだ新都市構想の最終報告書をまとめ近く各首長や経済団体などに提言していく。

　交通ネットワーク構築については、東駿河湾環状線の完全リング化やＪＲ東海道線・同御殿場線・伊豆箱根鉄道との連結を図るとし、ＬＲＴは東駿河湾環状線の内側のコアゾーンを結び、医療や教育・ビジネスなど各地域の特性に基づいた機能に回遊性を持たせ、県東部の活性化を図るには一自治体で何かを行うのではなく、官民の広域的な取り組みが重要としている。

72. その他の未開業の鉄道・軌道３６路線

(「日本国有鉄道百年史４」「鉄道院統計資料」ほか)

社 名	出 願 区 間	出願年月日	仮免許年月日	却下年月日	失効年
甲　駿	鈴川・甲府間	M28.12.24		M29.4	
森	袋井・森・二俣間	M29.1.9		M30.4.21	
下　田	沼津・大仁間	M29.2.8		M30.4.21	
富　士	鈴川・大宮間	M29.4.25	M30.7.6		M31
姫 街 道	浜松・御油・小野田・二俣間	M29.6.10		M30.4.22	
遠　州	堀ノ内・山梨・森・浜松間	M29.6.16		M30.4.21	
奥　山	浜松・奥山間	M29.6.17		M30.4.21	
相　良	相良・平田間	M29.7.4		M30.4.21	
遠　駿	焼津・二俣間	M29.7.14		M31.6.9	
遠　江	平岡村・浜松間	M29.7.16		M30.4.21	
西　遠	浜松・信楽間	M29.7.25		M30.4.21	
遠　参	相良・新城・蒐玉・和田間	M29.7.29	M31.4.25		M33
遠江中央	十束・中泉・大須賀・二俣間	M29.7.30		M30.4.21	
東海中央	清水・南賤機・油島・相良間	M29.8.8		M30.4.21	
豆　州	上狩野・修善寺・中大見・三島間	M29.8.8		M31.6.9	
駿　甲	御殿場・大月・吉田・甲府間	M29.8.17		M32.3.22	
伊　豆	土狩・大仁間	M29.8.17		M32.3.22	
身　延	身延・大河内間	M29.8.24		M32.3.22	
豆　駿	沼津・佐野間	M29.9.14		M30.4.21	
豊　橋	豊橋・西浜名間	M29.9.18		M30.4.22	
奥　浜	浜松・奥山間			M30.5.15	
南　遠	焼津・中泉間			M30.5.15	
信　遠	川岸・中泉間			M30.5.15	
静岡身延	静岡・大河内間			M31.6.9	
駿富馬車	沼津・鈴川間.吉原・横岡間	M29.9.24			
清　水	静岡・江尻間	M29.9.30		M31.6.8	
富士水利	御殿場・大月・吉田・大宮間	M30.4.19		M31.6.8	
遠　陽	笠西・森間		M40.2.3		
伊　東	熱海・伊東間		T2.11.10		
安　倍	浅間・井ノ宮間		T5.7.2		
秋　葉	光明・笠西間		T8.4.4		
安　倍	安西・栄間		T9.3.6		
豆　東	熱海・伊東間		T9.3.20		
伊　豆	沼津・伊東間		T9.5.14		
駿　豆	韮山・内浦間		T9.5.14		
天　竜	浜松・飯田・辰野間	T15.11			S2

第4部　静岡県鉄道軌道一覧表

1．静岡県における地方別・動力軌間別・鉄道軌道一覧表

動力	軌間	東部（富士川以東）	中部（大井川以東）	西部（大井川以西）
蒸気	762	大日本軌道小田原支社熱海鉄道 （M41. 8. 11〜 T12. 9. 25）	大日本軌道静岡支社線 （M41. 5. 18〜 T9. 8. 1） 藤相鉄道岡部線 （T2. 11. 16〜 S6） 庵原軌道 （T2. 12. 16〜 T5. 7. 17） 藤相鉄道相良線 （T3. 9. 3〜 S6） 安倍鉄道 （T15. 4. 16〜 S8. 10. 20）	大日本軌道浜松支社中ノ町線 （M42. 3. 3〜 S4. 5） 大日本軌道浜松支社鹿島線 （M42. 12. 6〜 T12. 3. 31） 中遠鉄道 （T3. 1. 12〜 S4. 3） 大日本軌道浜松支社笠井線 （T3. 4. 7〜 S3） 浜松軽便鉄道 （T3. 11. 30〜 S26. 7） 西遠軌道 （T13. 7. 1〜 S3. 9）
蒸気	1067	官設蛇松線・国鉄沼津港線 （M20. 3. 27〜 S45） 豆相鉄道 （M31. 5. 20〜 T7. 8. 13） 富士身延鉄道 （T2. 7. 20〜 S18. 9. 30） 東海道鉄道（東海道本線） （M22. 4. 16(全県全通)〜S24. 5. 14）	国鉄臨港線（国鉄清水港線） （T5. 7. 10〜 S37. 1）	大井川鐵道 （S2. 6. 10〜 S24. 11. 30） 国鉄二俣線 （S10. 4. 19〜 S28. 4. 19） 大井川鐵道大井川本線 （S2. 6〜 S24. 11）
馬力	606〜637	富士馬車鉄道 （M23. 6. 26〜 T元. 12）		城東馬車鉄道 （M32. 8. 1〜 T12. 12. 28）

動　力	軌　　間	東部（富士川以東）	中部（大井川以東）	西部（大井川以西）
馬力	６０６ 〜 ６７２	御殿場馬車鉄道 　（M31．11．11〜 　　S 4．1．18) 富士軌道 　（M42．11．25〜 　　S 13．11) 南豆馬車鉄道 　（T 7．9．2〜 　　S 21．8)		秋葉馬車鉄道 　（M35．12．28〜 　　T 14．3)
人力	６１０ 〜 ７３７	豆相人車鉄道 　（M28．7．10〜 　　M41．8．10)	藤枝焼津間軌道 　（M24．7．25〜 　　M33) 島田軌道 　（M31．4．8〜 　　S 34．9．30) 藤相鉄道 　（大井川・大幡間） 　（T 4．11〜 　　T 11．7)	中泉軌道 　（M42．10．8〜 　　S 7．7．25)
内燃	７６２		藤相鉄道相良線 　（S 6〜 　　S 18．5．14) 藤相鉄道岡部線 　（S 6〜 　　S 18．5．14) 静岡鉄道藤相線 　（S 18．5．15〜 　　S 23．9．5) 静岡鉄道駿遠線 　（S 23．9．6〜 　　S 45．7．31)	堀之内軌道運輸 　（T 12．12．29〜 　　S 10．5．9) 浜松軌道笠井線 　（S 3〜 　　S 19．12．9) 西遠鉄道 　（S 3．9〜 　　S 12．12．5) 中遠鉄道 　（S 4．4〜 　　S 18．5．14) 浜松軌道中ノ町線 　（S 4．6〜 　　S 12．2．15) 遠州鉄道奥山線 　（曳馬野・奥山間） 　（S 26．8〜 　　S 39．10．31) 静岡鉄道中遠線 　（S 18．5．15〜 　　S 23．9．5)

動力	軌間	東部（富士川以東）	中部（大井川以東）	西部（大井川以西）
内燃	1067	国鉄沼津港線 　（S45～ 　　S49. 8. 31）	国鉄清水港線 　（S37. 2～ 　　S59. 3. 31）	国鉄二俣線 　（S28. 4. 20～ 　　S62. 3. 14） 大井川鐵道井川線 　（S34. 8. 1～ 天竜浜名湖鉄道 　（S62. 3. 15～
	762			遠州鉄道奥山線 　（東田町・曳馬野間） 　（S25. 6. 26～ 　　S39. 10. 31）
電力	1067	駿豆電気鉄道三島沼津線 　（M39. 11. 28～ 　　S38. 2. 5） 駿豆電気鉄道三島市内線 　（M41. 8. 3～ 　　T4. 1. 18） 伊豆箱根鉄道駿豆本線 　（T7. 8. 14～ **JR身延線**・国鉄身延線 　（S3. 3. 30～ **JR伊東線**・国鉄伊東線 　（S10. 3. 30～ 岳南鉄道 　（S24. 11. 17～ 伊豆急行 　（S36. 12. 10～ **JR御殿場線**国鉄御殿場線 　（S43. 7. 1～	静岡鉄道静岡清水線 　（T9. 8） 静岡電気鉄道駅前線 　（T11. 6. 28～ 　　S37. 9. 13） 静岡電気鉄道追手町線 　（T14. 8. 5～ 　　S37. 9. 13） 静岡電気鉄道清水市内線 　（S3. 12. 24～ 　　S50. 3. 21）	遠州鉄道西鹿島線 　（T12. 4. 1～ 静岡電気鉄道秋葉線 　（T14. 7. 1～ 　　S37. 9. 20） 静岡電気鉄道可睡線 　（T14. 7. 1～ 　　S20. 1. 31） 光明電気鉄道 　（S3. 11. 30～ 　　S8. 7. 20） 三信鉄道 　（S7. 10. 30～ 　　S18. 7. 31） **JR飯田線**・国鉄飯田線 　（S18. 8. 1～ 大井川鐵道大井川本線 　（S24. 12. 1～
		JR東海道本線（旧国鉄東海道本線）S24. 2. 1～		
	1435	**JR東海道新幹線**（旧国鉄東海道新幹線）S39. 10. 1～		

注・太字は現存する鉄道路線で開業時と異なる名称がある。
　・廃線となった鉄道・軌道は開業時の名称とした。
　・軌間の単位はmm。Mは明治、Tは大正、Sは昭和の略
　・（　）内は最初の開業年月日、なお最終月日は不明のものもある。
　・東・中・西部のいずれかにまたぐ路線は、起点を該当地方に入れた。

２．鉄道・軌道に関連する年表

年号・西暦	静岡県関連事項	その他の事項
文政８年 １８２５		9.27イギリスのストックトン・ダーリントン間蒸気鉄道開業
弘化２年 １８４５		日本人最初の汽車体験者中浜万次郎は天保１２年１月土佐沖で出漁中漂流、弘化２年アメリカに滞在中初めて汽車に乗り、帰国後「漂流始末書」を発表
嘉永３年 １８５０		10.—遠州灘で漂流した浜田彦蔵はアメリカ船に救助され、帰国後発表した「漂流記」の中で鉄道乗車に触れている
嘉永６年 １８５３		7.18ロシア使節プチャーチン長崎来航、蒸気機関車模型に藩士ら乗車し驚く
嘉永７年 １８５４		2.13江戸湾小柴沖に来航のアメリカ使節ペリー、将軍への献上の蒸気車模型を横浜応接所で幕府家臣ら乗せ運転
安政２年 １８５５		9.1佐賀藩士ら蒸気機関車１両と貨車２両の模型製作
万延元年 １８６０		4.26日本最初の幕府使節団列車でパナマ海峡横断
文久２年 １８６２		——遺欧使節団の通訳として同行した福沢諭吉は帰国後、『西洋事情』を著わし鉄道についても言及
明治２年 １８６９		11.10鉄道建設廟議決定 北海道茅沼炭鉱で重力・畜力による鉄道敷設 4.23雇イギリス人建設師長エドモンド・モレルら東京・

406　鉄道・軌道に関連する年表

年号・西暦	静岡県関連事項	その他の事項
明治2年 1869		横浜間鉄道測量に着手 12．12政府、鉄道建設決定
明治3年 1870		4．19民部、大蔵省に鉄道掛設置 4．25新橋・横浜間着工 12．12工部省設置、鉄道掛を民部省から移管
明治4年 1871		9．2鉄道掛を鉄道寮に改組
明治5年 1872		5．7品川・横浜間（現桜木町）間仮開業 9．12太陽暦で10．14にあたるこの日新橋（現汐留）・横浜両停車場で鉄道開業式、明治天皇両駅の開業式に臨席 9．13鉄道開業
明治6年 1873		9．15新橋・横浜間に貨物営業開始
明治7年 1874		5．11大阪・神戸間開業 5月雇イギリス人R・V・ボイルら中山道鉄道調査
明治8年 1875	駅逓寮（現郵便事業会社）から郵便馬車と並行して路線賃金による長距離輸送を開業（大磯・江尻・浜松・新所・岡崎・宮（現熱田）に監督が置かれ全区間を馬車を主軸に人力車・駕籠・汽車・小汽船を乗り継ぐ混合交通機関）	3．27内国通運会社など鉄道貨物の集配取扱開始 5月神戸工場で客貨車の製作開始（車両・車軸などイギリスから輸入）
明治9年 1876		12．1新橋・品川間複線化 12月「中山道鉄道公債証書条例」公布
明治10年 1877		1．11鉄道寮を廃止し工部省に鉄道局を設置 2．5京都・神戸間開業式 2．15西南戦争勃発
明治11年 1878		3月京都・大阪間に票券式閉塞を施行 8．21京都・大津間日本人の手による着工

鉄道・軌道に関連する年表

年号・西暦	静岡県関連事項	その他の事項
明治12年 １８７９		４．14新橋鉄道局、落合丑松ら３人を機関方（機関士）初めて登用、旅客列車に乗務
明治13年 １８８０		２．17釜石製鉄所専用鉄道開通（日本最初の軽便鉄道・軌間８３８mm）
明治14年 １８８１		５．８新橋・横浜間複線全通 11．11日本鉄道会社創立（最初の私鉄）
明治15年 １８８２		６．25東京馬車鉄道（現都営）新橋・日本橋間に開業（馬力・軌間１３７２mm）
明治16年 １８８３		７．28日本鉄道（現東北本線・高崎線）上野・熊谷間開通（日本最初の私設鉄道）
明治17年 １８８４	３．29静岡県議会で鈴木八郎・海野孝三郎両議員、「鉄道建設に関する建議」を提出	５．１日本鉄道新町・高崎間開通
明治18年 １８８５		３．１日本鉄道品川・新宿・赤羽間開通、官設鉄道と直通運転、連絡運輸開始
明治19年 １８８６	５月静岡大務新聞山田一郎・近藤荘吉らの記者「鉄道の必要性」を県内各地で講演を開始 ８月藤枝・見付間の有志ら宿駅筋鉄道誘致の上申書を関口隆吉知事に提出 １０月鉄道局派出所、静岡鷹匠町より江尻に移転 12．１沼津機関庫創立	１．１初の定期乗車券を新橋・横浜間で発売開始 ７．19幹線鉄道の経由を中山道から東海道に決定 １１月横浜・酒匂川間建設着手
明治20年 １８８７	１月大崩トンネル着工 ３．27蛇松線（後の国鉄沼津港線）開通、（静岡県内最初の鉄道開通）東海道鉄道（現ＪＲ東海道本線）の建設資材を輸送 ４．２東海道鉄道静岡県内宿駅筋ルート決定	５．18「私設鉄道条例」公布
	３月東海道鉄道第三浜名鉄橋完成（すでに第一・	４．10参謀本部『鉄道論』

年号・西暦	静岡県関連事項	その他の事項
明治21年 1888	第二浜名鉄橋完成済） 9．1官設東海道鉄道浜松・大府間開通 9月富士川鉄橋完成 10月大井川鉄橋完成	刊行 8．9碓氷馬車鉄道横川・軽井沢間開業 11．1山陽鉄道兵庫・明石間開通
明治22年 1889	2．1官設東海道鉄道国府津（御殿場経由）・静岡間開通、静岡中心部大火 2月安倍川鉄橋完成 4．11東海道鉄道下り臨時貨物列車が安倍川西方上河原付近で上り列車と正面衝突、貨物列車は客車1両増結し3名即死、15名重傷（関口隆吉知事含む） 4月東海道鉄道天竜川鉄橋完成 4．16東海道鉄道静岡・浜松間開通（県内全通） 5．10東海道鉄道の列車に便所が取り付けられる	7．1官設東海道鉄道新橋・神戸間全通 7．10鉄道1000マイル祝賀会名古屋で開催 8．11甲武鉄道新宿・八王子間開通 12．11九州鉄道博多・北千歳川間開通
明治23年 1890	5．16東海道鉄道蒲原駅開業 6．26富士馬車鉄道鈴川・入山瀬間開通（県内最初の民営鉄道）	3月日本陸海軍濃尾平野で天皇親閲のもと軍事合同大演習挙行 5．4東京上野の第3回内国勧業博覧会でブリル社から購入した2両のスプレーグ式電車を展示、片道2銭で約500mの線路を運転した（日本最初の電車） 8．25「軌道条例」公布 9．6鉄道局を鉄道庁と改称 11．29第1回帝国議会開会
明治24年 1891	1月東海道鉄道御殿場・沼津間複線化 3月同線小山・御殿場間複線化 7．25藤枝焼津間軌道藤枝・焼津間に人車軌道を開通（日本最古の人車軌道）	7．1九州鉄道門司・熊本間開通 9．1日本鉄道（現JR東北本線）盛岡・青森間開通（上野・青森間全通）
明治25年		6．21「鉄道敷設法」公布 7．21鉄道庁、内務省から逓信省に、逓信省鉄道庁に

鉄道・軌道に関連する年表

年号・西暦	静岡県関連事項	その他の事項
１８９２		８．１北海道炭礦鉄道（現ＪＲ室蘭本線）室蘭（東室蘭）・岩見沢間開通
明治26年 １８９３	５月豆相鉄道㈱設立 ９．30豆相鉄道㈱は豆相電気鉄道㈱に社名変更	４．１直江津線横川・軽井沢間開通（アプト式鉄道）高崎・直江津間全通 ――品川・横浜・京都・神戸の４駅に初の連動装置設置
明治27年 １８９４	４月豆相電気鉄道㈱は再び豆相鉄道㈱に社名を戻す	８．１清国に宣戦布告（日清戦争）　国内各地で軍事輸送実施 12．１東羽北線青森・弘前間開通 12．９総武鉄道（現総武本線）市川・本所（現錦糸町）間開通
明治28年 １８９５	４．１官設鉄道線路名称制定、東海道鉄道は東海道線と改称 ７．10豆相人車鉄道熱海・吉浜間開通	２．１京都電気鉄道塩小路東洞院通・伏見町下油掛間開通（日本初の電車営業）
明治29年 １８９６	３．12豆相人車鉄道吉浜・小田原間開通（熱海・小田原間全通） ５．３駿豆電気㈱創立（後の駿豆鉄道） ９．１東海道線新橋・神戸間に最初の急行列車運転（上り１７時間９分、下り１７時間.２２分）	７．26㈱鉄道車両製造（現日本車両製造㈱創立） ９．７汽車製造（合）（後に汽車製造㈱設立） 11．21関西鉄道、客車に上等は白、中等は青、下等は赤のラインを入れる
明治30年 １８９７		２．15京都鉄道（現山陰本線）二条・嵯峨間開通 11．５官設鉄道主要駅で入場切符発売
明治31年 １８９８	１．28島田軌道㈱設立 ２月御殿場馬車鉄道㈱設立 ４．８島田軌道島田駅・向谷間開通（人車軌道） ５．20豆相鉄道三島町・南条間開通 ６．15豆相鉄道三島駅（現御殿場線下土狩）・三	１月関西鉄道の客車内に電灯を設置 ４．３山梨馬車鉄道甲府・日本橋間開通 ５．６名古屋電気鉄道（現

年号・西暦	静岡県関連事項	その他の事項
明治31年 1898	島町間開通 7．10東海道線天竜川駅開業 9．21城東馬車鉄道㈱設立 11．11御殿場馬車鉄道新橋・御殿場間開通	名古屋市営）名古屋市内軌道開通 9．22山陽鉄道に列車ボーイ登場
明治32年 1899	1．23御殿場馬車鉄道新橋・須走間開通 2．24東海道線沼津・鈴川（現吉原）間複線化 7．17豆相鉄道南条・大仁間開通 8．1城東馬車鉄道堀ノ内・南山間開通 12．6秋葉馬車鉄道㈱設立	3．16官設鉄道で旅客運賃の距離比例制を廃止し遠距離遁減制を採用
明治33年 1900	2．25東海道線原駅開業 10．1東海道線新橋・神戸間急行列車に1等寝台車連結 ——藤枝焼津間軌道廃止	4．8山陽鉄道の急行列車に寝台付1等食堂合造車連結 5．10大阪の三木書店大和田建樹作詞『鉄道唱歌』出版 米国製自動車輸入 10．1「私設鉄道法」「鉄道営業法」公布
明治34年 1901	5．11東海道線国府津・小山間複線化	5．27山陽鉄道神戸・馬関（下関）間全通、山陽・九州両鉄道が関門間を渡船で連絡 12．15八幡製鉄所操業開始
明治35年 1902	1月「城東馬車鉄道唱歌」（塚本松平作詞）発表 12月御殿場馬車鉄道新橋（御殿場駅前）・駕籠坂間全通 12．28秋葉馬車鉄道森町・袋井駅前間開通	7月最初の組立自動車完成 8月名古屋・大阪間に官設鉄道と関西鉄道の旅客貨物運賃値下げ競争おこる
明治36年 1903		8．22東京電車鉄道新橋・品川間開業（馬車鉄道を動力変更） 9．12大阪市営電気軌道線花園橋・築港埋立地間開通（市営電車の始め） 11．1京釜・京仁両鉄道合併

鉄道・軌道に関連する年表　411

年号・西暦	静岡県関連事項	その他の事項
明治37年 １９０４		２．10日露戦争開戦 ２．14日露戦争に際し軍事輸送実施 ８．21甲武鉄道飯田町・中野間電車併用運転開始 10．15北海道鉄道函館・小樽間全通
明治38年 １９０５	４月豆相人車鉄道㈱、熱海鉄道㈱に社名変更 ９月御殿場馬車鉄道㈱を気象観測家野中到が買収、野中御殿場馬車鉄道に社名変更	８．１官設鉄道、山陽鉄道新橋・下関間に直通急行列車運転開始 ９．11山陽汽船会社、下関・釜山間連絡航路開始 ９．14奥羽線福島・青森間全通
明治39年 １９０６	７．11東海道線弁天島駅開業 ８月静岡鉄道㈱（現静岡鉄道㈱の前身）創立 10．１駿豆電気㈱は駿豆電気鉄道㈱に社名変更 １１月浜松鉄道㈱（現遠州鉄道㈱の前身）創立 11．28駿豆電気鉄道三島六反田・沼津駅前間開通（静岡県内最初の電車開通）	４．16新橋・神戸間列車を最急行・急行・直行とし最急行・急行列車に「急行列車券」を発売（急行料金のはじめ） ５．20鉄道５０００マイル祝賀会開催（名古屋） 11．26南満州鉄道㈱創立 12．１山陽鉄道国有化により関釜航路など国有化
明治40年 １９０７	３月富士軌道㈱設立 ６．21中泉軌道㈱設立 ７．19豆相鉄道㈱解散し伊豆鉄道㈱として新発足 ８．３駿豆電気鉄道六反田（広小路）・三島町（三島田町）間開通	４月初の国産自動車完成 ４．１帝国鉄道庁設置（鉄道作業局廃止） 10．１鉄道国有法による．１７私鉄の国有化完了（北海道炭礦・甲武・日本・岩越・山陽・西成・九州・北海道・京都・阪鶴・北越・総武・房総・七尾・徳島・関西・参宮、以上買収順）
明治41年	──富士馬車鉄道入山瀬・大宮間開通 ５．18静岡鉄道江尻新道、清水波止場間開通	４．20台湾鉄道縦貫線基隆・高雄全通

年号・西暦	静岡県関連事項	その他の事項
明治41年 1908	7．27熱海鉄道㈱・静岡鉄道㈱・浜松鉄道㈱の3社は大日本軌道㈱に合併、小田原・静岡・浜松の各支社となる 8．11小田原支社熱海・小田原間開通（軽便鉄道） 10．22富士馬車鉄道㈱は富士鉄道㈱に社名変更 12．9大日本軌道静岡支社鷹匠町・江尻新道間開通	7．27熊本軽便鉄道・信達軌道それに伊勢・広島・山口に計画中の軽便鉄道を大日本軌道㈱に合併し同社の熊本・福島・伊勢・広島・山口の各支社となる 12．5鉄道院設置（帝国鉄道庁および逓信省鉄道局廃止、内閣直属）
明治42年 1909	3．3大日本軌道浜松支社馬込・萱場間開通（中ノ町線） 4．8野中御殿場馬車鉄道は御殿場馬車鉄道㈱に譲渡 4．21東海道線富士駅開業、富士鉄道富士・長沢間開通 10．8中泉軌道中泉駅・池田橋間開通 10．12国鉄の路線名が2段階区分となり「東海道線」は「東海道本線」となる 11．1東海道本線用宗駅開業 11．25富士鉄道大宮・上井出間に馬車軌道開通 12．6大日本軌道浜松支社板屋町・鹿島間開通（鹿島線）	4．1国鉄関西線湊町・柏原間に蒸気気動車運転開始 10．26伊藤博文、満州ハルピン駅頭で暗殺 11．21鹿児島線門司（現門司港）・鹿児島間全通 12．16烏森（現新橋）・品川・上野間（新宿経由）および池袋・赤羽間で電車運転開始
明治43年 1910	3．18大日本軌道浜松支社中ノ町線板屋町・中ノ町間全通 8．28庵原軌道㈱設立	3．11内地・樺太間貨物の連絡運輸開始 4．21「軽便鉄道法」公布 6．12宇野線岡山・宇野間開通、宇野・高松間航路開設 12月米国より雪かき車購入
明治44年 1911	10月伊豆鉄道㈱は駿豆電気鉄道㈱に譲渡 11．25藤相鉄道㈱創立 12．28秋葉馬車鉄道可睡口・可睡間開通	3．1国鉄主要駅と大連・朝鮮・ウラジオストック経由でモスクワ・ワルシャワなどと国際連絡運輸開始 8．1東京市、東京鉄道買収

鉄道・軌道に関連する年表　413

年号・西暦	静岡県関連事項	その他の事項
明治45年 大正元年 １９１２	４．26富士身延鉄道㈱創立（富士鉄道㈱を買収） ８．28中遠鉄道㈱創立 ８月富士軌道上井出・人穴間馬車軌道延長（貨物輸送） 10．１浜松軽便鉄道㈱創立 11．１鉄道院浜松工場操業開始	１．31中央本線朝夕のラッシュアワーに「婦人専用列車」誕生 ３．12ジャパン・ツーリスト・ビューロー（後の日本交通公社）創立 ５．11信越本線横川・軽井沢間で日本初の電気機関車運転開始 ７．29明治天皇崩御 ８．５日本初のタクシー上野・新橋で営業開始
大正２年 １９１３	７．10安倍軌道㈱創立 ７．20富士身延鉄道富士・大宮間開通（蒸気鉄道） ８．１東海道本線全線複線化（天竜川鉄橋完成） 11．16藤相鉄道藤枝新・大手間開通 12．16庵原軌道江尻・西久保間開通	４．１北陸本線米原・直江津間全通、国鉄蒸気機関車全面国産体制に移行 ――東京の宮田製作所、国産小型乗用車試作完成
大正３年 １９１４	１．12中遠鉄道袋井新・新横須賀間開通 ４．７大日本軌道浜松支社遠州西ヶ崎・笠井間開通（笠井線） ５．22庵原軌道西久保・金谷間開通（江尻・金谷間全通） ９．３藤相鉄道藤枝新・大井川間開通 11．30浜松軽便鉄道元城・金指間開通	７．28第一次世界大戦始まる 12．19東京中央停車場落成東京駅と命名 12．20東京駅、東海道本線の起点として開業 この年、国鉄１７路線、私鉄３２路線新規開業
大正４年 １９１５	１．10東海道本線新居町駅開業 １．19駿豆電気鉄道三島市内線休止 ３．１富士身延鉄道大宮・芝川間開通 ４．24浜松軽便鉄道㈱は浜松鉄道㈱に社名変更 ５．１藤相鉄道大幡・細江間開通 ５月中泉軌道㈱は中泉軌道運送㈱に改称 ９．18藤相鉄道細江・遠州川崎町開業 ９．20浜松鉄道元城・板屋町間開通 ９．29安倍軌道㈱は安倍鉄道㈱に社名変更 １１月藤相鉄道大井川・大幡間の大井川富士見橋に人車軌道で接続営業開始	８．15横浜駅落成、旧横浜駅は桜木町に改称 11．６この日から２８日まで大正天皇即位式の大礼列車を東京・京都間、京都・山田間、京都畝傍間、京都・桃山間に往復運転 ――東京自動車学校が五反田に開校 11．17京浜電車２等車に初の電気暖房装置を実施

年号・西暦	静岡県関連事項	その他の事項
	12．28浜松鉄道金指・気賀間開通	この年、私鉄３１路線新規開通
大正５年 １９１６	４．15東海道本線由比駅開業 ４．15安倍鉄道井宮・牛妻間開通 ７．10国鉄臨港線（後の清水港線）江尻・清水港間開通 ７．17庵原軌道江尻・金谷間全線廃止 10．５駿豆電気鉄道は富士水力電気に吸収合併	この年、国鉄線１２路線、私鉄は１７路線新規開通
大正６年 １９１７	１．20城東馬車鉄道㈱は御前崎鉄道㈱に社名変更 ９．20南豆馬車鉄道㈱設立 11．５富士水力電気㈱の三島・沼津間の電気軌道線と伊豆鉄道三島・大仁間の蒸気鉄道線を譲り受け、駿豆鉄道㈱（現伊豆箱根鉄道㈱の前身）として発足	５．23鉄道院が借入中の横浜鉄道（現横浜線）町田・橋本間で広軌改築の試験を実施
大正７年 １９１８	４．１丹那トンネル熱海口着工 ６．―御前崎軌道㈱は日英水電㈱より電力供給を受け電灯事業を開始（供給先は河城・比木・土方など１５カ村） ６．16藤相鉄道遠州川崎・相良間開通（当初計画の藤枝大手・相良間全通） ７．５丹那トンネル三島口着工 ８．10駿豆鉄道三島田町・大場間電化　富士身延鉄道芝川・十島間開通 ９．２南豆馬車鉄道大沢口（蓮台寺）・武ヶ浜（下田）間開通 10．８富士身延鉄道十島・内船間開通	４．18美濃電気鉄道日本最初の女子車掌を採用 ８．―シベリア出兵　米騒動全国に波及 ８．29生駒鋼索鉄道鳥居前・宝山寺間開業（初の索道鉄道） ９．29政友会原敬内閣成立 この年、私鉄３２路線開業
大正８年 １９１９	４．８富士身延鉄道内船・甲斐大島間開通 ５．１大日本軌道静岡支社は駿遠電気㈱に譲渡 ５．25駿豆鉄道三島駅・大仁間県内初の全線電化 ５．25大日本軌道浜松支社は遠州軌道㈱に譲渡 12．１東海道本線浜松工場で蒸気機関車１８９００形（のちＣ51）完成	２．１食堂車・寝台車に「禁喫煙」電車と気動車に「喫煙遠慮」の掲示 ３．１東京乗合自動車（青バス）営業開始 ６．１米価調整のため７月末までの貨物運賃３割引 ７．24国鉄全線に８月29日まで小口扱の米を無賃優先輸送

鉄道・軌道に関連する年表　415

年号・西暦	静岡県関連事項	その他の事項
		12．5大阪で実用自動車製造㈱設立、三輪車の試作を行う この年、私鉄２１路線開通
大正９年 １９２０	5．18富士身延鉄道甲斐大島・身延間開通 7．1大日本軌道小田原支社小田原・熱海間は政府が買収し熱海軌道組合として運営（国鉄熱海線開通までの経過措置）	2．1国鉄乗車券等左書きに、英文記載も廃止 3．15株式商品市場大暴落 5．15鉄道院廃止し鉄道省設置
大正10年 １９２１	8．17遠州軌道㈱は遠州電気鉄道㈱に社名変更 10．―御前崎軌道㈱の電灯事業だけ静岡電力㈱に吸収合併 11．―御前崎軌道㈱は堀之内軌道運輸㈱に譲渡	4．4好間軌道でガソリン動力の営業開始 4．14「軌道法」公布 5．1東海道本線横浜・大船間に上向三位式の腕木式自動信号機を設置し自動閉塞式を施行 8．31鉄道省『日本鉄道史』（全三巻）刊行 11．4原敬首相東京駅乗車口改札前で暗殺される
大正11年 １９２２	6．28駿遠電気静岡駅前・鷹匠町間開通（駅前線） 7．―藤相鉄道大井川・大幡間の大井川富士見橋が豪雨で流失し人車軌道接続は中止 11．―秋葉鉄道㈱は駿遠電気㈱に合併 12．18西遠軌道㈱設立	4．11「改正鉄道敷設法」公布 4．17株式崩落、不況慢性化 9．2国有鉄道線路名称に付した軽便線の称呼を廃止 10．14を鉄道記念日とする 11．1宗谷本線旭川・稚内（現稚内）間全通
大正12年 １９２３	2．28駿遠電気㈱は静岡電気鉄道㈱に社名変更 4．1遠州電気鉄道鹿島線全線電化（軌間改軌） 4．15浜松鉄道気賀・奥山間開通 9．1関東大震災により熱海軌道組合小田原・熱海間は壊滅的被害をうけ駿豆鉄道も同様大被害を被る 9．25熱海軌道組合は営業廃出願いを提出	9．1関東大震災発生、東海道本線平塚・大磯間で客車川中に転落、死者8名、重軽傷者４５名大事故発生、関東地方一帯大被害 9．3震災救助品・応急必需品の無賃扱い（１１月3

年号・西暦	静岡県関連事項	その他の事項
	12．29堀之内軌道運輸㈱南山・池新田間開通	0日まで）、入京制限し避難者に避難地まで無賃乗車を許可
大正13年 1924	2．1遠州電気鉄道遠州浜松・馬込間開通し馬込駅構内で東海道本線浜松駅と接続、本格的貨物輸送開始 3．26熱海軌道組合廃止 4．4藤相鉄道大井川・大幡間の大井川新富士見橋完成し人車軌道に替わり軽便鉄道開通 7．1西遠軌道遠州貴布祢・宮口間開通 8．1駿豆鉄道大仁・修善寺間開通し三島駅（現御殿場線下土狩）・修善寺間全通	1．19東京市営バス営業開始 3．—門司・大里間で踏切警報機の使用開始 7．31羽越本線新津・秋田間全通、日本海岸線縦貫線完成 10．1国鉄熱海線真鶴・湯河原間開通 12．24東京駅に色灯式信号機場内信号機に採用
大正14年 1925	1．16藤相鉄道大手・駿河岡部間開通 3．10大井川鐵道㈱創立 3．25国鉄熱海線湯河原・熱海間開通し国府津・熱海間全通 4．1遠州電気鉄道㈱中ノ町線・笠井線を経営分離し浜松軌道㈱を設立 5．4堀之内軌道運輸堀之内・池新田間に日本最初のディーゼル機関車「オット」運転 6．21光明電気鉄道㈱創立	5．21青森函館航路で貨車航送を試験的に開始 7．1客車の自動連結器取付工事施工開始、7．16機関車 7．17貨車、7．20本州九州国鉄連絡会社線完了 11．1山手線電車環状運転開始
大正15年 昭和元年 1926	4．3東海道本線草薙駅開業 4．29藤相鉄道相良・地頭方間開通 12．25静岡電気鉄道秋葉線新袋井・遠州森町間全線電化	4．24ドイツ製入場券自販機を東京駅4台、上野駅2台設置 12．25大正天皇崩御
昭和2年 1927	1．27浜松軌道㈱は浜松電気鉄道㈱に社名変更 1．22中泉軌道運送㈱は中泉運送㈱に合併 4．1中遠鉄道南大坂・新三俣間開通 6．10大井川鐵道金谷・横岡間開通 6．20富士身延鉄道富士・身延間電化 9．1遠州電気鉄道遠州浜松・旭町間開通 10．17富士身延鉄道身延・市川大門間開通 11．4西遠軌道㈱は西遠鉄道㈱に社名変更 12．15三信鉄道㈱創立	8．1シベリア鉄道経由によるヨーロッパへの国際連絡運輸復活 11．20樺太鉄道落合・知取間開通 12．15東京・下関間に特別急行貨物列車新設 ——駅構内の円タク営業許可

年号・西暦	静岡県関連事項	その他の事項
昭和3年 1928	3．30富士身延鉄道市川大門・甲府間開通し富士・甲府間全線電化 7．20大井川鐵道横岡・居林間開通 11．20光明電気鉄道新中泉・田川間開通 12．24静岡電気鉄道港橋・江尻新道間開通（清水市内線） ——中泉運送㈱は中泉合同運送㈱に社名変更	8．1新花屋敷温泉土地会社の無軌条電車開業（トロリーバスのはじめ） 9．10長輪線長万部・輪西（現東室蘭）間全通 11．3神戸須磨公園裏の鉢伏山道路（2km）、日本初の自動車専用道路完成
昭和4年 1929	1．19御殿場馬車鉄道㈱解散 4．1静岡電気鉄道鷹匠町・安西間開通（追手町線）、駅前・安西間全通（静岡市内線） 7．1東海道本線高塚駅開業 12．1大井川鐵道居林・家山間開通 12．1光明電気鉄道田川・神田公園前間開通	8．1国鉄初のディーゼル機関車DC11形試運転開始 10．24ニューヨーク株式市場大暴落、世界大恐慌
昭和5年 1930	2．—国鉄臨港線（後の清水港線）清水港・清水埠頭間開通 7．16大井川鐵道家山・地名間開通 10．1東海道本線東京・神戸間に各等超特急列車「燕」号運転開始 12．20光明電気鉄道神田公園前・二俣町間開通し新中泉・二俣町間全通	1．1鉄道全線にメートル法を採用 1．29下等（3等）電車の赤帯廃止 11．14浜口雄幸首相東京駅中央階段で狙撃され重傷 12．20鉄道省営バス岡多線開業（国鉄バスのはじめ）
昭和6年 1931	2．1大井川鐵道塩郷・下泉間開通 4．12同鉄道下泉・青部間開通 12．1同鉄道青部・千頭間開通し金谷・千頭間全通	7．—国鉄全車両の空気制動化完了 9．1清水トンネル完成し上越線全通 9．18柳条湖の満鉄線路爆破により満州事変勃発
昭和7年 1932	7．26中泉合同運送㈱の人車軌道廃止 10．30三信鉄道天竜峡・門島間開通	2．25財団法人鉄道弘済会設立 12．6日豊本線小倉都城・鹿児島間全通
昭和8年 1933	4．1静岡電気鉄道清水市内線港橋・横砂間全通 5．—駿豆鉄道修善寺まで国鉄の週末温泉列車直通乗り入れ開始 10．21安倍鉄道井宮・牛妻間全線廃止	2．24山陰本線京都・松江・幡生間全通 5．3大阪市営高速鉄道（地下鉄）開通

年号・西暦	静岡県関連事項	その他の事項
	12．21三信鉄道三河川合・三信三輪間開通	9．15中央線の東京・中野間急行電車運転
昭和9年 1934	8．―静岡電気鉄道鷹匠町・江尻新道間全線複線化 11．11三信鉄道三信三輪・中部天竜間開通 12．1丹那トンネル完成、東海道本線国府津・熱海・沼津間開通し、函南駅・三島駅開業熱海線は東海道本線に編入、国府津・御殿場・沼津間は御殿場線に改称 12．―大井川電力㈱は大井川発電所の建築資材輸送に大井川専用軌道千頭・沢間開通	1．8京都駅で臨時列車出発の際、見送り人の混雑で跨線橋から乗降場に折り重なり墜落、乗客と見送り人の圧死77名、負傷者113名 11．1満鉄大連・新京間に特別急行列車「あじあ」号運転開始 11．27入営者に運賃5割引を実施
昭和10年 1935	3．30国鉄伊東線熱海・網代間開通 4．17国鉄二俣線掛川・遠江森間開通 6．―大井川専用軌道沢間・市代間開通し千頭・市代間全通、第二富士電力㈱の寸又川森林軌道と沢間で接続 11．15三信鉄道門島・温田間開通 12．4堀之内軌道運輸の軌道線廃線公示	3．20高徳本線高松・徳島間全通 11．―三菱重工業、国産初のディーゼルバスを完成
昭和11年 1936	1．22南豆馬車鉄道大沢口・武ヶ浜間営業廃止 4．26三信鉄道温田・満島間開通 5．19藤相鉄道駿河岡部・大手間廃線 7．20光明電気鉄道全線営業廃止公示 8．―浜松市営乗合自動車営業開始（浜松循環線・中田島線） 9．1沼津機関庫から沼津機関区となる 11．10三信鉄道中部天竜・天竜山室間開通 12．1東海道本線新所原駅開業 12．1国鉄二俣線新所原・三ヶ日間開通 12．29三信鉄道天竜山室・大嵐間開通 12．30同線満島・小和田間開通	2．26二・二六事件発生、東京市及び郊外の列車・バス・タクシーなど一切の交通機関に停止命令 3．―鉄道省、貨物用D51形蒸気機関車完成 4．25鉄道博物館、東京万世橋駅構内に移転 5．29自動車製造事業法公布国産自動車工業確立のため政府の許可事業となる
昭和12年 1937	2．15浜松電気鉄道中ノ町線は非電化のまま廃線 8．20三信鉄道小和田・大嵐間開通し、三河川合・天竜峡間全通 10．6西遠鉄道廃線	8．28トヨタ自動車工業㈱創立 10．1日本通運㈱創立

鉄道・軌道に関連する年表　419

年号・西暦	静岡県関連事項	その他の事項
昭和13年 1938	4．1国鉄二俣線三ヶ日・金指間開通 4．—駿豆鉄道㈱は駿豆鉄道箱根遊覧船㈱に社名変更 10．1富士身延鉄道㈱は国営移管となり国鉄身延線となる 12．15国鉄伊東線網代・伊東間開通し熱海・伊東間全線電化開通	4．1「陸上交通事業調整法」公布　支那事変特別税法により汽車・電車・自動車・汽船の通行税賦課 4．13満州国団体移住者に特別割引実施
昭和14年 1939	3．—富士軌道㈱廃線	1．—軍、官庁除き乗用車製造中止 9．3第二次世界大戦勃発
昭和15年 1940	6．1国鉄二俣線遠江森・金指間開通し掛川・新所原間全通	2．1「陸運統制令」公布 8．1トラック・バスの配給統制
昭和16年 1941	5．1国鉄、富士身延鉄道㈱を買収し正式に国鉄身延線となる	7．16三等寝台車廃止、食堂車の連結を削減 12．8太平洋戦争勃発
昭和17年 1942	——藤相鉄道ほかレールカーの横に釜をつけた代燃（木炭）車が登場	7．1関門トンネル電化完成貨物列車輸送開始 10．11時刻呼称を２４時間制実施
昭和18年 1943	2．—静岡電気鉄道㈱発電事業を中部配電㈱に譲渡 5．15静岡電気鉄道・藤相鉄道・中遠鉄道・静岡乗合自動車・静岡交通自動車の５社は合併し静岡鉄道㈱を創立 8．1三信鉄道は伊那電気鉄道・鳳来寺鉄道・豊川鉄道とともに国鉄に買収され国鉄飯田線となる 11．1遠州電気鉄道・浜松自動車・遠州秋葉自動車・掛塚自動車・遠州乗合自動車・気賀自動車の６社と４事業者を合併・統合し遠州鉄道㈱を創立 11．20国鉄御殿場線のレール、供出のため単線化	7．20車両工場の国家管理閣議決定 8．27鉄道防衛本部を設置 10．1旅客列車の大削減、貨物列車の大増発 12．—Ｄ５２蒸気機関車完成
昭和19年 1944	7．1国鉄清水港線折戸駅完成し全線旅客輸送開始 12．10浜松電気鉄道笠井線は非電化のまま廃線	1．28疎開輸送本部・支部・事務所設置 3．3国鉄職員の日曜休暇廃止 4．1「決戦非常措置要

420　鉄道・軌道に関連する年表

年号・西暦	静岡県関連事項	その他の事項
		綱」に基づき、一等車・寝台車・食堂車全廃、国鉄は戦時特別率による運賃値上げ 9．9関門トンネル複線化
昭和20年 １９４５	１．31静岡鉄道秋葉線可睡口・可睡間、東南海地震により線路陥没し廃線 ４．―静岡鉄道柳橋・三保間敷設工事着工（戦災で車両焼失し未完で終戦） ６．18浜松大空襲で東海道本線・遠州鉄道・浜松鉄道に大被害 ６．19静岡大空襲で静岡鉄道・東海道本線に大被害 ７．7清水空襲で東海道本線・静岡鉄道に大被害 ７．24浜松地方の空襲により東海道本線列車、国鉄二俣線を迂回輸送	５．16旅行統制令により旅行統制始まる ７．18皇国決戦輸送推進本部を設置 ８．1鉄道義勇戦闘隊を編成 ８．15太平洋戦争終戦、運輸省に復興輸送本部を設置 ９．25連合国総司令部により自動車はトラックのみ生産が許可
昭和21年 １９４６	――県内の各鉄道路線とも食糧等の買出客・疎開客・引揚者・ヤミ屋・通勤・通学客等の乗車のため終日大混雑	11．10石炭事情悪化により旅客列車は１６％の大削減、準急行列車の運転開始
昭和22年 １９４７	１．―東海道本線で急行列車全廃 ３．―国鉄蛇松線は国鉄沼津港線に改称 ５．1浜松鉄道㈱は遠州鉄道㈱と合併し遠州鉄道奥山線となる	１．31連合国軍総司令部（ＧＨＱ）のゼネスト中止命令により国労ストライキ中止指令 ２．25八高線東飯野・高麗川間で満員の旅客列車脱線転覆、食糧買出客ら１８４名死亡、重軽傷者４９７名の大事故 ４．1上越線水上・高崎間電化（戦後初電化） ６．3ＧＨＱより小型乗用車３００台生産許可
昭和23年 １９４８	１．20静岡鉄道中遠線新三俣・池新田間開通 ４．―駿豆鉄道に戦時中休止されていた国鉄乗り入れの週末準急列車が再開 ９．6静岡鉄道藤相線地頭方・同鉄道中遠線池新	５．29国鉄、復興５カ年計画発表 ６．1東京急行電鉄より京浜急行電鉄・小田急電鉄・

年号・西暦	静岡県関連事項	その他の事項
	田が結ばれ、藤枝大手・新袋井間は静岡鉄道駿遠線となり日本一長い軽便鉄道となる 12．10岳南鉄道㈱創立	京王帝都電鉄分離 7．1国鉄ダイヤ大改正
昭和24年 1949	2．一東海道本線沼津・静岡間電化 3．25静岡鉄道清水市内線清水相生町・波止場間廃線 5．1東海道本線静岡・浜松間電化 9．15東海道本線東田子の浦駅開業 9．15東海道本線東京・大阪間に特急「へいわ」号食堂車と展望車の連結運転復活（翌年1月1日より「つばめ」号と改称） 11．17岳南鉄道鈴川・吉原本町間開通	6．1国鉄、運輸省から分離独立し、公共企業体日本国有鉄道で発足 7．5下山国鉄総裁消息不明、翌日未明常磐線北千住・綾瀬間で遺体発見（下山事件） 7．15中央本線三鷹駅構内で無人電車暴走（三鷹事件） 7．20国鉄職員9万4312人の削減完了 8．17東北本線松川・金谷間で旅客列車脱線転覆（松川事件） 10．25ＧＨＱ、乗用車生産制限解除
昭和25年 1950	3．一東海道本線東京・沼津間湘南型電車デビュー 4．26遠州鉄道奥山線東田町・曳馬野間、蒸気機関車から電化 3．27東海道本線清水・草薙間で貨物列車脱線転覆の事件発生、静岡鉄道桜橋駅付近であったため東海道本線と静岡鉄道静岡清水線との線路を連結し、東海道本線列車が静岡鉄道線の一部を通過し混乱は終息する 11．1駿豆鉄道修善寺まで東京から「いでゆ」「いこい」「あまぎ」の湘南電車直通乗り入れ開始 12．20岳南鉄道吉原・岳南富士岡間開通	4．3トヨタ自動車販売㈱創立 4．10国鉄特急1・2等車に座席指定を実施、特別2等車運転 6．25朝鮮戦争勃発
昭和26年 1951	8．1遠州鉄道奥山線曳馬野・奥山間、蒸気機関車からディーゼル動車に転換	4．24京浜東北線電車2両焼失、死者106名、重軽傷者92名の事故発生（桜木町事件） 6．1「道路運送法」施行

年号・西暦	静岡県関連事項	その他の事項
昭和27年 1952		1．12日産、新型トラック・バス発表 4．1RTO廃止、進駐軍輸送制度を改正
昭和28年 1953	1．20岳南鉄道岳南富士岡・岳南江尾間開通し鈴川・岳南江尾間全通 4．16佐久間ダム着工 8．1東海道本線浜松・名古屋間電化	7．27朝鮮戦争休戦協定 10．1トヨペットスーパー（1500cc）発表
昭和29年 1954	9．10中部電力㈱の大井川専用軌道市代・堂平間開通し千頭・堂平間全通 9．16佐久間ダム建設用セメント輸送臨時列車運転開始（国鉄二俣線金指・国鉄飯田線中部天竜間）	4．20東京で第1回自動車ショー開催 9．26青函連絡船洞爺丸等台風15号により5隻遭難沈没後、死者行方不明1430名、犠牲者は国鉄史上最大
昭和30年 1955	11．11佐久間ダム湖に沈む国鉄飯田線佐久間・大嵐間に替わる付替線完成（現在の佐久間・城西・水窪・大嵐ルートとなり、豊根口・天竜山室・白神の3駅を廃止）	1．20国鉄飯田線田本・門島間で落石により大表沢橋梁から電車転落、死者5名、重傷28名の事故発生
昭和31年 1956	8．25佐久間ダム完成 11．19東海道本線全線電化	2．1自動車損害賠償保険施行 3．20東京・大阪間急行列車に3等寝台車復活 11．19全国的に列車ダイヤ大改正、山手・京浜東北線電車の分離運転開始
昭和32年 1957	6．1駿豆鉄道㈱は伊豆箱根鉄道㈱に社名変更	2．1雑誌「旅」に松本清張作本格探偵小説『点と線』連載、トラベルミステリーの先駆となる 4．5政府、閣議で国産車愛用を決定 5．25国鉄技師研究所、東京・大阪間3時間の超特急列車構想を発表 10．14上野動物公園・上野

鉄道・軌道に関連する年表

年号・西暦	静岡県関連事項	その他の事項
		水上動物公園間にモノレール開通 12．26近畿日本鉄道の特急にシートラジオ設置
昭和33年 1958	5．20国鉄伊東線で国鉄初のCTC装置採用 11．1遠州鉄道二俣電車線でディーゼル車西鹿島経由で国鉄二俣線遠江二俣まで乗り入れ	11．1東京・大阪間特急「こだま」号運転（6時間50分） ──豪州でダットサン優勝
昭和34年 1959	4．9伊東下田電気鉄道㈱創立 4．20東海道新幹線起工式（新丹那トンネル東口） 6．1静岡鉄道駿遠線貨物輸送廃止 8．1大井川専用軌道千頭・堂平間を所有する中部電力㈱は、同線を大井川鐵道㈱に業務委託し、大井川鐵道井川線となり本格的旅客輸送開始 10．1島田軌道廃線	4．20修学旅行専用電車「ひので」「きぼう」運転開始 7．15紀勢本線亀山・新宮・和歌山（現紀和）間全通 11．5汐留・梅田間に大型コンテナ専用特急貨物列車「たから」号の運転開始
昭和35年 1960	12．20静岡県自動車学校、県公安委員会より指定自動車教習所となる（県内自動車学校の第1号）	10．5盛岡工場でお座敷客車が誕生 11．13架線試験電車で狭軌世界新記録を樹立（1067mm、時速175km） 12．10東北本線上野・青森間特急「はつかり」号気動車化 12．20「道路交通法」施行 12．20警視庁、全国1日平均32人死亡と新記録発表
昭和36年 1961	2．20伊東下田電気鉄道㈱は伊豆急行㈱に社名変更 5．16遠州鉄道二俣電車線ディーゼル車西鹿島経由国鉄二俣線遠江森まで延長乗り入れ 12．10伊豆急行伊東・下田間開通、東京から熱海・伊東線経由で伊豆急下田まで直通乗り入れ	3．1名古屋・辰野間準急「伊那」号運転開始 8．1日本最古の市電、京都北野線廃線 10．1国鉄史上空前の列車時刻大改正、特急・急行など大増発
	2．25東海道本線鷲津駅構内で上り貨物列車脱線	5．3常磐線三河島駅構内

年号・西暦	静岡県関連事項	その他の事項
昭和37年 １９６２	転覆事故発生、上り急行列車２本が二俣線を迂回運転 7．22富士登山者空前の記録、頂上へ１万８０００人 9．14静岡鉄道静岡市内線廃止 9．20静岡鉄道秋葉線廃止	で貨物列車と上下線電車衝突事故発生、死者１６０名（三河島事故） 6．10北陸本線敦賀・今庄間北陸トンネル完成
昭和38年 １９６３	2．5伊豆箱根鉄道軌道線三島・沼津間廃止 5．1遠州鉄道奥山線奥山・気賀口間廃止	2．―トヨタ自動車ローン実施 11．9東海道本線鶴見・横浜間で貨物列車脱線、上下線電車衝突死者１６１名、負傷者１２０名（鶴見事故）
昭和39年 １９６４	7．―国鉄東海道新幹線試運転開始 9．27静岡鉄道駿遠線新藤枝・大手間、堀野新田・新三俣間廃止 10．1国鉄東海道新幹線東京・大阪間開通、「ひかり」４時間、「こだま」５時間運転、県内は熱海・静岡・浜松の３駅開業、全国列車時刻大改正 11．1遠州鉄道奥山線気賀口・遠鉄浜松間廃止（全線廃止）	3．1ホンダ、スポーツ６００発売 3．22大阪環状線運転開始 9．17東京モノレール浜松町・羽田空港間開通 10．10東京オリンピック開催
昭和40年 １９６５	11．1国鉄東海道新幹線東京・大阪間「ひかり」３時間１０分、「こだま」４時間運転（最高時速２１０ｋｍ）	10．1国鉄全国主要駅に「みどりの窓口」設置 10．1完成自動車の輸入自由化
昭和41年 １９６６	4．1静岡県警察本部交通部運転免許課発足（交通企画課・交通指導課・交通巡ら隊・運転免許課） 10．1遠州鉄道二俣電車線のディーゼル車、国鉄二俣線への乗り入れ廃止	4．20国鉄全線ＡＴＳ装置設置完了 10．1ワンマンバス長距離路線になり「後乗り前降り式」を運輸省採用を認める
昭和42年 １９６７	1．―沼津市県内初の「交通災害共済条例」制定 8．28静岡鉄道駿遠線新三俣・新袋井間廃止	9．28新清水トンネル開通し上越全線複線化 10．1大阪・博多間寝台電車「月光」号運転開始
昭和43年	8．22静岡鉄道駿遠線堀野新田・大井川間廃止 9．―国鉄伊東線熱海・来宮間複線化 ――寸又森林軌道沢間・湯山間廃止	6．5中東動乱勃発 6．―わが国の自動車台数１０００万台突破

鉄道・軌道に関連する年表

年号・西暦	静岡県関連事項	その他の事項
１９６８	10．1東海道本線新蒲原駅開業 10．―国鉄二俣線客車全車両ディーゼル車に転換	10．1東北本線全線複線化により全国的列車時刻大改正
昭和44年 １９６９	3．10東名高速インターチェンジに〝陸の港〟流通基地づくり盛んとなる 4．―国鉄快速電車「奥大井」号、静岡から金谷経由で大井川鐵道千頭まで乗り入れ 4．25国鉄東海道新幹線三島駅開業 5．26東名高速道路全線開通（東京・小牧間） 6．10国鉄東名ハイウェイバス営業開始	5．10国鉄、等級制廃止し旅客運賃一本建、グリーン車設定 5．23初の公害白書発表 9．29北陸本線複線電化 12．8国鉄東海道新幹線16両編成運転を開始
昭和45年 １９７０	8．1静岡鉄道駿遠線大井川・新藤枝間廃止（駿遠線全線廃止） ――大井川鐵道千頭駅構内にＳＬなど動態保存事業始める	3．15日本万国博大阪で開催 8．2東京銀座・新宿・池袋・浅草で「歩行者天国」の試み実施 9．13日本万国博終了、参加７７カ国、入場者６４２１万人で史上最大の規模 10．1戦後初の沖縄を含めた国勢調査、総人口１億４６６５万１７１人
昭和46年 １９７１	3．31国鉄二俣線ＳＬ列車全廃 3．―大井川鐵道井川線堂平・井川間廃止 5．24静岡県内自動車運転免許人口１００万人突破 12．15三島市で県内初のノーカーデー実施	1．28空前の自転車ブームで「自転車天国」警視庁試案、幅４ｍの歩行共用都内６０ｋｍ
昭和47年 １９７２	5．1静岡県警察本部交通部高速道路交通警察隊発足（交通企画課・交通指導課・運転免許課・高速道路交通警察隊・交通安全対策室） 10．1道路交通法一部改正、初心者マーク義務化	3．15国鉄山陽新幹線新大阪・岡山間開通 7．15総武本線東京・津田沼間複々線開通、東京地下鉄駅のほか２地下鉄駅が開業 10．14鉄道開業１００周年記念式典
	4．1静岡県警察本部交通部組織改正（交通企画・交通指導・運転免許第一・運転免許第二・高	6．5ノーカーデー７道県で実施

年号・西暦	静岡県関連事項	その他の事項
昭和48年 1973	速道路交通警察隊・安全対策室) 6.30静岡県内初の光化学スモッグ発生	6.20全国初のバス優先信号システム愛知県に設置 7.1中央本線全線電化 12.20石油危機で正月3が日全国のガソリンスタンド休業
昭和49年 1974	4.3「東名公害なくせ！」富士・船津地区住民が道路公団に抗議 9.1国鉄沼津港線廃止 11.26天竜市、交通事故死ゼロ連続380日 12.11国鉄新幹線第1回臨時総点検実施のため運転休止	1.4警視庁・昨年の交通事故死亡者数5年ぶりに1万4000人台に減ると発表 4.1ガソリン100円時代 4.27石油ショック後マイカー利用2.5％全く乗らず 6.15東京で交通事故死ゼロ連続6日間を記録
昭和50年 1975	3.22静岡鉄道清水市内線廃止（静岡県内最後の路面電車） 3.31静岡県内自動車保有台数100万台突破（県民3.03人に1台） 11.1浜松市内にバス優先レーン実施	3.10国鉄山陽新幹線岡山・博多間開通 9.17クルマ空前の売れ行き7月史上最高
昭和51年 1976	7.8大井川鐵道大井川本線にSL列車復活「かわね路」号スタート 7.19静岡県交通安全対策会議、交通安全5カ年計画策定、交通弱者保護を最優先し死亡事故防止重点	3.2北海道追分機関区を最後に営業用蒸気機関車終了
昭和52年 1977	2.一大井川鐵道、スイスのSL登山鉄道ブリエンツ・ロートホルン鉄道と姉妹鉄道締結（その後中国台湾省の阿里山鉄道とも姉妹化）	4.1自動車安全運転センターSDカード発行 5.20オリエント急行廃止
昭和53年 1978	1.14伊豆大島近海地震発生により伊豆急行に被害	5.20新東京国際空港開港——全国の上半期交通事故死140人、昭和5年並みに
	2月東海道本線静岡駅高架化完成 7.11東名高速道路日本坂トンネル内で追突事故	12.21国鉄浮上式鉄道リニアモーターカー宮崎実験線

年号・西暦	静岡県関連事項	その他の事項
昭和54年 1979	発生、大型トラック・乗用車など6台玉突き炎上、死者7名、負傷者2名、焼失車両173台、日本高速道路史上最大の惨事 10月東海道本線浜松駅高架化完成	で実験車ＭＬ５００が時速５１７ｋｍを記録
昭和55年 1980	11．1静岡県警察本部、初の県内一斉交通取締り月間開始（交通死者抑止目標達成へ全力）	10．1国鉄列車運転キロ減少の全国列車時刻改正を実施 12．27「日本国有鉄道経営再建促進特別措置法」施行
昭和56年 1981	10．―伊豆箱根鉄道駿豆本線に特急「踊り子」号乗り入れ開始	1．28昭和55年自動車輸出6年連続世界一（５９６万６９６１台） 2．5神戸新交通ポートライナー開通
昭和57年 1982	12．31静岡県内自動車（自動二輪を含む）保有台数２００万台突破	6．23国鉄東北新幹線大宮・盛岡間開通 7．30臨時行政調査会、国鉄の分割・民営化を提言 11．15国鉄上越新幹線大宮・新潟間開通
昭和58年 1983		1．27世界最長の青函トンネル（５３．９ｋｍ）の先進導坑19年ぶり貫通 10．23白糠線白糠・北進間廃止、（第1次特定地方交通線のバス転換第1号）
昭和59年 1984	4．1国鉄清水港線廃止	4．1三陸鉄道道盛・釜石間、宮古・久慈間開業（第1次特定地方交通線第三セクター第1号）
昭和60年 1985	3．14東海道本線安倍川駅開業	3．14国鉄東北・上越両新幹線上野・大宮間開通
昭和61年 1986	4．26東海道本線六合駅開業	12．4国鉄改革関連8法公布、国鉄の分割・民営化決まる

年号・西暦	静岡県関連事項	その他の事項
昭和62年 １９８７	３．14国鉄二俣線貨物輸送廃止 ３．15国鉄二俣線、天竜浜名湖鉄道（第三セクター鉄道）としてスタート、アスモ前駅開業 ３．21東海道本線片浜駅・西焼津駅開業 ４．１国鉄分割民営化・東海道本線（熱海・米原間）・御殿場線・身延線・飯田線・東海道新幹線（　）は東海旅客鉄道㈱（略称ＪＲ東海）に、伊東線は東日本旅客鉄道㈱（略称ＪＲ東日本）に、静岡県内全線貨物は日本貨物鉄道㈱東海支社となる	４．１日本国有鉄道の分割民営化実施、６旅客鉄道株式会社（北海道・東日本・東海・西日本・四国・九州）日本貨物鉄道株式会社となる
昭和63年 １９８８	３．13ＪＲ東海東海道新幹線新富士・掛川両駅開業、天竜浜名湖鉄道いこいの広場・原田・円田・浜松大学前・奥浜名湖の５駅新設 ４．１伊豆急行「リゾート２１」私鉄初の東京駅乗り入れ	３．13青函トンネル完成、津軽海峡線開通 ４．10瀬戸大橋完成、本四備讃線開通
平成２年 １９９０	３．31静岡県内の自動車保有台数２００万台突破 10．１大井川鐵道井川線アプトいちしろ・長島ダム間にアプト式区間開通（全国唯一）	
平成３年 １９９１	４．21ＪＲ東海飯田線中部天竜駅構内に「佐久間レールパーク」オープン 12．14東海道本線豊田町駅開業 ――この年静岡県内自動車運転免許人口２００万人突破、交通事故死亡者４０２名で史上最高	
平成４年 １９９２		７．―ＪＲ東日本山形新幹線福島・山形間開通
平成８年 １９９６	３．―天竜浜名湖鉄道掛川市役所前・フルーツパークの２駅新設	
平成９年 １９９７		12．―ＪＲ東日本山形新幹線新庄まで延伸
平成10年 １９９８	10．30ＪＲ東海東海道本線東静岡駅開業 12．11天竜浜名湖鉄道天竜二俣駅構内施設の転車台・扇型車庫など５件が国の登録有形文化財に登録	
平成12年 ２０００		８．―ＪＲ西日本で新幹線に女性運転士が登場

年号・西暦	静岡県関連事項	その他の事項
平成13年 2001	4．22東海道本線愛野駅開業	
平成15年 2003	4．4天竜浜名湖鉄道、トロッコ列車「そよかぜ」号運転開始（期間限定）	6．20JR東海、新幹線女性運転士4名採用 ──リニアモーターカー有人走行で時速581kmを記録
平成16年 2004	3．26伊豆急行に下田開港150周年を記念し「黒船電車」登場、「リゾート21」を黒一色に塗りすそ部分に赤いラインを入れ重厚感を演出	3．13JR九州九州新幹線鹿児島中央・新八代間開通
平成17年 2005		4．25JR西日本福知山線で快速列車が脱線転覆、線路脇のマンションに衝突、死者107人、重軽傷者550人の事故発生、JR史上最悪事故
平成18年 2006		4．─JR西日本富山港線に富山ライトレールがLRTを導入し開通
平成19年 2007		4．26JR東海は山梨実験線で開発中の超電導リニアモーターカー予定線の東京・大阪間のうち2025年に首都圏・中京圏間で先行的に営業運転を始める目標と表明。電気抵抗がゼロになる超電導現象を利用した次世代の超高速輸送システムで超電導磁石を搭載し車体が浮上しながら走行するのが特徴、東京・大阪間1時間で結ぶ 10．14「鉄道博物館」が鉄道記念日にさいたま市にオープン 10．23JR北海道は環境に

年号・西暦	静岡県関連事項	その他の事項
		やさしく燃費もよい次世代車両「モータ・アシスト（MA）式ハイブリッド車両」を開発し札幌市で試験車を公開、ディーゼルエンジンと発電機兼用の電気モーターを組み合わせて動くのが特徴、3年後の実用化をめざし同式の鉄道車両開発は世界初
平成20年 2008	2．1静岡鉄道は中小私鉄では全国初となる新型ATS（自動列車停止装置）を導入、レールに流した電流が列車の速度を検知して広範囲に速度を制御するシステム	
平成21年 2009	4．1天竜浜名湖鉄道大森駅を新設 11．1「佐久間レールパーク」閉園	
平成22年 2010	4．一ＪＲ東海飯田線小和田駅など「秘境駅ブーム」、全国の秘境駅の代表格に挙げられ、ホームに降り立った瞬間から異次元にいる感覚、ＪＲ東海の企画に探訪ツアー完売 12．10天竜浜名湖鉄道の31施設国有形登録文化財に文科相に答申、同鉄道の登録は累計で36件	
平成23年 2011		3．14「リニア・鉄道館」名古屋市にオープン
平成24年 2012	2．7ＪＲ東海のリニア中央新幹線の南アルプス地下を貫通する長大トンネルの掘削で排出される残土量が県内区間だけで最大200万㎥規模の試算と表明 3．16岳南鉄道貨物輸送廃止	

鉄道・軌道に関連する年表

主要参考文献

(「書誌」「市町村史」のうち抜粋引用はその著者のみ掲載)

日本国有鉄道百年史１～４　日本国有鉄道
　（昭和４４年～昭和４７年）

日本国有鉄道写真集　日本国有鉄道　（昭和４７年）

日本の鉄道　成立と展開　野田正穂・原田勝正・青木栄一・老川慶喜編　日本経済評論社　（１９９６年）

日本の鉄道　原田勝正著　吉川弘文館　（平成３年）

近代日本と鉄道史の展開　宇田正著　日本経済評論社　（１９９５年）

鉄道　産業の昭和社会史８　原田勝正著　日本経済評論社　（１９８８年）

鉄道を語る日本の近代　原田勝正著　そしえて　（１９７７年）

地理学評論　第６７巻１２号　「明治中期の静岡県における東海道鉄道建設とそれに対する地域社会の対応」　大庭正八著　日本地理学会　（昭和４７年）

鉄道百年略史　執筆代表和久田康雄　鉄道図書刊行会　（昭和４７年）

日本国有鉄道停車場一覧　日本交通公社　（昭和６０年）

鉄道用語辞典　日本鉄道図書編　日本鉄道図書　（平成元年）

昭和鉄道史　機関車１００年の履歴書　毎日新聞社　（１９８０年）

昭和電車史　私鉄９０年の軌跡　毎日新聞社　（１９８０年）

サヨナラ国鉄　鉄道の社会史　毎日新聞社　（昭和６２年）

さらば日本国有鉄道　「国鉄の歩んだ道」　種村直樹著　世界文化社　（昭和６２年）

静岡県の自然景観　土隆一著　第一法規　（昭和６０年）

郷土資料事典　静岡県　人文社　（昭和４５年）

静岡県民の暮らしにみる戦後５０年　静岡新聞社　（平成７年）

静岡県激動の昭和史　上巻戦前編　静岡新聞社　（昭和５１年）

静岡県激動の昭和史　下巻戦後編　静岡新聞社　（昭和５２年）

静岡県の昭和史　上巻　近代百年の記録　毎日新聞社　（昭和５８年）

静岡県の昭和史　下巻　近代百年の記録　毎日新聞社　（昭和５８年）

静岡の昭和史上　ＮＨＫ静岡放送局編　ひくまの出版　（昭和５６年）

静岡県の絵はがき　羽衣出版編　羽衣出版　（平成５年）

静岡県勢要覧　平成二十二年度　静岡県統計協会　（平成２３年）

日本鉄道名所　４　東海道線　小学館　（１９８６年）

ローカル線をゆく　６　中部・近畿　桐原書店　（昭和５７年）

日本鉄道全路線　３　東海道本線・中央本線　鉄道ジャーナル社　（１９９６年）

静岡県鉄道物語　山本英夫著　静岡新聞社　（昭和５６年）

静岡県の鉄道　海野実著　明文出版社　（昭和６１年）

静岡県鉄道写真集　監修山本義彦　郷土出版社　（１９９３年）

静岡大百科辞典　静岡新聞社編　静岡新聞社

432　主要参考文献

（昭和５３年）
社内報『伊豆箱根』　昭和６２年１月号　伊豆箱根鉄道株式会社
ポケット社史　静岡鉄道創立５０周年記念　ダイヤモンド社　（昭和４４年）
写真で綴る静岡鉄道７０年の歩み　静岡鉄道株式会社　（１９８９年）
遠州鉄道４０年史　遠州鉄道社史編纂委員会　遠州鉄道株式会社　（昭和５８年）
遠州地方の交通発達史　武内孝夫著　遠州鉄道株式会社　（平成５年）
大井川鐵道三十年の歩み　大井川鐵道株式会社　（昭和３６年）
大井川汽車百景１　松浦貞夫写真集　静岡新聞社　（１９９６年）
岳南鉄道４０年史　岳南鉄道株式会社　（昭和６３年）
伊豆急行３０年史　伊豆急行株式会社　（平成４年）
沼津機関区百年史　山梨孝夫・山梨幸夫・木内辰也編　国鉄沼津機関区　（昭和６１年）
飯田線の６０年　解説白井良知　郷土出版社　（１９９６年）
東海道新幹線三〇年　須田寛著　大正出版　（１９９４年）
毎日グラフ　日本の鉄道　新幹線　毎日新聞社（１９７４年）
天竜浜名湖鉄道五周年記念誌　天竜浜名湖鉄道株式会社　（平成４年）
第三セクター鉄道　９０最新３３社全集録　鉄道ジャーナル社　（１９９０年）
鉄道コンテナ輸送が導くグリーン物流の時代　（社）全国通運連盟　（２００９年）
環境・社会報告書２０１０　日本貨物鉄道株式会社　（２０１０年）

改訂新版資料　日本の私鉄　和久田康雄著　鉄道図書刊行会　（昭和４３年）
私鉄ハンドブック　和久田康雄著　鉄道図書刊行会　（１９９３年）
日本の軽便鉄道　立風書房（１９７５年）
郷愁の軌跡　軽便鉄道　毎日新聞社（昭和５３年）
明治事物起原　下巻　石井研堂著　春陽堂　（昭和１９年）
幻の人車鉄道　伊佐九三四郎著　森林書房　（１９８６年）
藤枝焼津間客車時間及賃金表　宇都木稔所蔵　藤枝大井活版　（明治２４年）
焼津地区と氏神さま　「西町のトロッコ鉄道」　中野清彦著　（昭和５６年）
鉄道史料　第８２号　「本邦最初の人車軌道に就いて」　美濃功二著　鉄道史資料保存会　（１９９６年）
島田木材業発達史　紅林時次郎著
御殿場馬車鉄道　勝間田二郎著　御殿場市教育委員会　（昭和６２年）
軽便鉄道　市制施行４０周年記念展　「藤相鉄道」　藤枝市郷土博物館　（平成６年）
中遠鉄道創業三十周年記念誌　中遠鉄道株式会社　（昭和１７年）
安倍鉄道史　海野實著　（昭和４８年）
菊川地域鉄道史　大庭正八著　菊川町史編纂委員会　（平成元年）
我が国最初のディーゼル機関車　「堀之内軌道のオット機関車」　大庭正八著　（１９９９年）
幻の光明電鉄──開発構想とその周辺　鈴木直之著　磐田谷島屋書店（平成元年）
遠江　創刊号　「東海道郵便馬車と沿道の馬車交通」　林圭介著　浜松史跡調査顕彰会　（昭和５１年）

軽便の思い出 ―日本一の軽便鉄道・静岡鉄道駿遠線― 阿形昭著 静岡新聞社 （２００５年）
遠江 二十七号～三十四号 「遠州鉄道奥山線の歴史（六）～（十三）」 鈴木正之著
浜松史蹟調査顕彰会（平成１６年～２３年）
遠州産業文化史 「浜松の交通運輸」 佐々木忠夫著 浜松史跡調査顕彰会 （昭和５２年）
伎倍 「浜松臨海鉄道の研究」 静岡県立浜名高等学校史学部 （２００８年）
図説下田市史 下田市史編纂委員会 （昭和６３年）
目でみる伊東市の歴史 緑星社出版部 （昭和５３年）
熱海市史 下巻 鈴木富志郎著 熱海市史編纂委員会 （昭和４３年）
三島市史 下巻 戸羽山瀚著 三島市史編纂委員会 （昭和３４年）
沼津市史 中巻 沼津市史編纂委員会 （昭和３６年）
御殿場市史 下巻 松元宏著 御殿場市史編纂委員会 （昭和５８年）
富士宮市史 下巻 遠藤秀男著 富士宮市史編纂委員会 （昭和６１年）
富士市史 下巻 藤田満寿男著 富士市史編纂委員会 （昭和４５年）
清水市史 第二巻 清水市史編纂委員会 （昭和５６年）
静岡市史 近代 静岡市史編纂委員会 （昭和４４年）
藤枝市史 下巻 藤枝市史編纂委員会 （昭和４１年）
島田市史 下巻 島田市史編纂委員会 （昭和４８年）
大井川町史 下巻 大井川町史編纂委員会 （平成４年）
相良町史 通史編下巻 川崎文昭・塩川亮著 相良町 （平成８年）
掛川市史 下巻 若林淳之著 掛川市史編纂委員会 （平成４年）
袋井市史 通史編 山本義彦著 袋井市史編纂委員会 （昭和５８年）
磐田市誌 下巻 磐田市史編纂委員会 （昭和３１年）
浅羽町史 資料編三 小池善之著 浅羽町編纂委員会 （平成９年）
天竜市史 下巻 天竜市役所 （昭和６３年）
佐久間町史 下巻 土井喜久一著 佐久間町役場 （昭和５７年）
浜北市史 通史下巻 塩川亮著 浜北市長森島宏光 （平成６年）
浜松市史三 浜松市役所 （昭和５５年）
浜松大空襲 浜松空襲・戦災を記録する会 （１９７３年）
ふるさとの思い出写真集沼津 小野眞一著 国書刊行会 （昭和５３年）
ふるさとの思い出写真集静岡 小川龍彦著 国書刊行会 （昭和５３年）
ふるさとの思い出写真集浜松 神谷昌志編著 国書刊行会 （昭和５３年）
熱海を語る―明治・大正・昭和写真史―熱海市 （昭和６２年）
ＲＡＩＬＦＡＮ１０ 田辺義明著 鉄道友の会 （１９７８年）
鉄道ファン 交友社 （１９７０年１１号）
鉄道ファン 交友社 （１９８１年１０号）
鉄道ピクトリアル １２８号 「岳南鉄道」 吉川文夫著 鉄道図書刊行会 （１９６２年）
鉄道ピクトリアル １４０号 「静岡鉄道」 奥田愛三著 鉄道図書刊行会 （１９６

鉄道ピクトリアル　１４５号「伊豆箱根鉄道軌道線」　禅素英著　鉄道図書刊行会（１９６３年）

鉄道ピクトリアル　１８５号「遠州鉄道」　武田彰著　鉄道図書刊行会（１９６３年）

鉄道ピクトリアル　２２３号「静岡鉄道清水市内線」　奥田愛三著　鉄道図書刊行会（１９６９年）

鉄道ピクトリアル　３３０号「堀之内軌道」　大庭正八著　鉄道図書刊行会（１９７７年）

鉄道ピクトリアル　３３１号「続堀之内軌道」　大庭正八著　鉄道図書刊行会（１９７７年）

鉄道ピクトリアル　４３６号「大井川鉄道」　加藤新一著　鉄道図書刊行会（１９８４年）

鉄道ピクトリアル　５０７号「安倍鉄道」　山崎寛著　鉄道図書刊行会（１９８９年）

鉄道ピクトリアル　５５４号「光明電気鉄道」　山崎寛著　鉄道図書刊行会（１９９２年）

再発見・丹那トンネル　加藤好一著　伊豆新聞社（１９９８年）

展望車　１３７号「岳南鉄道ＤＭＶ記」　石川勝久著　鉄道友の会静岡支部報（２００６年）

展望車　１４８号「天竜浜名湖鉄道ＤＭＶ記」　山本葉一著　鉄道友の会静岡支部報（２００９年）

週刊歴史でめぐる鉄道全路線　大井川鉄道他　朝日新聞出版（２０１１年）

週刊歴史でめぐる鉄道全路線　箱根登山鉄道他　朝日新聞出版（２０１１年）

写真でつづる日本路面電車変遷史　高松吉太郎著　鉄道図書刊行会（昭和４５年）

チンチン電車８０年　立風書房（昭和４８年）

発掘カラー写真　昭和３０年代鉄道風景　ＪＴＢパブリッシング（２００５年）

クルマ社会１５年のあゆみ　森信勝著　株式会社遠鉄自動車学校（昭和５５年）

広域都市交通を考えるシンポジウム「浜名湖都市圏ＬＲＴ敷設計画案」　森信勝著　浜松都市環境フォーラム代表内田宏康（平成１５年）

浜松型次世代交通システムの提案　都市交通デザイン研究会代表川口宗敏　浜松都市環境フォーラム（平成２２年）

鉄道ジャーナル　「路面電車復権と近代化への道筋」　鉄道ジャーナル社（１９９９年）

鉄道ピクトリアル　「これからの路面電車」　鉄道図書刊行会（１９９７年）

鉄道ピクトリアル　「路面電車〜ＬＲＴ」　鉄道図書刊行会（２０００年）

漱石全集　第四巻　「三四郎」　岩波書店（昭和４１年）

闇を裂く道　上　吉村昭著　文藝春秋（昭和６２年）

井上靖全集　第十巻　「あした来る人」　新潮社（１９７６年）

松本清張全集　１　「点と線」　文藝春秋（１９７１年）

校本　宮澤賢治全集　第一巻　筑摩書房（昭和４８年）

定本　与謝野晶子全集　第六巻　歌集六　講談社（昭和５６年）

太宰治全集　第九巻　「斜陽」　筑摩書房

（１９９０年）

吉行淳之介全集　第一巻　「薔薇」　新潮社　（１９９７年）

静岡県の昭和史　上巻　「電車通学の思い出」　村松友視　毎日新聞社　（昭和５８年）

藤枝静男全集　第一巻　「路」　講談社　（昭和５１年）

新田次郎全集　第五巻　「芙蓉の人」　新潮社　（昭和５０年）

芥川龍之介全集　第五巻　「トロッコ」　岩波書店　（１９７７年）

静岡の昭和史　上　ＮＨＫ静岡放送局編　「軽便物語」　小川国夫　ひくまの出版　（昭和５６年）

鷗外全集　第十六巻　「渋江抽斎」　岩波書店　（１９７３年）

川端康成全集　第三十六巻　「南豆紀行」　新潮社　（昭和５７年）

葉山嘉樹全集　第三巻　「濁流」　筑摩書房　（昭和５１年）

懐かしの軽便鉄道　「遠州鉄道奥山線」　吉田知子　ひくまの出版　（１９７９年）

値段の風俗史　朝日新聞社編　朝日新聞社　（昭和５６年）

昭和世相史　原田勝正編　小学館　（１９８９年）

明治大正昭和世相史　加藤秀俊・加太こうじ・岩崎爾郎・後藤総一郎著　社会思想社　（１９６７年）

（以上の文献は一部を除き著者が所蔵）

お世話になった方々と写真提供者・団体機関名

(順不同・敬称略)

鈴掛純也　内藤正己　藤田孔一　大庭正八　寺田行健　武田彰　和久田康雄　伊佐九三四郎　神谷昌志　勝間田二郎　宇都木稔　新村昭二　中野清彦　椿原靖弘　佐藤俊広　伊藤良一郎　美濃功二　池田喜重　鈴木富男　白井良和　白井昭　中田邦彦　真野正年　今田智久　浅原悟　内山芳実　真野富幸　斉藤正和　石川勝久　吉川文夫　太田静　金子彰　松浦貞夫　眞城恒康　斎藤精広　松本博　松下儀一郎　八木洋行　持田昭俊　中野勇　土屋裕　久原秀雄　杉本藤太郎　風間克美　久保敏　沖田善三　山梨孝夫　山梨幸夫　河合達雄　坪井俊彦　小橋よね　丹羽きぬ　左近司泰晴　山本一義　三輪純市　八木勝行　南條忠義　関幸彦　阿形昭　鈴木正之　佐々木忠夫　鈴木直之　山田兼次　諸河久　飯島巌　藁科孝佳　飯田宏樹　杉崎行恭　小川峯生　松尾諭　野田伊豆守　遠藤則男　廣田尚敬　井上広和　沖勝則　目黒義浩　市川建三　杵屋栄二　芹澤章裕　鹿田飛圭　内田宏康

静岡新聞社　静岡県立中央図書館　静岡県教育委員会文化課県史編纂室　浜松市立中央図書館　静岡山梨写真館　毎日新聞出版写真部　鉄道友の会静岡支部　焼津市史編纂室　藤枝市郷土博物館　雄踏町教育委員会　今井写真館　静岡県警察本部交通企画課　東海旅客鉄道株式会社静岡広報室　伊豆箱根鉄道株式会社　静岡鉄道株式会社　遠州鉄道株式会社　大井川鐵道株式会社　岳南鉄道株式会社　伊豆急行株式会社　天竜浜名湖鉄道株式会社　日本貨物鉄道株式会社　浜松都市環境フォーラム

おわりに

　本書でとりあげた静岡県内の鉄道・軌道の開業は４８路線、細かくいえば５５路線は数えられる。未開業路線を含め約１５０路線は、明治以降日本が近代国家建設に邁進してきた中で生まれたのである。

　全国的な数次にわたる鉄道ブームを背景にした鉄道敷設志向は、今日でいう一種のベンチャービジネスに共通した点があるが、その社会性・公共性・地域ぐるみの状況は、今日よりはるかに濃密なものである。

　１９世紀後半日本に鉄道が登場し、激動する国際情勢・混沌とした国内事情の中で、今日のような経済活動や情報活動が発達していない未成熟社会にあって、これだけ多くの鉄道を夢見た先人たちのすさまじいエネルギーは、今日の交通社会・特に地方の自動車依存のわれわれに対し何を語りかけているのであろうか。著者は古き良き時代の鉄道ノスタルジアではない。鉄道は２０世紀社会において文字どおり牽引車として華々しく活躍し、その果たした役割は計り知れない。だが新しい時代の流れであるバス・トラック・マイカーなどによって、路面電車・軽便鉄道は滅び去る運命となった。

　前書『静岡県鉄道興亡史』刊行から１５年、当時は２０世紀末であったが、２１世紀に入って１２年になる。この間に交通社会に限ってみた場合においても大きく変わった。街の賑わい再生、少子高齢化社会の急速な進行、地球温暖化対策のCO_2大幅削減など深刻な課題となっている。かつて地方鉄道を駆逐したバス交通は、近年急激に落ち込み、地方都市・中山間地域での自動車依存は一体いつまで続くのであろうか。よもや生涯誰もがマイカー運転をできるとは思っていないだろう。

　全国に路面電車は現在１９事業体が存在し、本書の第３部未開業の鉄道・軌道の最後の部分に掲載したＬＲＴは、その快適性、静穏性、高性能、多機能を備え、斬新なボデースタイルに大きな車窓で、誰もが街中から自由に移動できる超低床路面電車で、今後都市の有力な公共交通機関としてクローズアップされていくであろう。

鉄道の動力もCO$_2$削減のため従来の電力・内燃の一辺倒から、燃料電池・ハイブリッド性能を装備した車両に推移するであろう。
　一方、ＪＲ東海の開発中のリニアモーターカーは、静岡県は最北端の南アルプス山中をトンネルで抜ける予定で停車駅は設置されそうにないが、東京・大阪間を前倒しして２０２５年に首都圏と中京圏とを結ぶことが表明され、これが完成すれば飛躍的進歩がとげられることになる。
　「温故知新」―。本書に掲載した各種の廃線事情を教訓に、現存路線の実状を認識し鉄道のもつ安全・迅速・快適・確実・頻度・廉価・大量・奉仕・耐久・環境の１０条件の特性をさらに進歩させ、採算性を重視しながら２１世紀の日本社会における人びとの豊かな暮らしに、ますます貢献していくことができるよう切に願うものである。
　最後に、本書刊行にあたり大変お世話いただいた静岡新聞社出版部の各位、それに担当の岡崎俊明氏に対し心より厚く御礼申し上げる。

　　　２０１２年８月

　　　　　　　　　　　　　　　　　　　　　　　　　　　森　信　勝

著者紹介
森　信　勝

1938年長野県松本市に生まれる。会社定年退職後、地方鉄道史と松本清張文学の研究をライフワーク。著書に『静岡県鉄道興亡史』『平野謙　松本清張探求』編、共著に『遠州鉄道40年史』『大井川』『天竜川百話』『鉄道史人物事典』ほか多数。鉄道史学会会員。

静岡県鉄道軌道史

平成24年10月23日　　初版発行

著者　　森　信勝
発行者　　大石　剛
発行所　　静岡新聞社
〒422-8033　静岡市駿河区登呂3―1―1
電話　054-284-1666
印刷・製本　図書印刷

ⓒ NOBUKATSU MORI　2012　Printed in Japan
ISBN 978-4-7838-2334-6　C0065